QUANTO CUSTA PAGAR IMPOSTOS EM PORTUGAL?

Os custos de cumprimento da tributação do rendimento

CIDALIA MARIA DA MOTA LOPES

Doutora em Organização e Gestão de Empresas
na Faculdade de Economia da Universidade de Coimbra (FEUC)
Professora no Instituto Superior de Contabilidade e Administração de Coimbra (ISCAC)

QUANTO CUSTA PAGAR IMPOSTOS EM PORTUGAL?

Os custos de cumprimento da tributação do rendimento

QUANTO CUSTA PAGAR IMPOSTOS EM PORTUGAL?

AUTOR
CIDALIA MARIA DA MOTA LOPES

EDITOR
EDIÇÕES ALMEDINA, SA
Av. Fernão de Magalhães, n.º 584, 5.º Andar
3000-174 Coimbra
Tel.: 239 851 904
Fax: 239 851 901
www.almedina.net
editora@almedina.net

PRÉ-IMPRESSÃO | IMPRESSÃO | ACABAMENTO
G.C. – GRÁFICA DE COIMBRA, LDA.
Palheira – Assafarge
3001-453 Coimbra
producao@graficadecoimbra.pt

Março, 2008

DEPÓSITO LEGAL
273299/08

Os dados e as opiniões inseridos na presente publicação
são da exclusiva responsabilidade do(s) seu(s) autor(es).

Toda a reprodução desta obra, por fotocópia ou outro qualquer
processo, sem prévia autorização escrita do Editor, é ilícita
e passível de procedimento judicial contra o infractor.

Biblioteca Nacional de Portugal - Catalogação na Publicação

LOPES, Cidália Maria da Mota

Quanto custa pagar impostos em Portugal? : os custos de
cumprimento da tributação do rendimento
ISBN 978-972-40-3431-7

CDU   336
      338

À minha família

PREFÁCIO

Quanto custa pagar impostos em Portugal? Eis um título que nos transporta para uma problemática bem pouco conhecida, para não dizer ignorada, quer pelo público em geral, quer pelos decisores de política fiscal. Pagar impostos, na verdade, em Portugal e por toda a parte, não custa só o dinheiro que os contribuintes desembolsam a favor do Fisco; custa bem mais do que isso.

A preocupação com esses custos da tributação não é de agora. É bem antiga. Já o sábio Adam Smith, logo ao abrir do capítulo sobre impostos (*On Taxes*) da Riqueza das Nações, na quarta máxima respeitante aos impostos em geral, advertia que cada imposto deve ser concebido de modo a retirar dos cidadãos o mínimo possível acima da receita que traz para o tesouro público. E explica aí as várias formas por que os impostos podem afinal tirar da economia privada mais do que trazem para a economia pública. Refere explicitamente os impostos que exigem um grande número de funcionários, cujas remunerações "podem comer uma grande parte do produto do imposto" ou aqueles que exigem frequentes visitas e "exames odiosos" e expõem os contribuintes a perturbação desnecessária, a "vexame ou opressão". E não deixa de observar – antecipando o que hoje chamaríamos custos psicológicos da tributação – que, embora o vexame não seja, estritamente falando, despesa, é certamente equivalente à despesa que cada pessoa estaria disposta a fazer para dele se libertar.

Se a percepção de que os impostos têm custos que ultrapassam a receita que produzem é óbvia e antiga, já a inclusão da redução desses custos nos objectivos da política fiscal constitui um fenómeno bem mais recente, que podemos associar aos mais elevados níveis de fiscalidade que se começaram a estabelecer após a Segunda Grande Guerra Mundial e às transformações que se foram verificando nos sistemas fiscais dos Estados industrializados.

Na verdade, para além do crescimento muito significativo dos níveis de fiscalidade a que se assistiu logo no imediato após guerra, a fiscalidade contemporânea mudou de natureza, no plano administrativo, passando para os contribuintes muitas das tarefas necessárias ao apuramento e à recolha do imposto, que antes pertenciam à administração. Em casos extremos – de que é exemplo paradigmático o IVA e, em geral, os impostos indirectos – todo o procedimento tributário está afinal a cargo dos sujeitos passivos, que apuram o imposto, procedem à respectiva liquidação e efectuam o pagamento, sem intervenção da administração, que se limita hoje a fornecer-lhes a via informática de comunicação. Fica assim praticamente limitado o papel da administração fiscal à gestão dos incumprimentos, quer da obrigação principal de entrega da prestação tributária, quer dos inúmeros deveres que passaram a recair sobre os contribuintes e que, nem por se designarem geralmente por deveres acessórios, são menos sentidos e custosos para os cidadãos e para a economia nacional.

É a análise e quantificação dos custos associados a esses deveres – os chamados custos de cumprimento do sistema fiscal – que constitui o foco principal deste livro, da autoria de Cidália Maria Mota Lopes. Baseado na sua dissertação de doutoramento na Faculdade de Economia da Universidade de Coimbra – onde obteve a merecida consagração – a obra abre uma linha de investigação pioneira em Portugal e, a bem dizer, não muito frequentada fora do mundo anglo-saxónico.

Restrito ao domínio dos impostos de rendimento – IRS e IRC, que, todavia, sempre representam uma fatia considerável da receita fiscal – o livro procede a uma revisão da literatura especializada sobre o tema e dá conta dos principais estudos levados a efeito, em vários países, com o objectivo de avaliar os custos de cumprir as obrigações fiscais. Custos da mais variada ordem, desde os explícitos, e mais facilmente mensuráveis, suportados nos departamentos fiscais de grandes sociedades, aos custos intangíveis, e talvez em definitivo incomensuráveis, como são os aludidos custos psicológicos ou de "angústia", passando pelo custo do tempo perdido no cumprimento das obrigações fiscais...

Depois de submeter a uma análise crítica as diversas metodologias seguidas nesses estudos quanto à quantificação dos custos de cumprimento, a Autora lança-se então na tarefa, inteiramente inexplorada entre nós, de proceder a essa quantificação para os impostos de rendimento portugueses.

No que respeita ao IRC, a quantificação toma como base dados obtidos através das respostas escritas a um circunstanciado inquérito efectuado junto de uma amostra significativa de sociedades sujeitas ao imposto.

Pelo que toca ao IRS, a Autora efectuou, paciente e humildemente, 350 entrevistas directas e pessoais a contribuintes do distrito de Coimbra, justamente no momento em que, com toda a probabilidade, as "vítimas" mais estão sentindo o peso do cumprimento dos seus deveres para com a Fazenda Nacional, isto é, quando esperam na fila dos serviços de finanças a sua vez para entregar a declaração de rendimento ou para obter (ou não obter…) resposta a qualquer problema fiscal, sempre angustiante. Conseguiu assim 308 respostas completas ao questionário que previamente elaborara.

Os resultados destes inquéritos foram depois submetidos a tratamento estatístico, através de testes e modelos interpretativos efectuados, ao que me é dado saber, segundo as respectivas regras da arte e as conclusões – que não é o caso de revelar aqui muito, para não tirar aos leitores o gosto de as descobrir no livro – mesmo que nem sempre surpreendentes, são de grande interesse para colher uma ideia mais precisa das atitudes e comportamentos dos contribuintes portugueses, pois que a Autora não se eximiu a pôr números nas horas perdidas com o cumprimento das obrigações fiscais e no respectivo valor em Euro, de acordo com a percepção dos seus entrevistados ou inquiridos.

Pelo que respeita ao IRC, confirma-se em Portugal a distribuição regressiva dos custos de cumprimento que a generalidade dos estudos, nos Estados Unidos, no Reino Unido, na Austrália e na Nova Zelândia, já assinalara. Assim, Cidália Lopes conclui que as pequenas e médias empresas suportam custos de cumprimento que representarão 5,27% do seu volume de negócios, enquanto em empresas de maior dimensão esses custos atingem apenas 0,05% do volume de negócios. Estará porventura aqui um bom argumento para fundamentar algum benefício fiscal às empresas de menor dimensão? É certamente uma questão a meditar, já que não são muitas vezes claras nem convincentes as motivações mais frequentemente apresentadas para a concessão desses benefícios.

Pelo que toca ao IRS, a conclusão de Cidália Lopes é bem impressiva. Em média, o contribuinte português que não recorre a qualquer ajuda profissional gasta 3 horas e 45 minutos com o seu IRS, o que, em média também, representará um custo de € 74,80. Os que utilizam regularmente serviços de profissionais, como, por exemplo, de técnicos oficiais de contas, gastam, com isso, em média, € 640,41. Não são seguramente valores pouco significativos, pelo que valem a pena os esforços de simplificação do sistema fiscal, que contribuam para a diminuição destes custos, e não apenas para a redução dos custos directos da administração fiscal. Afinal, aqueles custos significam um consumo de recursos da economia nacional, os quais certamente poderiam ser mais bem aplicados em outras actividades.

Como era bem de esperar, não encontrou a Autora meio de quantificar o que designa por "custos emocionais" do cumprimento fiscal. Não existe, com efeito, metro capaz de medir as alegrias e as tristezas, o prazer e a dor, a satisfação e o descontentamento. Nem por isso, todavia, deixou a sua investigação de fornecer elementos de relevância para interpretar os "sentimentos" dos cidadãos quando envolvidos na problemática fiscal." Analisando a mudança de estado emocional dos inquiridos antes e depois do acto de cumprimento do dever tributário, a investigação de Cidália Lopes permite estabelecer hipóteses de interpretação do comportamento dos contribuintes, em matérias como a sua disposição para cumprir as regras – a qual, felizmente, parece ser elevada... – o relacionamento com a administração e a percepção sobre o sistema fiscal – que é muito mais crítica e negativa nos contribuintes mais jovens e com maior formação, como seria de esperar.

Sabemos que os resultados destes estudos, entre nós como lá fora, são sempre susceptíveis de ser postos em dúvida e nunca pretendem ser definitivos. Certamente que outros estudos neste domínio, com diferentes metodologias e diferentes pressupostos, poderão chegar a resultados distintos. Nunca as análises nesta matéria poderão ter o rigor de ciência exacta. De qualquer forma, as realidades aqui estudadas, com a paciência analítica, a honestidade e o desejo de rigor que Cidália Lopes pôs neste trabalho, não devem ser ignoradas na definição de uma política fiscal moderna e racionalmente fundada. O trabalho que agora é dado à estampa representa um primeiro passo para o conhecimento científico dos custos de cumprimento no sistema fiscal português. Abre a porta a linhas de investigação da fiscalidade até agora pouco ou nada exploradas em Portugal, oferecendo pois um contributo valioso para o progresso da ciência e da técnica fiscal nacional.

Coimbra, Dezembro de 2007

José Guilherme Xavier de Basto

NOTA PRÉVIA

Este livro corresponde, com algumas adaptações, à dissertação de doutoramento em Organização e Gestão de Empresas apresentada na Faculdade de Economia da Universidade de Coimbra e defendida, a 13 de Julho de 2007, com a classificação final de Muito Bom, com distinção e louvor, por unanimidade do júri.

Torna-se, assim, necessário esclarecer o leitor que esta obra contém algumas diferenças relativamente à referida dissertação. Foi reduzido, em particular, o desenvolvimento teórico da parte metodológica e estatística, com vista à sua simplificação, de forma a atingir um público mais vasto. Entendemos, no entanto, que apesar das modificações introduzidas, o essencial das contribuições teóricas e empíricas foram mantidas, podendo este livro contribuir para um conhecimento mais aprofundado dos custos do sistema fiscal português, com destaque para os custos de cumprimento dos impostos sobre o rendimento.

A elaboração de um trabalho de investigação conta com o contributo de muitas pessoas e este não foi uma excepção a essa regra. Por isso, aqui fica um agradecimento a todos os que contribuíram para a sua concretização. Os erros e incorrecções que o mesmo possa apresentar permanecem da responsabilidade da autora e não dos que com ela colaboraram.

Assim, um primeiro e especial agradecimento é devido, naturalmente, ao Professor Dr. José Guilherme Xavier de Basto, com quem iniciei o meu percurso pelo estudo dos impostos. A ele fico grata pelos seus muitos ensinamentos ao longo dos anos e pelo seu incondicional incentivo, apoio crítico e amizade, recebidos durante esta longa jornada, desde a sugestão do tema à conclusão do trabalho final.

Agradeço ainda ao Professor Doutor António Martins os conselhos, sempre úteis e oportunos, os quais contribuíram, inequivocamente, para o enriquecimento e concretização deste trabalho.

Ao Doutor Michael Godwin, Sénior Researcher do *Centre for Public*

Economics da Universidade de *Bath*, no Reino Unido, e ao Doutor Collin Lawson, Director do *Centre for Public Economics* da mesma Universidade, fico muito grata pelo acolhimento caloroso, durante o ano de 2004. Ao Doutor Tim Taylor, Director do curso pós-graduado *Tax Policy and Tax Administration*, pelo apoio dado, no mesmo ano, na Universidade de *Bath*, o qual em muito contribuiu para melhorar e aperfeiçoar os conhecimentos fiscais em teoria e administração fiscal.

Na recolha dos materiais necessários ao estudo do tema, um agradecimento especial aos meus amigos Dr. Jaime Devesa, Director de Finanças de Coimbra, e ao Dr. Manuel Joaquim Marcelino, Director de Finanças de Lisboa. No tratamento dos dados estatísticos, realço a preciosa ajuda de Doutor Alexandre Gomes Silva, docente do ISCAC, e do Dr. Rui Brites, professor do Instituto Superior de Ciências do Trabalho e da Empresa (ISCTE).

Por último, mas não menos importante, agradeço à minha família, que me acompanhou ao longo de todo este percurso.

INTRODUÇÃO

O presente livro versa sobre a análise dos custos de cumprimento da tributação do rendimento no sistema fiscal português. Mais concretamente, procura-se identificar os principais custos de cumprimento no sistema dos impostos de rendimento e procede-se, tanto quanto possível, à sua quantificação.

O estudo desenvolve-se em três partes. A primeira destina-se ao estudo dos factores que determinam os custos de cumprimento, procedendo-se para o efeito a uma revisão da literatura sobre o tema, comparando as metodologias usadas e os resultados obtidos nos estudos elaborados em diversos países. Na segunda parte, seleccionaremos o método de cálculo dos custos de cumprimento no sistema fiscal português e formularemos as hipóteses sobre as características dos contribuintes e os factores do sistema tributário associados aos custos de cumprimento. Por fim, na terceira e última parte, apresentam-se as conclusões da análise efectuada.

O tema que nos propomos tratar é relevante sob vários pontos de vista.

A ciência fiscal tem dado seguramente até há relativamente pouco tempo mais atenção aos objectivos da equidade e da eficiência do que à simplicidade e aos problemas de viabilização ou funcionamento do sistema fiscal.

Só a evolução das sociedades contemporâneas, a crescente complexidade dos sistemas fiscais e o consequente aumento da erosão das matérias colectáveis conduziram os reformadores fiscais a preocuparem-se com a análise da eficiência de um sistema fiscal do ponto de vista administrativo.

As preocupações quanto à equidade do próprio sistema fiscal e o consequente aumento da complexidade tributária conduziram a que a simplificação fiscal se tornasse um objectivo independente dos restantes objectivos tradicionais a que um sistema fiscal deve atender.[1] Na realidade, a preocupação em torno da simplificação fiscal deve-se, em parte, à necessidade de minimizar os custos decorrentes do funcionamento do sistema fiscal.

As opções de política fiscal, nos últimos anos, focalizaram a sua atenção no incentivo ao cumprimento fiscal voluntário. Nesta medida, interessa saber, por um lado, quais as estratégias mais eficientes no combate à evasão e fraude e, por outro, as que conduzem a menores custos de funcionamento do sistema tributário.

Por último, a convicção por parte dos governos e da comunidade científica de que existe uma importante margem de actuação nos custos da tributação, a qual não deve ser descurada pelos decisores públicos, e que propiciará, se devidamente aproveitada, ganhos efectivos na melhoria do desempenho administrativo e na minimização dos custos de cumprimento impostos aos contribuintes.

É neste sentido que passou a ser preocupação cimeira dos decisores públicos a minimização dos custos gerados pelo sistema fiscal, ainda que sejam bem conhecidas as dificuldades em estabelecer o adequado equilíbrio entre, por um lado, a busca de maior eficiência, simplicidade e neutralidade e, por outro, o objectivo, não menos relevante socialmente, da justiça fiscal.

Assim, assistiu-se a um crescente desenvolvimento de estudos que quantificaram os custos de cumprimento, com diferentes graus de abrangência e de refinamento de análise, nomeadamente na última década, nos Estados Unidos, no Reino Unido, na Austrália, no Canadá e na Nova Zelândia. Do mesmo modo, mais recentemente, a Espanha, a Holanda, e a Suécia, dedicaram especial atenção aos custos de cumprimento decorren-

---

[1] Esta atitude está bem presente no diferente modo de agir na aplicação das reformas fiscais mais modernas. No Reino Unido, na Austrália e nos Estados Unidos da América (EUA) têm sido várias as iniciativas no sentido tornar a simplicidade e a componente administrativa do sistema fiscal uma prioridade autónoma a atender numa reforma fiscal, como veremos mais à frente. Em Portugal, a simplicidade também passou a estar presente com muito mais frequência nos objectivos a atender pelo sistema tributário. Destacamos a reforma fiscal de 1989/90, no ponto 17 do preâmbulo do Código do Imposto sobre o Rendimento das Pessoas Singulares (CIRS), o Relatório Silva Lopes, em 1996, as propostas de reforma do sistema fiscal português para o século XXI, em 1997, e, mais recentemente, em 2005, a criação de um Grupo de Trabalho para a simplificação do sistema fiscal português. É, pois, realçado em Portugal como critério essencial da reforma fiscal o critério da simplificação e desburocratização.

tes dos impostos. A União Europeia (UE) desenvolveu também esforços no sentido de medir os custos de funcionamento dos sistemas tributários.

Tanto quanto é do nosso conhecimento, não existem em Portugal estudos que tenham avaliado, de forma quantitativa e qualitativa, os custos suportados pelos contribuintes no cumprimento das obrigações impostas pelo sistema e pelas regras fiscais.

O presente livro procura, então, medir e identificar as componentes dos custos de cumprimento no sistema tributário português, bem como determinar os factores que influenciam esses custos. Para atingir este objectivo, o nosso estudo centra-se na análise dos custos de cumprimento do imposto sobre o rendimento dos contribuintes, em duas perspectivas: a quantitativa e a qualitativa.

Na primeira, a quantitativa, estimam-se os custos directamente suportados pelos contribuintes no cumprimento dos seus deveres fiscais em sede do imposto sobre o rendimento das pessoas singulares (IRS) e do imposto sobre o rendimento das pessoas colectivas (IRC). A escolha incidiu sobre o imposto de rendimento pela convicção de que existe uma margem importante de actuação, neste imposto, em matéria de política fiscal. Na segunda abordagem, a qualitativa, procura-se obter informação acerca das características dos contribuintes e dos factores do sistema fiscal que estão associados aos custos de cumprimento suportados.

Quanto aos contribuintes individuais, elegeram-se, com base na revisão da literatura, os determinantes dos custos de cumprimento. Trata-se de factores pessoais (por exemplo, estado civil, número de dependentes, idade), económicos (por exemplo, actividade exercida, nível de rendimento), e técnicos (tais como, fontes de rendimento). Por sua vez, e no que diz respeito às empresas, analisámos um conjunto de características, tais como a dimensão, o sector de actividade e o mercado, as quais influenciam os custos de cumprimento.

O estudo do comportamento e das atitudes dos contribuintes quanto ao cumprimento das obrigações fiscais constitui um novo interesse na teoria fiscal e reveste-se de grande acuidade, numa época em que os factores psicológicos e sociológicos são cada vez mais tidos em conta. Assim, as atitudes dos contribuintes em relação ao sistema tributário, o seu relacionamento com a administração fiscal e os custos psicológicos resultantes do processo de cumprimento são também, aqui, objecto de análise.

Definidos os objectivos do nosso trabalho, medimos os custos de cumprimento do imposto sobre o rendimento e formulamos as hipóteses de investigação, as quais são testadas com base em amostras recolhidas a partir dos dados do *software Datawarehouse* da Direcção Geral de Finanças, para as empresas, e, de entrevistas pessoais, no caso dos contribuintes individuais. A metodologia estatística descrita na segunda parte deste trabalho foi então usada no tratamento dos dados.

O presente livro encontra-se organizado como a seguir se descreve.

Na primeira parte, intitulada "Os custos de cumprimento do sistema fiscal: desenvolvimento teórico e revisão da literatura", procede-se à revisão da literatura sobre o tema.

No primeiro capítulo, identificamos e definimos os custos de funcionamento do sistema fiscal (aquilo a que na literatura anglo-saxónica se designa de *tax operating costs* ou *running costs*). Dividimos os custos em públicos e privados. Aos custos públicos associados ao funcionamento e gestão do sistema fiscal chamámos custos de administração (*administrative costs*) e aos custos suportados pelo sector privado designámos custos de cumprimento (*compliance costs*). Estes últimos incluem não só o tempo gasto pelos indivíduos e empresas com os assuntos fiscais, como também ainda outros custos adicionais com guias fiscais, consultores externos, e até alguma ansiedade suportada no processo de pagamento dos impostos.

Deste modo, estudámos três tipos de custos de cumprimento: custos monetários directos, custos "em tempo" e custos psicológicos. Proporcionando o cumprimento também benefícios ao cumpridor, há que distinguir custos brutos e custos líquidos.

Avaliamos também os principais problemas que a medição e quantificação dos custos da tributação comportam. No que respeita aos custos administrativos, daremos especial atenção às vantagens e limitações da utilização dos designados "rácios de gestão fiscal," os quais permitem aferir acerca da eficiência da administração fiscal.

Por sua vez, na análise dos problemas de medição dos custos de cumprimento, o nosso estudo incide, em particular, sobre as dificuldades da valoração do tempo gasto pelos contribuintes individuais, pelas empresas e pelos profissionais fiscais.

Em termos de distribuição temporal, dividimos tanto os custos administrativos como os de cumprimento em custos temporários e custos permanentes. Os temporários estão associados aos custos iniciais resultantes da introdução de um novo imposto e os custos provisórios adicionais surgem da adaptação dos funcionários e dos contribuintes às novas regras fiscais. Por sua vez, os custos permanentes são os que decorrem do cumprimento regular das obrigações fiscais.

No segundo capítulo, após uma breve descrição do comportamento dos contribuintes perante o sistema tributário, de cumprimento ou não cumprimento fiscal, caracterizamos, recorrendo a algumas estatísticas oficiais, a extensão e a dimensão que o fenómeno do não cumprimento atinge nas economias actuais. A maioria dos sistemas fiscais modernos assenta em regimes declarativos e no cumprimento voluntário das obrigações fiscais. Consequentemente, o problema do não cumprimento foi ganhando cada vez maior destaque em política fiscal.

De seguida, abordamos os motivos que conduzem os indivíduos a cumprir ou não com o sistema fiscal. Trata-se, como veremos, sobretudo, de factores maioritariamente comportamentais. Estudos diversos determinaram os factores que têm uma influência significativa no comportamento dos contribuintes. Dado que os impostos reduzem o rendimento disponível ou a riqueza detida, existe um motivo económico, acentuado por elevadas taxas de imposto, para a tentativa de reduzir ou evitar os impostos.

Daremos, ainda, particular relevo às razões pessoais enquanto motivos que originam alguma resistência fiscal, tais como experiências individuais de vida, associadas à relação dos contribuintes com a administração fiscal no cumprimento dos impostos, e às razões baseadas nas atitudes colectivas. Estas ideias desenvolvem-se em torno do papel do Estado na economia, dos direitos e deveres entre o Estado e o cidadão, da relação entre os impostos que se pagam e os serviços públicos que se recebem, bem como da percepção acerca da distribuição da carga fiscal.

Relacionamos, também, o comportamento dos contribuintes, quanto a cumprir ou não cumprir, com sentimentos abstractos, tais como motivos religiosos, morais e filosóficos de um país.

Particular destaque é dado aos factores técnicos inerentes à estrutura do sistema fiscal que conduzem os indivíduos a cumprir mais facilmente de forma voluntária. Trata-se, como veremos, de factores maioritariamente associados à complexidade técnica e legislativa do sistema fiscal. Como é sabido, a instabilidade e insegurança do sistema fiscal induz a maior complexidade e, por isso, a dificuldades acrescidas de cumprimento.

Pela importância que assumem, daremos especial atenção às várias estratégias a utilizar no combate ao não cumprimento fiscal. A política de combate à evasão e fraude deve ser conduzida tendo em atenção dois aspectos, os quais estão relacionados, mas que, por simplificação, são analisados separadamente. Por um lado, saber qual a forma mais eficiente de administrar os recursos da administração fiscal e, por outro, identificar as formas de aumentar as receitas fiscais e o cumprimento fiscal voluntário.

Serão objecto de atenção detalhada a estratégia económica, a sociológica e psicológica, a técnica e administrativa e a de simplificação, no estudo das medidas que podem ser tomadas em conjunto ou isoladamente no combate à evasão e fraude fiscal.

Nas medidas económicas analisaremos as penalidades e o risco do contribuinte ser detectado, enquanto os motivos sociológicos e psicológicos centrar-se-ão, sobretudo, na análise das diferentes formas de educar fiscalmente os contribuintes.

Algumas características técnicas e administrativas da tributação do rendimento influenciam significativamente o grau de cumprimento. Seleccionaram-se para objecto de discussão algumas delas, como sejam a estrutura de taxas, os sistemas de informação cruzada, os benefícios fiscais, abatimentos e deduções à colecta, a tributação separada ou conjunta da unidade familiar, e os regimes simplificados de cálculo do imposto.

Por último, quanto à estratégia de simplificação da lei fiscal, debruçamo-nos sobre a necessidade de simplicidade legislativa como forma de incentivar e facilitar o cumprimento das obrigações tributárias.

Elaboramos, no terceiro capítulo, uma análise comparativa dos diferentes estudos que mediram os custos de cumprimento do sistema fiscal, dando particular relevo aos aspectos metodológicos relativos à medição dos custos de cumprimento do imposto sobre o rendimento. Após uma breve referência à evolução histórica dos principais estudos, comparamos resultados obtidos e metodologias utilizadas em alguns países da OCDE. Dividimos os estudos em três categorias: os estudos de grande dimensão (*Large Scale Surveys*) que quantificam, em termos nacionais, os custos de cumprimento na perspectiva dos contribuintes, indivíduos ou empresas; os estudos de pequena dimensão (*Depth Surveys*) ou estudos de casos (*Case Studies*) que avaliam os custos para os contribuintes objecto de análise; e, por fim, outros estudos que medem os custos de cumprimento numa perspectiva diferente da dos contribuintes, a dos profissionais que tratam das matérias fiscais.

A medida e quantificação dos diferentes custos associados ao cumprimento do sistema fiscal constitui, pela própria natureza dos custos, uma tarefa extremamente difícil. Os resultados a que chegaram os diferentes estudos empíricos existentes apresentam importantes limitações, pelo que os resultados empíricos serão analisados somente nos países onde a informação é mais comparável. É o caso do Reino Unido, da Austrália, dos Estados Unidos da América (EUA) e da Nova Zelândia.[2] Estabelecem-se, assim, sempre que possível, comparações quanto à dimensão, distribuição, e identificação das componentes dos custos de cumprimento dos contribuintes individuais e das empresas.

Finalmente, o último capítulo da primeira parte identifica os factores associados aos custos de cumprimento em sede de tributação do rendimento. Apreciaremos as características pessoais, económicas, técnicas, psicológicas e sociológicas dos contribuintes que, em sede da tributação pessoal, influem nos custos do cumprimento tributário. No tocante ao imposto do rendimento societário, são abordadas as características das empresas, tais como a dimensão, o sector de actividade, e o mercado, como possíveis factores determinantes de custos de cumprimento.

Na segunda parte deste trabalho, intitulada: "Os custos de cumprimento no sistema fiscal português: metodologia de investigação e análise de resultados", desenvolvem-se os aspectos metodológicos da nossa investigação, realizamos testes estatísticos com vista à confirmação das hipóteses e analisamos os resultados obtidos.

No primeiro capítulo, medimos os custos de cumprimento dos contribuintes individuais no sistema fiscal português e identificamos os factores responsáveis por esses custos. Pretendemos testar a influência das características pessoais, económicas, técnicas, psicológicas e sociológicas dos contribuintes nos custos de cumprimento.

Nas características pessoais, procuramos saber se o estado civil, o número de dependentes, a idade, e o grau de instrução têm influência nos custos.

No que diz respeito aos factores económicos, analisamos a influência da actividade principal exercida e do montante de rendimento nos custos de cumprimento das regras fiscais.

Alguns factores técnicos, inerentes à própria estrutura do sistema fiscal, também são aqui objecto de análise, tais como o número de fontes de rendimento, e os conhecimentos fiscais dos contribuintes. Esta análise é

---

[2] Ao longo de mais de 20 anos foram sempre estabelecidas comparações internacionais dos custos de cumprimento dos sistemas tributários do Reino Unido, dos EUA, da Austrália, e da Nova Zelândia.

complementada com uma breve abordagem qualitativa das dificuldades fiscais sentidas pelos contribuintes no cumprimento fiscal.

Quanto aos factores psicológicos, é nosso objectivo, ainda que numa perspectiva qualitativa, saber se os contribuintes incorrem em custos psicológicos, bem como caracterizar o perfil dos contribuintes que suportam custos mais elevados.

A forma como os contribuintes se relacionam com a administração fiscal e a predisposição destes para o cumprimento são analisados no final, aquando do estudo dos factores sociológicos.

Dado que pretendemos não só quantificar os custos mas, também, analisar a sua distribuição e os seus determinantes, optámos por recorrer ao uso de um questionário por aplicação de entrevista directa, uma vez que permite recolher informação mais fidedigna relativamente às causas e determinantes dos custos de cumprimento. O local escolhido para a realização das entrevistas presenciais foi, pois, por limitações orçamentais e de tempo, a repartição de finanças de cada concelho do distrito de Coimbra.

Usando os resultados obtidos no questionário, calculamos os custos de cumprimento directamente suportados pelos contribuintes, incluindo quer os custos de "tempo", quer os outros custos incorridos e necessários ao cumprimento fiscal. Trata-se, assim, dos custos na recolha da informação, no preenchimento e envio da declaração de rendimentos, na compra de impressos, de livros, e de equipamento, entre outros. O cálculo dos custos de cumprimento dos contribuintes individuais e a análise dos resultados são elaborados, separadamente, para dois tipos de contribuintes, sem e com ajuda profissionalizada.

A metodologia estatística que utilizamos para testar as nossas hipóteses de estudo, é, numa primeira fase, a análise de variância simples, já que pretendemos determinar o efeito isolado de cada variável explicativa na variável dependente, que são os custos de cumprimento. Numa segunda fase, elaboramos uma análise de variância a mais do que um factor, na medida que se pretende analisar o efeito combinado das diversas variáveis explicativas nos custos de cumprimento. Por fim, pretendendo aferir a capacidade explicativa das nossas variáveis de estudo, apresentaremos um modelo global explicativo dos custos de cumprimento dos contribuintes individuais no seu conjunto.

No segundo capítulo, o debate da metodologia e da análise de resultados centra-se nos custos de cumprimento do imposto sobre o rendimento das pessoas colectivas (IRC). O nosso objectivo é avaliar quantitativamente os custos de cumprimento, detalhando as suas principais componentes, e, também, à semelhança dos contribuintes individuais, determinar os factores associados aos custos de cumprimento das empresas, para os quais formulámos hipóteses a testar.

Do conjunto de características das empresas societárias que determinam custos de cumprimento mais elevados, analisaremos, entre outras, a dimensão, o sector de actividade, e o mercado (nacional, europeu e internacional).

De seguida, apresentamos o questionário enviado, e expomos as razões da escolha da metodologia adoptada. Caracterizamos a amostra, que foi obtida pelos dados do programa informático *Datawarehouse* da Direcção Geral de Finanças, sublinhando as suas vantagens e as suas limitações. Avaliamos, assim, quer os custos de cumprimento internos, quer os externos, isto é, quando a empresa recorre a ajuda externa de profissionais fiscais para cumprir com os seus deveres fiscais.

Daremos ainda particular relevo, numa perspectiva qualitativa, à avaliação da complexidade e dos seus custos. Calculamos os custos devidos à complexidade legislativa, analisamos as áreas do sistema fiscal que causam maior complexidade às empresas, e, por fim, atribuímos um valor aos custos de contencioso tributário. A forma como as empresas se relacionam com a administração fiscal e os mecanismos mais eficazes no esclarecimento das dúvidas fiscais são também objecto de estudo.

A metodologia estatística aqui seguida coadunou-se com o tipo de questões formuladas, dependendo da escala de medida das variáveis e dos objectivos. Testamos, então, cada uma das hipóteses de investigação isoladamente e, em seguida, utilizamos o modelo de regressão linear múltiplo, cujo objectivo é identificar os factores que, em conjunto, mais influenciam os custos de cumprimento.

Finalmente, na terceira parte deste trabalho, discutiremos os resultados obtidos e as principais conclusões da análise efectuada.

PARTE I

OS CUSTOS DE CUMPRIMENTO DO SISTEMA FISCAL: DESENVOLVIMENTO TEÓRICO E REVISÃO DA LITERATURA

CAPÍTULO I
Identificação e caracterização dos custos da tributação

1. INTRODUÇÃO

O objectivo principal da cobrança de impostos é, historicamente, a obtenção de receitas necessárias ao financiamento das despesas do sector público.[3] A imposição fiscal representa, assim, uma transferência de recursos dos contribuintes, individuais e colectivos, para o Estado.

Esta transferência origina quatro tipos de custos[4]: de redução da capacidade económica; de eficiência; administrativos; e de cumprimento.

---

[3] Considera-se que um sistema fiscal deve obedecer a um conjunto de objectivos: suficiência de receitas; neutralidade; justiça; e, por fim, simplicidade e minimização dos custos de cobrança. A estes objectivos, Xavier de Basto acrescenta ainda a capacidade concorrencial dos sistemas fiscais. Embora beneficiem de uma aceitação generalizada, estes objectivos entram frequentemente em conflito uns com os outros, e diferentes economistas possuem perspectivas diversas sobre o equilíbrio adequado que deverá existir entre eles. Sobre os objectivos de um sistema fiscal pode ver-se por exemplo: Xavier de Basto, José Guilherme (2005), "Tópicos para uma reforma fiscal impossível", in: *Notas Económicas*, n.º 19, pp. 8-17; Casalta Nabais, José (2003), *Direito Fiscal*; 2ª Edição, Coimbra, Almedina, pp. 123-206; Freitas Pereira, Manuel Henrique (2005), *Fiscalidade*, Coimbra, Almedina, pp. 63-74; Saldanha Sanches, José Luís (2002), *Manual de Direito Fiscal*, 2ª Edição, Coimbra, Coimbra Editora, pp. 47-54; Silva Lopes, José (2001), "Sistema Fiscal Português", in: *Enciclopédia de Economia*, coordenação David R. Henderson e João César das Neves, Lisboa, Principia, pp. 377-387.

[4] Sandford, Cedric; Godwin, Michael; Hardwick, Peter (1989), *Administrative and Compliance Costs of Taxation*, Bath, Fiscal Publications, pp. 3 e ss; Evans, Chris *et al.* (2000), "Tax compliance costs: research methodology and empirical evidence from Austrália", in: *National Tax Journal*, Volume 53, n.º 2, pp. 320-345; e, na bibliografia portuguesa, Santos, José Carlos Gomes (1995), "Uma visão integrada dos custos associados ao financiamento público através de impostos – o caso dos custos de eficiência, administração e cumprimento", in: *Ciência e Técnica Fiscal*, n.º 378, pp. 31-59; Lopes, Cidália M. Mota (2006), "Os custos de tributação na história da economia", in: *Homenagem José Guilherme Xavier de Basto*, Coimbra, Coimbra Editora, pp. 83-127.

Em primeiro lugar, o custo mais óbvio é aquele que deriva da redução da capacidade económica dos indivíduos por virtude do pagamento de impostos, custo e sacrifício esse que pode e deve ser confrontado com os benefícios resultantes das despesas públicas que o mesmo permite financiar.

Os custos de eficiência surgem de os impostos arrastarem consigo modificações ou comportamentos económicos eficientes dos agentes – indivíduos ou empresas – actuando, por exemplo, como desincentivo ao esforço, à iniciativa ou ao risco, e alterando as escolhas de consumo e de produção, o que pode conduzir a perdas para a economia.[5]

Por sua vez, os custos administrativos são os incorridos pelo governo na recolha e cobrança de impostos.

Por último, os custos de cumprimento correspondem às despesas suportadas pelos contribuintes no cumprimento das suas obrigações fiscais.[6] O conjunto dos custos administrativos e de cumprimento constitui os custos de funcionamento do sistema fiscal. Estes custos decorrem dos recursos utilizados na manutenção e funcionamento do sistema fiscal (ou de um imposto em particular), e que seriam poupados se o sistema fiscal (ou o imposto) não existisse.

A necessidade de minimização dos custos de funcionamento foi sublinhada pela primeira vez por Adam Smith, nas suas célebres quatro máximas acerca dos impostos em geral: igualdade; certeza; conveniência no pagamento; e economia na cobrança.[7]

Todavia, só tardiamente os custos da tributação começaram a ser objecto de atenção na literatura fiscal.

---

[5] Para uma análise mais detalhada das situações em que a aplicação de impostos pode gerar perdas de eficiência na economia, numa perspectiva teórica ver: Santos, José Carlos Gomes (1995), "Uma visão integrada dos custos associados ao financiamento público através de impostos – o caso dos custos de eficiência, administração e cumprimento", in: *Ciência e Técnica Fiscal*, n.º 378, pp. 31-59; e ver, também, Santos, José Carlos Gomes (2006), "Equidade fiscal revisitada", in: *Homenagem José Guilherme Xavier de Basto*, Coimbra, Coimbra Editora, pp. 407-418.

[6] Estes custos são designados, por Sandford, de *"Hidden Costs of Taxation"*, são difíceis de calcular mas assumem a maior importância, somando-se aos custos de eficiência para calcular os custos implicados pelos diferentes impostos. Cfr. Sandford, Cedric (1973), *Hidden Costs of Taxation*, London, Institute for Fiscal Studies, pp. 5 e ss.

[7] Smith, Adam (1776), *An Inquiry into the Nature and Causes of Wealth of Nations*, tradução portuguesa: Smith, Adam (1983) *Riqueza das Nações*, Volume II, 3ª Edição, Lisboa, Fundação Calouste Gulbenkian, pp. 485-489.

Inicialmente pensava-se que os custos de cumprimento dos sistemas fiscais seriam reduzidos ou insignificantes. Também não existia um modelo formal teórico explícito na política fiscal para minimizar os custos de tributação. Por sua vez, a exigência de estimativas fiáveis para quantificar os custos do sistema fiscal implicava uma investigação muito minuciosa e dispendiosa. Esta última envolve, com efeito, a recolha de uma grande quantidade de informação e a construção de bases de dados muito volumosas.[8]

Pode-se, no entanto, dizer que, em matéria de custos de funcionamento do sistema fiscal e das metodologias utilizadas, as dificuldades e limitações existentes não impossibilitaram o aparecimento, nomeadamente nos últimos anos, de diversos estudos, com diferentes graus de abrangência e de análise. Tal concretiza o crescente interesse internacional num ambiente de acrescida preocupação, por um lado, pelo peso e efeitos da fiscalidade e, por outro, pela necessidade de redução das despesas e défices públicos.

Nesta medida, a minimização dos custos e perdas de bem-estar gerados pelo sistema fiscal constitui hoje especial preocupação dos decisores públicos, ainda que sejam bem conhecidas as dificuldades em estabelecer o adequado equilíbrio entre, por um lado, a busca de maior eficiência, simplicidade e neutralidade e, por outro, o imperativo, não menos relevante socialmente, da equidade e da justiça fiscal.

Há, pois, que analisar a natureza dos custos operacionais ou de funcionamento do sistema fiscal, procedendo à definição dos conceitos e principais tipos de custos de funcionamento do sistema fiscal.

2. O CONCEITO DE CUSTOS DE TRIBUTAÇÃO

Os custos de funcionamento do sistema fiscal ou de um imposto em particular (aquilo a que na literatura anglo-saxónica se chama *tax operating costs* ou *running costs*) são constituídos por um conjunto bastante amplo e diversificado de custos que importa identificar e sistematizar.

---

[8] Acresce ainda o facto de, grande parte das vezes, esta informação não estar disponível e publicada.

Propõe-se uma primeira distinção entre os custos incorridos pelo sector público e pelo sector privado, para, a partir desta distinção, proceder à destrinça entre os custos administrativos e os custos de cumprimento.

2.1. Os custos do sector público

Os custos do sector público resultantes de um dado imposto são, em sentido lato, os gastos suportados regularmente pelo Estado com o funcionamento do sistema fiscal, ou os recursos que seriam poupados se o sistema fiscal, ou um imposto particular, não existisse.

A curto prazo, estas duas medidas de definição não são idênticas, já que existem custos iniciais ou temporários associados à introdução de um novo imposto. A longo prazo, as duas medidas de definição de custos do sector público tendem a convergir, uma vez que o efeito inicial dos custos de introdução de um novo imposto tende a diminuir, restando apenas os custos regulares do sistema fiscal.

Os custos do sector público mais óbvios são os incorridos na recolha e cobrança dos impostos, tais como ordenados e salários da administração fiscal, materiais e equipamento usado. Estes custos são os designados custos administrativos do sistema fiscal. Ainda assim, não constituem o total dos custos do sector público e, muitas vezes, o limite entre o que deve ser classificado como "custos administrativos" e "outros custos" não é explícito.[9]

Para calcular todos os custos de tributação do sector público, deveremos ter também em atenção os custos legislativos e outros resultantes da introdução de um novo imposto, bem como os custos de mudanças fiscais, os quais não se incluem na estrutura de custos da administração fiscal.

São os Ministérios, em especial o das Finanças, os principais determinantes da política fiscal e que, por isso, gastam o tempo necessário com os aspectos legislativos. Deste modo, os legisladores e as comissões nomeadas para elaborar novas leis ou para interpretar as já existentes auferem um salário que lhes é atribuído e pago pelo Estado.

---

[9] Sandford, Cedric; Godwin, Michael; Hardwick, Peter (1989), *Administrative and Compliance Costs of Taxation*, Bath, Fiscal Publications, pp. 3 e ss; e James, Simon; Nobes, Christopher (2000), *The Economics of Taxation – Principles, Police and Practice*, 7th Edition, London, Pearson Education, pp. 38-45.

A adicionar aos custos do sector público temos, ainda, os custos incorridos pelos tribunais. Por exemplo, podemos ter o julgamento de um caso de um imposto em dívida ou, referindo outro tipo de gastos, os custos do edifício do tribunal, os salários dos funcionários que se ocupam dos diferentes casos fiscais, até mesmo salários das empregadas de limpeza.[10]

Um outro tipo de custos do sector público, mas de natureza muito diferente dos anteriores, decorre da análise do conceito de "empréstimo livre de encargos" aos contribuintes.[11] Quer isto dizer que, em muitos impostos, contribuintes e terceiras entidades, nomeadamente empresas, são por vezes legalmente autorizadas a dispor, durante um certo período de tempo, de determinados impostos, tais como o imposto sobre o valor acrescentado (IVA), ou a reter na fonte, no caso dos impostos sobre o rendimento, uma parte do imposto. Esta situação corresponde, para as empresas, a um benefício de *cash flow* resultante da inexistência de uma coincidência temporal entre o facto gerador e o pagamento do imposto.[12] Na verdade, isto não significa um real empréstimo do Estado aos contribuintes e terceiras entidades, mas pode representar um custo financeiro para o Estado pela dilação no recebimento do tributo.[13]

Podemos, então, reflectir sobre as seguintes questões: quais os elementos que compõem os custos administrativos? Os custos associados à introdução de um novo imposto, os custos legais e os de oportunidade, são custos administrativos?

A fronteira não é clara.

Os custos associados à introdução de um novo imposto, que podemos designar de custos legislativos, incluem os custos com o pessoal da administração fiscal, do Ministério das Finanças e do Parlamento, bem como de

---

[10] Gammie, Malcolm (Ed.) (1993), *Striking the Balance: Tax Administration, Enforcement and Compliance in the 1990s*, London, The Institute for Fiscal Studies, p. 23.

[11] Sandford, Cedric; Godwin, Michael; Hardwick, Peter (1989), *Ob. Cit.*, p. 4.

[12] Por exemplo, em sede de Imposto sobre o Valor Acrescentado (IVA) existem dois períodos de imposto. O período de "colecta", no qual as empresas recolhem o imposto em nome das autoridades fiscais, e o período de "graça", no qual as empresas estão autorizadas a reter o imposto, e por isso a utilizá-lo, antes de o entregar ao Estado.

[13] Os benefícios de *cash flow* são, apenas, transferências entre o sector público e privado na economia. Na realidade, aquele benefício significa que a empresa recebe do Estado um "empréstimo livre de encargos", ao qual está associado um determinado custo de oportunidade para o sector público, como analisaremos, mais à frente aquando do estudo dos custos do sector privado.

outros solicitados para elaboração da lei fiscal.[14]/[15] Aos tribunais fiscais cabe interpretar e fazer cumprir a lei fiscal.

Mas parece razoável que os custos legislativos a que nos referimos anteriormente, aquando da introdução de uma nova lei fiscal ou novo imposto, bem como os custos dos tribunais fiscais, na interpretação e cumprimento da lei fiscal, sejam considerados como custos administrativos do sistema fiscal. Todavia, o procedimento mais usual, na literatura económica dos custos da tributação, é excluir o tempo gasto pelo Parlamento ou outros órgãos na elaboração da lei fiscal, assim como os custos dos tribunais, por se considerar que não fazem parte dos custos gerais incorridos para fazer funcionar o sistema fiscal. Segundo Sandford, no Reino Unido, considerava-se custos administrativos os directamente suportados pela administração fiscal e pelos seus departamentos. Também Vaillancourt, no Canadá, no seu estudo sobre os custos de cumprimento do imposto sobre o rendimento, concluiu que os custos fiscais dos tribunais constituem uma percentagem muito pequena do total de custos, por isso, ignorá-los não distorce, em muito, o valor dos custos gerais de funcionamento do sistema fiscal.[16]

Por último, e quanto aos custos de oportunidade relacionados com os "empréstimos livres de encargos" ao sector privado, não parece correcto que sejam classificados como custos administrativos, dado tratar-se de um tipo de custos que não está sob o controlo da administração fiscal. Podem

---

[14] Nos termos do art. 165.º n.º 1, alínea i) da Constituição da República (CRP) "É da exclusiva competência da Assembleia da República, salvo autorização do governo (...) legislar sobre a criação de impostos e sistema fiscal e regime geral das taxas e demais contribuições financeiras a favor das entidades públicas". O que significa que só a Assembleia da República pode legislar regulando directa e totalmente a matéria através das suas Leis ou, pode, através de uma Lei de autorização legislativa, autorizar o Governo da República (art. 165.º n.º 1, i) CRP), as Regiões Autónomas (art. 227.º, n.º 1, i) da CRP) ou as Autarquias Locais (art. 238.º, n.º 4 da CRP) a legislarem em conformidade com os objectivos e parâmetros por si fixados.

[15] Por seu lado, sob a epígrafe "Sistema fiscal" e segundo os números 2 e 3 do art. 103.º: "Os impostos são criados por lei, que determina a incidência, a taxa, os benefícios fiscais e as garantias dos contribuintes"; e, "ninguém pode ser obrigado a pagar impostos que não hajam sido criados nos termos da Constituição, que tenham natureza retroactiva ou cuja liquidação e cobrança se não façam nos termos da lei."

[16] Vaillancourt, François (1989), "The Administrative and Compliance Costs of Personal Income Taxes and Payroll Tax System in Canada", *Canadian Tax Paper*, n.º 86, Toronto, Canadian Tax Foundation.

existir, todavia, casos que justifiquem a inclusão de "empréstimos livres de encargos" nos custos administrativos, como no caso de o contribuinte não cumprir a lei, não pagando o imposto retido no tempo devido. Mas, em princípio, existem penalidades previstas que compensarão este custo.

Assim, a definição mais consensual de custos administrativos é a que corresponde aos custos do sector público incorridos na administração de um sistema fiscal (incluindo os custos da sua modificação).[17] Os custos legislativos da introdução de novas leis fiscais, bem como os custos legais, com a interpretação da lei e o cumprimento fiscal nos tribunais, e os custos de oportunidade resultantes dos "empréstimos sem juros", estão, por conveniência prática, habitualmente fora da definição de custos administrativos.

Apresenta-se, na figura 1.1, a estrutura dos custos do sector público.

[Figura n.º 1.1] Definição de custos do sector público

```
              ( Custos do sector público )
        ┌──────────────┴──────────────┐
( Administrativos )              ( Outros custos )
        │                     ┌──────────┴──────────┐
( Custos de administração )  ( Custos legais )  ( Custos de oportunidade )
```

Fonte: Sandford, Cedric *et al.* (1989), *Ob. Cit.*, p. 6.

2.1.1. *Os custos administrativos: seus componentes*

Os custos administrativos (*administrative costs*) são, então, constituídos pelas despesas e encargos com a manutenção e actividade dos departamentos do Estado competentes em matéria de cobrança e fiscalização. Compreendem, nomeadamente, os custos com o pessoal, isto é, os vencimentos e outras remunerações dos funcionários da administração fiscal, bem como os custos de alojamento (água, luz, rendas e limpeza) e

---

[17] Sandford, Cedric; Godwin, Michael; Hardwick, Peter (1989), *Administrative and Compliance Costs of Taxation*, Bath, Fiscal Publications, p. 5.

outros custos de correios, telefone, viagens, *software*, além dos custos fixos em equipamento e outros materiais usados.[18]

A definição de custos administrativos anteriormente apresentada tem a vantagem de se aproximar, de muito perto, dos custos suportados pela administração fiscal.

A principal dificuldade encontrada no cálculo e quantificação dos custos administrativos é, em grande parte das vezes, a falta de informação disponível.

Existem muitos países que não elaboram e guardam as componentes detalhadas da despesa pública para, posteriormente, atribuí-la a um imposto particular. Uma outra limitação decorre da dificuldade em atribuir um valor a esses custos. Na verdade, para estimar os custos de administração é necessário determinar o valor monetário dos recursos públicos afectos à administração e cobrança de um imposto particular. Pelo que, ao carácter parcelar da abordagem se somam, ainda, imputações algo arbitrárias relativas a custos comuns de instalação, equipamento e funcionamento, tanto mais difíceis quanto menor o tipo e o pormenor da informação disponível na administração pública.

Apesar destas limitações e dificuldades de cálculo, os custos administrativos têm sido objecto de avaliação.

2.1.2. *A medição dos custos administrativos: algumas comparações*

O indicador mais usado para medir os custos administrativos tem sido uma taxa de gestão fiscal.[19/20] Esta é obtida através do rácio entre os custos da administração fiscal e as receitas fiscais colectadas.

As taxas de gestão fiscal são frequentemente usadas para elaborar comparações internacionais sobre a eficiência das administrações fiscais.[21]

---

[18] Sandford, Cedric (1973), *Hidden Costs of Taxation*, London, Institute for Fiscal Studies, pp. 1-3.

[19] Summary Working Document (2001), *Learning labour on the cost of tax management following the meeting of 1st October*, 20 pp.

[20] Designada também de *cost of collection ratio* em muitos documentos de trabalho.

[21] Existem pelo menos dois significados para o requisito da eficiência da tributação: o da eficiência económica, entendida como ausência de distorções na afectação de recur-

Veja-se, no quadro 1.1, o valor das taxas de gestão para os anos 2000, 2001 e 2002, em alguns países da OCDE, de modo a elaborar algumas comparações e a situar o caso português no conjunto das restantes administrações fiscais

Pela análise do quadro podemos dividir os países em três grupos.

O primeiro é constituído pela Suécia, Estados Unidos e Noruega, incluindo as administrações fiscais mais eficientes, com custos de 0,5% das receitas fiscais colectadas, aproximadamente. No segundo grupo, estão as administrações fiscais menos eficientes (Japão, Países Baixos e Portugal), com custos superiores a 1,5% das receitas fiscais. Por último, e no terceiro grupo, estão os restantes países com custos das receitas fiscais colectadas aproximadamente compreendidos entre 0,5% e 1,5%.

Como se observa a partir do quadro 1.1, as taxas de gestão fiscal divergem consideravelmente entre os países da OCDE. Estas diferenças devem-se a um conjunto de factores que não são os mesmos em todos os países.[22]

Em primeiro lugar, as diferenças existentes nas taxas e na estrutura dos impostos têm um impacto nas receitas fiscais e nos custos administrativos, afectando o valor do rácio. Por isso, as comparações elaboradas entre países que têm uma carga fiscal elevada (como por exemplo, em muitos países europeus em que a carga fiscal se situa normalmente nos 40%) e os que têm uma carga fiscal baixa (como é o caso dos países da Ásia) são pouco realistas, tendo em conta o peso da tributação nos diferentes países.

É necessário ter em consideração quando estamos a analisar o rácio custos e receitas fiscais, a existência de vários níveis de administração, isto é, as diferenças na administração dos vários impostos pelas instituições governamentais nos vários países. Por exemplo, nos EUA, os impostos

---

sos por via dos impostos; e o da eficiência enquanto requisito constitucional, que o art. 267.º n.º 5 da CRP refere tratar-se da "racionalização dos meios a utilizar pelos serviços." É este último sentido que agora nos interessa na nossa análise, já que se encontra mais directamente relacionado com a actuação da administração fiscal. Cfr. Brás Carlos, Américo Fernando, (2005), "Os princípios da eficácia e da eficiência fiscais", in: *Ciência e Técnica Fiscal*, n.º 416, Lisboa, Ministério das Finanças, 163-181, e Brás Carlos, Américo Fernando, (2006), *Impostos – Teoria Geral*, Coimbra, Almedina, pp. 140-144.

[22] OCDE (2004), *Tax Administration in OCDE Countries: comparative information series*, Centre for Tax Policy and Administration, Paris, OECD Publications, pp. 23-26 e p. 65.

[Quadro n.º 1.1] Comparação da taxa de gestão fiscal em alguns países da OCDE
(em percentagem)

Países	Taxa de gestão fiscal = custos administrativos / receitas fiscais		
	2000	2001	2002
Alemanha	-	-	-
Austrália	1,11	1,27	1,19
Áustria	0,80	0,71	0,72
Bélgica	-	-	1,00
Canadá	1,07	1,08	1,20
Coreia do Sul	0,80	0,85	0,85
Dinamarca	-	-	0,73
Espanha	-	0,81	0,78
Estados Unidos da América	0,43	0,46	0,52
Finlândia	0,60	0,61	0,67
França	1,40	1,41	1,44
Grécia	-	-	-
Hungria	1,45	1,23	1,35
Irlanda	0,81	0,90	0,95
Islândia	-	-	1,12
Itália	-	-	-
Japão	1,42	1,54	1,62
Luxemburgo	-	-	-
México	-	-	-
Noruega	-	0,56	0,59
Nova Zelândia	1,44	1,21	1,17
Países Baixos	1,70	1,74	1,76
Polónia	0,95	1,06	1,32
Portugal	1,60	1,61	1,68
Reino Unido	1,10	1,11	1,15
República Checa	1,30	1,43	1,46
Suécia	0,43	0,44	0,42
Suíça	-	-	-
Turquia	1,94	2,12	0,86

Fonte: OCDE (2004), *Ob. Cit.*, p. 65.

directos são administrados a nível federal, enquanto que os impostos indirectos são administrados maioritariamente por autoridades a nível regional ou estadual. Noutros países, uma autoridade nacional recolhe os impostos a todos os níveis, como é o caso da maioria dos países europeus.

Ao mesmo tempo, as funções atribuídas às administrações fiscais podem divergir consoante o país. Por exemplo, em alguns países o combate à evasão e fraude é feito por uma instituição governamental separada da administração fiscal, o que implica que os custos dessa instituição não são tidos em consideração no rácio da taxa de gestão fiscal. Muitas vezes, a administração tributária é incumbida de outras funções, não relacionadas directamente com a administração dos impostos, tais como pagamentos de certos benefícios sociais ou de saúde.

As diferenças no processo de administração, liquidação e cobrança das contribuições para a segurança social e das pensões são, provavelmente, uma das principais razões explicativas da disparidade das taxas de gestão fiscal. Em alguns países, as contribuições para a segurança social são recolhidas pela mesma instituição responsável pela recolha dos impostos, como é o exemplo do Canadá, da Finlândia, dos Países Baixos, da Noruega, dos Estados Unidos e do Reino Unido. Outros países administram e cobram as contribuições para a segurança social através de uma instituição governamental própria e separadamente da administração fiscal, como por exemplo a França, a Alemanha, a Polónia, Espanha e Portugal.

Considerando que as contribuições para a segurança social constituem a principal fonte de rendimento em muitos países, a sua inclusão ou exclusão das receitas fiscais pode ter um impacto significativo no valor da taxa de gestão fiscal, pondo em causa a fiabilidade das comparações internacionais.[23]

Por fim, é necessário sublinhar que não existe uma metodologia comum a todos os países para medir as taxas de gestão fiscal. Os países que publicam as taxas de gestão fiscal não revelam, por regra, os detalhes dos seus cálculos. Assim, são certamente diferentes os custos considerados pelas diferentes administrações fiscais, tais como os recursos humanos, os tecnológicos e os de informação. O rácio pode ser também influen-

---

[23] Por exemplo, recalculando a taxa de gestão fiscal para a França, agregando os impostos com as contribuições para a segurança social, esta diminuiria de 1,4% para 1,13%.

ciado pela base de cálculo das receitas fiscais. Podem tratar-se de receitas fiscais brutas ou líquidas, isto é, após os reembolsos devidos em vários impostos.[24]

Na realidade, só uma harmonização das definições de custos e receitas a considerar poderia, eventualmente, homogeneizar os resultados. Assim, e tendo em atenção estas dificuldades, é discutível se a taxa de gestão fiscal constitui um bom indicador da eficiência de uma administração fiscal.

Na verdade, para além das limitações anteriormente referidas, a variabilidade das taxas de gestão fiscal pode, também, ficar a dever-se a outros factores que não se encontram relacionados com a eficiência das administrações fiscais, e que influenciam os valores do rácio.[25]

Em primeiro lugar, as alterações nas taxas de imposto podem ser um factor determinante da relação entre custos e receitas. Em teoria, a decisão de aumentar a carga fiscal pode diminuir a taxa de gestão fiscal em montante correspondente; porém, esta diminuição do rácio não está relacionada com a eficiência da administração fiscal.

Também as mudanças anormais nas taxas de crescimento económico ou nas taxas de inflação influenciam as receitas fiscais colectadas pela administração fiscal e, consequentemente, a relação entre custos administrativos e receitas fiscais.

Em terceiro lugar, a administração fiscal efectua, por regra, e de tempos a tempos, investimentos novos em material informático, equipamentos, edifícios ou outros materiais, os quais aumentam os custos administrativos a médio prazo, afectando, assim, a eficiência da administração fiscal a curto prazo, bem como a relação entre os custos e as receitas fiscais. A introdução de novos impostos também conduz a um incremento inicial dos custos administrativos, o que implica um impacto no rácio de custos e receitas, mas que tende a desvanecer-se a longo prazo.

Em quarto lugar, mudanças na entidade responsável por recolher um imposto particular podem conduzir a uma melhoria no rácio dos custos e

---

[24] Refira-se, a este propósito, que os Estados Unidos e a Irlanda, que apresentam rácios baixos, utilizam as receitas fiscais brutas no cálculo da taxa de gestão fiscal, enquanto a maioria dos restantes países recorre às receitas fiscais líquidas.

[25] OCDE (2004), *Tax Administration in OCDE Countries: comparative information series*, Centre for Tax Policy and Administration, Paris, OECD Publications, pp. 23-26 e p. 65.

receitas, a qual não se encontra relacionada com a eficiência da administração fiscal.[26]

Apesar destes factores externos limitarem a utilidade da taxa de gestão fiscal como indicador de eficiência, tem existido uma tendência para usá-lo em comparações internacionais.

A sua utilidade encontra-se, todavia, limitada por um factor fundamental, ainda não mencionado, o qual está relacionado com o montante de receitas fiscais potenciais. Este problema conduz-nos à necessidade de introduzir na análise outra noção, que está longe de ser nova na literatura económica, mas que foi desde sempre muito controversa – a noção de capacidade tributária que pode ser definida como a aptidão de um país para consagrar, através do imposto, uma parte dos seus rendimentos ao financiamento das despesas públicas. Da capacidade tributária resulta um nível de fiscalidade estimado ou potencial, ou seja, uma quantidade de receitas fiscais que poderiam ser obtidas tendo em conta a capacidade tributária de cada país.[27]

A taxa de gestão fiscal não toma em consideração a diferença entre o montante de receitas fiscais efectivamente cobradas e o máximo de receitas fiscais potenciais, a qual é designada na literatura por *tax gap*. Quer isto dizer que o montante de receitas fiscais efectivamente cobradas comparadas com as receitas fiscais potenciais, em percentagem, expressa o nível de cumprimento e mede também a eficiência da administração fiscal.

Assim, iniciativas que melhorem o cumprimento da lei fiscal, isto é, melhorem a eficiência, têm um impacto na relação dos custos e das receitas fiscais. Porém, porque este rácio ignora as receitas fiscais potenciais de cada sistema fiscal, o seu valor como indicador de eficiência é bastante limitado, já que países com o mesmo rácio podem revelar valores de eficiência das administrações fiscais bastante díspares. Na secção seguinte

---

[26] Por exemplo, na Austrália, a responsabilidade de colectar o imposto *excises* passou, em 1999, da *Customs Authority* para ser responsabilidade do *Australian Taxation Office* (ATO), o que conduziu a uma melhoria do rácio. Cfr. OCDE (2004), *Tax Administration in OCDE Countries: comparative information series*, Centre for Tax Policy and Administration, Paris, OECD Publications, p. 24.

[27] Cfr. Freitas Pereira, Manuel Henrique (2005), *Fiscalidade*, Coimbra, Almedina, pp. 316 e ss; e Bahl, Roy W. (1971) "A regression approach to tax effort and tax ratio analysis", in: *Staff Papers – International Monetary Fund*, Washington, Volume 18, n.º 3, pp. 570-612.

analisamos, então, a teoria fiscal subjacente aos custos administrativos, onde se toma em consideração o montante dos custos, bem como as receitas fiscais colectadas efectivas e potenciais.

2.1.3. *A teoria fiscal dos custos de administração*

Ilustramos a nossa análise através da figura 1.2, onde se exemplifica a relação entre as receitas fiscais, no eixo vertical, e os custos fiscais, no eixo horizontal, para um imposto particular, um grupo de impostos ou para o sistema fiscal no seu conjunto.

Seguimos nesta análise, de perto, Peter Dean, no seu estudo de 1973, acerca dos custos de funcionamento do sistema do imposto pessoal de rendimento, no Reino Unido.[28]

A linha PQ representa os rendimentos fiscais potenciais máximos, isto é, a base tributável multiplicada pelas taxas de imposto. A curva ABC apresenta a relação estabelecida entre os custos administrativos e os rendimentos ou receitas fiscais colectadas. Por sua vez, a distância OA mede os custos fiscais fixos iniciais. Na realidade, alguns custos administrativos iniciais são sempre incorridos antes de qualquer rendimento ser gerado.

A curva ABC apresenta, inicialmente, um formato curvo.[29] O ponto A, no qual rendimentos fiscais colectados são zero e certos custos fixos já foram incorridos, corresponde ao ponto no qual um novo imposto é introduzido no sistema fiscal. A partir do ponto A verificamos que, numa fase inicial, aumentos relativamente pequenos nos custos fiscais conduzem a aumentos em maior percentagem na receita fiscal colectada. Esta situação reflecte uma predisposição generalizada dos contribuintes para cumprir voluntariamente com o sistema fiscal, bem como a capacidade de gestão fiscal das autoridades fiscais para seleccionar os casos mais fáceis e, por isso, mais rentáveis para o Estado.

Todavia, após o ponto B, aumentos substanciais dos custos administrativos conduzem a uma diminuição na proporção das receitas colectadas.

---

[28] Dean, Peter (1973), *Some Aspects of Tax Operating Costs with Particular Reference to Personal Taxation in United Kingdom*, PhD Dissertation, Bath, Bath University, pp. 5-12.

[29] Em relação ao formato da curva ABC não foi feito nenhum estudo empírico que comprove a sua forma. Por isso, esta é baseada numa suposição.

Assim, a curva ABC vai-se tornando horizontal à medida que a linha PQ se aproxima, o que conduz a uma diminuição da taxa de crescimento das receitas à medida que os custos administrativos aumentam. Significa isto que, quanto mais a curva ABC se aproxima do eixo PQ, maiores são os custos necessários para recolher uma unidade adicional de receitas fiscais, isto é, os custos marginais são superiores às receitas marginais.

[Figura n.º 1.2] A relação entre os custos administrativos e as receitas fiscais efectivas e potenciais

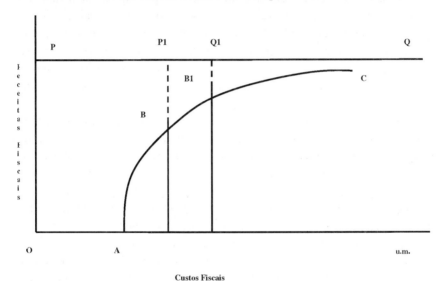

Fonte: Dean, Peter (1973), *Ob. Cit.*, p. 7.

Na verdade, em toda a área entre B e C temos contribuintes aos quais cada vez é mais difícil extrair imposto. Neste caso, podemos concluir que alguns contribuintes que se encontram nesta área são mais difíceis de contactar, outros resistem ao pagamento dos impostos até ao último momento, enquanto outros estarão preparados para fugir ao cumprimento. As autoridades fiscais deparam-se assim com situações cada vez mais complexas, aumentando, deste modo, o custo por unidade de receitas fiscais colectadas. Por este motivo, a curva ABC vai-se tornando horizontal à medida que se aproxima a linha PQ.

A linha PQ representa, como vimos, o total de receitas fiscais potenciais máximas. Aparece aqui definida como uma linha, porém, na prática é de definição rigorosa difícil devido aos fenómenos de fuga, evasão e fraude fiscal.[30]

A fraude fiscal, ao resultar de uma erosão da base tributável, conduz, no diagrama em análise, à deslocação da linha PQ para baixo em direcção ao eixo horizontal. Assim, o intervalo entre a linha PQ e a curva ABC representa a parte do rendimento ou das receitas que é legalmente recuperável mas que se mantém por colectar.

Existem, fundamentalmente, dois motivos principais que tornam difícil conseguir colectar estas receitas para as autoridades fiscais.

O primeiro está relacionado com um comportamento intencional supostamente conhecido dos contribuintes e que é contrário à lei. Aqui estamos perante uma situação de não cumprimento voluntário, ao qual está geralmente associado um montante de evasão fiscal intencional ou voluntária.

O segundo factor deriva de um comportamento não intencional dos contribuintes, o qual é devido à ignorância de regras fiscais fundamentais. Neste caso, temos uma situação de não cumprimento involuntário, com um montante de evasão fiscal não intencional ou involuntária.

Em sistemas fiscais desenvolvidos, uma grande parte do rendimento por colectar deve-se à evasão intencional ou ao não cumprimento voluntário dos contribuintes. Nestes sistemas, os contribuintes estão normalmente familiarizados com os conceitos fiscais e com as suas obrigações. O rendimento por colectar reflecte, assim, um pequeno número de contribuintes porventura mal informados das suas responsabilidades fiscais, bem como os efeitos conscientes daqueles que pretendem reduzir os seus impostos através de métodos contrários à lei.

Se considerarmos, todavia, a introdução de um imposto sobre o rendimento numa economia subdesenvolvida caracterizada, entre outras coisas, por um grande analfabetismo e um peso bastante elevado do sector de subsistência, uma grande parte de receitas perdidas deve-se à evasão não

---

[30] A definição destes conceitos, bem como das suas consequências na sociedade e na economia em geral, é feita no capítulo seguinte, aquando da análise do comportamento dos contribuintes, de cumprimento ou não cumprimento das suas obrigações fiscais.

intencional, particularmente, se os recursos da administração fiscal forem limitados.[31] Neste caso, a curva ABC deslocar-se-ia para baixo, como podemos ver na figura 1.3.

[Figura n.º 1.3] A relação entre os custos administrativos e as receitas fiscais nos sistemas tributários dos países desenvolvidos e dos países subdesenvolvidos

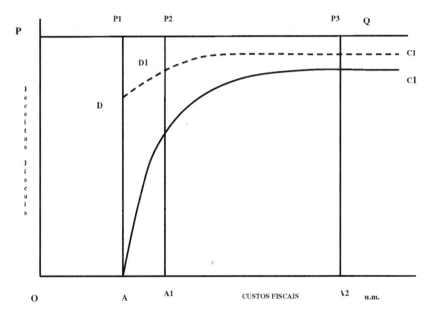

Fonte: Dean, Peter (1973), *Ob. Cit.*, p. 8.

---

[31] Na generalidade destes países, a relação entre o conjunto dos impostos e o rendimento nacional é bastante baixa, por motivos que se prendem com o baixo nível do rendimento individual e das empresas, com o reduzido papel do Estado, com a má qualidade da administração fiscal e com a impossibilidade material de proceder às cobranças com regularidade. Normalmente nestes países a administração fiscal é pouco eficiente, por vezes pesada em termos de efectivos, ao que acresce muitas vezes a circunstância de as próprias leis fiscais herdadas de situações coloniais serem inadequadas às estruturas económicas e às necessárias políticas de desenvolvimento. Para uma análise mais detalhada sobre este assunto ver, por exemplo, Sousa Franco, António L. (1996), *Finanças Públicas e Direito Financeiro*, Volume II, 4ª Edição – 3ª Reimpressão, Coimbra, Almedina Editora, p. 171 e ss.

Como observamos a partir da figura 1.3, a curva AC representa as receitas tributárias realmente arrecadadas pelas autoridades fiscais. O intervalo entre a curva AC e a linha PQ traduz a parte das receitas fiscais perdidas ou por colectar. A evasão fiscal não intencional ocupa, agora, a área entre AC e DC1. Atente-se que a distância vertical entre estas curvas diminui à medida que os custos aumentam, o que se deve, em parte, a um melhor e mais efectivo controlo fiscal dos contribuintes.

Tal como será discutido no capítulo seguinte, a posição da linha AC é provavelmente diferente de país para país, bem como de imposto para imposto, sendo certamente o produto de diversos factores, tais como a probabilidade de uma inspecção, a importância e a natureza das penalidades, o nível das taxas fiscais, os métodos administrativos de recolha de impostos e a moralidade fiscal dos contribuintes em geral.

Numa economia desenvolvida, com uma população de contribuintes educada e uma administração fiscal eficiente, opera-se com uma baixa diferença entre a receita fiscal potencial e a efectiva. Assim, a maioria do rendimento tributável potencial é colectado, e a parte por arrecadar deve-se, fundamentalmente, a um grau de evasão fiscal aceitável. Na verdade, uma pequena percentagem de evasão fiscal está sempre presente, qualquer que seja o sistema fiscal. Nesta situação, os custos fiscais surgem até ao ponto onde os aumentos de rendimento resultam de incrementos substanciais de custos que não são de negligenciar.

Numa economia subdesenvolvida, com uma população analfabetizada e grande peso do sector de subsistência, a administração fiscal opera com uma grande diferença entre a receita fiscal potencial e a efectiva. Os rendimentos são, assim, receptivos a aumentos de custos, enquanto uma grande parte das receitas fiscais potenciais permanece por arrecadar. A evasão fiscal não intencional engloba, então, uma grande parte do rendimento por recolher das autoridades fiscais.

Podemos, pois, concluir que qualquer que seja o sistema fiscal, o nível de taxas de imposto ou a estrutura fiscal, a administração fiscal tem sempre como objectivos principais a arrecadação de receitas fiscais com o menor nível de custos, o que implica uma deslocação da curva ABC para a esquerda, e o combate à fraude e evasão fiscal, o que conduz a uma deslocação da linha PQ para baixo e em direcção ao eixo do X.

Esta situação aparece descrita na figura 1.4.

[Figura n.º 1.4] O combate à fraude e evasão fiscal e a relação entre custos administrativos e receitas fiscais

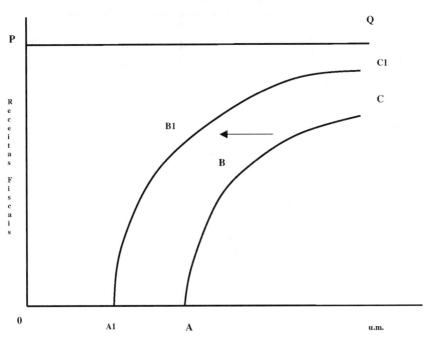

CUSTOS FISCAIS

Fonte: Dean, Peter, (1973), *Ob. Cit.*, p. 10.

Da análise da figura 1.4 podemos verificar que a deslocação da curva ABC para cima e para a esquerda, para a curva A1 B1 C1, conduz a um ganho de produtividade para a administração fiscal. Assim, as mesmas receitas são arrecadadas a um menor custo, ou o mesmo será dizer que mais receitas serão colectadas ao mesmo custo.

Uma subida nas taxas de imposto provoca, por seu turno, um efeito na estrutura dos custos e das receitas fiscais de um determinado sistema fiscal. Vejamos, assim, as mudanças observadas na figura 1.5.

Como podemos observar pela análise da figura 1.5, verifica-se uma deslocação da linha PQ para P1Q1, e da curva ABC para A1B1C1 e, assim, um novo rácio custo fiscal/receitas fiscais.

[Figura n.º 1.5] As taxas de imposto e a estrutura de custos e receitas fiscais

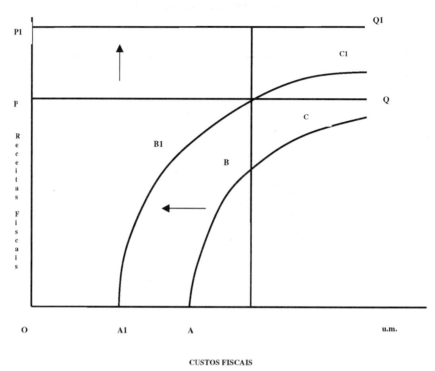

Fonte: Dean, Peter (1973), *Ob. Cit.*, p. 12.

O intervalo que representa a evasão ou fraude fiscal, a área entre a curva A1B1C1 e a linha P1Q1 é, agora, maior do que o intervalo na situação inicial.

Na verdade, esta situação está de acordo com o princípio geralmente aceite em finanças públicas de que um aumento nas taxas de imposto estaria, *ceteris paribus*, associado a mais evasão, uma vez que as taxas de imposto marginais altas aumentam os incentivos para os indivíduos com rendimentos mais elevados investirem em complicados esquemas de fuga aos impostos.[32]

---

[32] A este propósito, refere Xavier de Basto que taxas muito elevadas constituem em si mesmas um factor de incremento da fuga aos impostos. São, porventura, um sinal claro

A teoria dos custos da tributação sublinhada acima sugere dois critérios para que um imposto seja administrado eficientemente.

O primeiro critério baseia-se no estudo dos custos do sistema fiscal em percentagem das receitas fiscais obtidas. Este critério é, pois, uma condição necessária, mas não suficiente, da eficiência, dado que apenas assegura que o conjunto das receitas cobradas está disponível para os objectivos de política fiscal.

O segundo critério de eficiência assenta no facto da recolha de impostos dever, também, ser representada por uma percentagem dos rendimentos fiscais potenciais de acordo com uma determinada base tributável e determinadas taxas de imposto.

É difícil pôr em prática estes dois critérios de eficiência porque nenhum deles é absoluto. Na realidade, não existe nenhuma forma objectiva de conhecer se um dado nível de eficiência ou um dado valor do rácio custo/receitas é o mais adequado para um sistema fiscal. Mais ainda, estes dois critérios entram frequentemente em conflito. Na verdade, e regra geral, níveis elevados de eficiência implicam altos níveis de custos para as receitas obtidas, enquanto baixos rácios de custo/receitas conduzem a um inaceitável grau de evasão fiscal. Os dois critérios em conjunto vão, todavia, na mesma direcção, especificando as condições para aumentar a eficiência da administração fiscal. Não podemos, ainda assim, deixar de sublinhar, uma vez mais, os cuidados a ter na interpretação do significado e uso do rácio custos fiscais/receitas fiscais.

2.2. Os custos do sector privado

A existência de um qualquer imposto introduz uma diversidade de custos para o sector privado.[33]

---

do não controlo da evasão e da fraude pelos serviços, pois, muitas vezes, as taxas legais crescem porque as efectivas não se aplicam na prática. Ao contrário, as taxas legais moderadas são um estímulo ao cumprimento voluntário da lei. Com taxas não muito elevadas, o benefício pela evasão pode deixar de compensar os riscos ligados à sua descoberta; Xavier de Basto, José Guilherme (1994), "Uma reflexão sobre a Administração fiscal"; in: *Notas Económicas*, n.º 4, Novembro, pp. 100-108.

[33] Sandford, Cedric (1995), "Minimising administrative and compliance costs", in: *More Key Issues in Tax Reform*, Bath, Fiscal Publications, pp. 89-105.

O custo mais óbvio para o contribuinte é o financeiro, ou seja, o correspondente ao pagamento do imposto.

Existem, também, custos sociais e de bem-estar que surgem das distorções provocadas por um imposto. Assim, um imposto sobre o rendimento distorce as decisões entre trabalho e lazer, enquanto um imposto sobre os bens e serviços pode alterar os padrões de consumo ou de produção, provocando, por exemplo, ineficiências na afectação de recursos.

A adicionar a estes custos temos, ainda, os incorridos pelos contribuintes e terceiras entidades no cumprimento das suas obrigações tributárias, nomeadamente, o tempo dispendido no preenchimento da declaração de rendimentos, na recolha de informações ou outro material necessário.

Podemos, agora, suscitar a seguinte questão: quais os custos do sector privado que deveremos classificar como custos de cumprimento?

A resposta a esta questão não é simples. Na verdade, a fronteira entre os custos de eficiência e os custos formais de cumprimento também não é muito clara.

Os custos de eficiência não são apenas função da existência do imposto, mas também da forma como este foi concebido. Por exemplo, para um nível de rendimento igual, um imposto sobre o consumo incidente sobre todas as transacções, sem crédito de imposto para os *inputs*, isto é, um imposto em cascata ou cumulativo,[34] pode originar distorções na estrutura industrial, ou seja, na forma como os proprietários organizam os seus negócios. Na realidade, um imposto cumulativo penaliza os processos produtivos desintegrados (isto é, em que intervêm muitas unidades independentes) e estimula a integração vertical das fases produtivas,[35] enquanto que um tributo operando com crédito imposto suportado é neutro, dado não introduzir distorções deste tipo.

Os custos de eficiência são, então, os incorridos pelo sector privado e que resultam da introdução e estrutura de um dado imposto. As regras para corrigir algumas das distorções mais graves são elas próprias, muitas vezes, fonte de complexidade e contencioso.

---

[34] Hoje, os impostos em cascata praticamente não existem nos sistemas fiscais dos países desenvolvidos. Na Europa, a Espanha foi o último país a abandonar este tipo de imposto de transacções.

[35] Sobre este problema, hoje sem o mesmo interesse prático de outrora, pode ver-se, por exemplo, Xavier de Basto, José Guilherme (1991), "A tributação do consumo e a sua coordenação internacional", in: *Ciência e Técnica Fiscal*, n.º 164, Lisboa, Ministério das Finanças, pp. 28-35.

No presente trabalho não pretendemos, porém, analisar os custos de eficiência inerentes à introdução de um imposto. O nosso primeiro objectivo centra-se, antes, no estudo dos custos incorridos pelos contribuintes e terceiras entidades em cumprirem com um determinado conjunto de obrigações resultantes de um imposto.

É necessário, assim, clarificar o conceito de custos de cumprimento, dada a ambiguidade literária que o mesmo pode suscitar.

De um lado, podemos considerar estes custos como os incorridos pelas autoridades em assegurar o cumprimento da lei fiscal. Neste caso, estaríamos perante um custo do sector público em que uma parte seria custos administrativos. De outro lado, temos os custos suportados pelos contribuintes e terceiras entidades no cumprimento das obrigações fiscais. Nesta situação, estamos perante um custo do sector privado.

Para os fins que nos interessam, que são os da análise dos custos de cumprimento, iremos debruçar-nos apenas sobre os custos habitualmente designados por "custos de cumprimento do contribuinte". Por isso, quando nos referirmos, neste trabalho, aos custos de cumprimento é unicamente na perspectiva do contribuinte.

2.2.1. *Os custos de cumprimento das obrigações tributárias*

Segundo Sandford,[36] e tal como já foi referido anteriormente, os custos de cumprimento incluem não só o tempo despendido pelos contribuintes com os seus assuntos fiscais, mas também as despesas incorridas com guias fiscais, equipamento informático, e com consultores fiscais, a quem os contribuintes recorrem para cumprirem com as suas obrigações tributárias.[37]

---

[36] Sandford, Cedric (1973), *Hidden Costs of Taxation*, London, Institute for Fiscal Studies, p. 10.

[37] Em Portugal, Albano Santos designou os custos de cumprimento por *custos de sujeição*. Estes últimos incluem todos os custos susceptíveis de avaliação pecuniária que o sistema fiscal faz o contribuinte suportar directamente, o que compreende um conjunto variado de encargos onde, a par da soma entregue nos cofres públicos para pagamento dos impostos, se deve contar a expressão financeira de outros ónus suportados, seja para o cumprimento das obrigações fiscais (por exemplo, o tempo gasto no preenchimento de formulários e nos contactos com a administração tributária, custos de recolha e conservação dos elementos contabilísticos que documentam a situação fiscal), seja para se subtrair a essas obrigações (por exemplo, gastos com o aconselhamento tributário). Cfr. Santos,

A figura 1.6 é, pois, uma tentativa de sistematização das principais formas que assumem os custos de cumprimento.

[Figura n.º 1.6] Os custos de cumprimento: formas principais

```
OS CUSTOS DE CUMPRIMENTO: FORMAS PRINCIPAIS

                    CUSTOS DE CUMPRIMENTO
                    /                    \
    CONTRIBUINTES INDIVIDUAIS         TERCEIRAS ENTIDADES
         /        \                      /            \
                                  Ajuda Voluntária   Empresas
                                         |              \
   Monetários  Psicológicos         Monetários      Psicológicos
       |            |                    |                |
  Honorários    Ansiedade e        Honorários pagos   Receio e medo de
  pagos aos    incompreensão       aos profissionais  fiscalização
  profissionais                    e ao departamento
                                   de pessoal e fiscal

       Tempo           Tempo              Tempo
         |               |                  |
   Ex: Preenchimento  Trabalho         Ex: Tempo despendido
   da Declaração de   Voluntário       pelo proprietário de
   Rendimentos                         uma pequena e média
                                       empresa
```

Fonte: Sandford, Cedric; Godwin, Michael; Hardwick, Peter (1989), *Ob. Cit.*, p. 11.

Albano (2003), *Teoria Fiscal*, Lisboa, Instituto Superior de Ciências Sociais e Políticas, Universidade Técnica de Lisboa, pp. 437-438.

Como se pode concluir da figura 1.6, os custos de cumprimento dividem-se em três grupos principais: os custos de tempo; outros custos monetários; e os custos psicológicos.

Os custos de tempo são, de uma forma geral, o valor do tempo gasto pelos contribuintes individuais e colectivos no cumprimento das obrigações fiscais.[38] Diga-se, a este respeito, que é particularmente difícil de medir o tempo gasto em perguntas e dúvidas acerca dos impostos. Esta dificuldade aumenta quando os esclarecimentos fiscais são dados, não por profissionais, mas por familiares e amigos.

Para os contribuintes individuais, os custos incluem o tempo despendido no arquivo de documentos e no preenchimento da declaração de rendimentos. E os custos monetários englobam outras despesas de carácter geral, tais como telefone, livros, equipamento e honorários pagos a consultores fiscais.

Por sua vez, para os contribuintes colectivos, os custos de cumprimento dividem-se em internos e externos. Os primeiros correspondem ao tempo gasto internamente pelos empregados e directores da empresa com os assuntos fiscais, o qual é valorado através do ordenado atribuído aos mesmos. Por sua vez, os custos externos representam os incorridos fora da empresa com o aconselhamento fiscal.

Temos, ainda, a acrescer, nos dois tipos de contribuintes, o custo com a aquisição de conhecimentos para levar a cabo as tarefas inerentes ao cumprimento fiscal, incluindo os conhecimentos das suas obrigações legais e respectivas penalidades.

Para terminar, a complexidade e incerteza na legislação fiscal[39] pode implicar custos adicionais de cumprimento para os contribuintes (empre-

---

[38] O tempo gasto no cumprimento fiscal acaba por se transformar por certo num encargo adicional que atinge montantes significativos, pois é amplamente perfilhado pelos contribuintes dos sistemas fiscais mais modernos que "são tantas as guias, os talões, as assinaturas, as complicações (...) que o trabalho e tempo despendido pelo contribuinte, em satisfazer todas essas formalidades, e os prejuízos causados pelas demoras, representam, em grandíssimo número de casos, maiores valores do que as somas pagas ao Estado." Santos, Albano (2003), *Teoria Fiscal*, Lisboa, Instituto Superior de Ciências Sociais e Políticas, Universidade Técnica de Lisboa, p. 438.

[39] Sobre a noção de complexidade fiscal, bem como dos factores responsáveis por ela, ver, por exemplo, Slemrod, Joel, Bakija, Jon (2001), *Taxing Ourselves – A citizen's guide to the great debate over Tax Reform*, 2nd Edição, Massachusetts, Massachusetts Institute of Technology, pp. 133-164. e Slemrod, Joel (Ed.) (1992), *Why People Pay Taxes – Tax Compliance and Enforcement*, Michigan, The University of Michigan Press, pp. 333-349.

sas e particulares), bem como alguma angústia no processo de cumprimento e pagamento dos impostos.

Os custos psicológicos, tais como alguma ansiedade e nervosismo suportados no processo de pagamento dos impostos, deverão ser igualmente incluídos.[40] Alguns contribuintes recorrem, pois, a profissionais para diminuir o seu grau de preocupação. Assim, muitas vezes, estes custos psicológicos transformam-se em custos monetários.

Este receio e ansiedade suportados pelos contribuintes podem ter várias causas.

A primeira resulta da complexidade da declaração de rendimentos, a qual aumenta com o número de categorias de rendimento auferido, o que, obviamente, complica o processo de apuramento dos impostos.

Outra causa de preocupação, mesmo para os contribuintes mais honestos, é a pressão gerada por uma provável inspecção fiscal.

Talvez existam, também, custos psicológicos administrativos, se os funcionários da administração fiscal, em contacto com o público, considerarem o seu emprego muito complexo e o transmitirem, posteriormente, aos contribuintes.[41]

Os custos psicológicos são intangíveis e não constituem uma despesa pecuniária directa. Para além disso, não existe na literatura fiscal uma definição geralmente aceite de custos psicológicos, nem um método comum para avaliá-los. Variando de contribuinte para contribuinte, são difíceis, senão impossíveis, de quantificar. Por isso, os custos psicológicos não são alvo de avaliação em muitos estudos. Não devem, porém, ser descurados.

Na verdade, os custos psicológicos poderão constituir uma componente tão significativa quanto os custos de tempo ou outros custos monetários no total dos custos de cumprimento.

---

[40] Segundo James e Nobes, os custos de cumprimento devem incluir também os custos psicológicos suportados pelos contribuintes como consequência da ansiedade que experimentam na sua relação com o imposto. Esta tese parece, aliás, ser perfilhada por Adam Smith quando, ao abordar as "diferentes maneiras em que os impostos são frequentemente mais onerosos para as pessoas do que benéficos para o soberano", refere que "(...) embora o vexame não seja, rigorosamente falando, uma despesa, é certamente equivalente ao custo pelo qual todo o homem estaria disposto a redimir-se dele". James, Simon; Nobes, Christopher (2000), *The Economics of Taxation – Principles, Policy and Practice*, 7th Edition, London, Pearson Education, pp. 38-42.

[41] Slemrod, Joel (Ed.) (1992), *Why People Pay Taxes – Tax Compliance and Enforcement*, Michigan, The University of Michigan Press, pp. 43-95 e pp. 193-259.

2.2.2. Os custos de planeamento fiscal

Na literatura económica que versa sobre custos de cumprimento distinguem-se os custos de cumprimento involuntários dos voluntários.[42/43]

Os custos involuntários são aqueles que o contribuinte necessita obrigatoriamente de suportar para cumprir com as suas obrigações legais. Por sua vez, os custos voluntários são os custos de planeamento fiscal incorridos pelo contribuinte de modo a diminuir o pagamento dos seus impostos.

Assim, podemos questionar se os custos de planeamento fiscal deverão fazer parte das estimativas dos custos de cumprimento. Se é verdade que os custos de planeamento são voluntários e, por isso, não deveriam integrar os custos de cumprimento, não é menos verdade que, apesar da discricionariedade destes custos, eles resultam da existência do sistema fiscal, pelo que deveriam fazer parte da noção de custos de cumprimento.

A distinção entre custos voluntários e involuntários ou inevitáveis apresenta, todavia, algumas limitações.

Para os contribuintes individuais, por exemplo, o imposto sobre o rendimento contém, regra geral, um determinado número de benefícios fiscais. Temos o caso das despesas de saúde, educação, habitação, seguros de vida, entre outras, as quais o contribuinte não tem obrigatoriamente que utilizar. Assim, o arquivo destas informações, isto é, de facturas e recibos, para preencher a declaração de rendimentos é, pois, um acto voluntário do contribuinte. Todavia, pode ser entendido, também, como um acto normal e essencial das tarefas que envolvem o cumprimento fiscal.

Se estivermos perante uma empresa multinacional existe maior necessidade de planeamento fiscal. No sentido literal, trata-se de um custo voluntário. No entanto, nenhuma empresa com operações multilaterais pode ignorar os custos de planeamento fiscal, os quais consistem num exame detalhado das transacções e métodos que minimizem os seus impostos. Nesta situação, os custos de planeamento fiscal tornam-se um

---

[42] Sandford, Cedric; Godwin, Michael; Hardwick, Peter (1989), *Administrative and Compliance Costs of Taxation*, Bath, Fiscal Publications, p. 12.

[43] Joel Slemrod, investigador da Universidade de Michigan, nos EUA tem feito vários estudos sobre os custos de cumprimento voluntários e os involuntários, isto é, na perspectiva da evasão e fraude fiscal. Sobre este assunto pode ver-se por exemplo Slemrod, Joel; Yitzhaki, Shlomo (2000), "Tax Avoidance, Evasion, and Administration", *Working Paper 7473*, in: «hyperlink "http://www.nber.org/org/papers/w7473"», 76 pp.

elemento necessário na actividade comercial. Trata-se, antes de mais, de uma atitude "defensiva" e "não ofensiva".[44] Se uma distinção entre este tipo de custos tivesse de ser feita, seria aceitável a de custos de planeamento fiscal associados a uma normal transacção comercial, por um lado, e a que envolve transacções puramente artificiais, por outro.

As informações e estimativas obtidas pelos diferentes estudos sobre custos de cumprimento raramente permitem distinguir estes custos.

2.2.3. *Os benefícios ou compensações dos custos de cumprimento*

Até aqui apenas foram abordados os custos, de natureza diversa, que resultam do funcionamento de um imposto ou de todo um sistema fiscal. Contudo, também é possível isolar alguns "benefícios" decorrentes do conjunto de obrigações a que a legislação fiscal normalmente sujeita os contribuintes, nomeadamente na perspectiva dos custos privados. Tal permite distinguir os "custos de cumprimento brutos" dos "custos de cumprimento líquidos",[45] sendo a diferença representada pelas vantagens resultantes do cumprimento das obrigações impostas pelo sistema.

Esta situação pode ser particularmente relevante para indivíduos e empresas nos casos, por exemplo, em que existe a possibilidade legal de dispor, durante um certo período de tempo, dos impostos cobrados aos consumidores dos seus produtos, ou dos impostos retidos na fonte sobre os rendimentos do trabalho ou capital, antes da sua entrega nos cofres públicos. Trata-se, portanto, de um benefício em termos de fluxo de caixa (*cash flow*).

Na verdade, a determinados impostos sobre o rendimento ou o consumo estão associados benefícios de *cash flow,* os quais derivam do facto

---

[44] Sandford, Cedric; Godwin, Michael; Hardwick, Peter (1989), *Ob. Cit.*, p. 13.

[45] Os conceitos de custos de cumprimento líquidos e brutos são bastante desenvolvidos, na Austrália, pelo grupo de investigadores que se ocupam do estudo dos custos de cumprimento. Ver por exemplo: Evans, Chris, *et. al.* (1999);"Taxation compliance costs: some lessons from "down-under"; in: *British Tax Review*, n.° 4, Sweet&Maxwell, pp. 244- -271; Evans, Chris *et al.* (2000), "Tax compliance costs: research methodology and empirical evidence from Australia", in: *National Tax Journal*, Volume 53; n.° 2, pp. 320-345; Evans, Chris (2000), "The operating costs of taxing capital gains", in: *Bulletin for International Fiscal Documentation*, Official Journal of the International Fiscal Association, Volume 54, n.° 7, pp. 357-365.

de as empresas usufruírem, durante um certo período, dos impostos antes da sua entrega ao Estado.

O cumprimento das obrigações fiscais pode trazer também vantagens associadas a maior capacidade de gestão nas empresas, nomeadamente, nas pequenas unidades. Como é sabido, as exigências contabilísticas e fiscais têm virtudes pedagógicas, ao incentivarem os empresários a dotar-se dos instrumentos de informação necessários para uma boa gestão.[46]

Existe, porém, uma diferença importante entre as duas formas de "benefício", isto é, entre o benefício de *cash flow* e o benefício da capacidade de gestão. Ambos podem constituir vantagens para as empresas, mas só os segundos representam uma poupança de recursos.

Os benefícios em termos de *cash flow* são apenas transferências entre os sectores público e privado da economia. Na verdade, o benefício de *cash flow* significa que a empresa recebe do Estado um "empréstimo livre de encargos", ao qual está associado um determinado custo de oportunidade para o sector público.

O primeiro autor a sublinhar a importância dos benefícios de *cash flow* na investigação dos custos de cumprimento foi Sandford, no seu estudo de 1981.[47] Allers, na Holanda, teve também em consideração os benefícios de *cash flow* nas suas estimativas acerca dos custos de cumprimento das empresas.[48]

É na Austrália, todavia, que os benefícios de *cash flow* e a sua quantificação têm merecido mais atenção. Pope reconheceu a importância destes benefícios. Porém, não os estimou devido à falta de informação.[49] O grupo de invesigadores da *Australian Taxation Studies Program* (ATAX) desenvolveu um conjunto de estudos, a cargo da *Australian Taxation Office* (ATO), onde apresentou estimativas dos custos de cumprimento "brutos" e "líquidos" para os contribuintes individuais e colectivos. Chris

---

[46] Gurd, Bruce; Turn, John (2001), "Tax compliance research – a cost management perspective", in: Evans, C.; Pope, J.; Hasseldine, J. (Eds), *Tax Compliance: A Festschrift for Cedric Sandford*, St Leonards, Prospect Media Pty Ltd, pp. 69-87.

[47] Sandford, Cedric; Godwin, Michael; Hardwick, Peter; Butterworth, Ian (1981), *Costs and Benefits of VAT*, London, Heinemann, pp. 75-96.

[48] Allers, Marten (1994), *Administrative and Compliance Costs of Taxation and Publics Transfers in Netherlands*, Groningen, Wolter-Noordhoff, 210 pp.

[49] Pope, Jeff (1995), "The compliance costs of major taxes in Australia", in: Sandford, Cedric (Ed.), *Tax Compliance Costs – Measurement and Policy*, Bath, Fiscal Publications, pp. 101-126.

Evans e outros incluiram nos seus estudos todas as componentes dos custos de cumprimento, incluindo os benefícios de *cash flow*.[50]/[51]

Assim, nesta linha, os custos de cumprimento das empresas, individuais e colectivas, obtêm-se através da seguinte fórmula:

> CUSTOS DE CUMPRIMENTO = TEMPO DESPENDIDO CUMPRIMENTO + HONORÁRIOS + DESPESAS GERAIS − BENEFÍCIOS DE *CASH FLOW*.

Por sua vez, para os indivíduos, os custos de cumprimento das obrigações fiscais seriam:

> CUSTOS DE CUMPRIMENTO = TEMPO DESPENDIDO CUMPRIMENTO + HONORÁRIOS + DESPESAS GERAIS[52] + CUSTOS DE *CASH FLOW*.

Apresenta-se, seguidamente, um esquema dos custos do sector privado resultantes do cumprimento fiscal bem como dos seus benefícios.

Os custos de cumprimento líquidos são os obtidos pela diferença entre os custos e o valor do benefício de *cash flow*. Na literatura fiscal, quando o conceito de custos de cumprimento é usado simplesmente, sem qualquer adjectivo, refere-se aos custos de cumprimento brutos. Assim, neste trabalho, quando utilizamos a expressão custos de cumprimento, estamos a referirmo-nos aos custos brutos.

Após a definição de custos de cumprimento, é necessário saber como medir e atribuir um valor aos custos resultantes do sistema fiscal.

---

[50] Cfr. Evans, Chris; Walpole, M. (1999), *Compliance Cost Control: a review of tax impact statements in the OCDE*, Sidney, Australian Tax Research Foundation.; e Evans, Chris, *et. al.* (1999);"Taxation compliance costs: some lessons from "down-under"; in: *British Tax Review*, n.º 4, Sweet&Maxwell, pp. 244-271.

[51] Glover, John; Tran-Nam, Binh (2002), "Estimating the transitional compliance costs of the GST in Australia: A case study approach", in: *Australian Tax Forum*, Volume 17, n.º 4, pp. 499-536.

[52] Nestas despesas gerais incluem-se os outros custos, tais como correio, telefone, *software*, viagens, livros técnicos, entre outros, incorridos pelos contribuintes individuais e empresas, necessários ao cumprimento das suas obrigações fiscais.

[Figura 1.7] Os benefícios do cumprimento

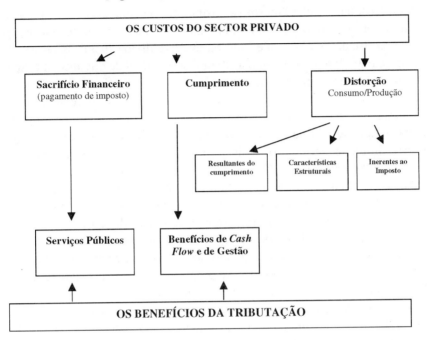

Fonte: Sandford, Cedric; Godwin, Michael; Hardwick, Peter (1989), *Ob. Cit.*, p. 15.

2.2.4. *A medição dos custos de cumprimento: alguns problemas*

A medição dos diferentes custos associados à obtenção de receitas através de impostos constitui, pela sua própria natureza, uma tarefa extremamente difícil, o que obriga a interpretar e comparar os diferentes resultados com extrema cautela.

Existem custos incorridos pelos contribuintes cujo valor é apurado sem grandes dificuldades, como os associados a determinadas despesas, nomeadamente a compra de impressos ou o pagamento a consultores fiscais. Outras componentes levantam, porém, importantes problemas de medição.

O primeiro consiste na dificuldade em identificar e distinguir os custos especificamente suportados por causa dos impostos ou, em alternativa, os custos que seriam poupados se um determinado imposto não existisse. Estas medidas são, na prática, difíceis de obter, o que muitas vezes impossibilita o cálculo rigoroso do valor dos custos do sistema fiscal.

Vejamos, por exemplo, um contribuinte que recorre aos serviços de um profissional fiscal. O mesmo contribuinte recebe, posteriormente, uma factura com os honorários cobrados, os quais incluem, entre outros, os assuntos fiscais. Sabe-se que uma parte desta dívida inclui os custos de cumprimento. Porém, o valor a atribuir é susceptível de dúvidas, em especial, nos pequenos empresários.[53]

Nas pequenas e médias empresas, as tarefas fiscais são realizadas em simultâneo com as contabilísticas. Por sua vez, para uma grande empresa é mais eficiente separar o departamento contabilístico do fiscal, dado que a este último é necessário dedicar uma atenção acrescida. Assim, nas empresas de maior dimensão, dotadas por regra de um departamento fiscal e de uma boa estrutura organizacional, é mais fácil a imputação de um valor aos custos incorridos por causa dos impostos, especialmente quando as comparamos com as suas concorrentes de menor dimensão.[54]

O segundo problema de medição dos custos resulta, com efeito, da dificuldade em determinar o aumento dos custos marginais causados pela introdução de um novo imposto. Se a empresa possuir um departamento fiscal, o custo marginal da introdução de mais um imposto será zero, caso o departamento de pessoal já existente na empresa levar a cabo o trabalho extra. Ao invés, nas situações onde esta tarefa não beneficia do apoio dos empregados já existentes, o custo marginal da introdução de mais um imposto é o correspondente ao custo do trabalho extra incorrido.

Sabemos, como já notámos anteriormente, que muitos dos custos de cumprimento fiscal são custos de tempo. Existem igualmente dificuldades

---

[53] Estas empresas também têm uma insuficiência grave de mão-de-obra qualificada e de dirigentes para planificar e orientar o seu crescimento. De facto, a maior parte das funções de gestão são assumidas, nas empresas de pequena dimensão, pelo próprio proprietário da empresa, devendo este passar da função de produtor à de gestor. Para uma análise mais detalhada deste assunto ver por exemplo: Baldwin, Trevor (1989), "Taxation compliance costs-implications for the small business", in: *British Tax Review,* Sweet&Maxwell, pp. 319-331; Rametse, Nthati; Pope, Jeff (2002), "Start-up tax compliance costs of the GST: Empirical evidence from Western Australian Small Business", in: *Australian Tax Forum – Tribute Edition to Cedric Sandford*, Volume 17, n.º 4, pp. 407-443.

[54] As empresas de maior dimensão possuem contabilidade não só por razões fiscais, mas sobretudo por motivos legais, comerciais e de gestão. Estas sociedades são obrigadas, por imposição legal, a publicar relatórios anuais de contas, para benefício e uso dos seus accionistas e, assim, podem, em qualquer caso, recolher a informação com objectivos extra-fiscais, isto é, negociais, de desenvolvimento e expansão da empresa.

na valoração do tempo gasto, pelos contribuintes individuais e colectivos, no cumprimento das obrigações tributárias. Este assunto é analisado, mais à frente, no terceiro capítulo do presente trabalho.

O valor dos custos de cumprimento dos contribuintes é maior ou menor consoante o imposto é introduzido de novo ou não no sistema fiscal. O custo de tempo varia, assim, dependendo da categoria de custos de tributação (inicial, provisória ou regular) em que o imposto se encontra.

2.3. A distribuição temporal e as categorias dos custos de tributação

No que diz respeito à distribuição temporal, tanto os custos administrativos como os de cumprimento se podem dividir em três categorias diferentes: os iniciais, os provisórios e os regulares.[55]/[56]

Os custos iniciais são os custos de "arranque" ou *commencement costs*, isto é, os que são suportados de uma só vez e que estão associados à introdução de um novo imposto ou a uma alteração profunda no sistema fiscal existente (reforma fiscal). Trata-se, por exemplo, dos custos associados ao conhecimento das novas regras e obrigações (*learning costs*), a eventual compra de novo equipamento e *software* informático, máquinas registadoras, a formação de pessoal, livros, manuais e novos códigos.

De seguida, os custos provisórios que são incorridos pela administração e pelos contribuintes aquando da aplicação e entrada em funcionamento do novo imposto. Trata-se, pois, dos custos adicionais de aprendizagem para o sector público e privado, isto é, para a administração fiscal e para os contribuintes. São, também, custos provisórios e adicionais os que surgem durante o período em que os funcionários fiscais e contribuintes se estão a adaptar ao novo sistema.

Por último, os custos regulares do imposto são os que decorrem do regular cumprimento das obrigações fiscais. São, pois, custos permanentes que resultam do funcionamento do sistema fiscal a partir do momento em que tanto os funcionários como contribuintes passam a actuar com carácter de rotina. Isto significa que quanto mais frequente forem as mudanças num sistema fiscal, tanto mais custos provisórios serão acresci-

---

[55] Sandford, Cedric; Godwin, Michael; Hardwick, Peter (1989), *Ob. Cit.*, p. 17.
[56] Haughton, Jonathan (1998), "Comparative Tax Administration", in: «*hyperlink http://WWW.law.harvard.edu.htm*», p. 16.

dos aos custos regulares de funcionamento, mesmo que a mudança ou reforma fiscal contenha em si importantes ganhos de modernidade e simplificação.[57]

Seguidamente é apresentado um modelo teórico de custos que segue a introdução ou reforma de um dado imposto.

[Figura n.º 1.8] Distribuição temporal dos custos de tributação

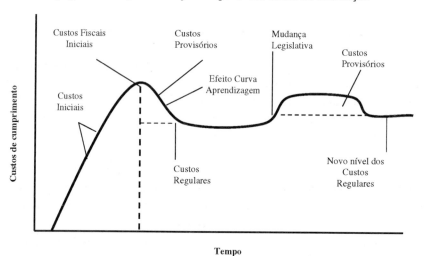

Fonte: Sandford, Cedric; Godwin, Michael; Hardwick, Peter (1989), *Ob. Cit.*, p. 17.

Como podemos ver a partir da análise da figura 1.8, os custos são crescentes antes de o novo imposto ser introduzido no sistema fiscal. Por sua vez, quando se verifica uma mudança num imposto já existente observa-se um pequeno crescimento dos custos, dependendo estes da mag-

---

[57] Muitas vezes surgem alguns problemas na distinção entre custos provisórios e regulares. Poder-se-ão, pois, distinguir os custos consoante um imposto é introduzido de novo no sistema fiscal, dos custos que acontecem quando o imposto se torna familiar. Se, todavia, da legislação concebida surgir uma larga percentagem de contribuintes em disputa com a administração fiscal existem dúvidas se devemos considerar estes custos como regulares ou como provisórios. Cfr. Sandford, Cedric; Godwin, Michael; Hardwick, Peter (1989), *Ob. Cit.*, p. 17.

nitude da alteração fiscal e da preparação prévia da reforma. Os custos da mudança podem, ainda assim, ser maiores do que é indicado na figura 1.8, quando a alteração exigir a aquisição de novo equipamento, bem como quando os conhecimentos necessários demoram anos a adquirir e solidificar.

2.4. A relação entre custos administrativos e de cumprimento

Os custos totais do sistema fiscal são obtidos através da soma dos custos do sector público com os do sector privado. Este conjunto é designado por custos operacionais ou de funcionamento de um sistema fiscal.

É necessário notar, porém, que alguns custos podem incidir quer sobre o sector público, quer sobre o sector privado. Praticamente todas as características de um imposto ao imporem custos a um sector também impõem, consequentemente, ao outro.

Existem, no entanto, outras relações, entre o sector público e privado, associadas ao funcionamento do sistema fiscal. Uma medida de simplificação fiscal pode reduzir quer os custos públicos, quer os privados, já que existe, com frequência, um forte elemento de transmissibilidade entre os custos de administração e os custos de cumprimento.

Verificam-se, também, outras transferências entre os custos de cumprimento e os administrativos. Os decisores da política fiscal podem incidir a responsabilidade de recolha e cobrança dos impostos, quer nas empresas, quer nas autoridades fiscais. Por exemplo, em matéria de impostos sobre o rendimento, no processo de retenção na fonte, existe uma clara transferência de custos do sector público para o privado, isto é, do Estado para o contribuinte, empresas ou terceiras entidades. O mesmo se observa, por exemplo, no cálculo do imposto sobre o rendimento das empresas, em que uma grande parte do rendimento é calculada por autoliquidação, ou seja, pelo próprio contribuinte. Por estes motivos é importante que ambos os custos, administrativos e de cumprimento, possam ser considerados em conjunto. Dessa conjugação poderá resultar um ganho (no caso dos benefícios dos *cash flow* ou da capacidade gestão de acrescida) ou uma perda líquida efectiva (no caso de modelos de administração e gestão do imposto de complexidade e onerosidade injustificada).

A tomada em consideração do total dos custos de tributação, bem como das relações existentes entre os custos cumprimento e os administrativos, é hoje, nas economias mais modernas, um objectivo a atender na política fiscal. Isto suscita a questão sobre se os custos do sistema fiscal devem recair primordialmente sobre o sector público, através dos custos de administração, ou sobre o sector privado, através dos custos de cumprimento.

Assim, para conseguir a minimização dos custos de tributação pode recomendar-se que a repartição dos referidos custos se oriente no sentido de mais elevados custos de administração e menores custos de cumprimento, para um mesmo nível de custos de funcionamento do sistema fiscal.[58] É que, se quanto aos custos de administração se pode considerar que os mesmos serão distribuídos entre os indivíduos segundo a forma socialmente considerada mais desejável de repartição da carga fiscal, os custos de cumprimento, pelo contrário, incidem e são suportados, muitas vezes, de uma forma algo arbitrária, sobrecarregando mais, em termos relativos, os contribuintes de menor capacidade económica e as empresas de menor dimensão. Todavia, segundo Slemrod, a regressividade dos custos de cumprimento nesta categoria de empresas é compensada, em parte, por um nível elevado de não cumprimento.[59]

Tal deverá ser ponderado tendo em conta que, por mais transparentes que sejam, os custos de cumprimento tendem a gerar maiores ressentimentos e resistências do que os custos de administração. Esta situação pode conduzir a comportamentos anti-sociais acrescidos, com aumento da evasão e da economia paralela, além de aumentar os custos psicológicos da tributação, o que são efeitos de todo não desejáveis que, da mesma forma, importa minimizar.

As atitudes, a percepção e os comportamentos dos contribuintes para com o sistema fiscal, de cumprir ou não cumprir, têm, assim, um papel fundamental na determinação do montante desses custos, pelo que será objecto de análise no capítulo seguinte.

---

[58] Santos, José Carlos Gomes (1995), "Uma visão integrada dos custos associados ao financiamento público através de impostos – o caso dos custos de eficiência, administração e cumprimento", in: *Ciência e Técnica Fiscal*, n.º 378, pp. 31-59.

[59] Slemrod, Joel (2004), "Small Business and the tax system", in: Aaron, Henry J.; Slemrod, Joel (Eds), *The Crisis in Tax Administration*, Washington, The Brookings Institution, pp. 69-124.

3. NOTAS CONCLUSIVAS

A existência de impostos conduz a custos de natureza diversa. Podemos estudar estes custos tendo em atenção dois aspectos: os custos do sector público e do sector privado.

Os custos mais óbvios do sector público são os associados ao funcionamento e gestão do sistema fiscal. Trata-se dos custos incorridos na recolha dos impostos, dos gastos com a produção legislativa, dos custos legais associados à interpretação e cumprimento da lei, e dos custos de oportunidade relacionados com os "empréstimos sem juros".

Os custos administrativos incluem todos os recursos que o sector público utiliza para cobrar impostos, tais como os vencimentos dos funcionários da administração fiscal, o equipamento e os materiais usados. Os custos com a actividade de produção legislativa ou com os tribunais, bem como os encargos resultantes da actividade de outros departamentos com incidência mais ou menos directa na área fiscal, por razões de ordem prática, estão fora do âmbito desta definição.

A imposição de um qualquer imposto introduz, também, uma diversidade de custos para o sector privado. Temos os custos financeiros, os de eficiência e os de cumprimento incorridos pelos contribuintes e terceiras entidades.

Os custos de cumprimento incluem, não só o tempo despendido pelos contribuintes com os assuntos fiscais, como os gastos monetários com guias fiscais, *software* e com consultores fiscais. Os custos psicológicos reflectem alguma ansiedade suportada no processo de cumprimento fiscal. Estes, todavia, a bem dizer não são quantificáveis.

Dos custos de cumprimento de um imposto decorrem, também, alguns benefícios, os de *cash flow*, que resultam das empresas usufruírem, durante um certo período, dos impostos antes da sua entrega ao Estado. Podemos, ainda, acrescentar o benefício da disciplina no processo de gestão das empresas, em particular das pequenas empresas, imposta pelas obrigações fiscais.

A medição dos custos de cumprimento comporta alguns problemas. Entre eles temos a dificuldade em separar os custos suportados exclusivamente para os fins do cumprimento fiscal dos restantes, o aumento dos custos marginais causados pela introdução de um novo imposto, bem como a valoração do tempo gasto com os assuntos fiscais.

Os custos do sistema fiscal, administrativos e de cumprimento, são maiores ou menores, consoante a categoria de custos de tributação (inicial, provisória, ou regular).

Para minimizar os custos de tributação pode-se sugerir que a repartição dos mesmos se oriente mais no sentido de elevados custos administrativos e menores custos de cumprimento. A justificação prende-se com dois motivos. Por um lado, a distribuição dos custos de cumprimento não é uniforme entre os contribuintes, incidindo mais fortemente sobre os de menor dimensão, por outro, elevados custos no cumprimento geram maiores custos psicológicos e comportamentos evasivos.

As reacções dos contribuintes, as suas atitudes e o seu comportamento em relação ao cumprimento do sistema tributário apresentam-se no capítulo seguinte.

CAPÍTULO II
O comportamento e as atitudes dos contribuintes em relação ao sistema fiscal

1. INTRODUÇÃO

No primeiro capítulo sublinhou-se a necessidade de os custos de tributação entrarem explicitamente no processo de decisão fiscal, conjuntamente com os objectivos tradicionais de equidade e de neutralidade a que um sistema tributário deve obedecer. Procedeu-se também à definição de custos do sistema fiscal, bem como à apresentação de uma estrutura para a sua análise. Assim, estudou-se os custos de funcionamento do sistema fiscal em duas perspectivas, a do sector público e a do sector privado.

Assume especial importância a questão de saber se os custos do sistema devem incidir mais sobre o sector público, através dos custos administrativos, ou sobre o sector privado, através dos custos de cumprimento. Na verdade, existe uma margem de actuação bastante ampla dos decisores públicos que pode propiciar, se devidamente aproveitada, ganhos efectivos na melhoria do desempenho administrativo e na minimização dos custos de cumprimento impostos aos contribuintes.

Deste modo, torna-se fundamental identificar os factores que contribuem para melhorar a eficiência na recolha dos impostos, assim como os que conduzem a um aumento do cumprimento fiscal. O cumprimento e a predisposição dos contribuintes para cumprir voluntariamente com o sistema aumentam a eficiência da administração, e ao invés, a resistência fiscal, sob a forma de evasão e fraude, contribui para diminuir o seu desempenho.

Os estudos académicos de teor aplicado, bem como a simples observação da vida em sociedade no plano tributário, sugerem a existência de dois grupos importantes: os contribuintes evasores e os contribuintes não evasores.

Neste sentido, os motivos que conduzem os indivíduos a cumprir ou não cumprir com os impostos assume um especial relevo. Trata-se, como veremos, de factores maioritariamente comportamentais.

O presente capítulo encontra-se dividido da seguinte forma.

Primeiramente serão analisadas as atitudes dos contribuintes que os induzem a cumprir ou a não cumprir com as suas obrigações tributárias. Entre os factores responsáveis pelo cumprimento fiscal elegemos para nossa análise não só os motivos económicos, que fazem parte da análise da teoria da evasão, mas também os factores sociológicos, psicológicos, morais e religiosos, e os técnicos introduzidos mais recentemente nos estudos como determinantes do comportamento do evasor.

O combate à evasão e à fraude não é só importante no plano das receitas do imposto. Ele tem igualmente consequências nos planos da justiça, social e psicológico. Assim, os custos, as consequências e os efeitos da evasão fiscal, na economia e na sociedade em geral, constituem matéria de análise na segunda parte deste capítulo.

Seguidamente, o estudo centrar-se-á, na terceira parte, nas várias estratégias de combate à fraude e evasão fiscal, na perspectiva de minimização dos custos de cumprimento dos contribuintes. E, por último, retiram--se as conclusões da análise efectuada.

2. O COMPORTAMENTO DOS CONTRIBUINTES

As condições actuais das sociedades modernas, bem como a erosão das matérias colectáveis com o consequente aumento da evasão e fraude fiscal, forçaram os decisores fiscais a preocuparem-se com o grau de cumprimento fiscal dos contribuintes.

O cumprimento fiscal e os factores que induzem os contribuintes a cumprirem ou não com o sistema tornaram-se, assim, um assunto principal no debate da reforma dos sistemas fiscais actuais. Antes de passar à análise detalhada desses factores, apresenta-se uma breve definição dos conceitos de cumprimento, dever cívico e moral de pagar impostos, por um lado, e de não cumprimento, evasão e fraude fiscal, por outro.

2.1. Cumprimento, obrigação e moralidade fiscal

O cumprimento das obrigações tributárias compreende o preenchimento de uma declaração de rendimentos verdadeira, bem como a cooperação com a administração fiscal em matéria de recolha, avaliação e declaração de informações, de modo a determinar o montante de imposto, de acordo com as regras fiscais e no tempo legal.[60]

Assim, o conceito de cumprimento fiscal compreende um conjunto de operações. Em primeiro lugar, o registo dos contribuintes dentro do sistema. Em segundo lugar, o preenchimento de toda a documentação necessária ao cumprimento das suas obrigações fiscais. Em terceiro, o contribuinte deve declarar os valores verdadeiros e correctos de rendimento e riqueza de acordo com o seu arquivo fiscal. E, por último, o contribuinte deve efectuar o pagamento das suas obrigações fiscais no tempo devido.[61]

O cumprimento destas actividades fiscais depende, em muito, dos conhecimentos técnicos do contribuinte para calcular a quantia correcta de imposto, bem como da sua aptidão para realizar estas tarefas. Pelo que quanto mais ambígua e subjectiva for a lei fiscal mais difícil se torna o cumprimento para o contribuinte.

Segundo a OCDE[62], para definir cumprimento temos de ter em conta duas grandes categorias: o cumprimento administrativo e o técnico. No cumprimento administrativo estão incluídas as regras e os procedimentos que o contribuinte deve cumprir no tempo devido. Por seu turno, o cumprimento técnico engloba o cálculo dos impostos pelo contribuinte de acordo com a lei fiscal.

---

[60] Hasseldine, John (2000), "Linkages between compliance costs and taxpayer compliance research", in: *Bulletin for International Fiscal Documentation*, Official Journal of the International Fiscal Association, Volume 54, n.º 6, p. 299; Hasseldine, John (2001), "Linkages between compliance costs and taxpayer compliance research", in: Evans, C.; Pope, J.; Hasseldine, J. (Eds), *Tax Compliance: A Festschrift for Cedric Sandford*, St Leonards, Prospect Media Pty Ltd, Australia, pp. 3-15.

[61] James, Simon; Hasseldine, John et al. (2001), "Developing a tax compliance strategy for Revenue Services", in: *Bulletin for International Fiscal Documentation*, Official Journal of the International Fiscal Association, Volume 55, n.º 4, p. 158.

[62] OCDE (2001), *Compliance Measurement – Practice Note*, Centre for Tax Policy and Administration, Committee on Fiscal Affairs, Paris, OECD Publications, p. 3.

A definição de cumprimento é, então, geralmente associada ao grau de observância dos contribuintes com a lei fiscal.[63]

Assim, o conceito de cumprimento fiscal inclui quer o grau de cumprimento, quer a gestão das leis fiscais por parte dos contribuintes, sem a necessidade de actividades de imposição por parte da administração fiscal.[64] Quer dizer: se os contribuintes recorrerem a medidas legais dentro do espírito da lei para reduzir os seus impostos tal será ainda considerado cumprimento.[65]

Assim, a atitude de cumprir ou não cumprir depende fundamentalmente da predisposição dos contribuintes para pagar os seus próprios impostos, bem como dos seus conhecimentos para poder cumprir com todas as obrigações fiscais que o sistema fiscal exige.

Slemrod[66] sublinha a importância do cumprimento salientando que a principal missão de qualquer administração fiscal é o desenvolvimento de um clima que permita ao contribuinte conhecer a legislação fiscal, preencher correctamente as suas declarações, e avaliar voluntariamente o montante de impostos a pagar. Ao mesmo tempo, e dado que a generalidade dos sistemas fiscais assenta em regimes declarativos, é necessário proceder a actividades de inspecção e investigação tributária, de maneira a determinar a veracidade das declarações prestadas pelos contribuintes e a averiguar a existência de contribuintes que não declaram os seus rendimentos.

Deste modo, nenhum sistema fiscal pode funcionar, de forma eficiente, sem a cooperação da maioria dos contribuintes. Uma administração

---

[63] James, Simon; Nobes, Christopher (2000), *The Economics of Taxation-Principles, Policy and Practice*, 7th Edition, London, Pearson Education, pp. 137-141.

[64] James, Simon; Nobes, Christopher (2000), *Ob. Cit.*, p. 138.

[65] Freitas Pereira designa estas acções dos contribuintes como "gestão fiscal". Segundo o autor, trata-se de acções levadas a cabo pelo contribuinte para minimizar os impostos a pagar (traduzindo-se em aumento do rendimento depois de impostos) por uma via totalmente legítima e lícita, querida até pelo legislador ou deixada por este como opção ao contribuinte. Trata-se de escolher a via fiscalmente menos onerosa consistente com a gestão normal dos negócios pessoais ou empresariais. É o caso das exclusões tributárias, dos benefícios fiscais e das alternativas fiscais. Cfr. Freitas Pereira, Manuel Henrique (2005) *Fiscalidade*, Coimbra, Almedina, pp. 385 e ss.

[66] Slemrod, Joel; Yitzhaki, Shlomo (2000), "Tax avoidance, evasion, and administration", *Working Paper* n.º 7473, in: «hyperlink "http://www.nber.org/papers/w7473"», pp. 1-30.

fiscal bem sucedida requer a cooperação e boa vontade dos contribuintes no cumprimento do mínimo legal exigido. Pelo que se torna fundamental que os mesmos contribuintes cumpram, sem a necessidade de imposições oficiais com sanções administrativas e legais.

Quando o contribuinte não cumpre qualquer das actividades inerentes ao processo de cumprimento fiscal, é considerado um contribuinte não cumpridor.

É hoje amplamente consensual que o cumprimento das obrigações tributárias tendo em vista o pagamento de impostos é, mais do que uma obrigação, um dever moral e fundamental de cidadania.[67/68]

Num estudo recente, realizado pela OCDE,[69] acerca das atitudes fiscais dos contribuintes face ao cumprimento, os contribuintes foram questionados sobre a imoralidade da evasão e fraude fiscal da seguinte forma: "Do you believe that tax evasion is immoral?"

Os resultados obtidos variaram significativamente entre os diferentes países.

No Japão, mais de 80% dos indivíduos entrevistados consideraram a evasão fiscal imoral, seguindo-se o Canadá, a Dinamarca e os Estados Unidos com valores acima dos 60%.

Os restantes países apresentaram valores na ordem dos 50% de entrevistados a considerarem o fenómeno de evasão fiscal imoral, enquanto na Bélgica e na Grécia menos de 40% dos contribuintes consideraram o não cumprimento e a evasão fiscal como uma atitude imoral.

---

[67] Casalta Nabais, José (2005) *Por um Estado Fiscal Suportável – Estudos de Direito Fiscal*, Coimbra, Almedina, p. 15. Para mais desenvolvimentos teóricos sobre o conceito de dever fundamental de pagar impostos, ver: Casalta Nabais, José (1996), *O Dever Fundamental de Pagar Impostos. Contributo para a Compreensão Constitucional do Estado Fiscal Contemporâneo*, Coimbra, Almedina, pp. 61 e ss.

[68] Em Portugal, este dever encontra-se consagrado na Constituição da República Portuguesa (CRP). O art. 106.º n.º 1 da CRP determina que "o sistema fiscal visa a satisfação das necessidades financeiras do estado e outras entidades públicas e uma repartição justa dos rendimentos e da riqueza". Por sua vez, o n.º 3 sublinha que "ninguém pode ser obrigado a pagar impostos que não hajam sido criados nos termos da constituição, que tenham natureza retroactiva ou cuja liquidação e cobrança se não façam nos termos da lei".

[69] OCDE (2006), *Tax Policy Design and Evasion*, Centre for Tax Policy and Administration Committee on Fiscal Affairs, CTPA/CFA/WP2 (2006)8, Paris, OECD Publications, p. 20.

Tendo em conta estes resultados, não é surpreendente que os governos apelem hoje cada vez mais aos contribuintes para reconhecerem o valor moral e cumprirem com o dever fundamental de pagar imposto.

2.2. Não cumprimento, fuga, evasão e fraude fiscal

O não cumprimento, e a consequente diminuição dos impostos, pode fazer-se por diversas vias. As fronteiras entre elas são muitas vezes difíceis de traçar, a que se adiciona uma velha querela terminológica e conceptual dos conceitos de evasão e fraude fiscal. Comecemos, então, e antes de mais, por definir os conceitos relacionados com o não cumprimento das obrigações tributárias.

O planeamento fiscal (*tax planning*), optimização fiscal ou engenharia fiscal, consiste na minimização dos impostos a pagar, por uma via legítima, deixada em aberto ao contribuinte.[70] Trata-se de escolher a via fiscalmente menos onerosa consistente com a gestão normal dos negócios pessoais ou empresariais. As principais modalidades de gestão fiscal são as exclusões tributárias, os benefícios fiscais e as deduções fiscais.[71]

A evasão fiscal (*tax avoidance*), e que outros apelidam de elisão fiscal,[72] traduz-se na prática de actos ou negócios lícitos mas que a lei fiscal

---

[70] Saldanha Sanches delimita o planeamento fiscal em planeamento fiscal legítimo e planeamento fiscal ilegítimo. Segundo o autor, esta distinção é importante para saber onde deve situar-se a possibilidade de intervenção administrativa e judicial na determinação dos elementos das situações tributárias tal como configurados pelo contribuinte. Para mais desenvolvimentos sobre esta matéria ver: Saldanha Sanches, José Luís (2006), *Os Limites do Planeamento Fiscal – Substância e Forma no Direito Fiscal Português, Comunitário e Internacional*, Coimbra, Coimbra Editora, pp. 21 e ss.

[71] Segundo Sá Gomes, a gestão fiscal ou o planeamento fiscal "é expressa ou implicitamente querida, desejada, ou pelo menos, sugerida pelo próprio legislador". Cfr. Sá Gomes, Nuno (2000), *Evasão Fiscal, Infracção Fiscal e Processo Penal Fiscal*, 2ª Edição, Lisboa, Rei dos Livros, p. 24.

[72] Segundo Sousa Franco, a evasão abrange duas situações distintas: evasão ilegal e evasão legal. No caso da evasão lícita, o contribuinte limita-se a utilizar as possibilidades de fuga que lhe são deixadas em aberto pela lei. Por sua vez, a fraude e evasão ilícita constituem práticas ilegais resultantes da adopção de métodos contrários à lei fiscal, havendo por vezes tendência para considerar "fraudulento", em sentido amplo, até o comportamento de potenciais contribuintes que pratiquem a evasão ilegal. (Sousa Franco, António L. (1996), *Finanças Públicas e Direito Financeiro*, Volume II, 4ª Edição – 3ª Reimpressão, Coimbra, Almedina, p. 171)

qualifica como não sendo conformes com a substância da realidade económica que lhes está subjacente ou serem anómalos, anormais ou abusivos.[73]

A fraude fiscal (*tax evasion*) designa o conjunto de práticas tendentes a reduzir irregularmente o montante de imposto a pagar, como resultado da adopção de métodos ou comportamentos contrários à lei, tais como, por exemplo, a contabilização viciada, a declaração errónea, a ocultação parcial da matéria colectável ou de factos tributários.[74]

A fraude e a evasão fiscal ilícita constituem práticas ilegais, que são objecto de prevenção e repressão, com ocorrência das sanções jurídicas adequadas, normalmente pela via da imposição de penalidades fiscais.

A clássica distinção entre evasão e fraude fiscal deve-se a Oliver Wendell Holmes:

"When the law draws a line, a case is on one side of it or the other, and if on the safe side is none the worse legally that party has availed himself to the full of what the law permits. When an act is condemned as evasion, what is meant is that it is on the wrong side of the line...".[75]

Assim, o que caracteriza a fraude fiscal é o carácter de ilegalidade. Na prática, obviamente, existem muitas áreas cinzentas onde a linha não é clara entre o que classificamos como evasão e fraude. Pelo que, muitas vezes, as autoridades fiscais caracterizam inadequadamente casos particulares.

A definição de evasão e fraude fiscal não é muito diferente na maioria dos países, o que não significa que casos particulares sejam classificados da mesma forma. Na realidade, as leis fiscais variam de país para país, o que conduz, muitas vezes, a classificações diferentes da mesma situação.

---

[73] Freitas Pereira, Manuel Henrique (2005) *Fiscalidade*, Coimbra, Almedina, pp. 386 e ss.

[74] Para mais desenvolvimentos sobre a dificuldade conceptual em delimitar estes conceitos ver, por exemplo, Uckmar, V. (1983), "Tax avoidance/tax evasion – General Report of the XXXVII Congress of IFA", in: *Cahiers de Droit Fiscal International*, Volume XXXVIIa, Kluwer, Deventer; e Saldanha Sanches, José Luís (2006), *Os Limites do Planeamento Fiscal – Substância e Forma no Direito Fiscal Português, Comunitário e Internacional*, Coimbra, Coimbra Editora.

[75] Bullen V. Wisconsin (1916), citado por Slemrod, Joel; Yitzhaki, Shlomo (2000), "Tax avoidance, evasion, and administration", *Working Paper* n.º 7473, in: «hyperlink "http://www.nber.org/papers/w7473"», p.4.

Por exemplo, no Reino Unido, e segundo a Comissão *Radcliffe*[76]: "unintended tax avoidance included situations where persons without being the owners of income had in effect the power to enjoy it or to control its disposal for their own benefit."

No Canadá, a Comissão *Carter*, quando questionada acerca da diferença entre evasão e fraude, acrescentou o seguinte[77]: "unintended avoidance included arrangements which took advantage of some provision or lack of provision. Further, that this was more likely to be the case where a taxpayer chose a particular course of action primarily for tax purposes and not for business or personal reasons."

Na Austrália, o *Committé Asprey* sublinhou[78]: "unintended avoidance consisted of arrangements entered into solely for the purpose of tax avoidance and not for ordinary business or family transactions and those transactions ought to be prevented."

Tal como verificamos, nos diferentes sistemas fiscais existem lacunas e ambiguidades que permitem situações de fuga legal. Quanto maior o grau de subjectividade ou ambiguidade das leis fiscais, maior será o incentivo para obter benefícios e, consequentemente, situações de evasão legal ou não intencional.

Sendo o comportamento dos contribuintes função das oportunidades previstas na lei então talvez seja útil neste trabalho, por uma questão de simplificação, considerar a evasão fiscal[79] e a fraude fiscal como fazendo parte da mesma estrutura e de um mesmo conceito: o não cumprimento.

Assim, na perspectiva que nos interessa no nosso trabalho, e de uma forma simples, o não cumprimento trata-se de uma falha, intencional ou não intencional, dos contribuintes no cumprimento das suas obrigações tributárias.[80]

---

[76] Wallschutzky, Ian (1993), "Minimizing evasion and avoidance-lessons from Australia", in: *Key Issues in Tax Reform*, Bath, Fiscal Publications, p. 131.

[77] Wallschutzky, Ian (1993), "Minimizing evasion and avoidance – lessons from Australia", in: *Key Issues in Tax Reform*, Bath, Fiscal Publications, p. 132.

[78] Wallschutzky, Ian (1993), *Ob. Cit.*, p. 132.

[79] Nesta situação estamos a excluir os casos de planeamento fiscal legal.

[80] Hasseldine, John (2000), "Linkages between compliance costs and taxpayer compliance research", in: *Bulletin for International Fiscal Documentation*, Official Journal of the International Fiscal Association, Volume 54, n.º 6, p. 300.

3. A MEDIÇÃO DO CUMPRIMENTO E DO NÃO CUMPRIMENTO FISCAL: ALGUMAS COMPARAÇÕES

Medir e caracterizar a extensão do não cumprimento é uma tarefa difícil. Não existe, na literatura económica, uma metodologia comum para avaliar a dimensão da evasão e fraude fiscal. Nos últimos anos, assistimos, todavia, a um aumento crescente de métodos para estimar a economia paralela.[81] Podemos agrupar estes métodos em três grupos: os directos, os indirectos e os mistos.

Os métodos directos estimam a evasão e fraude fiscal através de estudos baseados em amostras representativas da população e assentes nas respostas voluntárias dos contribuintes. Por regra, nestes estudos os contribuintes, individuais e empresas, são questionados[82] acerca do montante de imposto que evadiram. Ao mesmo tempo, são levadas a cabo, pelas administrações fiscais, auditorias às declarações de rendimento dos contribuintes.

A Itália, em 1976, os Estados Unidos, em 1978, a Noruega e a Holanda, em 1989, estimaram os seus níveis de evasão utilizando estes métodos. As estimativas aqui obtidas funcionaram apenas como um indicador dos níveis de evasão e fraude nestes países, já que as amostras de contribuintes não eram representativas da população, assim como as diferenças detectadas nas declarações dos contribuintes apenas reflectiam uma parte do rendimento evadido. Tratam-se, por isso, de estimativas enviesadas e, regra geral, pouco credíveis.

Os métodos indirectos estimam os valores da fraude fiscal com base em estatísticas oficiais e recorrem, fundamentalmente, ao uso de bases de dados económicas e à formulação de modelos econométricos. Neste caso, existem várias formas de determinar a percentagem de economia paralela. Uma das mais relevantes é a que assenta no cálculo da diferença entre despesa e rendimento nas contas nacionais, assumindo que as actividades ilegais retornam à economia legal através da despesa ou do consumo. A diferença entre o indicador da despesa e o do rendimento dos agregados é, normalmente, utilizada como um indicador da extensão da economia para-

---

[81] OCDE (2006), *Tax Policy Design and Evasion*, Centre for Tax Policy and Administration Committee on Fiscal Affairs, CTPA/CFA/WP2 (2006)8, Paris, OECD Publications, pp. 21 e ss.

[82] Os métodos directos mais usuais são o uso de entrevistas, questionários e auditorias às declarações de rendimento.

lela. No Reino Unido, Pissarides e Weber, em 1989, estimaram a economia paralela em 5,5% do PIB.[83]

Uma outra forma de estimar, indirectamente, a economia subterrânea é a que assenta na determinação dos seus valores, partindo da hipótese de que esta é financiada em dinheiro para não deixar qualquer vestígio no sistema monetário. Costuma designar-se de método agregado monetário e foi desenvolvido, em 1958, por Cagan, nos Estados Unidos da América.[84] Cagan calculou, assim, a relação existente entre a procura monetária e a pressão fiscal nos Estados Unidos e estimou a economia paralela em 10% do PIB. Tanzi, em 1980, desenvolveu este modelo e formulou um modelo econométrico mais detalhado, com várias equações e variáveis, tais como o peso da tributação directa e indirecta, o rendimento e as taxas de juro. Tanzi baseou-se na hipótese de que um aumento da economia paralela conduz a um aumento de moeda. O aumento da procura de moeda resulta, então, do aumento da evasão e fraude fiscal.

Este método tem sido muito utilizado para elaborar comparações internacionais. É, todavia, muito criticado, pois nem toda a economia paralela é financiada em dinheiro. Mais ainda, esta forma de estimar a economia paralela parte do pressuposto que a única causa do não cumprimento é a carga fiscal, deixando de lado a atitude e a moralidade dos contribuintes em relação ao Estado, o que conduz, mais uma vez, a que as estimativas assentes no método da procura monetária subestimem a economia paralela. Por isso, Kaufmann e Kaliberda, em 1996[85], desenvolveram e aperfeiçoaram um método global, o qual determina a economia paralela através da correlação que acreditam existir entre a produção ilegal e as variáveis de consumo.

Na verdade, a economia paralela não só depende de uma multiplicidade de factores, como também tem, ao longo do tempo, múltiplos efeitos sobre estes.[86] Por isso, estes métodos fornecem, em princípio, estimativas

---

[83] OCDE (2006), *Ob. Cit*, pp. 14.

[84] OCDE (2006), *Ob. Cit*, pp. 15.

[85] Este estudo foi citado pela OCDE in: OCDE (2002) *Handbook for Measurement of the Non Observed Economy*, Paris, OECD Publications.

[86] O método misto, assente neste tipo de modelos estatísticos, é hoje o mais usado para estimar os valores da economia paralela. Estes modelos foram usados por Pozo (1996), Eilat e Zinnes (2000), Salisu (2000), Cassar (2001), Prokhorov (2001), Giles e Tedds (2002), Chatterjee, Chaudhuri e Schneider (2003). Cfr. Este estudo foi citado pela OCDE in: OCDE (2002) *Handbook for Measurement of the Non Observed Economy*, Paris, OECD Publications.

mais rigorosas acerca do grau de evasão e fraude fiscal. Neste modelo estatístico definem-se um conjunto de variáveis latentes, as quais se dividem em dois grupos: um grupo determina a dimensão e o crescimento da produção ilegal, e o outro fornece resultados da actividade informal. Assim, este modelo estabelece relações estatísticas entre as variáveis latentes ou não observadas e as variáveis observadas. Regra geral, estrutura-se, através de equações, as relações entre as variáveis latentes e os indicadores observados (produção, trabalho e mercado monetário). A variável latente (a dimensão da economia paralela) pode determinar-se, de forma indirecta, por um conjunto de indicadores. As interacções entre as causas e os indicadores da economia paralela, ao longo do período de tempo, fornecem a dimensão da economia paralela.

As variáveis explicativas usadas no modelo são: a carga fiscal[87], o peso do Estado na economia[88], a taxa de desemprego[89], a categoria sócio – profissional dos trabalhadores[90] e a moralidade fiscal.[91] Por sua vez, os indicadores são: o PIB, a moeda em circulação e o mercado de trabalho.

Podemos assim concluir que existem muitos métodos para estimar a economia paralela e a evasão fiscal. No entanto, poucos são completamente fiáveis.

---

[87] A carga fiscal é medida através do peso da tributação directa e indirecta e das contribuições para a segurança social no PIB. Sabe-se que quanto mais elevadas forem as taxas de tributação maior é o incentivo para não declarar rendimento. Por isso, assume-se que quanto maior é a carga fiscal, maior é o incentivo para evadir.

[88] O peso do sector público e o grau de intervenção do Estado na economia fornecem um incentivo para entrar no mercado paralelo.

[89] A força de trabalho do mercado paralelo é muito heterogénea. Uma parte destes trabalhadores são desempregados e fazem parte do mercado oficial e outra são reformados e imigrantes ilegais que não fazem parte do mercado oficial. A taxa de desemprego oficial está, assim, fortemente correlacionada com a economia paralela.

[90] A percentagem de trabalhadores por conta própria na economia é considerada um determinante da economia informal. Segundo um estudo de Bordignon e Zanardi, em 1997, a elevada percentagem de pequenas e médias empresas, assim como a existência de um número significativo de trabalhadores por conta própria na economia são as principais características que distinguem a economia italiana das restantes do sul da Europa.

[91] A moralidade fiscal está associada aos aspectos sociológicos e psicológicos dos contribuintes, os quais influenciam a sua atitude e predisposição para o cumprimento ou não cumprimento fiscal.

Veja-se, no quadro 2.1, os montantes que atingem a economia paralela, em alguns países da OCDE.[92]

As estimativas da economia paralela, seguidamente apresentadas, foram calculadas com base em diferentes métodos (directos, indirectos e mistos). Por isso, as comparações elaboradas e os resultados obtidos devem ser interpretados com alguma precaução.

Pela análise do quadro 2.1 observa-se que, de uma forma geral, os valores da economia paralela, em percentagem do PIB, nos diferentes países da OCDE, têm vindo a aumentar nos últimos anos, atingindo valores muito elevados em Itália, Portugal e Espanha.

Mais recentemente, tem sido dada particular atenção à medição do não cumprimento fiscal, o que constitui uma outra forma de avaliar o fenómeno de evasão e fraude fiscal.

O grau de não cumprimento incorrido pelos contribuintes pode ser medido pelo frequentemente designado *tax gap*. Este indicador representa, como já referido no primeiro capítulo deste trabalho, a diferença entre as receitas fiscais arrecadadas e as receitas fiscais potenciais.

Nos Estados Unidos, um estudo de 1992 quantificou o *tax gap* e revelou uma perda de receita fiscal no montante de 128,4 mil milhões de dólares, o que representava aproximadamente 18% da despesa pública.[93] Ainda no mesmo estudo, onde se quantificou o *tax gap* para os impostos sobre o rendimento, verificou-se que 25,8% da evasão fiscal, nestes impostos, resulta do imposto sobre as sociedades, enquanto 74,2% do imposto que incide sobre os particulares.

A forma mais comum de evasão é a não declaração de rendimento daqueles que preenchem a declaração fiscal, o que corresponde a 45,6% do total de *tax gap*. Deduções em excesso, abatimentos, ajustamentos e créditos nas declarações pessoais são, também, uma forma de evasão significativa, porém, em menor escala, o que corresponde a 11,3% do *tax gap*. Os contribuintes que deveriam preencher a declaração de rendimentos mas não o fazem constituem 10,7% do *tax gap*.

---

[92] Schneider, F.; Kinglmair, R. (2004), "Shadow economies around the world: what do we know?" in: *Working paper n.º 0403*, Abril, Department of Economics, Linz, Johannes Kepler University of Linz.

[93] Slemrod, Joel, Bakija, Jon (2001), *Taxing Ourselves – A citizen's guide to the great debate over Tax Reform*, 2nd Edition, Massachusetts, Massachusetts Institute of Tecnology, p. 151.

[Quadro n.º 2.1] Economia paralela, em percentagem do PIB pm,
em alguns países da OCDE

Países	1989/1990	1994/1995	1997/1998	1999/2000	2001/2002	2002/2003
Alemanha	11,8	13,5	14,9	16,0	16,3	16,8
Austrália	10,1	13,5	14,0	14,3	14,1	13,8
Áustria	6,9	8,6	9,0	9,8	10,6	10,8
Bélgica	19,3	21,5	22,5	22,2	22,0	21,5
Canadá	12,8	14,8	16,2	16,0	15,8	15,4
Dinamarca	10,8	17,8	18,3	18,0	17,9	17,5
Espanha	16,1	22,4	23,1	22,7	22,5	22,3
EUA	6,7	8,8	8,9	8,7	8,7	8,6
Finlândia	13,4	18,2	18,9	18,1	18,0	17,6
França	9,0	14,5	14,9	15,2	15,0	14,8
Holanda	11,9	13,7	13,5	13,1	13,0	12,8
Grã-Bretanha	9,6	12,5	13,0	12,7	12,5	12,3
Irlanda	11,0	15,4	16,2	15,9	15,7	15,5
Itália	22,8	26,0	27,3	27,1	27,0	26,2
Japão	8,8	10,6	11,1	11,2	11,1	11,0
Nova Zelândia	9,2	11,3	11,9	12,8	12,6	12,4
Noruega	14,8	18,2	19,6	19,1	19,0	18,7
Portugal	15,9	22,1	23,1	22,7	22,5	22,3
Suécia	15,8	19,5	19,9	19,2	19,1	18,7
Suíça	6,7	7,8	8,1	8,6	9,4	9,5
OCDE (média)	13,2	15,7	16,7	16,8	16,7	16,4
África				41,0		
Ásia				26,0		
América Latina				41,0		

Fonte: Schneider, F.; Kinglmair, R. (2004), "Shadow economies around the world: what do we know?", in: *Working paper n.º 0403*, Abril, Department of Economics, Linz, Johannes Kepler University of Linz.

Hasseldine realizou um estudo na Nova Zelândia, com um conjunto variado de evasores fiscais, onde mostra, de forma clara, mais situações de rendimentos não declarados do que de deduções e abatimentos falsos. Justificou esta situação argumentando que o pecado da omissão se comete mais facilmente.[94]

Outro estudo, citado por Joel Slemrod[95], de 1979, mostra que 42% dos contribuintes auferem rendimento não declarado.

As estimativas mais actualizadas, nos Estados Unidos, apontam para um grau de cumprimento dos contribuintes individuais entre os 73% e os 90% e para um nível de evasão fiscal de 17% em sede de imposto sobre o rendimento.[96]

Na Austrália, um estudo de 2003 considera que o PIB se encontra subavaliado em 2%, em resultado de rendimento não declarado pelos contribuintes.[97] Por sua vez, na Alemanha, em 2005, a evasão fiscal resultante do IVA terá totalizado 17 mil milhões de Euros, isto é, 2% do total da tributação e 12% das receitas fiscais em IVA.[98]

No México, um estudo conduzido pela administração fiscal[99] concluiu que a taxa de evasão fiscal em IVA se situa entre os 35% e os 39%. Por seu turno, a taxa de evasão dos empresários em nome individual e outras actividades profissionais é de 77%, enquanto que a taxa de evasão dos rendimentos salariais se situa muito perto dos 15%.

Por sua vez, em Portugal, num estudo realizado por Eugénio Rosa,[100] a receita fiscal potencial não cobrada em 2002 atingiu 13,8 mil milhões de Euros,[101] um valor que dá uma ideia da dimensão e da gravidade do problema do não cumprimento.

Dos resultados destes estudos, verificamos que o não cumprimento atinge montantes muito consideráveis.

---

[94] Hasseldine, John (1993), "How do revenue audits affect taxpayer compliance?" in: *Bulletin for International Fiscal Documentation*, Official Journal of the International Fiscal Association.

[95] Slemrod, Joel, Bakija, Jon (2001), *Ob. Cit.*, p. 151.

[96] OCDE (2006), *Tax Policy Design and Evasion*, Centre for Tax Policy and Administration Committee on Fiscal Affairs, CTPA/CFA/WP2 (2006)8, Paris, OECD Publications, p. 13.

[97] OCDE (2006), *Ob. Cit.*, p. 12.

[98] OCDE (2006), *Ob. Cit.*, p. 12.

[99] OCDE (2006), *Ob. Cit.*, p. 12.

[100] Rosa, Eugénio, "Ineficácia do combate à fraude e à evasão fiscal e agravamento da injustiça social", in: http://www.acra.pt/...pdf/Combate...a...FraudeEvasaoFiscal.pdf.

[101] OCDE (2003), *Statístiques Recettes Publiques 1965-2002*; Instituto Nacional de Estatística (2003), *Anuário Estatístico de Portugal, 1999-2002*.

Existem dois conjuntos de razões pelas quais os contribuintes fogem, em maior ou menor proporção, ao pagamento dos impostos. O primeiro é constituído pelas oportunidades e recompensas para evadir. O segundo são razões pessoais, tais como desonestidade intrínseca, predisposição para o jogo da evasão e atitudes relativas ao sistema fiscal e ao governo. A evasão fiscal é maior ou menor dependendo da medida em que as pessoas diferem nestas características ou oportunidades.

Seguidamente, estudaremos os determinantes e as atitudes dos contribuintes que influenciam o cumprimento das obrigações tributárias.

4. AS ATITUDES DOS CONTRIBUINTES E OS DETERMINANTES DO NÃO CUMPRIMENTO

Estudos diversos tentaram determinar os factores responsáveis pelo não cumprimento dos contribuintes. Estes trabalhos incluíram factores económicos, tais como o nível de rendimento, a fonte do rendimento, as penalidades, e a probabilidade de detecção, bem como factores não económicos, onde a justiça do sistema fiscal, a moralidade e a ética são objecto de estudo.[102]

A análise fiscal tem sido, com efeito, tradicionalmente dedicada aos motivos económicos como determinantes da evasão e do não cumprimento. Porém, uma análise da natureza e das causas do comportamento do contribuinte deve incluir não só os motivos económicos, como também as relações estabelecidas entre tributação e os factores não económicos, a qual poderá ser tão ou mais importante do que a análise dos factores económicos.[103]

Os factores da fuga aos impostos podem dividir-se em cinco grandes grupos: económicos, sociológicos, psicológicos, morais e religiosos, e técnicos.

---

[102] MC. Gee, Robert (Ed.) (1998); *The Ethics of Tax Evasion*, South Orange, The Institute for Public Policy Research, pp. 1-35.

[103] De entre os estudos consagrados a esta temática, ultrapassando a vertente fiscal, veja-se, também, com muito interesse, Schneider, Friedrich; Dominik H., Enste (2000), "Shadow economies: size, causes and consequences", in: *Journal of Economic Literature*, Volume XXXVII, pp. 77-114.

4.1. Factores económicos

Dado que os impostos reduzem o rendimento disponível ou a riqueza detida, existe um motivo económico para a tentativa de reduzir ou evitar os impostos. Desde sempre se atribuiu especial importância a este motivo como um determinante do comportamento do contribuinte. Na verdade, o comportamento perante o imposto é, muitas vezes, orientado por um simples cálculo económico: a evasão e a fraude fiscal serão praticadas se os benefícios daí retirados compensarem os inconvenientes representados pelo risco da descoberta.

Esta abordagem é baseada na tradicional análise económica de evasão fiscal seguida por Allingham e Sandmo.[104] Nesta análise, o contribuinte é visto como um indivíduo que procura maximizar a sua utilidade esperada. Existem, então, quatro variáveis a considerar: a probabilidade de ser detectado; as penalidades atribuídas; o nível de rendimento; e as taxas marginais de imposto.

A probabilidade de ser detectado aumenta com auditorias mais frequentes e intensivas, o que torna a evasão fiscal menos atraente. Por sua vez, penalidades altas têm o mesmo efeito e tornam a evasão fiscal menos compensadora. E quanto maior é o rendimento, maior é o ganho que resulta da evasão; quanto menor for a taxa de imposto, menor é o ganho.

Na verdade, o motivo económico de fuga aos impostos é acentuado por elevadas taxas de tributação.[105] A propensão dos contribuintes para a fraude e evasão aumenta se os respectivos benefícios compensarem os inconvenientes do risco da descoberta. E, assim sendo, quanto mais elevadas são as taxas de imposto, mais compensatória é a fuga ao mesmo.[106]

---

[104] Allingham, M.G.; Sandmo, M. (1972), "Income tax evasion: a theoretical analysis", in: *Journal of Public Economics*, Volume I, pp. 323-38.

[105] Nos Estados Unidos, Clotfelter, em 1983, conduziu um estudo para aferir acerca dos determinantes do não cumprimento fiscal. E, recorrendo ao uso de um modelo Tobit, concluiu que o não cumprimento se encontra fortemente relacionado com as taxas marginais de imposto, com uma elasticidade que variava entre 0,5 e 3,0 dependendo da classe de rendimento e do grupo de contribuintes. Cfr. OCDE (2006), *Tax Policy Design and Evasion*, Centre for Tax Policy and Administration, Committee on Fiscal Affairs, CTPA/CFA/WP2, Paris, OECD Publications, pp. 15-17.

[106] Sobre os modelos económicos que estudam a evasão e fraude fiscais ver: Allingham, M.G.; Sandmo, A. (1972) "Income tax evasion: a theoretical analysis", in: *Journal of Public Economics*, Volume I, pp. 323-338; Roth, J.A.; Scholz, J.T.; Witte, A.D. (1989),

As elevadas taxas marginais de imposto aumentam os incentivos para os indivíduos com rendimentos altos investirem em sofisticados esquemas de fuga aos impostos. Com taxas não muito elevadas, o benefício pela evasão pode deixar de compensar os riscos resultantes da sua descoberta. Ao contrário, taxas muito elevadas constituem, em si mesmas, um factor de incremento da fuga aos impostos. São, porventura, um sinal claro do não controlo da evasão e da fraude pelos serviços, pois, muitas vezes, as taxas legais crescem porque as que vigoram em dado momento não se aplicam na prática.[107/108]

O motivo económico é particularmente forte para os contribuintes que acreditam que quantidades cobradas pelo governo em impostos têm maior utilidade marginal para os próprios do que os benefícios resultantes desses mesmos impostos. Este sentimento é coerente com a dificuldade em associar determinado imposto com despesas públicas específicas.[109] Mais ainda, a impossibilidade de excluir dos benefícios públicos do governo aqueles que recusam pagar imposto torna o processo de evasão ainda mais apelativo para os evasores.

Convém sublinhar que a situação socio-económica dos contribuintes é, também, neste contexto, um factor determinante. Há contribuintes (por exemplo, os trabalhadores por conta de outrem) que, sujeitos ao mecanismo da retenção na fonte, poucas possibilidades têm de fuga, enquanto para outros, cuja actividade é propícia à informalidade, a fuga é mais fácil.

Taxpayer Compliance: an Agenda for Research, University of Pennsylvania Press, Philadelphia; Yitzhaki, S. (1974), "A note on income tax evasion: a theoretical analysis", in: *Journal of Public Economics*, Volume III, n.º 2, pp. 201-202.

[107] Num estudo recente, Bovi (2000) sublinhou que os países do sul da Europa têm um nível de evasão mais elevado, todavia, as taxas de tributação sobre o rendimento ou sobre o consumo, encontram-se abaixo da média europeia. Por sua vez, os países nórdicos têm taxas de tributação mais elevadas apresentando, no entanto, níveis de evasão mais baixos. Esta observação conduziu à consideração de outros elementos, em particular, os sociológicos e psicológicos, na análise dos determinantes da evasão e fraude fiscal, como veremos já a seguir. Cfr. OCDE (2006) *Ob. Cit.* p. 16.

[108] Na literatura portuguesa ver, sobre este assunto, Xavier de Basto, José Guilherme (1994), "Uma reflexão sobre a Administração Fiscal", in: *Notas Económicas*, n.º 4, Faculdade de Economia da Universidade de Coimbra, Novembro 1994, pp. 100-107

[109] OCDE (2006), *Tax Policy Design and Evasion*, Centre for Tax Policy and Administration, Committee on Fiscal Affairs, CTPA/CFA/WP2, Paris, OECD Publications, pp. 15-17.

A conjuntura económica é, por seu turno, apontada como outra das causas da evasão e fraude fiscal. Em situações de recessão ou crise económica a fraude fiscal aparece como mais tentadora do que em períodos de expansão. O que poderá explicar-se, designadamente, pelas diferentes possibilidades de repercussão do imposto que lhes estão associadas.[110]

Vários autores que estudaram a evasão e fraude fiscal[111] sugerem que as guerras e distúrbios sociais, que implicam aumentos nas despesas governamentais, destroem as concepções estabelecidas da carga fiscal normal. Após uma crise económica, níveis elevados de tributação tornam-se mais aceitáveis entre os contribuintes.

Devemos acrescentar que, se o governo aumentar a carga fiscal dos contribuintes, quando a sua capacidade para pagar esses mesmos impostos se encontra estável, isso pode conduzir ao aumento dos níveis de evasão fiscal devido às percepções formadas pelos contribuintes.[112] O indivíduo pode formar uma opinião de que o seu fardo fiscal é injusto em relação ao que os outros suportam, e uma mudança em circunstâncias individuais pode causar nele o sentimento de que está a ser tributado de acordo com diferentes e mais onerosas regras.

As diferenças no cumprimento fiscal não se conseguem explicar na totalidade sem tomar em atenção os factores psicológicos e sociológicos. Alguns contribuintes têm uma tendência natural para aceitar "imposições fiscais", enquanto outros estão mais predispostos naturalmente a serem combativos. Alguns talvez resistam à pressão fiscal do Estado pelo sentimento de "glamour" e aventura que a evasão fiscal e o não cumprimento originam. O orgulho dos contribuintes que obtêm sucesso indica que, quanto maior é a quantia envolvida, o factor de motivação deixa de ser meramente económico e passa a ser de natureza psicológica e sociológica.[113]

---

[110] Dean, Peter, (1973), *Some Aspects of Tax Operating Costs with Particular Reference to Personal Taxation in United Kingdom*, PhD Dissertation, Bath, Bath University, p. 70.

[111] Veja-se por exemplo Peacock, A.T.; Wiseman, J. (1961), *The Growth of Public Expenditure in the United Kingdom*, Princeton, Princeton University Press.

[112] Slemrod, Joel; Yitzhaki, Shlomo (2000), "Tax avoidance, evasion, and administration", *Working Paper* n.º 7473, in: «hyperlink "http://www.nber.org/papers/w7473"», pp. 1-30.

[113] Sobre os modelos económicos explicativos da evasão fiscal que introduzem, para além dos factores económicos, factores não económicos ver, por exemplo, Franzoni, L.A. (2004), "Discretion in tax enforcement", in: *Economica*, Volume 71, n.º 283, pp. 369-389.

4.2. Factores sociológicos

Os factores sociológicos procuram explicar a maior ou menor aceitação dos deveres fiscais perante circunstâncias que se desligam do simples cálculo económico de comparação entre o rendimento que se pode obter evadindo e o que se pode perder se a evasão for descoberta.

A abordagem sociológica desenvolve-se à volta de dois eixos fundamentais. Um deles, relativo às metas colectivas que abrangem o tipo de sociedade em que se deseja viver, até ao papel que o Estado nela deve desempenhar. O outro, envolve a reciprocidade de direitos e deveres entre o Estado e os cidadãos, destacando-se, entre eles, a relação entre os impostos que se pagam e os serviços públicos que se recebem, bem como a distribuição da carga fiscal entre os diferentes grupos de contribuintes.[114]

Na verdade, muito poucos contribuintes possuem os conhecimentos técnicos, o tempo, ou a predisposição para analisar a relação entre as despesas públicas e os serviços recebidos em troca. O montante e a taxa de crescimento das despesas públicas, o benefício governamental das despesas públicas, a distribuição dos mesmos benefícios e a eficiência com a qual o governo usa o dinheiro dos impostos reflectem frequentemente os padrões sociais.

As ideias que dizem respeito à tributação e ao sistema fiscal são, frequentemente, resultado de atitudes colectivas. Assim, uma ideia errada da tributação e do sistema fiscal pode ser, no mínimo, tão forte e influente como os factos objectivos do comportamento.[115]

Os diferentes povos apresentam graus muito diferentes de civismo tributário, revelando que, neste domínio, como em qualquer outro, os impulsos dos humanos são influenciados pela cultura dominante em que se vive.

---

[114] A sociologia fiscal tem como objectivo explicar os processos sociais que estão subjacentes à realidade fiscal em determinado contexto histórico ou político. Cfr. Soares, Domitília (2004), *Percepção Social da Fiscalidade em Portugal – Um Estudo Exploratório*, Coimbra, Almedina, p. 25.

[115] Sandford, a propósito da discussão do mito de que o imposto sobre o rendimento tem um efeito desincentivador nas atitudes do contribuinte, atribui isso em parte às atitudes sociológicas. Escreve o autor que: "There is a tendency too for taxation to be treated as a convenient whipping boy; thus, for example, a worker who may not wish to do overtime (for any of a variety of reasons not all of which he would wish to tell his foreman) may find it convenient to blame income tax." Cfr. Sandford, Cedric (1973*), Hidden Costs of Taxation*, London, Institute for Fiscal Studies, p. 15.

As diferentes atitudes cívicas dos cidadãos perante o imposto podem ser observadas, no plano europeu, quando comparamos o eixo norte-sul da mentalidade fiscal que, à disciplina tributária que os ingleses e os escandinavos demonstram, contrapõe o menor cumprimento fiscal dos povos do sul da Europa. Nestes, a disciplina fiscal não é tão exigida nem tão esperada, e a habitual inobservância das leis existentes não é objecto de sanções tão fortes. Se, porém, alargarmos esta observação a outros horizontes, aquele eixo pode aumentar: em muitos países do chamado Terceiro Mundo é possível referenciar o predomínio de uma cultura anti – fiscal.

Deste modo, a imitação pode ser um factor poderoso na resistência fiscal e no cumprimento voluntário. É, na realidade, bastante fácil justificar o uso de métodos conhecidos como ilegais ou que tendem a sê-lo no sentido de serem anti-sociais quando outras pessoas os estão a usar. O contribuinte que se encontra indeciso sobre a atitude de evadir ou cumprir pode tomar uma decisão mais rapidamente baseada no facto de "toda a gente faz isto", especialmente se a ideia é transmitida por um indivíduo cujos sentimentos lhe parecem ser de honestidade e lealdade.

Na Suécia,[116] um estudo revelou que as pessoas mais jovens, com idades compreendidas entre 18 e 24 anos, têm uma atitude mais benevolente em relação à evasão e fraude fiscal do que o resto da população.

Na verdade, o sentimento generalizado de tolerância social para com a fraude e evasão fiscal conduz a um clima psicológico favorável à fuga dos impostos. Ou seja o facto de este tipo de comportamentos não serem socialmente reprováveis, ou até mesmo inspirarem admiração, traduz-se num clima socialmente favorável ao não cumprimento fiscal.

Acresce ainda que, em certas situações do mundo empresarial, recusar a evasão fiscal resulta na descoberta da evasão de outros. Ao mesmo tempo, em alguns sectores de actividade do comércio e da indústria, a evasão fiscal tornou-se uma forma generalizada de melhorar e aumentar as taxas de remuneração. Recusar a evadir ou fugir aos impostos pode ser, em certas situações, matéria de desprezo ou ridículo. Neste caso, as pressões sociais podem ser altamente persuasivas. E, consequentemente, certos tipos de evasão criam mais evasão.

---

[116] OCDE (2006) *Tax Policy Design and Evasion*, Centre for Tax Policy and Administration, Committee on Fiscal Affairs, CTPA/CFA/WP2 (2006)8, Paris, OECD Publications, p. 19.

4.3. Factores psicológicos

Se é verdade que os indivíduos orientam a sua conduta de forma a maximizar o prazer e a minimizar o sacrifício, existirá então uma predisposição inata ao comportamento humano para fugir aos impostos.

O pagamento dos impostos representa, para o contribuinte, a renúncia a uma parcela da sua riqueza sem receber, em troca, o benefício de uma contrapartida directa.

A perda de recursos a favor do Estado não esgota, porém, a carga negativa que habitualmente anda associada ao imposto. Na verdade, para muitos contribuintes, a obrigação de cumprir alguns dos mais simples deveres fiscais, tal como o preenchimento da declaração de rendimentos, para além do natural incómodo, representa um custo significativo. Daí que, no espírito de muitos contribuintes, os custos psicológicos do imposto possam exercer, na decisão de não cumprir, uma influência superior àquela que tem o montante do imposto a pagar. Deste modo, podemos dizer que na primeira linha das motivações que levam a que muitas pessoas procurem fugir ao pagamento dos impostos estão as chamadas causas psicológicas.[117]

A psicologia fiscal tem, pois, como finalidade explicar os factores que determinam a conduta fiscal dos cidadãos.

Em primeiro lugar, as atitudes dos contribuintes que, provavelmente, dão origem à resistência fiscal são muitas vezes pessoais. Frequentemente, são o reflexo de experiências individuais de vida, relacionadas com sentimentos de integração na nação ou de antagonismo,[118] bem como o reflexo da sua relação com as autoridades fiscais no cumprimento dos impostos. Na verdade, o cidadão, ao fazer a transferência para os cofres do Estado de uma parte do seu rendimento, pode sentir que esta imposição não faz o menor sentido, e só a cumprir sob ameaça. Ou, então, pode senti-la como o cumprimento de um dever cívico, que, não sendo de todo agradável, poderá constituir um contributo para o financiamento das despesas públicas, necessárias ao bem-estar comum.

---

[117] Delgado, Maria Luísa (2001), "Sociologia Y Psicologia fiscales. La cultura fiscal dos Espanoles", Conferência proferida no XXI Curso de Instituciones Y Técnicas Tributárias, *Instituto de Estudios Fiscales*.

[118] Soares, Domitília (2004), *Percepção Social da Fiscalidade em Portugal – Um Estudo Exploratório*, Coimbra, Almedina, p. 25.

Em segundo lugar, a imagem que os cidadãos formam sobre a Fazenda Pública poderá influenciar a sua conduta fiscal.[119]

Neste caso, as percepções relativas à justiça e equidade, ao nível de carga fiscal, ao balanço entre impostos pagos e serviços públicos recebidos, até ao grau de confiança na eficiência e honestidade da administração nas receitas arrecadadas, influenciam o cumprimento dos contribuintes.[120] Aparentemente, factores triviais tais como eficiência, cortesia e ajuda dos funcionários da administração fiscal ou o formato, apresentação e a facilidade de interpretação das declarações fiscais poderão moldar as atitudes dos contribuintes.[121] É nosso objectivo proceder à análise da influência destes factores nos custos dos contribuintes aquando do cumprimento fiscal, no sistema fiscal português, na segunda parte desta dissertação.

4.4. Factores religiosos e morais

As atitudes dos contribuintes poderão estar também associadas a sentimentos mais abstractos, tais como os que dizem respeito à autoridade e justiça. Estes factores estão relacionados com os motivos religiosos, morais e filosóficos de um país, a natureza dos limites entre o individual e o Estado, bem como a força da tradição através dos quais estes limites têm sido mantidos.

O não cumprimento e a evasão fiscal são moralmente justificados? A evasão fiscal, sob o ponto de vista religioso, é considerada um pecado? O acto de não pagar impostos é eticamente justificável?

---

[119] Soares, Domitília (2004), *Ob. Cit.*, p. 25.

[120] Sobre a percepção que os contribuintes portugueses têm da administração fiscal, da sua eficácia e do seu desempenho veja-se: Santos, Renata (2003), *A Administração fiscal, sua eficácia e desempenho – A actuação da direcção geral dos impostos vista pelos contribuintes e pelos funcionários*, Dissertação de Mestrado em Contabilidade e Finanças, Coimbra, Faculdade de Economia da Universidade de Coimbra (FEUC).

[121] Segundo Alberto Pedroso, em Portugal assistiu-se, nos últimos dois anos, a uma evolução positiva na cobrança de receitas fiscais, o que se justifica em grande parte por uma mudança de atitude dos serviços (administração fiscal) em relação ao contribuinte. Na realidade, a definição de uma política de relacionamento entre a administração fiscal e os contribuintes tem sido prioritária no sentido de garantir qualidade, celeridade e transparência no atendimento aos contribuintes. Cfr. Pedroso, Alberto (2005), "Cobrança coerciva – Balanço de 2004 e perspectivas para 2005", in: *Fiscália*, n.º 27/28, DGCI, pp. 30-31.

Para os católicos, a obrigação de pagar imposto é mencionada por diversas ocasiões na Bíblia. No Velho Testamento é dito que o Faraó tributa os indivíduos de acordo com a sua capacidade de pagar. Porém, não é dito se esta prática é considerada justa. No Novo Testamento, quando perguntaram a Jesus se é legal entregar tributos a César, Ele respondeu: "Dar a César o que é de César, e a Deus o que é de Deus."[122] Na verdade, nesta afirmação, encontra-se sublinhado que todos os indivíduos devem pagar o que devem, todavia, não é dito se César (o Estado) deve fornecer alguma coisa em troca.

A necessidade e o desejo de cada católico ser obediente à autoridade e pagar os seus impostos, como um dever fundamental, são também sublinhados por S. Paulo na *Carta aos Romanos*.[123] Aí se afirma: "Submeta-se cada qual às autoridades constituídas. Pois não há autoridade que não tenha sido constituída por Deus e as que existem foram estabelecidas por Ele. (...) É por isso também que vós pagais os impostos porque se trata de funcionários de Deus que nisso mesmo servem. Pagai, pois, a todos o que lhe é devido: a quem se deve o imposto, o imposto; a quem se deve a contribuição, a contribuição, a quem se deve a reverência, a reverência; a quem se deve a honra, a honra."

Assim, os católicos incluem a evasão e fraude fiscal nos processos moralmente ilícitos, a par de tópicos como a especulação, ou a corrupção.[124] O catecismo da igreja católica, numa primeira versão,[125] contém um guia moral para todos os cristãos onde aborda a fraude fiscal no âmbito do Sétimo Mandamento: "não roubarás". Por sua vez, no mesmo catecismo, nos deveres dos cidadãos, encontra-se a necessidade de submissão à autoridade e a corresponsabilidade pelo bem comum que exigem moralmente o pagamento dos impostos, o exercício do direito de voto, e a defesa do país. Aí se diz: "Os cristãos residem na sua própria pátria, mas vivem todos como de passagem; em tudo participam como os outros cidadãos, mas tudo suportam como se não tivessem pátria (...). Obedecem às leis

---

[122] Mateus 22:21.

[123] *Carta aos Romanos* Parágrafo 13 – Obediência à autoridade. Romanos 13:7.

[124] Mc Gee, Robert (Ed.) (1998), *Ethics of Tax Evasion*, South Orange, The Dumont Institute for Public Policy Research, p. 7.

[125] Consta que uma das primeiras versões data do ano de 1 566. Cfr Mc Gee, Robert (Ed.) (1998), *Ob. Cit.*, p. 7.

estabelecidas, mas pelo seu modo de vida superam as leis (...). Tão nobre é o posto que Deus lhes assinalou, que não lhes é lícito desertar."[126]

Também para os católicos, o exercício de pagar impostos é, antes de mais, um exercício de solidariedade. Os impostos, numa sociedade justa, são um meio para redistribuir os rendimentos e contribuir para eliminar as desigualdades entre os cidadãos. Aqui estamos perante um princípio fundamental: o destino universal dos bens. Este princípio tem muitos fundamentos, mas, para os católicos, tem um fundamento absoluto: "Deus criou a terra e tudo o que ela contém para uso das pessoas e dos povos"; "Deus deu a terra a todo o género humano, para que ela sustente todos os seus membros sem excluir nem privilegiar ninguém."

Assim, na perspectiva católica, podemos afirmar que o pagamento dos impostos, supostamente justos, é um dever de cidadania.

Contudo, existem outras perspectivas de interpretação destas passagens bíblicas. Por exemplo, Beia[127] interpreta a passagem 13 da *Carta aos Romanos* como sendo devidos pela lei divina apenas os impostos justos. Mas não faz nenhuma consideração se os tributos são impostos pela lei divina para serem pagos ao Rei (Estado). Também não responde se os ateus devem ou não pagar impostos de acordo com a lei divina.

Segundo a perspectiva dos judeus,[128] existe um dever e uma obrigação fundamental de pagar os impostos devidos. Como refere Jung: "Anyone who cheats on income taxes transgresses the law prohibiting robbery, whether the king (government) be Jewish or non-Jewish; for the law of the country is the Law. Some scholars held that this law implied no more than the obligation to pay taxes and to help the country against enemies, but the majority opinion holds that conformity to all laws imposed by legally constituted government is compulsory."[129]

Esta perspectiva suscita, porém, algumas questões. Parte do pressuposto de que tudo o que é legal é moral, e o que não é legal é imoral. Mas,

---

[126] *Carta aos Romanos* Parágrafo 13 – Obediência à autoridade.

[127] Este estudo foi citado por Mc Gee, Robert (Ed.) (1998), *Ethics of Tax Evasion*, South Orange, The Dumont Institute for Public Policy Research, p. 17.

[128] Cohn, Gordon (1998), "The ethics of tax evasion- a Jewish perspective", in: *Ethics of Tax Evasion*, South Orange, The Dumont Institute for Public Policy Research, pp. 180-190.

[129] Leo Jung, Business ethics in Jewish law 112 (1987) in: Cohn, Gordon (1998), "The ethics of tax evasion – a Jewish perspective", in: *Ethics of Tax Evasion*, South Orange, The Dumont Institute for Public Policy Research, pp. 180-190.

será que o não cumprimento deverá ser visto como um pecado ou um acto não ético, quando as receitas fiscais revertem a favor de governos como o de Hitler ou Mussolini, que, apesar de tudo, foram eleitos?

Outra questão que justifica a tributação como moralmente necessária é que muitos indivíduos não pagam a "carga fiscal justa". Assim, outros pagam mais do que seria a sua "carga fiscal justa". Se isto for verdade, então a evasão fiscal é imoral a partir do momento em que se está a forçar alguém a pagar para outros usufruírem dos benefícios. Mas saber o que é uma "carga fiscal justa" é difícil de determinar. Também, muitas vezes, os governos desperdiçam dinheiro. Neste caso, o contribuinte deve pagar só a "carga fiscal justa" ou também contribuir para a quantia de fundos que é desperdiçada?

O governo pode providenciar benefícios. Todavia, se o contribuinte não os solicitou deve continuar a sentir-se moralmente obrigado a pagar imposto? Existe, então, alguma relação entre os impostos pagos e os benefícios recebidos em troca?

No nosso entender, numa sociedade onde a liberdade e a propriedade privada são valorizadas, as formas de cobrar receitas incentivando o cumprimento voluntário deverão ser incentivadas em detrimento das formas coercivas. E se o governo for visto como um fornecedor de serviços, então a coerção tende a ser minimizada e as possibilidades de aumento do cumprimento voluntário maximizadas. Ainda assim, os governos não conseguem obter todos os "fundos necessários" através do cumprimento voluntário, por isso um determinado nível de coerção é sempre necessário.

Numa posição mais extremista existem outros autores[130] que defendem a ideia de que a evasão fiscal não é um pecado e, por isso, o pagamento dos impostos não aparece como um dever moral. Para eles, quando um imposto é retirado coercivamente ao contribuinte parece que não existe obrigação moral de pagar imposto, pois a tributação aqui é o equivalente a um roubo, onde o governo é o assaltante. Um roubo traduz-se na apropriação de riqueza ou do rendimento sem o consentimento do próprio. Porém, ao contrário de um roubo normal, o "assaltante" aqui é o Estado e não um indivíduo. Também a apropriação do rendimento e da riqueza não acontece uma só vez, mas é um processo contínuo, o que torna a tributa-

---

[130] Mc Gee, Robert (Ed.) (1998), "Why is tax evasion unethical?" in: *Ethics of Tax Evasion*, South Orange, The Dumont Institute for Public Policy Research, pp. 1-35.

ção mais semelhante à escravatura ou exploração do que a um roubo normal. E, ainda, se a maioria dos eleitores votou para eleger um determinado governo, isso não altera a substância da transacção. Também o facto de os contribuintes receberem benefícios do governo em troca não modifica a moralidade da matéria, dado que os mesmos não os solicitaram. Acresce ainda que alguns contribuintes têm de pagar mais imposto como resultado de outros evadirem.[131]

Teólogos e outros, por diversas vezes, sublinharam que existe uma obrigação de pagar somente os impostos justos. Mas, qual a quantia que é justificável ou qual o imposto justo? Todos os impostos são uma apropriação de rendimento e riqueza sem o consentimento dos cidadãos, e não existe justiça nisto mesmo que alguns sejam usados para causas justas.

Assim, nesta perspectiva extremista, mais do que olhar para os evasores como pecadores, parece mais consensual dizer que as autoridades fiscais são as que pecam, porque são elas que executam a apropriação do rendimento e da riqueza.

No nosso ponto de vista entendemos que, no essencial e em conclusão, as tentativas para apoiar a ideia de uma necessária condenação moral da fraude fiscal não têm ressonância teológica. Não existe o dever fiscal. O que existe são obrigações fiscais de mero alcance jurídico.

4.5. Factores técnicos

As causas de ordem económica, psicológica, sociológica, moral e religiosa constituem o pano de fundo no qual se inscrevem factores de outra natureza, com destaque para os que se prendem com a técnica tributária. Estes factores, de ordem técnica, são o grau de complexidade, a estabilidade e a segurança do sistema fiscal.

Importa sublinhar que, nos últimos tempos, os sistemas fiscais têm vindo a ser confrontados com objectivos cada vez mais exigentes e, muitas vezes, difíceis de conciliar. Assim, por exemplo, nos sistemas fiscais mais desenvolvidos, ao mesmo tempo que se exige maior volume de receitas, exige-se, simultaneamente, maior nível de justiça fiscal. As medidas

---

[131] Mc Gee, Robert (Ed.) (1998), "Why is tax evasion unethical?" in: *Ethics of Tax Evasion*, South Orange, The Dumont Institute for Public Policy Research, pp. 1-35.

adoptadas para atingir estes objectivos tendem a resultar, entretanto, na adopção de normas tributárias de uma complexidade progressiva e, por vezes, de difícil compreensão, quer para os contribuintes, quer para a administração fiscal.

No que se refere à tributação do rendimento, estas normas dizem essencialmente respeito a um conjunto de factores que procurando medir adequadamente o rendimento tornam a definição desta variável cada vez mais complexa, dadas as diversas formas que o rendimento pode assumir. Temos aqui o caso da tributação das chamadas vantagens acessórias (*Fringe Benefits*) que, embora trazendo ao sistema fiscal um maior grau de equidade, introduz um conjunto de normas quase sempre dotadas de grande complexidade de interpretação e aplicação.[132]

Na verdade, os novos desafios fiscais introduzidos pela evolução da economia contemporânea são geradores de complexidade técnica e legislativa.[133] Entre eles salientam-se os resultantes das relações de tributação – emprego, tributação – ambiente, tributação – globalização[134], tributação – instrumentos financeiros e tributação – novas tecnologias.

A evolução tecnológica, a sofisticação das transacções, com a expansão do comércio electrónico, e a crescente internacionalização das trocas a uma grande velocidade, como temos assistido, conduz necessariamente a um aumento da complexidade das normas fiscais.

É compreensível que os regimes que regulamentam estas matérias sejam complexos e de interpretação difícil, pois estão em causa fenómenos dotados de complexidade *per si*. Trata-se, pois, de uma consequência do progresso e da complexidade da economia e da sociedade.[135]

---

[132] Martins, António (2005), "A complexidade do sistema tributário: uma inevitabilidade económica?", in: *Fisco*, n.° 119-121, Setembro, pp. 27-36.

[133] Santos, José Carlos Gomes (2000), "Políticas Fiscais: Passado Recente, Desafios Futuros", in: *Fisco*, n.° 88/89, Maio-Junho, pp. 57-63; Santos, José Carlos Gomes (2000), "Tendências das políticas fiscais recentes a nível internacional: algumas reflexões", in: *Colóquio: os efeitos da globalização na tributação do rendimento e da despesa – Ciência e Técnica Fiscal*, n.° 188, pp. 13-33.

[134] Sobre os problemas colocados pela globalização no ordenamento tributário português ver: Saldanha Sanches, José Luís (2000), "O combate à fraude e a defesa do contribuinte: dois objectivos inconciliáveis?", in: *Colóquio: os efeitos da globalização na tributação do rendimento e da despesa – Ciência e Técnica Fiscal*, n.° 188, pp. 455-475.

[135] A este respeito concluiu António Martins pela irremediável e crescente complexidade do sistema fiscal de se ajustar à crescente mudança da vida económica e das for-

Outra fonte de complexidade técnica e legislativa são os regimes transitórios que regulamentam a passagem dos casos que estão sujeitos ao regime antigo para a nova lei. Por exemplo, em Portugal, aquando da introdução do IVA, uma grande fonte de complexidade regulamentar terá sido o regime transitório para as transacções intracomunitárias, estabelecido em 1992.

As medidas dos governos para travar os comportamentos evasivos tornam, também, o sistema fiscal, muitas vezes, ainda mais complexo e incómodo. De facto, estas medidas introduzem, com frequência, conceitos indeterminados tornando-se, por isso, de difícil compreensão e interpretação, quer para a administração fiscal, quer para o contribuinte.

Os exemplos de medidas desta natureza são variados no sistema fiscal português. A concepção e o regime dos denominados "preços de transferência" constituem, na actualidade, um dos mais generalizados e complexos da doutrina, da técnica e do sistema fiscal.[136]

A instabilidade e insegurança do sistema fiscal, traduzida nas constantes alterações legislativas, bem como na morosidade da justiça, induzem a uma maior complexidade e a dificuldades acrescidas para os contribuintes e para a própria administração fiscal. Por um lado, é favorável à evasão e fraude fiscal uma grande instabilidade legislativa, que introduz, ela própria, uma causa adicional de complexidade tanto para os contribuintes como para a administração fiscal. Por outro lado, um regime tributário que apele frequentemente à discricionariedade na aplicação da lei fiscal ou que não permita ao contribuinte saber com alguma certeza a sua situação fiscal é motivo de atitudes de evasão e fraude fiscais.[137]

---

mas engenhosas que as transacções de bens ou serviços ou a obtenção de rendimento assumem. Cfr. Martins, António (2005), "A complexidade do sistema tributário: uma inevitabilidade económica?", in: *Fisco*, n.º 119-121, Setembro, p.36.

[136] Veja-se, então, o caso, em Portugal, das normas do art. 58.º do Código do Imposto sobre o Rendimento das Pessoas Colectivas (IRC). Atente-se, por exemplo, o n.º 6 do art. 58.º que impõe um complexo de deveres ao contribuinte, que ao analisar as operações, poderá eventualmente elidir fundadamente aquelas que, em termos unívocos e documentados, não se enquadram no âmbito da presunção legal. Para uma análise mais detalhada deste problema ver: Andrade, Fernando Rocha (2002), "Preços de transferência e tributação de multinacionais: as evoluções recentes e o novo enquadramento jurídico português", in: *Separata do Boletim de Ciências Económicas*, Volume XLV-A, Coimbra, Faculdade de Direito de Coimbra, pp. 307-348.

[137] Para um estudo detalhado das medidas que introduzem complexidade no sistema fiscal português veja-se a posição do Grupo de Trabalho para a Simplificação Fiscal

Podemos, então, concluir que um elevado grau de complexidade do sistema fiscal favorece o não cumprimento por parte dos contribuintes. Este efeito é, muitas vezes, contrário aos objectivos do sistema tributário e que, por norma, se relacionam com a pretensão de obtenção de maior justiça fiscal.

5. AS CONSEQUÊNCIAS DA EVASÃO E FRAUDE FISCAL

O não cumprimento, quando praticado de forma continuada e com uma amplitude significativa, acarreta consequências negativas que atingem a economia e a sociedade no seu todo.

A primeira consequência do não cumprimento é financeira. A fuga ao imposto continuada traduz-se numa diminuição dos dinheiros dos cofres públicos, o que, se atingir montantes suficientemente avultados, pode pôr em causa o desenvolvimento da política orçamental, bem como a consecução dos objectivos prosseguidos pelas políticas económicas e sociais.

Para além do efeito financeiro imediato que afecta, sobretudo, a sustentabilidade das finanças públicas, importa ter presente que o não cumprimento implica custos de outra natureza. Nomeadamente, e talvez o mais grave, o implícito sancionar da perversão de um princípio elementar em matéria fiscal: a igualdade dos cidadãos perante o imposto.[138]

A evasão fiscal atenta contra o princípio da igualdade horizontal porque pessoas com igual capacidade de pagar pagam diferentes montantes de imposto. E não existe forma de as taxas de imposto serem ajustadas para compensar a vantagem ganha pelos evasores porque não se sabe quais as pessoas que estão a evadir.

Para ilustrar como a evasão fiscal cria distorções de equidade horizontal vejamos o exemplo apresentado no quadro 2.2.

(GTSF), criado em 2005, no relatório seguinte: GTSF (2007), "Simplificação do sistema fiscal português – Relatório Final", in: *Cadernos da Ciência e Técnica Fiscal*, n.º 201, Lisboa, Ministério das Finanças.

[138] Da ideia de justiça fiscal como conceito central resulta, como concepção base que deve presidir a qualquer sistema fiscal moderno, a noção de igualdade entre os cidadãos. Para o desenvolvimento da noção e das diferentes perspectivas de equidade fiscal veja-se: Santos, José Carlos Gomes (2006), "A equidade fiscal revisitada", in: *Homenagem José Guilherme Xavier de Basto*, Coimbra, Coimbra Editora, pp. 408-418.

[Quadro n.º 2.2] Estimativas de cumprimento dos contribuintes individuais de acordo com o tipo de rendimento nos EUA

Tipos de rendimento	Rendimento líquido declarado em percentagem do rendimento real verdadeiro desta fonte	Tax gap do rendimento individual resultante da não declaração de rendimentos
Ordenados e salários	99,1	3.4
Pensões	96.0	1.9
Juros	97.7	0.9
Dividendos	92.2	1.4
Mais valias	92.8	2.6
Empresariais e profissionais	67.7	17.9

Fonte: Slemrod (2004), *Ob. Cit*, p. 178.

No quadro 2.2 temos informação sobre a percentagem de rendimento realmente declarado pelos contribuintes individuais nos EUA. Este varia desde 99,1% nos salários e ordenados, onde evadir aos impostos é extremamente difícil, até 67,7% para os contribuintes que obtêm rendimentos empresariais e profissionais.

Assim, quanto menor é a possibilidade de serem descobertas, mais estarão as pessoas dispostas a evadir. Estes factos sugerem que a evasão fiscal introduz importantes e significativas desigualdades horizontais, com consequências no plano moral para os contribuintes cumpridores.

Verifica-se, com efeito, a extrema injustiça de penalizar o contribuinte honesto com uma dupla discriminação. Os contribuintes detentores de rendimentos de difícil dissimulação, tais como rendimentos do trabalho por conta de outrem, começam por sofrer uma discriminação negativa em relação àqueles cuja matéria tributável possa ser mais facilmente dissimulada, constituída por património mobiliário ou rendimentos por conta própria. O não pagamento dos impostos conduzirá, entretanto, à referida diminuição da produtividade do sistema fiscal. O que, por sua vez, tenderá a ser compensado, por exemplo, pela prática de taxas mais elevadas, voltando, deste modo, a sobrecarregar os mesmos contribuintes cumpridores, os quais serão duplamente penalizados.

Saber como a evasão fiscal afecta a equidade vertical é, contudo, menos claro. Certamente, em média, os contribuintes com rendimentos mais elevados estão mais predispostos a evadir. Mas, contrariamente ao que muitos suspeitam, existem alguns estudos que demonstram que os indivíduos com rendimentos mais altos evadem menos do que aqueles com menores rendimentos.

Vejamos, no quadro 2.3, para os EUA, as taxas de cumprimento voluntário de acordo com o montante de rendimento.

[Quadro n.º 2.3] Taxas de cumprimento voluntário dos contribuintes individuais de acordo com o escalão de rendimento nos EUA

Escalões de rendimento bruto (em Dólares)	Taxa de cumprimento voluntário (em percentagem do rendimento declarado das receitas fiscais potenciais).
0-5 000	84,2
5 000-10 000	78,7
10 000-25 000	88,8
25 000-50 000	92,4
50 000-100 000	93,2
100 000-250 000	91,3
250 000-500 000	95,7
Mais 500 000	97,1

Fonte: Slemrod (2004), *Ob. Cit.* pp. 179.

De acordo com este estudo, os contribuintes com rendimentos acima de 500 000 Dólares declaram 97,1% dos seus rendimentos, enquanto os que detêm rendimentos entre 5 000 e 10 000 Dólares apenas declaram 78,7% dos seus rendimentos.[139]

Esta situação parece ir ao encontro do antigo provérbio "os pobres evadem e os ricos fogem", o que significa que os ricos tendem a usar os meios legais, tais como deduções, exclusões, regimes preferenciais, lacu-

---

[139] Sobre outros estudos que analisam as consequências da evasão fiscal nos EUA veja-se: Lewis, Charles; *The Cheating of America: How Tax avoidance and evasion by the super rich are costing the country billions, and what you can do about it?* New York, William Morrow.

nas da lei, enquanto que os que possuem menos rendimentos usam formas não legais.

O exemplo apresentado não contempla, com efeito, os rendimentos empresariais. Assim, as taxas elevadas de cumprimento aqui observadas talvez sobrestimem o cumprimento voluntário dos mais ricos, uma vez que, regra geral, estes contribuintes individuais têm proporcionalmente mais rendimento de natureza empresarial do que de outras categorias.

Mais ainda, se as oportunidades ou previsões para a evasão estiverem relacionadas com o nível de rendimento, a evasão pode tornar difícil verificar se o grau de progressividade que se considera é consistente com a equidade vertical.

A evasão fiscal não impõe somente distorções do ponto de vista da equidade, introduz também, e não menos importantes, distorções económicas.

A evasão fiscal, considerando as restantes coisas iguais, aumenta as taxas de imposto, as quais penalizam quer o trabalho extra, quer as actividades dos contribuintes honestos. Mais grave ainda é a evasão fiscal, porque depende das oportunidades que são retiradas de determinadas actividades, fornecer um incentivo, o qual é ineficiente do ponto de vista social, para empreender actividades nas quais seja mais fácil evadir.[140] Assim, neste caso, estamos perante um custo económico causado pela evasão fiscal.

No plano da economia, o não cumprimento falseia as regras da concorrência com grave prejuízo para os empresários cumpridores, que dificilmente poderão competir num mercado em que os mecanismos da formação dos preços são sistematicamente alterados por aqueles que se auto-excluem das suas obrigações fiscais.

A evasão fiscal desincentiva o crescimento da produtividade, na medida em que existem agentes económicos que deixam de ser forçados à permanente inovação tecnológica dos seus investimentos, pois conseguem aumentar a sua capacidade concorrencial fugindo aos impostos como meio de reduzir os seus custos. A evasão fiscal conduz, pois, a uma redução do nível de investimento público e privado, podendo afectar por esta via o desenvolvimento económico.

---

[140] Slemrod, Joel, Bakija, Jon (2004); *Taxing Ourselves-A citizen's guide to the great debate over Tax Reform*, 3rd Edition, Massachusetts, Massachusetts Institute of Tecnology, p. 176.

Na realidade, uma situação que oferece a certos grupos ou indivíduos a possibilidade de escaparem ao pagamento dos impostos devidos representa um incentivo para outros contribuintes não pagarem os seus impostos, com o risco de gerar uma reacção em cadeia susceptível de provocar sérios danos, não apenas na tesouraria pública, mas na própria coesão social.

A situação generalizada de evasão e fraude começa por habituar o contribuinte a viver impunemente no desrespeito pela lei fiscal e, de certo modo, a menosprezar os poderes públicos, conduzindo ao desgaste da própria ordem social.

Como minimizar, então, as oportunidades de evasão e fraude fiscal? Quais as estratégias a adoptar pela administração fiscal? Como incentivar o cumprimento voluntário das obrigações tributárias? A estas questões procuraremos dar resposta na secção seguinte.

6. O COMBATE À FRAUDE E EVASÃO FISCAL: AS VÁRIAS ESTRATÉGIAS

A política de combate à evasão e fraude fiscal deve ser conduzida tendo em atenção dois aspectos, os quais estão relacionados, mas que, por conveniência e simplificação, vamos analisar separadamente.

No primeiro, procura-se saber o montante adequado de recursos para tornar a administração fiscal mais eficiente. No segundo, identifica-se os métodos mais eficientes para aumentar as receitas fiscais e fomentar o cumprimento fiscal voluntário, sempre na perspectiva de diminuição dos custos de cumprimento para os contribuintes.[141]

É da análise e estudo destas questões que nos vamos ocupar mais detalhadamente.

---

[141] Na realidade, numa estratégia de optimização de recursos e de combate à fraude e evasão fiscal, tão importante como perseguir os contribuintes não cumpridores, é fomentar o cumprimento das obrigações fiscais através do incentivo ao cumprimento voluntário. Cfr. Silvani, Carlos; Baer, Katherine (1997), "Designing a tax administration reform strategy: experiences and guidelines", *International Monetary Fund Working Paper*, WP/97/30, in: http://www.imf.org/external/pubs/ft/wp/wp9730.pdf, pp. 22-23.

6.1. A administração fiscal e os seus recursos

Qual o montante adequado de recursos que a administração fiscal deve ter? Até onde deve a administração fiscal aumentar os seus custos?

A resposta mais provável dos economistas, e recorrendo à teoria da empresa, é que a administração fiscal deve aumentar os seus recursos até ao ponto em que os custos marginais (CM) igualam as receitas marginais (RM), isto é, CM=RM. Assim, enquanto os acréscimos adicionais de receitas fiscais excederem os acréscimos adicionais dos custos administrativos, a administração fiscal pode aumentar os seus recursos.[142]/[143]

Existem razões para questionar se a regra aplicada às empresas para maximizarem os seus lucros até ao ponto em que CM=RM é a mais adequada para a administração fiscal.[144]

De facto, as receitas fiscais, que são o resultado da aplicação dos recursos reais da administração fiscal, representam uma transferência de rendimento. Os recursos aplicados na administração fiscal não geram novos bens e serviços, pelo que a analogia com a empresa pode ser enganadora.[145]

A regra CM=RM nada diz acerca do total de recursos que deve ser aplicado na administração fiscal. A observação de que as receitas fiscais representam uma transferência de rendimentos sugere que o montante de recursos na administração fiscal pode ser menor do que o postulado pela regra CM=RM.

---

[142] Sandford, Cedric (2000), *Why Tax Systems Differ? – A Comparative Study of the Political Economy of Taxation*, Bath, Fiscal Publications, pp. 142-156.

[143] A Comissão para o desenvolvimento da reforma fiscal (CDRF) analisa detalhadamente a reforma da estrutura e orgânica da administração fiscal portuguesa. Sobre este assunto ver: Comissão para o desenvolvimento da reforma fiscal (CDRF) (1996), "Relatório da Comissão para o Desenvolvimento da Reforma Fiscal", in: *Ciência e Técnica Fiscal*, Lisboa, Ministério das Finanças, pp. 9-55.

[144] Podem existir algumas dificuldades práticas na avaliação dos conceitos de receita fiscal marginal e de custo fiscal marginal. Por exemplo, algumas receitas fiscais são muito difíceis, senão impossíveis, de medir e avaliar, tais como o valor das receitas resultantes de medidas anti-evasão. Alguns custos fiscais são, também, difíceis de determinar, tais como o custo administrativo marginal quando os custos do sistema tributário são considerados em conjunto, ou como os custos de cumprimento marginais resultantes de actividades adicionais de inspecção.

[145] Sandford, Cedric (2000), *Ob. Cit.*, pp. 142-156.

Existe, todavia, um argumento contrário que considera que os recursos administrativos devem ser aumentados até ao ponto em que CM=RM.

Mais ainda, numa posição de extremo, se admitirmos que os evasores fiscais devem ser entendidos e perseguidos como criminosos, uma vez que eles roubam do resto da comunidade, os custos adicionais na administração fiscal são sempre justificados, pois destinam-se a trazer mais criminosos para a justiça, mesmo quando os custos adicionais são maiores do que os acréscimos de receitas.[146]

O total de recursos aplicados e geridos pela administração fiscal é uma decisão política. Um serviço fiscal pode aconselhar um aumento no seu orçamento pelas receitas adicionais que isso pode gerar. Porém, a decisão mais útil para a administração fiscal é, uma vez dado o orçamento total, como distribuir esses mesmos recursos. Neste caso, a regra da igualdade dos custos marginais e das receitas marginais reveste-se de alguma utilidade prática.

Existem despesas de um serviço fiscal, tais como despesas com o pessoal, as quais, mesmo quando essenciais, podem não estar directamente relacionadas com as receitas fiscais. Existem outras, nomeadamente as despesas com "contribuintes", que aumentam os custos a curto prazo, mas que a longo prazo reduzem os custos administrativos e aumentam as receitas fiscais. Por exemplo, com um guia informativo, mais contribuintes preencherão, no futuro, a sua declaração de rendimentos correctamente. Os contribuintes passam a ver a administração tributária de uma forma mais favorável aumentando, assim, o cumprimento voluntário e as receitas fiscais.

Para determinados sectores da administração fiscal, tais como as actividades de inspecção, a regra dos custos marginais pode revestir-se de alguma importância.

É geralmente aceite que os recursos nestas actividades devem ser atribuídos para que o rácio entre custos administrativos e receitas fiscais seja o mesmo para todos os impostos. Se não for assim, receitas adicionais

---

[146] Para justificar um montante de custos adicionais superiores às receitas fiscais, Sandford dá o exemplo das despesas policiais. Segundo este autor, a despesa policial em caçar criminosos não deve estar relacionada com os roubos que possam ser descobertos por eles. Neste caso, os criminosos não seriam perseguidos de forma alguma. Sandford, Cedric (2000), *Why Tax Systems Differ? – A Comparative Study of the Political Economy of Taxation*, Bath, Fiscal Publications, p. 145.

podem surgir do mesmo total de recursos, através da transferência de recursos onde o rácio dos custos é alto para onde o rácio dos custos é baixo, e continuará a verificar-se isto até os rácios igualarem.[147] Mais ainda, os mesmos princípios são aplicados dentro de um imposto a diferentes níveis de rendimento, diferentes grupos socio-económicos, diferentes tipos de empresas, bem como outras características dos contribuintes. Imaginemos que o imposto sobre o rendimento apenas incidia sobre taxistas e canalizadores, e que o custo de recolher impostos é mais baixo para os taxistas do que para os canalizadores, então as actividades de inspecção devem aumentar para os taxistas e reduzir para os canalizadores até o rácio ser o mesmo para ambos.[148]

Na prática, as administrações fiscais, baseando-se muitas vezes numa análise de risco, concentram os seus recursos nas áreas onde o risco de perder receitas fiscais é maior. Fazendo isto, os departamentos fiscais geralmente simplificam, ignorando o efeito dos aumentos indirectos de receitas que poderão surgir do incremento de actividades de inspecção, concentrando, antes, os seus esforços nos ganhos directos de receitas fiscais, não prosseguindo as actividades de fiscalização de forma tão agressiva. Além do mais, entende-se que, para manter a percepção de justiça do sistema tributário, as autoridades fiscais devem manter um mínimo de actividade de inspecção e fiscalização em algumas áreas, mesmo quando o risco de perder receitas fiscais é muito baixo.

Foi a administração fiscal americana (*Internal Revenue Service*) que mais cedo introduziu e aplicou a análise de risco na sua gestão.[149] Nos Estados Unidos, desde o ano de 1962 que a administração fiscal mede o grau de cumprimento voluntário dos contribuintes através do programa *Taxpayer Compliance Measurement Program (TCMP)*. Inicialmente, o programa TCMP calculava o grau de cumprimento e não cumprimento dos contribuintes através de auditorias intensivas aos vários tipos de declarações dos contribuintes, os quais eram seleccionados aleatoriamente. Esco-

---

[147] Note-se que estamos a falar de custos e rendimentos marginais. O custo médio de colectar o imposto A pode ser maior do que o custo de colectar B, mas é preferível continuar a pagar (isto é, gerar mais receitas) transferindo recursos de B para A.

[148] Sandford, Cedric (2000), *Why Tax Systems Differ? – A Comparative Study of the Political Economy of Taxation*, Bath, Fiscal Publications, pp. 146 e 147.

[149] Graetz, J.M. *et al.* (1989), "Administrative and compliance costs of taxation in the United States.", in: *Cahiers de Droit Fiscal International*, Kluwer, pp. 311-347.

lhiam-se, então, 50 000 contribuintes, de cada três em três anos, e inspeccionava-se a declaração de rendimentos. Todavia, o objectivo principal da inspecção era a identificação das características dos contribuintes que, se fossem auditados, declaravam mais rendimentos.

Em 1994, a amostra de contribuintes do TCMP foi estratificada atendendo ao segmento de mercado dos contribuintes, por oposição ao tipo de declaração, ao montante de rendimento, e ao valor dos activos, que eram os critérios usados em estudos anteriores.[150] Recentemente, em 2003, a administração fiscal americana desenvolveu um novo programa, *National Research Program* (NRP), com o objectivo de medir três tipos diferentes de cumprimento voluntário: declaração dos rendimentos; preenchimento da declaração; e pagamento do imposto devido. Estas três medidas em conjunto permitem avaliar o cumprimento total dos contribuintes, nas suas diferentes fases.[151]

Podemos concluir que à medida que mais recursos são disponibilizados na administração fiscal, a evasão fiscal diminui, reduzindo-se, assim, o *tax gap*. Por sua vez, se a administração fiscal adoptar métodos mais rígidos, cumprindo com um determinado orçamento, pode aumentar o nível de receitas realizando mais inspecções ou incentivando o cumprimento voluntário.

6.2. O aumento das receitas fiscais e o incentivo ao cumprimento fiscal voluntário

Tendo em atenção os factores associados ao comportamento e atitudes dos contribuintes, entendemos que a diminuição ou minimização das oportunidades de evasão e fraude fiscal deve ser feita através de diferentes estratégias: a económica; a sociológica e psicológica; a técnico-administrativa; e a de simplificação fiscal legislativa.

---

[150] Para mais desenvolvimentos sobre a forma de organização de uma administração fiscal ver: OCDE (2004), *Tax Administration in OCDE Countries: comparative information séries,* Centre for Tax Policy and Administration Committee on Fiscal Affairs, Paris, OECD Publications, p. 70.

[151] O Congresso Americano que, no passado, retirou alguns poderes ao *Internal Revenue Service (IRS)*, sublinha hoje como estratégia importante no combate à evasão e fraude fiscal, a atribuição de mais poderes ao IRS na sua forma de actuação, pois só assim seria possível combater eficazmente a evasão e fraude fiscal.

Na perspectiva económica, o relevo é posto na redução das vantagens líquidas de evasão e fraude fiscal, enquanto na sociológica e psicológica se apresentam diferentes formas de diminuir a predisposição do contribuinte para evadir. Por sua vez, na perspectiva administrativa analisam-se algumas propostas, de carácter técnico, de minimização das oportunidades de evasão fiscal, enquanto que na perspectiva da simplificação fiscal se identificam as medidas necessárias para delinear uma estratégia de simplificação tributária e, consequentemente, de aumento do cumprimento fiscal voluntário.

6.2.1. *Estratégia económica e a redução das vantagens líquidas de evasão fiscal*

A primeira forma de reduzir as vantagens líquidas de evasão é através do aumento do rácio risco/ganho. Nesta análise, o contribuinte é visto como um decisor económico que procura maximizar a sua utilidade esperada, a qual é função de quatro variáveis: a probabilidade de ser detectado; as penalidades atribuídas; o nível de rendimento e a taxa marginal de imposto.[152]

Como analisámos anteriormente, a probabilidade de ser detectado aumenta com a frequência das inspecções, o que torna a evasão fiscal menos atraente. Por sua vez, penalidades elevadas têm o mesmo efeito e tornam a evasão fiscal menos vantajosa. E quanto maior é o rendimento, maior é o ganho que resulta da evasão, e quanto menor for a taxa de imposto, menor é o ganho.

Existem, porém, interacções complexas.

Para os autores que estudam a evasão e fraude é consensual que quanto maior é o rendimento do contribuinte, menor é a sua aversão ao risco.[153] Se o efeito de diminuir as taxas de imposto for o aumento do rendimento líquido depois de impostos, a sua aversão ao risco diminui, a qual, por sua vez, neutraliza o efeito pretendido com a baixa das taxas de imposto.[154] Neste caso, o impacto da diminuição das taxas de imposto na

---

[152] Allingham, M.G.; Sandmo, M. (1972), "Income tax evasion: a theoretical analysis", in: *Journal of Public Economics*, Volume I, pp. 323-38.

[153] Allingham, M.G.; Sandmo, M. (1972), *Ob. Cit.*, pp. 323-38.

[154] Uma vez que o rendimento líquido depois de impostos continua elevado.

diminuição das oportunidades de evasão e fraude fiscal pode não ser simples.

Quando a diminuição das taxas de imposto é, todavia, compensada por um alargamento da base tributável pode não existir nenhum efeito no rendimento líquido do contribuinte. Assim, de uma baixa da taxa de imposto não se pode esperar, com maior certeza, os efeitos pretendidos de diminuição de evasão e fraude fiscal.

A penalidade fiscal é, muitas vezes, um múltiplo fixo do imposto não pago: por exemplo, duas vezes o imposto não pago. A penalidade baixa assim com a taxa de imposto. A tendência para diminuir a evasão com uma taxa de imposto baixa é reduzida ou, muitas vezes, compensada. As autoridades fiscais deverão, pois, quando diminuem as taxas de imposto, aumentar o múltiplo ou impor algumas multas fiscais adicionais.

Mais ainda, segundo Bowles,[155] as penalidades elevadas podem ter um efeito desincentivador no combate à evasão e fraude fiscal, uma vez que, quanto maiores as penalidades, maior será o eventual suborno a oferecer aos funcionários da administração fiscal que detectaram a situação de não cumprimento intencional. Neste sentido, podemos dizer que penalidades elevadas podem resultar num aumento de corrupção.

É necessário referir, ainda sob o ponto de vista económico, outros dois aspectos a ter em conta numa política de redução da evasão fiscal e de incentivo ao cumprimento fiscal voluntário.[156]

Em primeiro lugar, o efeito do aumento das auditorias ou das penalidades elevadas só funciona se os evasores estiverem informados sobre as mudanças. Na verdade, é a percepção de que estas mudanças alteram e aumentam a possibilidade de ser detectado que combate a evasão fiscal, mesmo que essa percepção dos contribuintes não esteja de acordo com a realidade. Neste campo, é fundamental não só um programa de medidas anti-evasão fiscal bem estruturado, com o aumento das penalidades no caso de infracção da lei, bem como publicitar essas medidas e criar a percepção do aumento do risco e diminuição dos ganhos, no caso de evasão

---

[155] Bowles, R. (1998), "Minimising corruption in tax affairs", in: *Further Key Issues in Tax Reform*, Bath, Fiscal Publications, pp. 65-87.

[156] Wallschutzky, Ian (1993), "Minimizing evasion and avoidance-lessons from Australia", in: *Key Issues in Tax Reform*, Fiscal Publications, Bath, pp. 129-151; e Sandford, Cedric (2000), *Why Tax Systems Differ? – A Comparative Study of the Political Economy of Taxation*, Bath, Fiscal Publications, pp. 142-156.

e fraude à lei fiscal. Neste sentido, foi recentemente publicada nas páginas da Internet da administração fiscal portuguesa uma lista dos contribuintes incumpridores, conforme está previsto actualmente no Regime Geral das Infracções Tributárias (RGIT). Pretende-se com este procedimento que a opinião pública reconheça tais actos como anti-sociais. Para estas medidas serem bem sucedidas, o próprio Estado deve dar o exemplo cumprindo estritamente a lei, em termos de prazos ou procedimentos, evitando que estes se tornem pretextos para não ser considerado uma pessoa de bem.[157]

Em segundo lugar, uma política de combate à evasão e fraude fiscal não deve centrar-se, em demasia, na fixação de penalidades elevadas, já que pode revelar-se contra producente. Na realidade, uma política assente em penalidades muito elevadas pode resultar no desenvolvimento de atitudes, nos contribuintes, que vão contra o cumprimento fiscal voluntário. Por um lado, esta política pode levar os evasores a sentir que estão a ser tratados de forma muito severa, desenvolvendo, então, uma atitude ainda mais "anti-fisco." Assim, estes contribuintes vão agir com mais cuidado no futuro e, simultaneamente, estar mais atentos a qualquer oportunidade para evadir em circunstâncias menos prováveis de serem descobertos. Por outro lado, e como resultado de uma política de elevada punição, até os contribuintes mais honestos se podem sentir pressionados. Os custos de cumprimento destes contribuintes podem aumentar, quer porque estes contribuintes se tornam muito mais exigentes e meticulosos com os seus registos e informações fiscais, quer porque recorrem aos serviços de especialistas, suportando, assim, os custos dos honorários cobrados. Esta situação, por si só, traduz-se num uso de recursos inapropriado, assim como torna o cumprimento fiscal voluntário mais difícil.[158]

O combate à evasão fiscal através da análise dos aspectos económicos é interessante e útil, mas é apenas uma parte da estratégia que não deve ser estudada separadamente de outros factores comportamentais.

---

[157] Cfr. Xavier de Basto, José Guilherme (1994) "Uma reflexão sobre a administração fiscal", in: *Notas Económicas*, n.º 4, Coimbra, Faculdade de Economia da Universidade de Coimbra (FEUC), pp. 100-109.

[158] Na verdade, e tal como já foi referido no primeiro capítulo, custos de cumprimento elevados podem desenvolver sentimentos de revolta e irritação nos contribuintes, o que, obviamente, conduz a consequências negativas no cumprimento voluntário dos contribuintes.

6.2.2. Estratégia sociológica e psicológica e a redução da predisposição para evadir

O segundo conjunto de factores que podem contribuir para a redução da predisposição para evadir são as atitudes e motivações do comportamento do contribuinte. A redução da predisposição para evadir implica criar uma atitude positiva em torno do pagamento dos impostos, bem como das autoridades fiscais.[159]

Coleman e Freeman[160] sublinham que saber porque é que as pessoas desejam fugir aos impostos é uma matéria da máxima importância no estudo da evasão fiscal. Existe um conjunto de atitudes, tais como os valores transmitidos pela família, o sentido cívico, o grupo ou classe social em que se está inserido, bem como as experiências individuais, as quais, no seu conjunto, moldam a predisposição dos contribuintes para evadir.

Não existem muitos estudos que validem os pressupostos psicológicos e sociológicos como determinantes do cumprimento fiscal. Esta atitude justifica-se, em parte, porque qualquer das medidas propostas nesta área para promover o cumprimento fiscal voluntário não tem resultados imediatos no combate à evasão fiscal. Contudo, mais recentemente, tem sido dada maior atenção a estes factores como variáveis determinantes no comportamento total dos contribuintes.

Seguidamente, analisaremos algumas das medidas que podem incentivar o cumprimento fiscal voluntário, não esquecendo, todavia, a subjectividade de medidas desta natureza, uma vez que se baseiam na experiência individual de cada contribuinte.

---

[159] Wallschutzky, Ian (1993), "Minimizing evasion and avoidance – lessons from Australia", in: *Key Issues in Tax Reform*, Bath, Fiscal Publications, pp. 129-151.

[160] Coleman, C.; Freeman, Judith (1996) "Taxpayer attitudes to voluntary compliance", in: *Paper Series Current Issues in Tax Administration*, ATAX, University of New South Wales, p. 10.

6.2.2.1. *A obediência à lei fiscal, a assistência, a informação e a educação fiscal dos contribuintes*

O cumprimento e a obediência à lei fiscal estão relacionados com a percepção moral de cada indivíduo para cumprir, a qual depende bastante de crenças e atitudes individuais.[161]

Um estudo realizado na Austrália[162] sublinha a importância do papel da consciência cívica e fiscal dos contribuintes no pagamento dos impostos como um factor determinante no aumento do cumprimento fiscal voluntário. Neste campo, assume especial importância determinadas variáveis, tais como a imparcialidade da lei, a independência dos tribunais, o sistema judicial rápido e acessível, e, acima de tudo, um forte sentido cívico.[163]

Neste contexto, o aumento do cumprimento fiscal voluntário é obtido com maior assistência e informação fornecida pelos serviços fiscais aos contribuintes, bem como com uma melhor educação fiscal dos mesmos.[164]

Vejamos esta análise através de duas aproximações distintas.

Em primeiro lugar, é necessário educar os contribuintes nas escolas no sentido em que o pagamento de impostos é um dever cívico como outro qualquer. O desenvolvimento de programas educativos nas escolas, acessíveis a todos, que dêem a conhecer a necessidade e funcionalidade dos impostos, o modo como são elaboradas as leis, e como é que os cida-

---

[161] Tal como refere Roth *et. al.* "Commitment to obey the law refers to the individual's perceived moral obligation to obey, based on internalised beliefs and attitudes." Cfr. Roth, J.A.; Scholz, J.T., Witte, A.D. (1989), *Taxpayer compliance: An Agenda for Research*, Volume I, Pennsylvania, University of Pennsylvania Press, p. 118.

[162] Coleman, Cynthia; Mckerchar, Margaret et al. (2001), "Taxation or vexation – measuring the psychological costs of tax compliance", in: Evans, C.; Pope, J.; Hasseldine J. (Eds) *Tax compliance: A Festschrift for Cedric Sandford*, St Leonards, Prospect Media Pty Ltd, pp. 35-51.

[163] Hasseldine sublinha a importância destas medidas no fomento do cumprimento fiscal voluntário, bem como a necessidade de os governos as tomarem em consideração em qualquer reforma fiscal. Cfr. Hasseldine, Jonh (2000), "Linkages between compliance costs and taxpayer compliance research", in: *Bulletin for International Fiscal Documentation*, Official Journal of the International Fiscal Association, Volume 54, n.° 6, p. 299.

[164] Inter-American Center of Tax Administrators (CIAT) (1984), *Measures for Improving the Level of Voluntary Compliance with Tax Obligations*, n.° 38, Amsterdam, International Bureau of Fiscal Documentation (IBFD), p. 165.

dãos deveriam participar no sistema, assumem aqui um papel determinante.[165]

Na Suécia, no ano 2002, o governo iniciou uma campanha, dirigida aos jovens, cujo objectivo era informar acerca dos objectivos e funções dos impostos, bem como incutir nestes futuros contribuintes a rejeição social da evasão e fraude fiscal. A campanha iniciou-se com um pequeno anúncio televisivo sobre o que seria a sociedade se não existissem impostos ou se os mesmos fossem abolidos. Em simultâneo, distribuíram-se pequenas brochuras nas escolas, as quais informavam os jovens do destino do dinheiro pago em impostos.

No segundo ano, a campanha continuou com anúncios publicitários acerca da relação existente entre os impostos pagos e os benefícios públicos recebidos em saúde, educação, e infra-estruturas, entre outros. Os municípios também usaram alguns anúncios televisivos tais como "*Paid for by you*" em parques de estacionamento, escolas, jardins, estradas, e outros locais públicos.

Os resultados da campanha funcionaram e as atitudes dos jovens em relação ao pagamento dos impostos alteraram-se positivamente.

Em segundo lugar, é necessário persuadir os contribuintes, fornecendo a assistência e as informações necessárias, para cooperar com a administração fiscal e preencher e completar as suas declarações de rendimentos. A maior e melhor assistência prestada pelos serviços fiscais deve ser feita tendo em atenção um conjunto de medidas.

Antes de mais, deve ter-se em atenção que os contribuintes não são uma população homogénea. Existem diferentes tipos de contribuintes com diferentes características (por exemplo, trabalhadores por conta própria, trabalhadores por conta de outrem, reformados e pensionistas, empresas grandes, empresas médias e empresas pequenas).[166] E, por isso, é necessário dar a informação certa às pessoas certas.[167]

---

[165] Cfr. OCDE (2006) *Tax Policy Design and Evasion*, Centre for Tax Policy and Administration Committee on Fiscal Affairs, CTPA/CFA/WP2 (2006)8, Paris, OECD Publications, p. 20.

[166] Segundo Renata Borges, dividir os contribuintes por grupos poderá ser muito útil neste campo, na medida em que permite perceber quais as necessidades de assistência sentidas por cada grupo e, mediante a satisfação das mesmas, melhorar o relacionamento entre eles e a administração fiscal. Cfr. Santos, Renata Maria Borges, (2003), *A Administração Fiscal, sua eficácia e desempenho – A actuação da Direcção Geral dos Impostos vista*

Assim, a introdução de projectos de divulgação da informação fiscal através de guias e brochuras seria, certamente, uma forma de aumentar o cumprimento fiscal voluntário.[168] Também a realização de seminários e acções de esclarecimento para as empresas seria um importante meio de divulgação de informação e esclarecimento de dúvidas.

Para muitos contribuintes é difícil entender as suas declarações fiscais, bem como as instruções para o respectivo preenchimento.

Existem alguns estudos realizados nos Estados Unidos[169] que demonstram que declarações fiscais complexas desencorajam os contribuintes, mesmo aqueles com um nível de educação superior, de preencher as suas declarações. Além disso alguns aspectos mais detalhados dos códigos fiscais tornam a situação ainda mais difícil para os contribuintes, quer pela ignorância destas regras, quer pelos sentimentos de desconforto sentidos.[170]

Sandford[171] acrescenta a este respeito que a grande maioria dos erros nas declarações de rendimento, no Reino Unido, são o produto de complexidade e ambiguidades nas declarações fiscais, não resultando propriamente de fraude fiscal.

Segundo Foers,[172] a melhoria na forma e na compreensão das declarações de imposto é um assunto que, atendendo à sua importância, deve-

---

pelos contribuintes e funcionários, Dissertação de Mestrado em Contabilidade e Finanças, Coimbra, Faculdade de Economia da Universidade de Coimbra (FEUC), pp. 18 e ss.

[167] Em Portugal, a segmentação dos contribuintes e a actuação da administração fiscal em sectores que tradicionalmente são de maior risco são duas áreas importantes da política de combate à fraude e evasão fiscal do ano de 2006. Cfr. Ministério das Finanças (2006), *Plano de Nacional de Actividades de Inspecção Tributária*, Lisboa, p. 11.

[168] Howe, Geoffrey (1998), "Tax simplification in the United Kingdom", in: *Further Key Issues in Tax Reform*, Bath, Fiscal Publications, pp. 87-110.

[169] Slemrod, Joel, Bakija, Jon (2004), *Taxing Ourselves – A citizen's guide to the great debate over Tax Reform*, 3rd Edition, Massachusetts, Massachusetts Institute of Tecnology, pp. 149-164.

[170] Mckerchar, Margaret (2001), "The study of income tax complexity and unintentional noncompliance: research method and preliminary findings", in: *ATAXDiscussion Paper Series*, n.º 6, p. 13.

[171] Sandford, Cedric (2000), *Why Tax Systems Differ? – A Comparative Study of the Political Economy of Taxation*, Bath, Fiscal Publications, p. 153.

[172] Foers, Michael (1998), "Forms and comprehensibility", in: *Further Key Issues in Tax Reform*, Bath, Fiscal Publications, pp. 179-197.

ria ser tomado em consideração em qualquer reforma administrativa do sistema fiscal.

A simplificação dos impressos é obtida através de uma quantidade mínima de informação, apenas a estritamente necessária, usando linguagem acessível e não demasiado técnica. Assim, a simplificação das declarações, dos anexos e das instruções das declarações de imposto poderia trazer vantagens significativas no entendimento do sistema fiscal e, consequentemente, no cumprimento fiscal voluntário.[173]

É de sublinhar que estas soluções constituem, acima de tudo, medidas a longo prazo, sem resultados visíveis a curto prazo, dado que assentam fundamentalmente em programas educativos e cívicos.

6.2.2.2. Convicção de integridade, eficiência e de equidade das despesas governamentais

A percepção dos indivíduos acerca do desempenho dos governos tem, também, um papel fundamental no incentivo ao cumprimento fiscal voluntário.

As percepções negativas, tais como a corrupção, os gastos desnecessários, a inexistência de igualdade horizontal e vertical na tributação, e a falta de transparência, influenciam negativamente o cumprimento fiscal voluntário.

A relação entre imposto e despesa, muitas vezes referida como uma relação de troca, assume um papel fundamental no combate à evasão fiscal. Quanto mais fortes forem os sentimentos acerca de iniquidades e injustiças resultantes dos impostos, menor será a vontade de contribuir. Os contribuintes não querem, obviamente, ver o seu dinheiro gasto de forma ineficiente ou em esquemas extravagantes, a favor de políticos ou de certos grupos aos quais os contribuintes que pagam esses mesmos impostos não pertencem. Ao invés, um governo democrático visto pela maioria dos contribuintes como justo, onde a conduta não cívica é severamente punida, onde existe informação detalhada e confiável sobre o destino do dinheiro dos contribuintes, gera uma atitude mais favorável ao pagamento dos impostos.

---

[173] Segundo este autor é necessário ter a certeza que as declarações de imposto são *"user-friendly"* para fomentar o cumprimento fiscal voluntário.

Domitília Soares, num estudo recentemente elaborado em Portugal,[174] concluiu que as valorações expressas pelos contribuintes que faziam parte da amostra projectam a imagem de um balanço fiscal claramente desequilibrado e desfavorável para os contribuintes. Quer dizer que, ao estabelecer a relação de intercâmbio fiscal (impostos pagos e serviços públicos e prestações sociais recebidas) predomina entre os entrevistados a percepção de que o balanço entre o esforço tributário realizado e o benefício obtido pela via dos gastos públicos está desequilibrado, em prejuízo dos contribuintes. Consideram os mesmos que os serviços públicos e as prestações sociais oferecidos pelo Estado são insuficientes.

Outros estudos evidenciam que a complexidade do sistema fiscal e, em particular, custos de cumprimento elevados, têm efeitos negativos no cumprimento fiscal voluntário.[175] Por exemplo, um pequeno proprietário que suporte elevados custos no cumprimento das suas obrigações fiscais, em sede de imposto sobre o rendimento, de imposto sobre o valor acrescentado, de retenções na fonte dos seus empregados, pode criar sentimentos de revolta contra o pagamento de impostos. Provavelmente este contribuinte pode sentir que já é suficientemente grave ter que pagar impostos, ainda mais incorrer em elevados custos de cumprimento. Neste caso, o pequeno empresário pode decidir manipular a sua declaração de rendimentos até recuperar uma parte dos elevados custos de cumprimento que suporta.

Neste sentido, na Nova Zelândia, em 2002, o governo lançou um programa intitulado: "More Time for Business"; o qual pretendia diminuir o risco das pequenas empresas falharem no cumprimento das suas obrigações fiscais.[176] O objectivo principal era a diminuição dos custos psicoló-

---

[174] Soares, Domitília (2004), *Percepção social da fiscalidade em Portugal – Um estudo exploratório*, Coimbra, Almedina.

[175] Ver, entre outros, os estudos de: Hasseldine, Jonh (2000), "Linkages between compliance costs and taxpayer compliance research", in: *Bulletin for International Fiscal Documentation*, Official Journal of the International Fiscal Association, Volume 54, n.º 6, pp. 299–301; Forest, Adam *et al.* (2002), "Complexity and compliance: an empirical investigation", in: *National Tax Journal*, Volume 50, n.º 1;Talib, Ameen Ali (1996), "The compliance costs of taxation", in: *Bulletin for International Fiscal* Documentation, Official Journal of the International Fiscal Association, Volume 50, n.º 9, pp. 416-421.

[176] Sobre estas propostas ver: Sawyer, Adrian J. (2002), "Proposals to reduce compliance costs – a mixed response by the New Zealand Government", in: *Bulletin for International Fiscal Documentation*, Official Journal of the International Fiscal Association, Volume 56, n.º 7, pp. 332-341.

gicos da tributação dos pequenos empresários, para o que se criou um pacote de medidas para simplificar a legislação fiscal e os procedimentos de cumprimento deste tipo de empresas.

Assim, uma solução para incentivar o cumprimento fiscal voluntário é, certamente, a minimização dos custos de cumprimento suportados pelos contribuintes. As autoridades governativas deveriam tornar pública essa vontade de minimizar os custos de cumprimento, em conjunto com outros objectivos do sistema fiscal, e tomá-los em consideração em futuras reformas fiscais.

6.2.2.3. Relação entre o contribuinte e a administração fiscal

A relação entre o contribuinte e a administração fiscal é um elemento relevante no cumprimento voluntário das obrigações fiscais.

Em primeiro lugar, uma medida importante para minimizar as oportunidades de evasão e aumentar o cumprimento fiscal voluntário é a promoção de uma imagem de uma administração fiscal honesta. A existência de funcionários da administração fiscal corruptos é, certamente, um convite à evasão e fraude fiscal. Mais uma vez, o elemento chave é um sistema fiscal simples que minimize a discricionariedade dos agentes fiscais.[177]

Em segundo lugar, um departamento de ajuda e informação fiscal para os contribuintes, um departamento especial para atendimento aos pequenos empresários, uma atitude da parte dos funcionários da administração fiscal em que os contribuintes sejam vistos como clientes que precisam de ser ajudados, incentiva, em muito, o cumprimento fiscal voluntário.

Outro aspecto particularmente importante, e em terceiro lugar, é o sistema de reclamações a que o contribuinte possa recorrer. Saber como as reclamações e queixas dos contribuintes são resolvidas é, portanto, outro aspecto muito importante para criar uma atmosfera favorável entre os contribuintes e a administração fiscal, tanto em sede de contencioso como de reclamações graciosas.

No que se refere à fase contenciosa dos processos, de acordo com um estudo recente, o período médio estimado para finalização do processo de contencioso fiscal é, na maioria dos países europeus, de um a três anos.[178]

---

[177] Slemrod, Joel, Bakija, Jon (2001); *Ob. Cit.*, pp. 149-164.

Em Portugal, França e Finlândia demora muitas vezes mais de três anos. A dificuldade em obter uma decisão judicial em tempo adequado contribui, certamente, para um clima de desconfiança na relação entre a administração fiscal e o contribuinte, afectando, por esta via, o cumprimento. O atraso nas decisões judiciais tem ainda um efeito indirecto no cumprimento voluntário, ao impedir a criação de jurisprudência relevante que auxilie o contribuinte na sua interpretação da lei, já que, frequentemente, quando as decisões são conhecidas, a lei entretanto já mudou ou foi completamente alterada.

Por sua vez, a resposta da administração fiscal aos recursos graciosos, aos pedidos de informação dos contribuintes, vinculativos ou não, é, também, muito lenta e frequentemente geradora de conflitos entre a administração fiscal e o contribuinte.

A este propósito, o governo do Reino Unido, em Junho 1993, nomeou um grupo para analisar as reclamações dos contribuintes. O mesmo grupo apontou sete características que tornariam o sistema fiscal mais justo e, dessa forma, mais fácil de cumprir. São elas as seguintes: ser acessível e bem publicitado; ser simples de compreender e utilizar; ser fácil de cumprir com os limites de tempo estabelecidos; manter as pessoas informadas acerca dos progressos da administração fiscal; assegurar uma investigação justa e que chegue a todos os contribuintes; respeitar o desejo dos contribuintes e confidencialidade; providenciar respostas, preferencialmente por escrito, para todos os contribuintes; e, fornecer informações e estatísticas, atempadamente, para a gestão dos serviços.[179]

6.2.3. *Estratégia administrativa e a minimização das oportunidades de evasão fiscal*

A estrutura fiscal, a estrutura económica de um país e alguns factores técnicos dos sistemas de tributação influenciam significativamente o grau de cumprimento. É destes factores, sobretudo, que nos vamos ocupar mais detalhadamente.

---

[178] Teixeira, Manuela Duro, "A competitividade das empresas portuguesas e a relação com o legislador e a administração fiscal", in: *Fisco*, n.° 93/94, Janeiro 2001, p. 29.

[179] McCrae, Julian (1997), "Simplifying the formal structure of UK income tax", in: *Fiscal Studies*, Volume 18, n.° 3, pp. 319-334.

6.2.3.1. *Estrutura fiscal*

A estrutura fiscal é caracterizada, como é sabido, pela forma como se articulam entre si os diversos impostos que integram um determinado sistema fiscal e pela posição que cada um deles, ou um determinado conjunto deles, tem, em termos absolutos ou relativos, no total das receitas fiscais. Países com idêntico nível de fiscalidade poderão, em resultado de diferentes opções políticas, apresentar estruturas fiscais muito diferentes. A estrutura de um sistema tributário pode influenciar a forma como os contribuintes cumprem com o sistema fiscal. Diferentes impostos apresentam custos de cumprimento diferentes.

A literatura económica reconhece a importância da estrutura fiscal no incentivo ao cumprimento fiscal voluntário. A concepção e a estrutura de um imposto têm muitos elementos que podem ter um impacto significativo no cumprimento fiscal. Na realidade, dois impostos podem ter a mesma base tributável, serem equivalentes nos seus efeitos económicos, porém, diferirem radicalmente nas suas características operacionais e de cumprimento.

Analisemos as relações que se estabelecem entre estrutura fiscal e evasão fiscal. Trata-se de analisar um conjunto de factores técnicos, inerentes à estrutura do imposto, tais como o peso da tributação directa e indirecta, o nível das taxas de imposto, o elevado grau de progressividade dado por vários escalões, o sistema de retenção na fonte, a existência de uma multiplicidade de benefícios fiscais e deduções ao rendimento, que podem influenciar o grau de cumprimento fiscal dos contribuintes.

As diferenças nas taxas de tributação em sede de imposto sobre o rendimento das pessoas singulares e das pessoas colectivas podem influenciar a composição do tecido empresarial de um país (empresas societárias ou empresários em nome individual) e a sua estrutura económica e, em consequência, o cumprimento fiscal.

6.2.3.1.1. *O peso dos diferentes impostos e o cumprimento fiscal*

As reformas fiscais podem alterar a estrutura fiscal e o peso relativo dos impostos (*tax mix*) de um país, dando mais importância a uns (por exemplo, impostos directos) em detrimento de outros (por exemplo, impostos indirectos).

Assume, agora, particular interesse saber se o peso dos diferentes impostos influencia ou não o cumprimento fiscal voluntário.

Na literatura económica argumenta-se, por vezes, que os impostos indirectos são mais fáceis de cumprir do que os impostos directos.

Boadway et. al.[180], num estudo de 1994, procurando saber o peso óptimo dos impostos directos e indirectos num sistema fiscal, concluiu que quando os contribuintes estão predispostos a evadir é o imposto sobre o rendimento o mais vulnerável. Por isso, segundo este autor, numa estratégia de combate à fraude e evasão fiscal, um maior peso relativo dos impostos indirectos é desejável. Também Gordon e Nielsen,[181] estudando o sistema fiscal dinamarquês, chegaram à mesma conclusão. Ao contrário, Hille e Kabir,[182] num estudo realizado no Canadá, observaram que a mudança da carga fiscal a favor de um maior peso dos impostos indirectos não melhora o cumprimento voluntário ou reduz a evasão e fraude fiscal.

Durante a década de 80 e 90, alguns países orientaram as suas opções fiscais mostrando preferência por um maior peso dos impostos indirectos. Porém, hoje, os países da OCDE não consideram esta medida relevante na minimização das oportunidades de evasão e fraude fiscais. Veja-se, no quadro 2.4, a evolução recente das estruturas fiscais na OCDE.

Verificamos, então, que nos últimos 40 anos, na OCDE, se têm verificado algumas mudanças significativas do peso das categorias de imposto no total da tributação.

Observamos, em particular, que o peso do imposto sobre o rendimento (pessoal e de sociedades) se manteve relativamente inalterado ao longo dos anos, enquanto as contribuições para a segurança social aumentaram 8% do total das receitas fiscais. Pelo que toca à tributação do consumo verificou-se uma perda de importância dos impostos especiais de consumo em direcção a um aumento do peso dos impostos gerais de consumo, em particular do IVA.

---

[180] Boadway, R.; Marchand, M.; Pestieau, P. (1994), "Towards a theory of the direct-indirect tax mix." in: *Journal of Public Economics*, Volume 55, n.º 1, September, pp. 71-88.

[181] Gordon, Roger, Nielsen, S. (1997), "Tax evasion in an open economy: Value-added vs. income taxation", in: *Journal of Public Economics*, n.º 66, pp. 173-197.

[182] Hill, Roderick; Kabir, Muhammed (1996), "Tax rates, the tax mix, and the growth of the underground economy in Canada: what can we infer?" in: *Canadian Tax Journal*, Volume 44, n.º 6, pp. 1552-1583.

[Quadro n.º 2.4] **Evolução recente da estrutura fiscal na OCDE**[183]
(em percentagem do total das receitas fiscais)

Principais Impostos	1965	1975	1985	1995	2003
Imposto pessoal	26	30	30	27	25
Imposto sobre as sociedades	9	8	8	8	9
Total impostos directos	35	38	38	35	34
Contribuições para a Segurança Social	18	22	22	25	26
Empregados	6	7	8	8	8
Empregadores	10	14	14	15	15
Impostos gerais consumo	14	14	16	18	19
Impostos especiais consumo	24	18	16	13	12
Impostos património	8	6	5	6	6
Imposto folha vencimento (*Payroll*)	1	1	1	1	1
Outros impostos	1	1	1	3	3
Total	100	100	100	100	100

Fonte: OCDE (2006), *Ob. Cit.*, pp. 22

Para aferir mudanças na estrutura fiscal dos diferentes países é necessário, todavia, analisar o *tax mix,* que mede o peso relativo dos impostos indirectos sobre os directos, ao longo do mesmo período de tempo.

No quadro 2.5 observamos uma diversidade de valores no rácio *tax mix* entre os diferentes países da OCDE

---

[183] Trata-se do peso das principais categorias de impostos no conjunto total das receitas fiscais.

[Quadro n.º 2.5] Rácio da tributação indirecta em relação à tributação directa na OCDE[184]

Principais Impostos	1965	1975	1985	1995	2003
Canada	1.05	0.68	0.72	0.55	0.57
México	-	-	2.92	2.16	1.98
EUA	0.47	0.42	0.41	0.39	0.42
Austrália	0.68	0.52	0.60	0.52	0.54
Japão	0.60	0.39	0.31	0.41	0.66
Coreia		2.51	2.25	1.35	1.33
Nova Zelândia	0.46	0.36	0.33	0.54	0.59
Áustria	1.47	1.32	1.23	1.05	0.95
Bélgica	1.34	0.68	0.62	0.66	0.63
Republica Checa				1.29	1.17
Dinamarca	0.88	0.57	0.60	0.52	0.55
Finlândia	1.02	0.74	0.83	0.84	0.83
França	2.42	2.10	1.86	1.68	1.10
Alemanha	0.98	0.78	0.74	0.92	1.07
Grécia	5.35	3.53	2.44	1.85	1.54
Hungria				1.94	1.59
Islândia	2.94	2.76	2.69	1.43	0.93
Irlanda	2.05	1.55	1.29	1.04	0.98
Itália	2.21	1.37	0.69	0.77	0.83
Luxemburgo	0.69	0.48	0.56	0.68	0.77
Países Baixos	0.80	0.70	0.97	1.03	1.25
Noruega	0.95	1.09	0.94	1.10	0.72
Polónia				1.15	1.97
Portugal	1.80	2.34	1.66	1.54	1.50
Eslováquia					1.62
Espanha	1.67	1.10	1.09	0.98	1.00
Suécia	0.57	0.48	0.63	0.71	0.72
Suiça	0.80	0.45	0.48	0.51	0.54
Turquia	1.82	0.98	0.97	1.33	2.09
Reino Unido	0.89	0.56	0.82	0.97	0.90

Fonte: OCDE (2006), *Ob. Cit.*, p. 23

[184] Os impostos directos incluem o imposto pessoal sobre o rendimento e o imposto sobre as sociedades. E os impostos indirectos incluem os impostos gerais sobre o consumo.

Verificamos, no quadro 2.5, que, em 2003, os países com um *tax mix* mais elevado são o México, a Polónia e a Turquia, com um rácio de aproximadamente 2. Por seu turno, a Grécia, a Hungria, Portugal e a Eslováquia têm um rácio de 1,5, enquanto os Estados Unidos, a Austrália, a Nova Zelândia, a Dinamarca e a Suiça, apresentam os rácios com valores mais baixos.

Observamos, também, que existem países da OCDE, tais como a Bélgica e Itália, que reduziram a metade o peso relativo dos impostos indirectos em relação aos directos, e outros, como a Holanda e a Turquia, que introduziram recentemente mudanças no sentido de aumentar o peso relativo dos impostos indirectos.

Diversas reformas fiscais contribuíram para a evolução no sentido de aumentar o *tax mix* em direcção ao peso relativo dos impostos indirectos. Todavia, o seu objectivo não foi o de combate à evasão e fraude fiscal mas, antes, de introduzir melhorias na política fiscal.

Regra geral, as preocupações com o combate à evasão e fraude fiscal não tem sido o objectivo central da política fiscal, embora, em determinados países, reformar o sistema fiscal signifique reduzir a evasão fiscal.

No México, o combate à evasão e fraude e o aumento das receitas fiscais tem sido a principal "bandeira" das últimas reformas fiscais. De entre as medidas adoptadas com esse propósito salientamos a diminuição das isenções dos bens e serviços isentos ou sujeitos à taxa zero em sede de IVA, a introdução de métodos para regular os preços de transferência, as regras da sub capitalização e outras específicas para outros regimes fiscais preferenciais.[185]

Na Austrália, as recentes mudanças do *tax mix* tiveram como objectivo principal a melhoria da eficiência do sistema fiscal. Aumentaram-se as taxas do imposto pessoal, ficando estas próximas das taxas do imposto societário. Pretendia-se, assim, reduzir o incentivo à constituição de empresas em sociedades.

Na Suécia, a reforma fiscal dos anos 80 conduziu a uma alteração do *tax mix* dos impostos directos para os indirectos. Esta mudança encontrou a sua justificação nos custos de cumprimento dos impostos directos que se consideravam ser muito superiores aos dos impostos sobre o consumo. Nos anos 90, as preocupações continuaram a centrar-se na diminuição dos

---

[185] OCDE (2006), *Ob. Cit.*, p. 25.

custos de cumprimento e na simplificação do processo de cumprimento dos contribuintes, em especial, em sede de imposto sobre o rendimento.

Na Irlanda, as reformas fiscais mais recentes tiveram como preocupação primordial objectivos económicos, tais como o aumento da competitividade das empresas, e menos objectivos específicos de cumprimento fiscal. Todavia, a partir do ano de 1999, combater a evasão e fraude fiscal passou a integrar as prioridades da política fiscal. Deste modo, foram concedidos mais poderes à actuação da administração fiscal, assim como foram identificadas algumas lacunas da lei que induziam ao não cumprimento e que, por isso, têm vindo a ser corrigidas.

Podemos, então, concluir que as mudanças do peso (*tax mix*) dos impostos directos e indirectos, não resultaram de preocupações em diminuir a evasão e fraude fiscal mas, antes, de opções de política fiscal inseridas num conjunto de medidas reformadoras.

Durante algum tempo, acreditou-se que os impostos indirectos, em particular, o IVA, funcionariam melhor no combate à fraude e evasão fiscal. No entanto, o desenvolvimento mais recente das fraudes em IVA, em especial, da fraude "carrossel", reduziu esta vantagem, e tornou-se uma das preocupações principais em matéria de cumprimento fiscal nos países da OCDE. No entender dos decisores de política fiscal, todos os impostos apresentam dificuldades de cumprimento, e o peso dos impostos no combate à evasão e fraude não tem uma influência muito significativa no conjunto de factores que incentivam o cumprimento fiscal.

6.2.3.1.2. *Estrutura das taxas*

Uma das características mais importantes dos impostos sobre o rendimento é a estrutura dos seus escalões de rendimento e as taxas a que esses rendimentos são sujeitos.

As alterações mais recentes em matéria de política fiscal, nos países da OCDE, centraram a sua atenção na diminuição das taxas marginais do imposto pessoal de rendimento e na redução do número de escalões, bem como na diminuição das taxas do imposto societário.[186]

---

[186] OCDE (2005), *Recent Experiences of OCDE Countries with Tax Reform*, Centre for Tax Policy and Administration, CTPA/CFA (2005) 53, Paris, OECD Publications, p. 36. E ver: Grupo de Trabalho para a Simplificação Fiscal (GTSF) (2007) "Simplifica-

No que diz respeito ao imposto pessoal do rendimento, as principais razões apontadas para justificar esta tendência[187] são a convicção geral de que níveis de progressividade bastante elevados agravam a injustiça, dado que quase nunca se aplicam aos contribuintes de rendimentos mais elevados, fomentam o planeamento fiscal e podem conduzir à deslocalização dos rendimentos para outros países com regimes fiscais mais favoráveis.

Verificou-se, também, uma tendência clara, nos países da OCDE, para a redução dos escalões de rendimento.[188] A existência de múltiplas taxas de imposto e escalões de rendimento, associadas a múltiplos benefícios fiscais, pode encorajar o não cumprimento fiscal, uma vez que os contribuintes são incentivados a não declarar o seu rendimento para beneficiar de taxas de imposto mais baixas.

De facto, a tributação progressiva com demasiados escalões, quer para a administração fiscal (embora esta esteja hoje em melhores condições com os serviços informatizados), quer para os contribuintes, é mais complexa e pode suscitar dúvidas sobre quais os rendimentos sujeitos a uma ou outra taxa.

Em Portugal, a este propósito, o Grupo de Trabalho para a Simplificação Fiscal refere o seguinte: "(...) um elevado número de escalões – sobretudo com taxas muito próximas e com apertados limites, buscando um *fine tunnig* por vezes exagerado – influencia a percepção dos contribuintes sobre a complexidade da sua situação particular relativamente ao imposto."[189] Assim, no plano da facilidade de cumprimento fiscal e da

---

ção para o sistema fiscal português", in: *Cadernos de Ciência e Técnica Fiscal*, n.º 201, Lisboa, Ministério das Finanças, pp. 9 e ss.

[187] Verificou-se uma diminuição da taxa marginal máxima do imposto pessoal de rendimento em mais de 5% em oito países da OCDE (Bélgica, França, Alemanha, Grécia, Luxemburgo, México, Holanda e Eslováquia). A taxa foi ainda reduzida em 1% em dezassete países. A taxa marginal máxima (média não ponderada) reduziu-se em 3,1% no mesmo período no conjunto dos países daquela organização. Cfr. OCDE (2005), *Ob. Cit.*, pp. 4 e 5.

[188] O número de escalões variava, em 2005, na OCDE, entre 1 na Eslováquia e 16 no Luxemburgo. O número de escalões geralmente adoptado nos diferentes países variava entre 3 e 5. O número de escalões diminuiu, entre 2000 e 2005, em 11 dos países da OCDE. Esse número foi aumentado no Canadá, Portugal e EUA. Cfr. OCDE (2005), *Ob. Cit.*, pp. 4 e 5.

[189] Grupo de Trabalho para a Simplificação Fiscal (GTSF) (2007) "Simplificação para o sistema fiscal português", in: *Cadernos de Ciência e Técnica Fiscal*, n.º 201, Lisboa, Ministério das Finanças, p. 11.

redução das oportunidades de evasão e fraude fiscais torna-se recomendável a adopção de um número reduzido de escalões e de taxas marginais mais baixas.

Pelo que toca ao imposto societário, são várias as razões apontadas para a tendência da diminuição das taxas de imposto.[190] Entre elas salientam-se a concorrência fiscal internacional, o aumento da competitividade nacional das empresas e, também, o incentivo ao cumprimento fiscal.

Alguns países têm, também, sistemas de tributação do rendimento, pessoal e societário, com uma só taxa de imposto, o que tem atraído o interesse da comunidade académica e científica no plano da simplicidade tributária.

Existir uma só taxa de imposto, a *flat rate*, poderá conduzir a uma maior simplificação e, consequentemente, a um maior incentivo ao cumprimento fiscal. A Eslováquia foi o primeiro país a introduzir um sistema de tributação baseado na *flat rate*.

Os sistemas de tributação do rendimento baseados na *flat rate* são caracterizados pela adopção de uma taxa proporcional de tributação, geralmente acompanhada da eliminação de benefícios fiscais, o que contribui para a simplicidade tributária e de cumprimento fiscal.

Segundo Amaral Tomaz,[191] não podemos, todavia, menosprezar os efeitos negativos da adopção de um sistema deste género no plano da equidade fiscal. Na verdade, a adopção da *flat rate* conduz a uma alteração importante na redistribuição da carga fiscal, com efeitos na redução da tributação dos rendimentos mais elevados e na sobrecarga dos rendimentos da classe média, em particular da classe média baixa, provocando alguma diminuição da equidade vertical.[192] Por isso, segundo este autor, a vantagem óbvia que um imposto deste género tem em termos da simplificação

---

[190] Entre 2000 e 2005, a taxa máxima do imposto sobre o rendimento societário foi reduzida em 24 países da OCDE e não aumentou em nenhum deles. A redução média desta taxa, no mesmo período, na OCDE, foi de 4,6%, tendo passado de 33,6% para 29%. Na União Europeia, a taxa média passou, no mesmo período, de 35,1% para 30,1%. Cfr. OCDE (2005), *Ob. Cit.*, pp. 4 e 5.

[191] Amaral Tomaz, João José (2006), "A redescoberta do imposto proporcional (*Flat Tax*)", in: *Homenagem José Guilherme Xavier de Basto*, Coimbra, Coimbra Editora, pp. 351-405.

[192] Amaral Tomaz, João José (2006), "A redescoberta do imposto proporcional (*Flat Tax*)", in: *Homenagem José Guilherme Xavier de Basto*, Coimbra, Coimbra Editora, pp. 351-405.

não deve ser exagerada.[193] Com mais do que uma taxa é possível também assegurar um nível de simplificação que não seja significativamente inferior ao que resulta da taxa única, ao mesmo tempo que se pode aumentar a equidade do sistema fiscal.

Em síntese, as taxas marginais de imposto sobre o rendimento, pessoal e societário, assim como o número de escalões de rendimento pessoal têm vindo a diminuir nos países da OCDE.

Assim, parece ser consensual que um reduzido número de escalões e taxas marginais mais baixas pode contribuir para uma maior simplificação do cumprimento das obrigações fiscais dos contribuintes. Porém, nas economias actuais e com as novas tecnologias, não se assume, por regra, como uma das variáveis mais críticas em termos de complexidade e cumprimento do sistema fiscal.

6.2.3.1.3. *O sistema de retenções na fonte*

Segundo Wallschutzky,[194] um sistema fiscal assente numa estrutura administrativa onde o imposto é, na maioria dos rendimentos, deduzido na fonte, tal como acontece, no Reino Unido, com o sistema *PAYE* para os trabalhadores por conta de outrem, reduz as oportunidades de evasão e fraude fiscais ao mesmo tempo que aumenta a segurança no processo de arrecadação de receitas fiscais.

Na realidade, o Reino Unido, devido a diversas características do seu imposto sobre o rendimento, tem um sistema cumulativo de retenção na fonte dos rendimentos do trabalho (*PAYE*) a par de algumas taxas liberatórias e de retenções na fonte exactas para os rendimentos de capitais. Isto é facilitado por uma estrutura simples de taxas, com apenas três escalões que conduzem a que apenas cerca de 10% dos sujeitos passivos (geralmente do escalão mais elevado de rendimentos) preencham e entreguem uma declaração.[195]

---

[193] Amaral Tomaz, João José (2006), *Ob. Cit.*, p. 353.

[194] Wallschutzky, Ian (1993), "Minimizing evasion and avoidance – lessons from Australia", in: *Key Issues in Tax Reform*, Bath, Fiscal Publications, pp. 129-151.

[195] Gale, William G. (1997) "What America can learn from the British tax system", in: *National Tax Journal*, n.º 4, Dezembro, pp. 753 e ss; e Xavier de Basto, José Guilherme (1998), "As perspectivas actuais de revisão da tributação do rendimento e da tributação do património em Portugal", in: *Separata do Boletim de Ciências Económicas*, Coimbra, Faculdade de Direito da Universidade de Coimbra, pp. 12 e 13.

As retenções na fonte, quando exactas, ou quando, por serem efectuadas à taxa pessoal aplicável aos contribuintes, não obrigam nem a reembolso de imposto, nem a pagamento do restante imposto por parte do substituído, podem ter a vantagem de dispensar a declaração, uma simplificação muito importante para os sujeitos passivos.

A simplificação favorece tanto a administração fiscal como os contribuintes, como as próprias entidades empregadoras que efectuam a retenção.[196] Um *No Return Income Tax* surge assim como um imposto ideal quer do ponto de vista da simplicidade e do cumprimento para os contribuintes, quer da eficiência na arrecadação de receitas fiscais por parte da administração fiscal.

Em Portugal, o sistema de imposto sobre o rendimento das pessoas singulares não permite a simplificação máxima dos sujeitos passivos que obtenham apenas rendimentos do trabalho dependente, dispensando-os de entregar a declaração de rendimentos, como veremos mais adiante no exemplo apresentado.

Num estudo anterior,[197] criámos três situações de imposto, de relativa complexidade, para tentar compreender como está elaborado o sistema fiscal português de retenção na fonte de imposto. Pretende-se, através de três situações diferentes, tirar algumas conclusões acerca das características administrativas e técnicas do sistema fiscal português que são responsáveis por criar mais complexidade.

Na primeira situação, trata-se de um sujeito passivo casado, não deficiente, sem dependentes e com um leque variado de deduções à colecta e benefícios fiscais.

Na segunda situação, o sujeito passivo é também casado, não deficiente, sem dependentes, mas não dispõe de qualquer dedução ou benefício fiscal.

Por último, na terceira situação, temos o caso mais simples, de um sujeito passivo solteiro, não deficiente, sem dependentes, e sem quaisquer deduções à colecta e benefícios fiscais.

---

[196] Basto, José Guilherme Xavier (1998), *Ob. Cit.*, pp. 12 e 13.
[197] Esta análise segue de muito perto um trabalho já publicado pela autora, "Simplicidade e complexidade fiscal: algumas reflexões", in: *Fiscalidade*, n.º 13/14, Lisboa, Instituto Superior de Gestão, pp. 51-83.

O comportamento e as atitudes dos contribuintes em relação ao sistema fiscal 121

[Quadro n.º 2.6] O sistema de retenção na fonte em Portugal no ano de 2004

(em Euros)

	Exemplo I Casado, não deficiente, sem dependentes		Exemplo II Casado, não deficiente, sem dependentes		Exemplo III Solteiro, não deficiente, sem dependentes
Informação do agregado	Sujeito A	Sujeito B	Sujeito A	Sujeito B	Sujeito A
1. Rendimentos do trabalho dependente					
Rendimento bruto	17 500	17 500	17 500	17 500	17 500
Retenções na fonte	2 716	2 716	2 716	2 716	2 716
2. Abatimentos, donativos e deduções à colecta					
Seguros de vida	500				
Energias renováveis	1000				
Aquisição de imóveis	2500				
Despesas de saúde	1000				
Donativos a entidades públicas	50				
3. Benefícios fiscais					
PPR, PPE e PPR/E	800				
CPH	800				

[Quadro n.º 2.7] Simulação da demonstração de liquidação do imposto (IRS 2004)

(em Euros)

	Exemplo I Casado, não deficiente, sem dependentes	Exemplo II Casado, não deficiente, sem dependentes	Exemplo III Solteiro, não deficiente, sem dependentes
1. Rendimento global	35 000,00	35 000,00	17 500,00
2. Dedução específica	6 317,56	6 317,56	3 158,78
3. Rendimento líquido	28 682,44	28 682,44	14
4. Abatimentos	0,00	0,00	0,00
5. Rendimento colectável	28 682,44	28 682,44	14 341,22
6. Coeficiente conjugal	2,00	2,00	1,00
7. Taxa	24,00%	24%	24%
8. Importância apurada	3 441,89	3 441,89	3 441,89
9. Parcela a abater	730,52	730,52	730,52
10. Colecta	5 422,75	5 422,75	2 711,37
11. Deduções à colecta	1 738,63	365,60	219,36
12. Colecta líquida	3 684,12	5 057,15	2 492,01
13. Pagamentos por conta			
14. Retenções na fonte	5 432,00	5 432,00	2 716,00
15. Imposto a receber	1 747,88	374,85	223,99

Pela análise destes três exemplos diferentes pode-se tirar algumas conclusões importantes.

Em primeiro lugar, os principais factores responsáveis pelo cálculo não exacto do valor das retenções na fonte são os benefícios fiscais e as deduções à colecta.

Em segundo lugar, e comparando os exemplos II e III, verifica-se que a tributação separada dos rendimentos do sujeito passivo permite uma maior aproximação ao valor do imposto no final.

Na verdade, o sistema de retenções na fonte foi elaborado para que os sujeitos passivos, independentemente da sua situação pessoal, no limite a mais simples (solteiro, sem dependentes, sem benefícios fiscais), sejam sempre reembolsados de imposto.

No ano de 2005, em Portugal, das 4 272 093 declarações de imposto sobre o rendimento das pessoas singulares (IRS) entregues, 2 368 640 originaram reembolso de imposto, o que representa um peso bastante expressivo.[198] Na verdade, o pagamento dos reembolsos assume um peso significativo no sistema fiscal português, visto ser um mecanismo incluído na própria mecânica de funcionamento dos impostos. Na elaboração das tabelas de retenção na fonte foi introduzido um algoritmo que automaticamente concede sempre reembolso.

Um sistema de retenção com um mecanismo de reembolsos inerente à própria estrutura funciona, muitas vezes, como um incentivo para os contribuintes cumprirem voluntariamente com a lei e preencherem atempadamente a declaração de rendimentos.[199] Mas, do ponto de vista dos custos, este sistema acarreta, com efeito, maiores custos de cumprimento para os contribuintes.

Na verdade, só um sistema de retenções na fonte exactas, semelhante ao *PAYE*, no Reino Unido, diminui os custos administrativos e os custos de cumprimento do sistema fiscal. Por um lado, a administração fiscal reduz os seus custos administrativos, ao diminuir os seus esforços de fiscalização sobre os contribuintes, ao mesmo tempo que aumenta a segurança no processo de arrecadação das receitas fiscais.[200] Por outro lado, os sujeitos pas-

---

[198] Ministério das Finanças (2006), in: «hyperlink "http://www.min-financas.pdgci.pt"»

[199] Slemrod, Joel (2004), Taxing Ourselves – *A citizen's guide to the great debate over Tax Reform*, 3rd Edition, Massachusetts, Massachusetts Institute of Technology, p. 181.

[200] A retenção exacta de imposto na fonte não é, porém, um método administrativo que possa ser aplicado aos trabalhadores por conta própria. Deste modo, não é muito surpreendente que as taxas de não cumprimento para este grupo de contribuintes sejam maiores do que para o grupo de contribuintes trabalhadores por conta de outrem.

sivos, ao estarem dispensados da entrega da declaração, diminuem o tempo e os gastos monetários com os seus assuntos fiscais, conduzindo, assim, a uma baixa dos custos de cumprimento das obrigações fiscais.[201]

Em Espanha, em 2002, o governo introduziu um pacote de medidas com o objectivo de reduzir a complexidade do imposto pessoal de rendimento. Segundo Levy, 80% dos contribuintes neste país necessitava de ajuda para preencher a sua declaração de rendimentos.[202] A estratégia para diminuir os custos devidos à complexidade assentou na introdução de um sistema de retenção na fonte, semelhante ao sistema *PAYE* em vigor no Reino Unido, que reduzisse o número de contribuintes que estariam obrigados a preencher a sua declaração de rendimentos. A reforma dispensou, assim, cerca de 45% dos contribuintes de preencherem a sua declaração de rendimentos.

Nas opções em matéria de política fiscal, nomeadamente na adopção de um sistema de retenção na fonte semelhante ao *PAYE*, deve-se sublinhar, positivamente, a diminuição dos custos de cumprimento para os contribuintes. Não devemos, todavia, menosprezar o facto da falta de informação dos contribuintes conduzir à formação de percepções erradas do sistema fiscal e, consequentemente, a cooperar e a cumprir menos com o sistema. Os contribuintes mais informados, regra geral, têm melhor percepção do sistema fiscal, sendo este um factor que pode contribuir para aumentar o cumprimento fiscal voluntário a longo prazo.

Neste sentido, o Grupo de Trabalho para a Simplificação Fiscal em Portugal (GTSF) sugeriu como medida de simplificação, a adopção de um sistema de "Pré – Preenchimento" parcial das declarações de rendimento, argumentando que o mesmo poderia contribuir para a diminuição dos custos dos contribuintes e da administração fiscal.[203]

---

[201] Uma medida desta natureza não seria totalmente inovadora no sistema fiscal português, pois já o art.º 6.º n.º 3 do antigo Imposto Profissional, dispensava da entrega da declaração as pessoas isentas nos termos do art.º 4.º, quando não auferiam rendimentos do trabalho de outra proveniência, cujos rendimentos eram obtidos de uma única entidade pagadora. (Cfr. Art. 6.º n.º 3 do Código do Imposto Profissional)

[202] Levy, Horácio; Mercader-Prats, Magda (2002), "Simplifying the Personal Income Tax system: Lessons from the 1998 Spanish Reform", in: *Fiscal Studies*, Volume 23, n.º 3, pp. 419-443.

[203] Grupo de Trabalho para a Simplificação Fiscal (GTSF) (2007) "Simplificação para o sistema fiscal português", in: *Cadernos de Ciência e Técnica Fiscal*, n.º 201, Lisboa, Ministério das Finanças.

6.2.3.1.4. *Sistema fiscal assente num sistema de informação cruzada*

Quando um sistema administrativo assente em retenções na fonte exactas não for possível de aplicar, o método mais eficiente na redução das possibilidades de evasão e fraude fiscal é o sistema baseado na informação fornecida por terceiras entidades. Destacam-se as instituições financeiras e entidades empregadoras, cujos elementos podem ser cruzados com a informação providenciada pelos contribuintes.[204] Este método é, seguramente, mais satisfatório do ponto de vista administrativo do que o assente na informação apenas fornecida pelo contribuinte.

Os contribuintes estão continuamente a desenvolver novas formas, legais e ilegais, para poupar nos impostos fugindo ao seu pagamento. Assim, num mercado cada vez mais global, é também fundamental a cooperação com outras administrações fiscais para trocar informação, e para adoptar medidas de controlo das actividades das empresas que trabalham em mais do que uma jurisdição.

O uso da Internet e de outras tecnologias de informação permite, hoje, efectuar o cruzamento da informação, a recolha e o processamento de declarações com maior facilidade, conseguindo-se diminuir não só os custos administrativos directos das administrações fiscais, como os custos de cumprimento dos contribuintes.[205]

6.2.3.1.5. *Os benefícios fiscais e a necessidade de aumento de transparência*

É consensual que a diminuição ou eliminação dos benefícios fiscais, de regimes preferenciais, e de isenções é uma medida justificável em política fiscal. Sobretudo do ponto de vista do combate à fraude e evasão fiscal, dado que os mesmos são, muitas vezes, fonte de complexidade e ambi-

---

[204] Slemrod, Joel, Bakija, Jon (2001), *Taxing Ourselves – A citizen's guide to the great debate over Tax Reform*, 2nd Edition, Massachusetts, Massachusetts Institute of Tecnology, pp. 149-164.

[205] Sobre o papel das novas tecnologias na diminuição dos custos das administrações fiscais e sobre a posição de Portugal ver: Amaral Tomáz, João José (2005), "A administração tributária e as novas tecnologias", in: *15 Anos da Reforma Fiscal de 1988/89 – Jornadas de Homenagem ao Professor Doutor Pitta e Cunha*, Associação Fiscal Portuguesa, Coimbra, Almedina, pp. 595-623.

guidades, bem como de falsos reembolsos de imposto. São, no entanto, introduzidos com diversas justificações.

Em primeiro lugar, os benefícios fiscais são justificados como políticas para encorajar certo tipo de comportamento considerado desejável ou certas actividades, sejam elas a favor de certo sector, região ou de carácter ambiental.[206] Historicamente, o sistema fiscal tem sido utilizado para favorecer a realização de outros objectivos que não somente os financeiros, de obtenção de receitas. Como resultado, o nosso sistema fiscal é hoje uma complexa "manta de retalhos".[207] Isto suscita a questão de saber se existem regras para distinguir os casos nos quais as medidas fiscais são as mais apropriadas ou as mais eficazes para atingir determinados objectivos e os casos nos quais é conveniente utilizar, de preferência, medidas não fiscais. Teoricamente, a escolha dos instrumentos deveria basear-se em critérios de eficiência económica, equidade, e de simplicidade administrativa.

Existem algumas situações onde é legítimo subsidiar certas actividades através do sistema fiscal. A aplicação de medidas fiscais faz apelo a um aparelho administrativo existente, ou seja, não é necessário criar um sistema administrativo oneroso e novo para pôr em prática um programa. O maior problema com este argumento é que existem medidas económicas importantes escondidas no sistema fiscal que nunca são representadas isoladamente. Temos como exemplo destas medidas as de fomento económico, social, ambiental, cultural, de protecção à família, traduzidas em benefícios fiscais e que se encontram nos programas governamentais.

No plano da simplicidade e do aumento do cumprimento fiscal voluntário, que é o que nos interessa aqui, em quase todos os casos, os benefícios fiscais são exactamente equivalentes a aumentar a taxa marginal de imposto numa pequena percentagem em certos escalões de rendi-

---

[206] A legislação portuguesa saída da reforma fiscal dos finais dos anos 80 dá, aliás, uma definição de benefício fiscal de acordo com este conceito. Assim, no n.º 1 do art. 2.º do Estatuto dos Benefícios Fiscais (EBF) definem-se benefícios fiscais como as "medidas de carácter excepcional instituídas para tutela de interesses públicos extra-fiscais relevantes que sejam superiores aos da própria tributação que impedem". Neste conceito são evidentes as características enunciadas: derrogação de natureza excepcional à tributação-regra e prossecução de finalidade extra fiscal com relevante interesse público.

[207] Cfr. Grupo de Trabalho para a Reavaliação dos Benefícios Fiscais (GTRBF) (1998), "Relatório Final", in: *Ciência e Técnica Fiscal*, n.º 180, Lisboa, Ministério das Finanças, 341 pp.

mento.[208] É, assim, tão só, uma forma de aumentar a taxa de imposto para certos grupos de contribuintes. Como resultado, muitos contribuintes devem desnecessariamente fazer cálculos extra, que introduzem complexidade e que poderiam ser evitados se as verdadeiras taxas de imposto fossem directamente incorporadas na Tabela dos Impostos. Aliás, os benefícios fiscais e as altas taxas de tributação sempre estiveram relacionados. Isto é, taxas mais altas originam a pressão para mais benefícios, mas a erosão das bases de incidência trazida por novos benefícios induz taxas mais altas.

Em segundo lugar, não podemos esquecer que existem fortes factores políticos e instituições e entidades, os *lobbies* económicos, que enviesam o sistema fiscal em direcção a uma maior complexidade, pressionando para obterem determinadas medidas preferenciais. Para contrapor a pressão institucional geradora de complexidade, na década passada, muitos países instituíram um mecanismo formal para medir custos de complexidade, administrativos e de cumprimento, aquando da introdução de novas medidas fiscais. O Reino Unido e os Países Baixos, desde 1985, a Nova Zelândia e a Austrália, desde 1994. Em Portugal não existe semelhante procedimento. Existe, porém, a obrigação de medir e orçamentar as "despesas fiscais", isto é, a receita perdida.[209]

Nos países da OCDE, o uso de benefícios fiscais como mecanismo para influenciar os comportamentos dos contribuintes num dado sentido, ou de concretizar certos desígnios de políticas que visam a redistribuição do rendimento, tem vindo a ser questionado e confrontado com a alternativa de utilizar medidas não fiscais ou programas de apoio directo, administrados fora do sistema tributário.[210] Em favor desta tendência encontra-

---

[208] Cfr. Xavier de Basto, José Guilherme (2001), "Travão aos benefícios fiscais", Entrevista realizada por António Gouveia, in: *Revista da Câmara dos Técnicos Oficiais de Contas*, Julho, n.º 16, pp. 6-13; e do mesmo autor "Uma reflexão sobre a administração fiscal", in: *Notas Económicas*, n.º 4, Coimbra, Faculdade de Economia da Universidade de Coimbra (FEUC), pp. 100-109.

[209] É certo que, nos termos legais, os Orçamentos de Estado vêm dando alguma informação sobre as perdas de receita motivadas pelos vários benefícios fiscais, mas segundo o GTRBF, apesar dos progressos feitos, essa informação é muito genérica e insuficiente. Segundo o GTRBF, em vários casos, recomenda-se uma simples análise custo benefício porque poria em causa a justificação económica e social de muitos benefícios fiscais e conduziria à sua revogação.

[210] OCDE (2005), *Recent Experiences of OCDE Countries with Tax Reform*, Centre for Tax Policy and Administration, CTPA/CFA (2005)53, Paris, OECD Publications, p. 36.

se a necessidade de maior controlo, selectividade e transparência que estas medidas proporcionam. Ainda neste contexto, tem-se observado uma tendência para o abandono dos abatimentos ou deduções ao rendimento (*tax allowances*) em favor de deduções à colecta (*tax credits*), uma vez que o impacto financeiro dos últimos não depende da taxa marginal de quem deles beneficia.[211]

Em termos de facilidade de cumprimento do sistema, conclui-se que este ganha em ter uma base de incidência larga, com reduzido número de isenções e uso moderado de benefícios fiscais. Na realidade, a extensão das bases de incidência e o uso reduzido de benefícios fiscais permitem obter elevado rendimento com taxas baixas. E, pelo contrário, o abuso de benefícios, as regulamentações e os regimes de excepção ou especiais são, em princípio, fonte de complexidade e de aumento das oportunidades de evasão e fraude fiscal.[212]

6.2.3.1.6. *Os sujeitos passivos: tributação separada ou tributação conjunta?*

Saber até que ponto a tributação separada do sujeito passivo do seu agregado familiar influencia a simplicidade do sistema fiscal e a facilidade de cumprimento é uma questão difícil de apreciar.

No plano que nos interessa, que é o da simplicidade e da redução das oportunidades de evasão fiscal, o problema coloca-se, fundamentalmente, no cálculo das retenções na fonte. A tributação separada constitui, claramente, uma melhor solução no plano da neutralidade e da simplicidade fiscal quando comparada com a tributação conjunta.

Em primeiro lugar, a tributação separada evita o problema da definição da unidade familiar, que dificilmente se pode libertar de critérios jurídicos, acabando por não abranger unidades familiares de facto, que poderiam, no plano da equidade fiscal, merecer tratamento idêntico. Por isso, a tributação conjunta terá maior complexidade regulamentar.

---

[211] Grupo de Trabalho para a Simplificação Fiscal (GTSF) (2007) "Simplificação para o sistema fiscal português"in: *Cadernos de Ciência e Técnica Fiscal*, n.º 201, Lisboa, Ministério das Finanças, p. 19.

[212] Xavier de Basto, José Guilherme (1994), *Ob. Cit.*, pp. 100-107.

Em segundo lugar, com o sistema de tributação separada é desnecessária a utilização de presunções de residência de todo o agregado familiar no território português, quando um dos cônjuges não resida em território nacional, com a consequente possibilidade de dupla tributação internacional de todo o rendimento do agregado, na falta de convenção sobre dupla tributação.

Acresce ainda, e em terceiro lugar, uma melhor aproximação do valor das retenções na fonte ao imposto devido "a final". Este sistema de retenção na fonte tão exacto só funciona, de facto, com a tributação separada dos cônjuges.[213] E, tal como já foi referido anteriormente, quanto mais rendimento for tratado desta forma, mais simples se torna o processo de pagamento de impostos, ao mesmo tempo que os contribuintes terão menores oportunidades de evasão e fraude fiscal.[214] Assim, tendo em conta esta situação e dando primazia às considerações administrativas do sistema fiscal, a tributação separada constituiria uma opção superior, quer do ponto de vista dos contribuintes, quer da administração fiscal.

6.2.3.2. Estrutura económica

O sistema fiscal pode influenciar a composição do tecido empresarial de um país, isto é, a sua estrutura económica.

Os trabalhadores que exercem uma actividade por sua conta e risco, quando comparados com os trabalhadores por conta de outrem, têm, regra geral, mais oportunidades para evadir com menor probabilidade de serem descobertos pela administração fiscal. Na verdade, os contribuintes que exercem uma actividade por conta própria mais facilmente não declaram proveitos, assim como aumentam os seus custos, no cálculo do seu rendimento tributável. Esta situação deve-se, em muito, ao rendimento destes

---

[213] Slemrod, Joel; Bakija, Jon (2001), *Taxing Ourselves – A citizen's guide to the great debate over Tax Reform*, 2nd Edition, Massachusetts, Massachusetts Institute of Technology, pp. 140 e ss.

[214] Para uma análise mais detalhada do assunto ver: Xavier de Basto (com a colaboração Gonçalo Avelãs Nunes), *Lições de Fiscalidade*, Coimbra, Faculdade de Economia da Universidade de Coimbra.); e Ministério das Finanças – Estrutura de Coordenação da Reforma Fiscal (2000), *1.º Relatório Intercalar sobre Algumas Medidas de Aprofundamento e Desenvolvimento da Reforma Fiscal*, Lisboa, Junho, pp. 63-69.

contribuintes não estar, na sua grande maioria, sujeito ao mecanismo de retenção na fonte.[215]

Um estudo recente da OCDE[216] refere que os contribuintes que auferem rendimentos resultantes de uma actividade por conta própria não declaram, em média, 43% dos seus rendimentos, comparado com apenas 4% no caso dos contribuintes receberem rendimentos provenientes de salários, juros, dividendos e outros rendimentos de capital. Esta situação cria, como é sabido, muitas distorções económicas, conduzindo a uma distribuição desigual da carga fiscal. Deste modo, quando a estrutura económica de um país é constituída por um número elevado de trabalhadores por conta própria pode acarretar níveis de evasão e fraude fiscal também mais elevados.[217]

Ora, o reconhecimento da importância dessa evasão e dos danos que ela causa à equidade geral do sistema e à moral fiscal dominante tem conduzido à discussão da necessidade de encontrar métodos de cálculo da matéria colectável mais seguros e eficazes, que permitam aumentar as receitas fiscais sobre os rendimentos mais vulneráveis à evasão e repor alguma dose de justiça na distribuição da carga fiscal. Tem-se por isso discutido muito sobre o sistema de cálculo da matéria colectável para este grupo de pequenos contribuintes. O que está em causa é saber se o cálculo do imposto se deve basear no rendimento constante da declaração de rendimentos ou, ao invés, deve dar lugar a regimes simplificados, em que coeficientes objectivos são tomados como ponto de partida para o cálculo do imposto. Subjacente a esta discussão está a questão de saber qual a forma

---

[215] Esta situação implica custos administrativos mais elevados para a administração fiscal, já que tem de afectar mais recursos para combater a evasão e fraude fiscal neste grupo de contribuintes. Por outro lado, são estes contribuintes aqueles que incorrem em custos de cumprimento mais elevados, como veremos mais à frente, no capítulo terceiro, aquando da análise dos estudos e das metodologias que avaliam os custos de cumprimento dos contribuintes.

[216] OCDE (2006) *Tax Policy Design and Evasion*, Centre for Tax Policy and Administration Committee on Fiscal Affairs, CTPA/CFA/WP2 (2006)8, Paris, OECD Publications, p. 32.

[217] Na Grécia, no México e na República Checa, os últimos relatórios que estimavam o cumprimento fiscal sublinhavam como factor responsável pelos elevados níveis de evasão fiscal a presença de um elevado número de contribuintes que exercem a sua actividade por conta própria, quer profissionais independentes, quer empresários em nome individual. Cfr. OCDE (2006), *Ob. Cit.*, p. 30.

de tributar mais eficaz no combate à fraude e evasão fiscal e, simultaneamente, com menores custos administrativos e de cumprimento para o contribuinte.

6.2.3.2.1. *Os regimes simplificados de cálculo da base do imposto*

A análise que se segue procura discutir se o cálculo da base do imposto pelos regimes simplificados é simples e eficaz no combate à fraude e evasão fiscal ou, pelo contrário, se introduz complexidade no cumprimento fiscal, quer do ponto de vista dos contribuintes, quer da administração fiscal.

Os pequenos contribuintes são objecto, em vários países, de disposições fiscais que têm como finalidade simplificar o cálculo dos seus impostos a pagar e atenuar as obrigações às quais estes contribuintes estão sujeitos.[218] Estas disposições fiscais dizem respeito, essencialmente, ao regime de determinação da matéria colectável com base em coeficientes fixos – métodos indirectos de aplicação automática[219] (designados muitas vezes pelos métodos *forfait*) – ou numa simplificação das formalidades fiscais – métodos simplificados de cálculo do resultado ou do pagamento do imposto.

Os métodos indirectos de aplicação automática caracterizam-se por permitirem a determinação da matéria tributável através da aplicação de critérios objectivos, previamente fixados, de aplicação geral e de funcionamento automático. A realidade económica visada por estes métodos não é a matéria tributável real mas sim a presumida.

No sistema da matéria tributável real, quer a administração, quer o contribuinte pretendem apurar qual o efectivo valor do rendimento que servirá de base ao imposto, determinando objectivamente quais foram os lucros efectivos num certo ano. Todavia, no sistema da matéria colectável presumida, a posição da administração e do contribuinte é diferente: entende-se que não é possível, por ser fácil a fraude ou o arbítrio, qualquer

---

[218] Lopes, Cidália M. Mota Lopes (1999), *A Fiscalidade das Pequenas e Médias Empresas – Estudo comparativo na União Europeia*, Porto, Vida Económica, pp. 110-116.

[219] Esta designação está conforme a Comissão para a Reforma Fiscal (1996), *Relatório da Comissão para o Desenvolvimento da Reforma Fiscal*, Lisboa, Ministério das Finanças, p. 340.

tentativa de fixação real e directa da matéria colectável. Escolhem-se então indicadores, com base nos quais se determina o valor que vai ser tributado e que se julga corresponder, o mais possível, à realidade.

Assim, os regimes de tributação dos lucros, que se baseiam no sistema da matéria colectável presumida, caracterizam-se por recorrerem a modalidades especiais de determinação da base de tributação. Normalmente esta base traduz-se numa base fixa para um determinado período, que é calculada indirectamente, o que conduz a uma determinação aproximada da base de tributação.[220]

A aplicação destes métodos indirectos, no cálculo da matéria tributável, tem em conta a realidade dos pequenos contribuintes e, em particular, a evolução das margens na actividade considerada, bem como os custos suportados. De modo a adaptar a base de tributação à realidade de cada empresa, esta é fixada, a maioria das vezes, com base em monografias profissionais, nacionais ou regionais, elaboradas pela administração e comunicadas às organizações profissionais, e ainda com base em declaração enviada pelo contribuinte, fornecendo informações gerais, tais como o montante das compras, dos *stocks*, ou o número de empregados, entre outras.[221]

Actualmente, e em países desenvolvidos, onde vigoram sistemas fiscais modernos, a adopção de regimes de tributação de rendimentos presumidos, para certas categorias de contribuintes, poderia trazer vantagens para os mais pequenos, individuais ou empresas, na medida em que a sua adopção conduz a um aligeiramento das suas obrigações contabilísticas e fiscais. Assim, estes métodos contribuem para diminuir uma forte desvantagem destes contribuintes relativamente aos seus concorrentes de maior dimensão: a elevada carga burocrática que incide sobre eles.

---

[220] Plagnet, Bernard e Mercier, Jean-Yves (1994) "Le régime des petites entreprises industrielles et commerciales", in: *Les Impôts en France – Traité Pratique de la Fiscalité des Affaires*, 26ème Édition, Levallois-Perret, Éditions Francis Lefebvre, pp. 481-495.

[221] Em Portugal, no âmbito da Lei 30-G/2000, de 29 de Dezembro, foi introduzido um regime, em sede de imposto sobre o rendimento das pessoas singulares e colectivas, para os pequenos contribuintes, que simplifica a tributação dos sujeitos passivos. O regime simplificado é aplicável aos sujeitos passivos que não tendo optado pelo regime de contabilidade organizada, no período de tributação imediatamente anterior não tenham atingido um volume de vendas maior que 149 739,37 Euros ou um valor ilíquido dos restantes rendimentos desta categoria superior a 99 759,58 Euros. O apuramento do rendimento tributável resultará, até à aprovação dos indicadores técnico-científicos por sector de actividade, da aplicação de coeficientes fixos ao valor das vendas e às prestações de serviços.

Um objectivo importante destes métodos simplificados, e razão pela qual são aplicados, é a simplificação da administração do imposto, o combate à fraude e evasão fiscal e o aumento da segurança da recolha de receitas. Isto porque, por um lado, a sua utilização implica um aligeiramento significativo das exigências de fiscalização sobre os contribuintes, na medida em que estes estão sujeitos a uma base fixa durante um determinado período, e, em consequência, ao mesmo montante de imposto a pagar, durante esse mesmo período. Na realidade, os contribuintes a quem forem aplicados métodos simplificados de determinação da matéria tributável verão, em muitos casos, aligeiradas as suas obrigações formais de registo e a complexidade das suas declarações de rendimento. Por outro lado, estes métodos revelam-se eficientes, devido à sua rápida e simples aplicação, no combate à evasão e fraude fiscal, sendo por isso a maioria das vezes utilizados com este fim.

Deste modo, e tendo em conta que se pretende reduzir as oportunidades de evasão fiscal, a tributação do lucro presumido oferece vantagens que excedem os seus inconvenientes. De facto, e concluindo, a utilização de regimes simplificados assentes nas presunções oferece, seguramente, as vantagens de conferir certeza e simplicidade às relações fiscais e de permitir uma rápida e regular arrecadação de receitas tributárias.

Em Portugal, durante o ano 2006, o Grupo de Trabalho para a Simplificação Fiscal (GTSF) incumbido de estudar os regimes simplificados de tributação, defendeu a manutenção do actual regime simplificado de tributação, em sede de IRS,[222] justificando a sua posição pelas virtualidades não despiciendas no que diz respeito à simplicidade da sua aplicação.[223]

---

[222] GTSF (2007), "Simplificação para o sistema fiscal português", in: *Cadernos de Ciência e Técnica Fiscal*, n.º 201, Lisboa, Ministério das Finanças, pp. 1-109.

[223] O GTSF não considerou o regime simplificado em sede de IRC suficientemente justificado pelo que recomendou a sua abolição. Na verdade, não existe conhecimento da existência de regimes simplificados de determinação da matéria colectável, para sociedades, em países com um grau de desenvolvimento económico semelhante ao português. Existem, todavia, em alguns países regimes de tributação dos *Cash Flows* para as sociedades. Estes regimes são introduzidos com diversas justificações, constituindo a simplificação das regras de tributação uma delas, pois a tributação do rendimento suscita alguns problemas na definição do rendimento tributável (amortizações, provisões, acréscimos e diferimentos, entre outros). Para uma análise mais detalhada da tributação das sociedades pelos *Cash Flows* ver: Shome, Parthasarathi (2003), "Tax policy design of a single tax system", in: *Bulletin for International Fiscal Documentation*, Volume 57, n.º 3, Official Journal of the International Fiscal Association, pp. 99-121; e, sobre as vantagens e des-

6.2.4. Estratégia de simplificação legislativa

O estudo de uma estratégia de simplificação fiscal legislativa é importante na medida em que facilita o cumprimento voluntário dos contribuintes.

Uma legislação fiscal obscura e complexa diminui a predisposição dos contribuintes para cumprir voluntariamente com os requisitos do sistema fiscal. Por sua vez, para a administração fiscal, quanto mais simples for a legislação fiscal, menos ambiguidades se criam na sua aplicação.

A simplicidade legislativa analisa a legislação fiscal tendo em atenção a expressão, a consistência, a previsão, e também a proporcionalidade dessa mesma lei.[224]

A primeira forma de medir a simplicidade ou complexidade legislativa do sistema fiscal é através da enorme densidade e vastidão dos códigos fiscais, ou através da regulamentação fiscal em geral.

Na Austrália, quando o imposto sobre o rendimento foi introduzido, em 1936, o código tinha apenas 126 páginas, todavia, em 1993, o mesmo documento já apresentava 5 000 páginas de legislação.[225]

No Reino Unido, verificou-se, igualmente, no período de cinco anos, entre 1991 e 1996, um aumento de 1 300 páginas de legislação fiscal.[226] A situação é certamente semelhante noutros países.

Nos EUA, o Código do Imposto sobre o Rendimento, publicado em 1998, incluía 9,833 secções e 2,769 páginas, acompanhado de "regulations" do imposto federal de 7,146 páginas. O número total de palavras nestes dois documentos estimou-se em 5,5 milhões.[227]

---

vantagens da tributação pelo *Cash Flow Tax* ver, em Portugal, Martins, António (2002), *A Fiscalidade e o Sistema Económico – Escritos sobre a Tributação do Rendimento*, Fundação Bissaya – Barreto, Instituto Superior Bissaya-Barreto, pp. 183-198; e sobre alguns problemas jurídicos do direito contabilístico e fiscal das empresas na definição e cálculo do rendimento tributável, ver: Saldanha Sanches, José Luís (2000), *Estudos de Direito Contabilístico e Fiscal*, Coimbra, Coimbra Editora.

[224] Cooper, G.S. (1993), "Themes and issues in tax simplification", in: *Australian Tax Forum*, Volume 10, pp. 417-60.

[225] James, Simon; Wallschutzky, Ian (1997), "Tax law improvement in Australia and the UK: The need for a strategy for simplification", in: *Fiscal Studies*, Volume 18, n.º 4, pp. 445-460.

[226] Tax Law Review Committee (1996), *Interim Report on Tax Legislation*, London, Institute for Fiscal Studies, November, p. 9.

[227] Para outra análise da complexidade legislativa nos EUA ver: Blumenthal,

Efectuámos um exercício paralelo para a legislação portuguesa e verificámos que ao longo das últimas décadas, o volume da legislação fiscal foi crescendo resultado da crescente complexidade dos sistemas e da evolução da própria economia.

Veja-se, no quadro 2.8, a evolução do volume da legislação fiscal, em Portugal, no decorrer das últimas reformas fiscais, medido pelo número de páginas do "Diário da República"[228] e pelo número de artigos.[229]

[Quadro n.º 2.8] Evolução do volume de legislação fiscal em Portugal

Impostos[230] sobre o rendimento	N.º páginas	N.º artigos
1922		
-Contribuição industrial	4	12
-Imposto sobre a aplicação de capitais	3	11
-Imposto pessoal de rendimento	6	33
1929		
-Contribuição industrial	6	33
-Imposto sobre aplicação de capitais	1	11
-Imposto profissional	4	22
-Imposto complementar	2	5
1960/70		
-Contribuição industrial	28	165
-Imposto sobre aplicação de capitais	16	100
-Imposto de mais valias	11	67
-Imposto profissional	15	85
-Imposto complementar	30	161
1989		
-Imposto sobre o rendimento das pessoas colectivas (CIRC)	52	115
-Imposto sobre o rendimento pessoas singulares (IRS)	50	141
-Estatuto dos Benefícios Fiscais	19	55
Regime Jurídico das Infracções Fiscais não Aduaneiras (RJIFNA)	12	58
Impostos sobre consumo		
1922-Imposto Transacções	4	9
1929-Imposto Transacções	4	9
1960/70-Imposto Transacções	32	134
1986-Imposto sobre o Valor Acrescentado (IVA)	54	125

Marsha (2001), "Leaping tall building pursuing greater compliance and reduced burden", in: Evans, C.; Pope, J.; Hasseldine J. (Eds), *Tax compliance: A Festschrift for Cedric Sandford*, St Leonards, Prospect Media Pty Ltd, pp. 15-35.

[228] Em 2003, a Associação Portuguesa para o Investimento (API) também utilizou o Diário da República como indicador da complexidade legislativa em Portugal. Observou, então, que o número de páginas deste diário aumentou de 4 244 páginas, em 1980, para 8 194 páginas, em 2002, isto é, mais que duplicou. Cfr. API (2003), "Custos de contexto", in: *Boletim*, n.º 1, 1.º Trimestre, pp. 7-13.

Da leitura do quadro 2.8, verifica-se, no decorrer dos vários anos, maior complexidade legislativa, medida pelo aumento do número de artigos, de páginas e de palavras de cada código fiscal. O estilo legislativo, entretanto, mudou e os artigos passaram a ter uma extensão em geral bastante maior. Em vez de um artigo para cada norma, a técnica corrente é dividir os artigos por vários números e alíneas, pelo que o número de artigos pode não ser uma boa medida da complexidade.

O aumento da legislação fiscal é, na verdade, uma consequência do progresso económico. Por isso, é particularmente difícil impedir que o seu acréscimo aconteça.[231]

A quantidade de normas e a sua densidade não traduzem, porém, *de per si*, complexidade acrescida.

Vejamos um exemplo antigo, no Reino Unido. Em 1965, Lloyd George, Ministro das Finanças de então, devolveu um relatório à administração fiscal e, com o objectivo de simplificar a legislação fiscal, pediu que fosse todo reescrito em palavras com uma única sílaba, porque não entendia o documento. A administração fiscal executou a ordem. A matéria abordada neste documento tornou-se, todavia, ainda mais complexa e imperceptível do que antes, porque as palavras de uma só sílaba tornaram a legislação mais complexa.

Outra forma de apreciar a simplicidade ou complexidade legislativa é através da subjectividade e falta de clareza da lei fiscal que, por sua vez, origina incerteza no cálculo do imposto. É, pois, do conhecimento geral que, muitas vezes, a legislação fiscal é pouco compreensível, e, consequentemente, é potencialmente geradora de dúvidas e conflitos.[232] O sis-

---

[229] Neste ponto segue-se o trabalho da autora sobre simplicidade fiscal entretanto publicado em: Lopes, Cidália M. Mota (2003), "Simplicidade e Complexidade Fiscal: algumas reflexões", *Fiscalidade,* n.º 13/14, Lisboa, Instituto Superior de Gestão, pp. 52-81.

[230] De modo a facilitar a leitura do quadro e a comparação da informação, esta última corresponde à publicada no *Diário da República*. Assim, os artigos apontados são os dos Decretos – Lei originais e o numero de páginas corresponde ao número de colunas do respectivo Diário.

[231] Para uma discussão acerca da inevitabilidade do aumento da legislação fiscal nos dias de hoje ver, por exemplo: Pagan, Jill C. (1993), "Increasing length and complexity of tax legislation – avoidable or inevitable?", in: *Fiscal Studies*, Volume 14, n.º 4, pp. 90-105.

[232] Segundo o art. 59.º n.º 3 f) da Lei Geral Tributária (LGT), e no âmbito do princípio da colaboração entre a administração fiscal e os contribuintes, cabe à administração fiscal, dado o carácter excessivamente técnico das leis tributárias, o esclarecimento regular e atempado das fundadas dúvidas sobre a interpretação e aplicação das normas tributárias.

tema fiscal, nos últimos anos, tem-se tornado tão complexo que em algumas situações nem os mais conceituados fiscalistas, nem os próprios funcionários da administração fiscal, têm a certeza de qual o real imposto a pagar.[233]

Compreende-se, assim, que não tenham faltado esforços de simplificação da legislação fiscal.

No Reino Unido, em 1993, o Parlamento formou uma comissão, *The Tax Law Review Committee*, com o objectivo de simplificar a legislação fiscal. O relatório[234] concluiu que a legislação fiscal deveria ser escrita num inglês corrente e compreensivo para a generalidade dos cidadãos, que deveria ser acompanhada de um memorando para ajudar as pessoas a compreende-la melhor e, finalmente, que se deveria ponderar as vantagens e os inconvenientes de rescrever a legislação fiscal existente. No seguimento deste projecto, a administração fiscal seguiu as recomendações desta comissão e publicou um documento de consulta sobre esta matéria. Posteriormente comprometeu-se a reescrever toda a legislação fiscal primária num período de cinco anos. Este projecto intitulava-se: *Inland Revenue´s Tax Law Simplification Project*.[235]

Na Austrália foram, também, tomadas várias iniciativas no sentido de simplificar a legislação fiscal. Neste caso, o processo começou com um relatório produzido pelo *Joint Committee of Public Accounts*, em 1993, que recomendou a formação de uma comissão *Tax Law Improvement Project* (TLIP) para estudar medidas de simplificação do sistema fiscal. A comissão era constituída por quarenta especialistas e tinha como objectivo principal reescrever, no sentido de melhorar, a legislação fiscal num período de cinco anos.

---

[233] A extensão desta incerteza é por si só uma forma de medida da complexidade do sistema. Nos EUA, em 1997, a revista *Money*, criou uma situação de imposto de moderada complexidade e pediu a cinquenta profissionais para calcularem o imposto a pagar. Obtiveram 46 respostas diferentes de 46 profissionais que responderam. As respostas variavam de 34,420 Dólares a 68,192 Dólares. O imposto a pagar era, na realidade, de 35,643 Dólares, apesar de algumas diferenças legítimas na interpretação da lei poderem ser consideradas e, logicamente, alterar ligeiramente o imposto a pagar. Os honorários cobrados relativamente a este exercício também variavam bastante, entre 375 Dólares e 3600 Dólares.

[234] Tax Law Review Committee (1996), *Interim Report on Tax Legislation*, London, Institute for Fiscal Studies, November, p. 67.

[235] Para consultar os desenvolvimentos nesta matéria ver: http//www.open.gov.uk/inrev/rewrit.

As mudanças efectuadas pela TLIP foram de natureza muito diversa, mas centraram-se bastante no estilo legislativo. O estilo de legislar mudou em direcção ao narrativo. No código do imposto sobre o rendimento das pessoas singulares, o número de palavras foi reduzido de 19 000 para 11 000 palavras. Também se recorreu, maioritariamente, ao uso de frases curtas e o número de palavras por frase diminuiu de 241 para 37.[236] A comissão procedeu também à substituição do termo *taxpayer* pelo termo *you* o que gerou um debate muito agressivo da parte dos advogados, tribunais e legisladores. A comissão considerou que o termo *you* é apenas um aspecto pontual da simplificação e acima de tudo reduz o número de palavras e letras. A nova legislação foi, entretanto, surgindo com um novo estilo legislativo e orientada mais para o particular do que para o geral. A comissão elaborou, igualmente, um dicionário fiscal com explicação de termos e conceitos fiscais básicos e fundamentais. A legislação tornou-se assim mais perceptível para os contribuintes. A segunda maior contribuição da TLIP incidiu na redefinição e reenquadramento dos regimes de isenção em matéria de imposto sobre o rendimento, bem como os rendimentos de capitais, pois muitas dúvidas eram levantadas a este propósito pelos contribuintes.[237]

Na Nova Zelândia, em 1994, iniciou-se também um projecto (*Rewrite Project*) para reescrever e simplificar a legislação fiscal do imposto sobre o rendimento.[238] Em primeiro lugar, este projecto tinha como objectivo reorganizar o Código do Imposto sobre o Rendimento (*Income Tax Act* 1976) e, em segundo, torná-lo mais compreensível, reescrevendo a lei fiscal, de modo a facilitar o cumprimento para os contribuintes.

Podemos então acrescentar que existe a convicção por parte das autoridades governativas dos diferentes países, em particular nos países referidos, de que a introdução de melhorias na legislação pode trazer benefícios

---

[236] Wallschutzky, Ian, Simon, James (1997), "Tax law improvement in Australia and the UK: The need for a strategy for simplification", in: *Fiscal Studies*, Volume 18, n.º 4, pp. 445-460.

[237] Burton, Mark; Dirkis, Michael (1996), "The income tax simplification experience to date", in: *Bulletin for International Fiscal Documentation*, Volume 50, n.º 2, Official Journal of the International Fiscal Association, pp. 67-71.

[238] Prebble, John (2000), "Evaluation of the New Zealand Income Tax Law Rewrite Project from a Compliance Cost Perspective", in: *Bulletin for International Fiscal Documentation*, Volume 54, n.º 6, Official Journal of the International Fiscal Association, pp. 290-299.

para a simplificação no sentido em que torna o sistema tributário mais perceptível pelos intervenientes no processo de pagamento dos impostos.[239] Todavia, a necessidade de justiça fiscal conduz a frequentes aumentos de legislação e regulamentos, cada vez mais complexos, afectando, deste modo, a estabilidade do sistema fiscal.

No relatório final, de 1996, a *Tax Law Review Committee* sublinhou a dificuldade em criar um sistema fiscal objectivo e simples através exclusivamente das melhorias linguísticas[240] e sugere que, tendo em conta considerações de teor prático e administrativo, existe um risco grave de o projecto da comissão não obter resultados, a não ser que haja mudanças simultâneas na legislação e na política fiscal.[241]

Na Nova Zelândia, após seis anos, o projecto *Rewrite* ainda continuava por publicar, tendo a comissão sugerido que a melhor forma de tornar a legislação fiscal mais simples e fácil de cumprir seria através da participação dos contribuintes no processo legislativo. O legislador fiscal legisla quase sempre sem procurar saber a opinião daqueles que terão de obedecer à lei.[242]

Na Austrália, à semelhança do Reino Unido, também a *Tax Law Improvement Project* (TLIP) tinha como única função reescrever a legislação fiscal existente, mais do que identificar e analisar as medidas que introduzem complexidade ao sistema fiscal. O projecto australiano não tinha intenção, inicialmente, de influenciar a política fiscal, no entanto, não existem muitas dúvidas de que essa influência acabou por se verificar. Esta situação não é de todo surpreendente. A simplificação legislativa é uma parte da política fiscal, e entender que uma parte da política fiscal pode não interferir com as restantes não é, de todo, possível.

---

[239] James, Simon; Sawyer, Adrian; Wallschutzky, Ian (1997), "Tax simplifications – A tale of three countries", in: *Bulletin for International Fiscal Documentation*, Volume 51, n.º 11, Official Journal of the International Fiscal Association, pp. 493-503.

[240] Tax Law Review Committee (1996), *Final Report on Tax Legislation*, London, Institute for Fiscal Studies, November, p. 37.

[241] Howe, Geoffrey (1998), "Tax Law Simplification in the United Kingdom", in: *Further Key Issues in Tax Reform*, Bath, Fiscal Publications, pp. 87-110.

[242] Prebble, John (2000), "Evaluation of the New Zealand Income Tax Law Rewrite Project from a Compliance Cost Perspective", in: *Bulletin for International Fiscal Documentation*, Volume 54, n. .º6, Official Journal of the International Fiscal Association, p. 299.

A simplificação da legislação fiscal não deve, assim, ser vista como uma medida isolada sem estar incorporada numa estratégia mais vasta, senão quaisquer medidas introduzidas com o objectivo de simplificar estarão, provavelmente, condenadas ao insucesso.

Na realidade, nenhuma simplificação linguística consegue demover isoladamente complexas situações estruturais.[243] Porém, parecem não existir muitas dúvidas de que uma legislação fiscal simples e fácil de entender é peça crucial para qualquer sistema fiscal, particularmente, se este se basear em regimes declarativos. Os contribuintes precisam de estar bem informados e compreender o sistema fiscal não só para determinar o montante de imposto a pagar, através do mecanismo de autoliquidação, como também para cooperar com a administração fiscal numa série de procedimentos necessários ao cumprimento voluntário das obrigações tributárias.

Acresce ainda que, num processo de simplificação legislativa e de forma a perceber a nova legislação fiscal, temos de, em algumas situações, comparar a legislação antiga com a nova.[244] Consequentemente, o contribuinte que lê a nova legislação não sabe ou não tem a certeza se as palavras novas representam uma nova ideia ou somente uma simplificação.

Alguns autores chamam a atenção para o papel que os tribunais podem desempenhar no processo de simplificação da legislação fiscal. Durante anos os tribunais procuraram esclarecer conceitos e significados e, consequentemente, construíram um corpo bem fundamentado de interpretação da legislação fiscal que não se pode menosprezar no processo de simplificação.[245]

É também do conhecimento geral que muitos contribuintes recorrem aos serviços de profissionais para cumprirem com os seus deveres fiscais,

---

[243] A este propósito escreve Jones no Reino Unido: "Rewriting is really an acceptance that nothing can be done to simplify tax legislation, while at the same time giving the impression that something is being done." Cfr. Jones, John Avery (1996), "Simplification of tax legislation", in: *Bulletin for International Fiscal Documentation*, Volume 50, n.º 11/12, Official Journal of the International Fiscal Association, pp. 508-510.

[244] James, Simon; Wallschutzky, Ian (1997), "Tax law improvement in Australia and the UK: The need for a strategy for simplification", in: *Fiscal Studies*, Volume 18, n.º 4, pp. 445-460.

[245] Gammie, Malcomm; Shipwright, Adrian (1996), *Striking the Balance – Tax Administration, Enforcement and Compliance in the 1990s*, London, The Institute for Fiscal Studies, pp. 173-203.

pagando para isso os honorários respectivos. Apesar de muitas vezes ser sugerido que os profissionais têm interesse na complexidade da legislação fiscal, dado que lhes permite assegurar mais clientes, não é fácil encontrar pessoas que concordem com esta posição.[246] Na verdade, também eles são unânimes em dizer que a complexidade legislativa aumenta a probabilidade de os mesmos cometerem erros, os quais se podem tornar muito dispendiosos.

Assim, é necessário concluir que o objectivo de uma estratégia de simplificação fiscal legislativa deve estar inserida numa estratégia mais global e estruturante de simplicidade e facilidade de cumprimento do sistema tributário.

7. NOTAS CONCLUSIVAS

Perante uma determinada estrutura fiscal, os contribuintes deparam-se com oportunidades para reduzir os seus impostos. Existem várias razões pelas quais os contribuintes fogem, em maior ou menor proporção, ao pagamento dos impostos.

Dado que os impostos reduzem o rendimento disponível ou a riqueza detida, existe um motivo económico, acentuado por elevadas taxas de imposto, para a tentativa de reduzir ou evitar os impostos. Desde sempre se atribuiu especial e central importância a este motivo como um determinante do comportamento do contribuinte.

O orgulho dos contribuintes que obtêm sucesso no processo de evasão e conseguem, com isso, poupança fiscal, indica que quanto maior é a quantia envolvida, mais o factor motivação deixa de ser meramente económico e passa a ser de natureza psicológica e sociológica.

O combate à fraude e à evasão fiscal e a existência de um organismo como a administração fiscal torna-se, assim, crucial na diminuição das desigualdades.

A política de combate à evasão deve ser introduzida tendo em atenção dois aspectos. Por um lado, saber qual o montante de recursos que um

---

[246] Green, Sue (1996), "Compliance costs: the need for reappraisal", in: *Striking the Balance – Tax Administration, Enforcement and Compliance in the 1990s*, London, The Institute for Fiscal Studies, pp. 129-143.

governo deve atribuir à administração fiscal e, por outro, saber como aumentar as receitas fiscais e o cumprimento voluntário de forma eficiente e eficaz.

A administração tributária pode aumentar os seus recursos, e recorrendo à teoria da empresa, até ao ponto em que os custos marginais igualam as receitas marginais.

O combate à evasão e fraude fiscal, tendo em vista o aumento das receitas e do cumprimento voluntário, deve ser levado a cabo através de diferentes estratégias.

Na estratégia económica, é necessário ter em conta que o risco de ser detectado aumenta com maiores e mais efectivas fiscalizações, o que torna a evasão menos atraente. Por sua vez, penalizações altas têm o mesmo efeito, e tornam a evasão fiscal menos compensadora.

Na estratégia sociológica, a forma de incentivar os contribuintes a cumprirem voluntariamente é determinada pela melhoria da assistência e da informação fornecida pelos serviços fiscais, bem como por uma melhor educação fiscal dos contribuintes.

Algumas características técnicas do sistema fiscal influenciam significativamente o seu grau de cumprimento, pelo que se elegeram algumas para objecto de discussão.

Salientamos um sistema fiscal assente numa estrutura administrativa onde o imposto é, na maioria dos rendimentos, retido na fonte, tal como acontece no Reino Unido com o sistema *PAYE* para os trabalhadores por conta de outrem, o qual pode reduzir as oportunidades de evasão e fraude e aumentar o cumprimento voluntário.

O abuso de benefícios fiscais, de regulamentações e os regimes de excepção são, em princípio, fonte de complexidade e constituem incentivo à descoberta de novas vias para evasão fiscal.

A tributação separada dos cônjuges, por oposição à tributação conjunta, constitui, relativamente às considerações de simplicidade e facilidade de cumprimento do sistema fiscal, uma opção superior. Existe com este sistema uma melhor aproximação do valor das retenções na fonte ao imposto devido "a final".

A utilização de regimes simplificados de cálculo da base tributável assentes em presunções, oferece, porventura, a vantagem de conferir certeza e simplicidade às relações fiscais. Por um lado, estes métodos são meios eficazes no combate à fraude fiscal e na simplificação do trabalho administrativo das administrações fiscais, por outro, os contribuintes verão, em muitos casos, aligeiradas as suas obrigações formais de registo e a complexidade das suas declarações de rendimento.

Tendo em atenção a dimensão legislativa da simplicidade, reescrever e melhorar a legislação fiscal permite uma poupança nos custos de cumprimento, no sentido em que torna o sistema fiscal mais perceptível pelos intervenientes no processo de pagamento dos impostos. Os objectivos do processo de simplificação legislativa podem ficar por atingir se a simplicidade não for vista como um objectivo autónomo do sistema fiscal.

A complexidade impõe diversos tipos de custos aos contribuintes, todavia, estes custos não são iguais para todos os contribuintes. No capítulo seguinte vamos, então, estudar os diferentes métodos de avaliar e calcular os custos de cumprimento no sistema fiscal.

CAPÍTULO III
Os custos de cumprimento e a tributação do rendimento: análise comparativa de metodologias e resultados de estudos

1. INTRODUÇÃO

No primeiro capítulo definimos custos de cumprimento e apresentámos alguns problemas resultantes da sua medição. No segundo capítulo, estudámos as atitudes e o comportamento dos contribuintes face ao cumprimento do sistema fiscal.

O nosso estudo centra-se agora na análise comparativa das metodologias e dos resultados obtidos pelos estudos que avaliaram os custos de cumprimento dos impostos sobre o rendimento no sistema fiscal.

O primeiro estudo empírico foi realizado, nos EUA, por Haig. A partir daqui, muitas outras investigações surgiram, em especial nos EUA, no Reino Unido e, mais recentemente, na Austrália no Canadá e na Nova Zelândia. Estes países reconheceram e sublinharam a importância dos custos de tributação em qualquer reforma fiscal. Os estudos foram elaborados por diferentes instituições, desde o governo, a universidades e a organismos empresariais. As primeiras tentativas para medir os custos de tributação referiam-se apenas a um imposto e a um período de tempo. Poucas foram, então, as investigações que permitiram medir os custos para todo o sistema fiscal e ao longo de um determinado período.

Assim, este capítulo centrar-se-á, na primeira parte, na análise dos custos de um sistema fiscal numa perspectiva histórica. Para isso, procede-se à revisão da literatura subjacente ao tema. Para facilitar a análise elabora-se a sua comparação tendo em atenção os seguintes aspectos: objectivos; selecção da amostra; taxa de resposta; metodologia; e resultados obtidos.

Na segunda parte, faz-se uma análise comparativa dos principais trabalhos recentemente efectuados em alguns países da OCDE. Para tal, dividem-se os estudos em três tipos diferentes. Em primeiro lugar, os estudos de grande dimensão (*Large Scale Surveys*) que estimam, em termos nacionais, os custos de cumprimento na perspectiva dos contribuintes, indivíduos ou empresas. Em segundo lugar, os estudos de pequena dimensão (*Depth Surveys*) que são, por regra, estudos de caso (*Case Studies*), os quais avaliam os custos de alguns grupos de contribuintes. E, por fim, outros estudos que medem os custos de cumprimento do sistema fiscal noutras perspectivas, que não a dos contribuintes, são igualmente aqui referidos.

A nossa análise centra-se, assim, num estudo comparativo dos custos de cumprimento dos impostos sobre o rendimento dos contribuintes individuais e das empresas, tendo em consideração a selecção da amostra, a taxa de resposta, os testes de validação dos dados e os diferentes métodos de valoração do tempo gasto no cumprimento das obrigações fiscais. Posteriormente, procedemos à análise de alguns resultados empíricos para os países cuja informação é mais comparável. Estabelecem-se, pois, comparações internacionais entre a dimensão dos custos de cumprimento, a sua distribuição, bem como a sua incidência efectiva. Por último, retiram-se as conclusões da análise efectuada.

2. OS CUSTOS DE TRIBUTAÇÃO: PERSPECTIVA HISTÓRICA

No primeiro estudo sistemático sobre os objectivos e as funções dos impostos, Adam Smith apresenta as quatro máximas às quais um "bom imposto" deve atender: equidade; certeza; conveniência e economia.[247]

As célebres máximas de Adam Smith continuaram a ser referidas por estudos posteriores como muito relevantes. Todavia, não foi muito apreciado que três das quatro máximas dissessem respeito exclusivamente aos aspectos administrativos e utilitários da tributação.[248] A segunda e quarta

---

[247] Smith, Adam (1776), *An Inquiry into the nature and causes of The Wealth of Nations*, tradução portuguesa: *Riqueza das Nações*, Volume II, 3ª Edição, Lisboa, Fundação Calouste Gulbenkian, 1983, pp. 485-489.

[248] Assim, na segunda máxima, Adam Smith defendia a certeza e simplicidade do imposto, já que "a certeza do que cada indivíduo deve pagar é, na tributação, um assunto de tão grande importância que, parece, um grau considerável de desigualdade não constitui de perto um mal tão grande como um pequeno grau de incerteza." Na terceira máxima, refere-se à conveniência de pagamento, isto é, que "todo o imposto deve ser lançado no

máxima referem, expressamente, a importância dos custos de cumprimento, enquanto a terceira faz alusão a ambos os custos, os administrativos e os de cumprimento do sistema fiscal.

Os economistas do início do século XIX, como John Stuart Mill, seguiram os estudos de Adam Smith a propósito dos objectivos e princípios dos impostos em geral, ignorando todavia as suas três máximas a respeito dos custos da tributação, centralizando a sua atenção apenas na primeira máxima.[249] Esta assentava fundamentalmente no princípio da equidade. A negligência dos custos da tributação como objecto de investigação continuou até meados do século XX.

A nossa história começa pois nos Estados Unidos (EUA), em 1935.

2.1. A escola americana: 1930-1960

No quadro 3.1 elabora-se uma síntese dos principais estudos elaborados nos EUA desde 1935 até à década de 60. A partir da análise do quadro verifica-se que a maioria dos estudos elaborados é de grande dimensão. Porém, foram também realizados alguns estudos de caso.

Em estudos desta natureza é muito difícil obter os custos do sistema fiscal para toda a população de contribuintes. Assim, todos basearam as suas estimativas numa amostra.

---

tempo ou modo mais provável de ser conveniente para o contribuinte o pagar." Na quarta e última máxima estão em causa a economia e a cobrança. "O imposto deve ser arquitectado tão bem que tire o mínimo possível do bolso das pessoas para além do que traz para o erário público. Um imposto pode tirar ou afastar do bolso das pessoas muito mais do que arrecada para o tesouro público, ao impor-lhes complicações adicionais." Cfr. Smith, Adam (1776), *An Inquiry into the nature and causes of The Wealth of Nations*, tradução portuguesa: *Riqueza das Nações*, Volume II, 3ª Edição, Lisboa, Fundação Calouste Gulbenkian, 1983, pp. 485-489.

[249] John Stuart Mill exemplifica esta ideia com o seguinte comentário: "The qualities desirable, economically speaking, in a system of taxation, have been embodied by Adam Smith in four maxims or principles, which have been generally concurred in by subsequent writers, may be said to become classical. The last three of these four maxims require little explanation or illustration than is contained in the passage itself. How far any given tax conforms to or conflicts with them is a matter to be considered in the discussion of particular taxes. But the first of the four points, equality of taxation, requires to be more fully examined." in: Sandford, Cedric; Godwin, Michael; Hardwick, Peter (1989), *Administrative and Compliance Costs of Taxation.*, Bath, Fiscal Publications, pp. 17.

[Quadro n.º 3.1] Analise comparativa dos principais estudos realizados nos EUA sobre custos de cumprimento entre 1930-1960

Estudo	Ano	Amostra	Taxa resposta	Impostos	Método
1. Haig	1935	1600 empresas seleccionadas	10,2%	Imposto sobre o rendimento das empresas (federal e estatal)	Questionários enviados por correio
2. Martin	1944	5 empresas seleccionadas	100%	Imposto sobre o rendimento das empresas (federal e estatal)	Entrevistas
3. May and Thompson	1950	125 empresas industriais seleccionadas	50%	Todos os impostos sobre as empresas	Questionários enviados por correio
4. Mathes and Thompson	1959	222 empresas industriais seleccionadas	57,2%	Todos os impostos sobre as empresas	Questionários enviados por correio
5. Federal Government Study	1964-66	128 empresas selecciondas	50%	Todos os impostos sobre as empresas	Estudo de caso e entrevistas
6.Oster and Lynn	1955	18 empresas seleccionadas	60,1%	Impostos sobre o rendimento das empresas	Entrevistas com colaboração dos empregados da empresa
7. Johnston	1961	6 empresas industriais	100%	Imposto federal sobre as empresas	Entrevistas com cooperação dos empregados da empresa
8. Yocum	1961	Amostra ao acaso de 526 lojas por ramo de actividade	Desconhecido	Imposto sobre o comércio retalhista	Questionários enviados por correio
9. Muller	1963	250 empresas seleccionadas	80%	Impostos federais, estatais e locais incidentes sobre as pequenas empresas	Entrevistas
10. Wicks	1965	320 pais de alunos de "Economia" da Universidade de Montana	33%	Imposto sobre o rendimento das pessoas singulares (federal e estatal)	Questionários enviados por correio e entrevistas
11. Wicks	1966	320 pais de alunos de "Economia" da Universidade de Montana	31%	Imposto sobre o rendimento federal	Questionários enviados por correio e entrevistas
12. Wicks and Killworth	1967	1000 contribuintes individuais de Montana	42,1%	Todos os impostos locais de Montana	Questionários enviados por correio e entrevistas
		2000 empresas de Montana	12,5%		

Fonte: Dean, Peter (1973), *Ob. Cit.* pp. 90-113; Sandford, Cedric *et al* (1973), *Ob. Cit.* pp. 1-30 ; Sandford, Cedric *et al* (1989), *Ob. Cit.*, pp. 1-47; Bhatnagar, Dheeraj (1997), *Ob. Cit.* pp. 31-55.

2.1.1. A construção da amostra

Sabe-se que uma amostra representativa da população dos contribuintes só pode ser fornecida pela administração fiscal, mas poucas são as administrações fiscais preparadas para colaborar com os investigadores, uma vez que a confidencialidade é um factor importante para convencer os contribuintes a cooperar. Consequentemente, as listas de membros de associações de comércio e indústria foram, muitas vezes, usadas como base amostral.

Alguns trabalhos usaram então o estudo de casos (por exemplo, o de Johnston[250]) outros, amostras específicas (Haig[251], Wicks[252]), outros amostras seleccionadas (Muller) e outros amostras aleatórias (Strumpel, Yocum, Wicks e Killworth).

Verifica-se ainda que estes estudos apresentaram, de uma forma geral, níveis de taxas de resposta muito baixos, variando desde 10%, em Haig, a 30%, em Wicks. Existem vários motivos que justificam este nível de taxa de resposta.[253]

Em primeiro lugar, alguns sentimentos de hostilidade e desconfiança que os inquiridos sentem em relação a perguntas sobre impostos, pois trata-se de uma matéria que é normalmente vista como confidencial.

Em segundo lugar, os custos de tempo e incómodo que os contribuintes têm de despender para o preenchimento do inquérito são, muitas vezes, elevados, dado que exige informações que não estão rapidamente disponíveis.

---

[250] Johnston, K.S. (1961), *Corporations Federal Income Tax Compliance Costs – Case Studies*, Ohio, Ohio University Bureau of Business Research, Monograph, n.º 10.

[251] Haig, R.M. (1935), "The cost to business concerns of compliance with tax laws – mail questionnaire survey", in: *Management Review*, November, pp. 232-333.

[252] Wicks, J.H. (1965), "Taxpayer compliance costs from the Montana personal income tax – questionnaire survey", in: *Montana Business Quarterly*, pp. 36-42; Wicks, J.H. (1966), "Taxpayer compliance costs from personal income taxation – questionnaire survey", in: *Lowa Business Digest*, Agosto, pp. 16-21; Wicks, J.H. (1967), "Administrative and compliance costs of state and local taxes – questionnaire survey", in: *National Tax Journal*, Setembro, pp. 309-15.

[253] Dean, Peter (1973), *Some Aspects of Tax Operating Costs with Particular Reference to Personal Taxation in the United Kingdom*, PhD Dissertation, Bath, Bath University, pp. 90-113.

Em terceiro lugar, a metodologia assente na recolha de dados através de questionários enviados por correio é uma forma de investigação que normalmente origina taxas de resposta mais baixas, especialmente quando comparada com outros métodos, tais como o recurso às entrevistas pessoais.

Assim, porque o nível de taxa de resposta é muito baixo, torna-se difícil aos investigadores fazer generalizações para o resto da população de contribuintes, mesmo trabalhando com o nível de significância estatístico mais baixo. O estudo de Mathes e Thompson obteve uma taxa de resposta de 57,2%,[254] que os autores justificaram pela proveniência da amostra retirada das listas de associações profissionais de comércio e indústria.

2.1.2. Metodologia utilizada

A metodologia utilizada nos vários estudos variou entre o envio dos questionários pelo correio, a entrevista e posterior discussão com os entrevistados, sem excluir os casos em que se optou por ambos os métodos no sentido de validar as respostas iniciais dos inquiridos.

O quadro 3.2 oferece uma análise da metodologia dos estudos americanos realizados entre 1930 e 1960.

[Quadro n.º 3.2] Métodos de inquérito usados nos estudos sobre custos de cumprimento do sistema fiscal nos EUA entre 1930-1960

Questionários por correio	Outras formas de inquérito (entrevistas)
Haig, 1935	Martin, 1944
May e Thompson, 1955	Oster e Lynn, 1955
Maths e Thompson, 1959	
	Johnston, 1961
Wicks, 1965	
Wicks, 1966	Muller, 1963
Wicks e Killworth, 1967	

---

[254] Mathes, S.M.; Thompson, G.C. (1959), "The high cost of compliance – mail questionnaire survey", in: *Business Record*, Agosto, pp. 383-88.

Os inquéritos enviados por correio e as entrevistas são uma forma apropriada de estimar os custos de cumprimento dos contribuintes individuais e das empresas. A escolha entre os dois métodos depende da natureza e do tipo de investigação que se pretenda realizar.

Tendo em conta a confiança e representatividade da amostra, os estudos com melhores resultados foram os dirigidos a uma amostra específica de inquiridos, ou àqueles contribuintes em que é possível validar o significado e a coerência das respostas. Para reduzir o número de contribuintes, os melhores métodos são o estudo de casos (*Case Studies*), como o de Johnston e o de Martin,[255] ou de uma "selecção" (*screening*) inicial de contribuintes, como o de Muller.[256] Este segundo método tem a vantagem de produzir resultados que podem ser generalizados para o resto da população. A selecção pode assumir a forma de inquéritos curtos e de resposta rápida para uma amostra inicial, a qual pode ser desenhada selectiva ou aleatoriamente.[257] Neste caso, escolhem-se os inquiridos que responderão a um questionário mais detalhado, indicam-se os contribuintes para quem os custos de cumprimento são mais elevados e questionam-se, ainda, os inquiridos acerca da sua predisposição para responder a mais inquéritos.

Assim, um pequeno grupo de inquiridos pode formar uma base sólida para um estudo mais pormenorizado, em particular, quando se pretende obter mais informação acerca das dificuldades sentidas pelos contribuintes no cumprimento fiscal. Todavia, para se conseguirem resultados mais satisfatórios nos estudos que estimam os custos de cumprimento é necessário ter em atenção um conjunto mínimo de condições.[258]

Em primeiro lugar, é necessário ter um conhecimento prévio do tipo de impostos em que se pretende avaliar os custos de cumprimento.[259]

---

[255] Foi o caso dos estudos elaborados por Johnston em 1961 e Martin em 1944. Cfr. Johnston, K.S. (1961), *Corporations Federal Income Tax Compliance Costs – Case Studies*, Ohio, Ohio University Bureau of Business Research, Monograph, n.10; e Martin, J.W. (1944), "Costs of tax administration – examples of compliance expenses – case studies and interviews.", in: *Bulletin of the National Tax Association*, Abril, pp. 194-205.

[256] Muller, F.J. (1963), "The burden of compliance – mail questionnaire plus survey follow-up interviews and time studies, plus supplementary interviews." in: *Seattle Bureau of Business Research*.

[257] A taxa de resposta deste método é, em geral, elevada permitindo tirar alguns resultados e informações interessantes.

[258] Dean, Peter (1973), *Ob. Cit.*, pp. 98 e ss.

[259] Esta percepção é geralmente obtida através da combinação da revisão da literatura de estudos anteriores e de um estudo experimental ou piloto.

Em segundo, dever-se-ão escolher os melhores métodos, bem como formular as questões da forma mais adequada para medir os custos de cumprimento.[260]

Em terceiro lugar, é necessário facultar esclarecimentos adicionais no preenchimento dos questionários, dado que estes influenciam a base comum para avaliar os custos de cumprimento.

Em quarto lugar, o número e a análise das respostas iniciais conduzem o investigador a formar uma melhor opinião sobre os cuidados a ter na estimativa dos custos. Dessa forma, uma revisão crítica de cada resposta constitui a base de um estudo prévio ou experimental. Pelo que, sempre que possível, a realização de entrevistas com os inquiridos, em especial os responsáveis pelo trabalho de cumprimento fiscal, permitirá clarificar ambiguidades e incoerências reveladas nas respostas iniciais. O ajustamento da nova informação concedida pelos inquiridos permite ao investigador tratar os dados com um maior grau de confiança.

2.1.3. *Análise de alguns resultados*

O estudo de Haig centrou-se na análise dos custos de cumprimento e administrativos nas empresas americanas.[261] As suas conclusões devem, porém, ser interpretadas com alguma prudência devido, por um lado, ao baixo nível de respostas, e, por outro, a um enviesamento da amostra relativamente às grandes empresas.

Haig tirou, com efeito, algumas conclusões interessantes e sublinhou, em particular, a relação existente entre os custos administrativos e de cumprimento: um imposto com altos custos administrativos apresenta baixos custos de cumprimento e vice-versa.

Martin, em 1944, utilizando o estudo de Haig, elaborou estudos de casos e entrevistas a cinco empresas e concluiu que estas suportam custos de cumprimento consideráveis, os quais não variam significativamente

---

[260] É necessário esclarecer os inquiridos, no estudo conduzido, sobre como e qual a melhor forma de responder ao questionário enviado.

[261] Haig, R.M. (1935), "The cost to business concerns of compliance with tax laws – mail questionnaire survey", in: *Management Review*, November, 1935, pp. 232-333.

com a dimensão da dívida fiscal.[262] O mesmo autor sublinhou, ainda, a importância dos custos de cumprimento que decorrem de mudanças e alterações fiscais, a dificuldade em definir de forma clara "custos de cumprimento" e em atribuir-lhes um valor, separando-os correctamente das despesas correntes e contabilísticas das empresas.

Em 1962, o *Comitté Need* sublinhou que era necessário determinar os custos de cumprimento imposto por imposto, bem como identificar as áreas onde os custos da tributação têm um peso excessivo.

Foi, então, conduzido um estudo mais rigoroso, imposto por imposto, na Universidade de Ohio, por vários autores.[263] O estudo mais credível foi o elaborado por Yocum. Este último identificou dois tipos diferentes de custos do imposto sobre as vendas: os de tempo e os administrativos.[264] Definiu os primeiros como o tempo gasto com o trabalho fiscal, e os segundos como os custos de arquivo e de preenchimento das declarações fiscais. Para calcular os custos de tempo do imposto de vendas recorreu à ajuda de vinte e cinco contabilistas, os quais elaboraram estimativas do tempo gasto. Por sua vez, em 1959, para medir os custos administrativos elaborou entrevistas a uma amostra de 520 empresas, seleccionadas aleatoriamente, de acordo com o volume de negócios.

Yocum[265] tirou algumas conclusões importantes, nomeadamente, que as diferenças significativas nos custos do imposto por tipo de empresa estão associadas a economias de escala, isto é, dependem do volume de operações efectuadas. Assim, os custos são geralmente elevados nas pequenas empresas e pouco expressivos nas empresas de maior dimensão.

A partir de 1960, muitos foram os estudos americanos que estimaram os custos de tributação das empresas. A regressividade destes custos,

---

[262] Martin, J.W. (1944), "Costs of tax administration – examples of compliance expenses – case studies and interviews", in: *Bulletin of the National Tax Association*, April, pp. 194-205.

[263] Cfr. Oster, C.V.; Lynn, A.D. (1955), "Compliance costs and the Ohio axle mile tax – case studies", in: *National Tax Journal*, Abril, pp. 209-214; Johnston, K.S. (1961), *Corporations´Federal Income Tax Compliance Costs – Case Studies*, Ohio, Ohio University Bureau of Business Research, Monograph, n.10; Yocum, J.C. (1961), "Retailers´costs of sales tax collection in Ohio – time studies and interviews", in: *Ohio University Bureau of Business Research*.

[264] Os custos administrativos a que este autor se refere não correspondem à definição de custos administrativos apresentada inicialmente neste trabalho.

[265] Yocum, J.C. (1961), *Retailers´costs of Sales Tax Collection in Ohio – Time Studies and Interviews*, Ohio, Ohio University, Bureau of Business Research.

sublinhada em quase todos os trabalhos, conduziu a um aumento do interesse e da extensão da investigação para outros grupos de contribuintes, em especial, os pequenos contribuintes.

Em 1963, Muller realizou um estudo sobre os custos de tributação incorridos pelos pequenos empresários[266] e procurou superar as falhas metodológicas dos estudos anteriores, utilizando mais do que um método de recolha e análise de informação. Enviou um questionário a 250 empresas, seguido de entrevistas a 100 dessas empresas, e, ainda, entrevistas suplementares a contabilistas e funcionários da administração fiscal. Obteve uma taxa de resposta perto dos 80%.

Muller sublinhou que a grande maioria dos pequenos empresários tratava a informação contabilística para fins exclusivamente fiscais. Consequentemente, só recorriam à ajuda de profissionais para o cumprimento das suas obrigações tributárias, não utilizando a informação contabilística com objectivos de gestão das suas empresas. Observou igualmente que alguns pequenos empresários tinham noção do tempo ou do dinheiro gasto com as suas tarefas fiscais, enquanto outros se limitaram a responder que gastavam "muito tempo."

Muller elaborou algumas estimativas dos custos de cumprimento.

As entidades empregadoras despendiam com o sistema de retenção na fonte do imposto sobre o rendimento uma média de 9,3 horas por mês, e com a administração da informação do imposto sobre vendas gastavam, em média, 8,1 horas por mês.

O mesmo autor confirmou, à semelhança de estudos anteriores, que os custos de cumprimento das empresas são bastante elevados, e que incidem de forma desproporcionada sobre as pequenas empresas.

Concluiu, também, que os pequenos empresários, em comparação com as empresas de maior dimensão, são mais atingidos com a incerteza da lei fiscal, a multiplicidade de informação, os investimentos em serviços e programas de contabilidade, a pressão dos agentes fiscais, bem como o tempo e tensão emocional necessária ao cumprimento fiscal.

Este período de investigação académica realizada nos EUA culmina com três estudos de Wicks: um de 1965, outro de 1966 e, juntamente com

---

[266] Muller, F.J. (1963), *The Burden of Compliance – mail questionnaire plus survey follow-up interviews and time studies, plus supplementary interviews*, Seattle Bureau of Business Research.

M.N. Killworth, um outro de 1967.[267] Estes últimos trabalhos foram as primeiras tentativas para estimar os custos de cumprimento dos contribuintes individuais. Referem-se, porém, apenas aos custos de cumprimento dos contribuintes de Estado do Montana.

Após os estudos de Wicks, só na década de 80 surgiram mais investigações acerca dos custos de um sistema fiscal.

Se é verdade que todos estes primeiros estudos americanos apresentam consideráveis deficiências metodológicas, não é menos verdade que tiveram importantes méritos. Definiram, antes de mais, muitas questões conceptuais imprescindíveis para a realização de qualquer tentativa de cálculo dos custos de tributação.

2.1.4. *Alguns problemas na definição dos custos de cumprimento*

Como foi referido, os autores americanos começaram por se debater, no início dos seus estudos, com alguns problemas de ordem conceptual para definir os custos de cumprimento do sistema fiscal.

No que diz respeito aos custos de cumprimento das empresas, é necessário saber como dividir e medir os custos fiscais associados exclusivamente ao cumprimento fiscal dos custos de direcção e de gestão da unidade empresarial.

Johnston definiu custos de cumprimento da seguinte forma: "The cost of compliance (...) is the reduction in the corporation's operating costs exclusive of the tax itself which would result if the federal income tax were eliminated (...) Those costs uniquely associated with complying with the federal tax on corporate income are costs of compliance. Those costs which would continue to exist in the absence of federal income tax law are not compliance costs."[268]

---

[267] Sobre estes estudos ver: Wicks, J.H. (1965), "Taxpayer compliance costs from the Montana personal income tax – questionnaire survey", in: *Montana Business Quarterly*, pp. 36-42; Wicks, J.H. (1966), "Taxpayer compliance costs from personal income taxation – questionnaire survey", in: *Iowa Business* Digest, pp. 16-21; Wicks, J.H.; Killworth, M.N. (1967), "Administrative and compliance costs of state and local taxes", in: *National Tax Journal*, pp. 309-15.

[268] Johnston, K.S. (1961), *Corporations Federal Income Tax Compliance Costs – Case Studies*, Ohio, Ohio University, Business Research, Monograph 10.

Yocum concorda com este ponto de vista, argumentando o seguinte: "that a part of the overhead expense (of the store) exists or is incurred to facilitate this function (tax collection) and that a proportionate share of the total store overhead might properly be allocated or imputed to the Sales tax collection operation of the store."[269] A definição de Yocum assenta sobretudo na noção de custo marginal, enquanto que, no conceito de Johnston, o custo marginal é o custo que a empresa não teria de suportar se o imposto fosse abolido. Assim, por exemplo, se a empresa tivesse um departamento fiscal com 50 trabalhadores e o imposto fosse abolido, os 50 postos de trabalho desapareceriam. Os custos corresponderiam, pois, aos ordenados e salários que não teriam de ser pagos, bem como a alguns custos directos que não seriam mais suportados. Porém, os custos de arrendamento do edifício não fariam parte da mesma definição,[270] mas, se os empregados ocupassem um edifício próprio para funções do cumprimento fiscal, os custos de arrendamento seriam classificados como custos marginais.[271]

O cálculo dos custos marginais apresenta, contudo, algumas dificuldades práticas.[272] Em primeiro lugar, é muito difícil elaborar estimativas de custos de cumprimento para os diferentes tipos de impostos separadamente, uma vez que muitas tarefas são comuns ao cálculo dos diversos impostos. Em segundo, alguns dos custos de cumprimento suportados pela empresa fazem parte dos custos normais de rotina, o que torna difícil calculá-los e individualizá-los dos restantes.

No que diz respeito aos custos de cumprimento dos contribuintes individuais é necessário saber qual o valor a atribuir ao tempo, sacrificado e não pago, relativo ao cumprimento das obrigações tributárias.

Assim, neste caso, é necessário saber como incluir na estimativa dos custos valores que não correspondem a despesas monetárias mas que, para os contribuintes, constituem um custo de oportunidade.

---

[269] Yocum, J.C. (1961), *Retailers Costs of Sales Tax Collection in Ohio – Time Studies and Interviews*, Ohio University, Bureau of Business Research.

[270] Os custos de arrendamento, segundo este autor, não fariam parte da definição de custos porque se tratam de custos que continuariam a ser incorridos mesmo após a abolição dos impostos. Não seriam, portanto, custos incorridos na margem.

[271] Os custos marginais são função do grau através do qual os custos podem variar nas margens e da proximidade da capacidade máxima na qual a empresa está a trabalhar.

[272] Dean, Peter (1973), *Ob. Cit.*, p. 102.

Os problemas de valoração do tempo gasto dos contribuintes individuais, no processo fiscal, foram estudados com maior detalhe na escola europeia.

2.2. A escola europeia: 1960-1970

À medida que o interesse pela investigação académica dos custos de tributação foi diminuindo nos EUA, verificou-se um crescente aumento da importância destes estudos na Europa, em especial, no Reino Unido.

O quadro 3.3 apresenta uma síntese dos principais estudos elaborados na Europa durante o período de 1960-1970.

[Quadro n.º 3.3] Análise comparativa dos principais estudos sobre os custos de cumprimento na Europa entre 1960-1970

Estudo	Ano	Amostra	Taxa de resposta	Impostos	Método
1. Strumpel	1963	Amostra estratificada de trabalhadores por conta própria	Desconhecido	Impostos directos sobre os trabalhadores por conta própria	Questionários enviados por correio
2. Sandford e Dean	1972	Amostra de contabilistas	37%	Impostos directos sobre as pessoas singulares	Questionários e entrevistas
3. Sandford	1973	Amostra de aleatória de contribuintes individuais seleccionados da população eleitores	41%	Imposto sobre o rendimento das pessoas singulares	Questionários enviados por correio
			78%		Entrevistas
		Amostra estratificada de contabilistas	37%		

Fonte: Dean, Peter (1973), *Ob. Cit.* pp. 90-113; Sandford, Cedric et al. (1973), *Ob. Cit.* pp. 1-30; Sandford, Cedric et al. (1989), *Ob. Cit.*, pp. 1-47; Bhatnagar, Dheeraj (1997), *Ob. Cit.* pp. 31-55.

2.2.1. *A construção da amostra e a metodologia utilizada*

Como podemos observar a partir da análise do quadro 3.3, o primeiro estudo desenvolvido na Europa ocorreu na Alemanha, em 1963, por Strumpel, e versou sobre os custos de cumprimento incorridos pelos pequenos empresários.[273]

Strumpel recorreu ao questionário de uma associação comercial, *German Gallup Poll Institute*, inquirindo os pequenos proprietários, família e empregados, sobre o tempo gasto no cumprimento das suas tarefas fiscais, bem como sobre os honorários cobrados pelos contabilistas.[274]

Strumpel concluiu que o tempo gasto pelo proprietário da empresa e pela sua família era, em média, 18 horas por mês, mais 4 horas, mensais, gastas pelos empregados. Para este autor, a maioria dos custos da tributação decorre dos impostos sobre o rendimento das empresas e dos particulares, e não dos impostos sobre o consumo. Verificou, também, que existiam economias de escala na incidência dos custos de tributação. Referiu-se, pela primeira vez, aos custos psicológicos da tributação. Todavia, não fez nenhuma tentativa para medir estes custos.

No início dos anos 70 começou, no Reino Unido, o interesse pela investigação académica dos custos de tributação. Foram, então, elaborados dois estudos, por Sandford e Dean, em 1971/72,[275] e Sandford, em 1973,[276] sobre os custos da tributação dos impostos sobre o rendimento dos contribuintes individuais.

No estudo elaborado por Sandford e Dean entrevistaram-se alguns contabilistas e procurou-se identificar as áreas do sistema fiscal onde os custos de cumprimento seriam mais elevados para os contribuintes individuais. Concluíram, então, que quando os contribuintes obtinham rendimentos de mais-valias, os custos de cumprimento eram muito elevados.

---

[273] Strumpel, B. (1963), "The disguised tax burden compliance costs of German businessmen and professionals – opinion poll interviews." in: *National Tax Journal*, January, pp. 70-77.

[274] Strumpel, B. (1963), "The disguised tax burden compliance costs of German businessmen and professionals – opinion poll interviews." in: *National Tax Journal*, January, pp. 70-77.

[275] Sandford, Cedric; Dean, Peter (1971), "Accountants and the tax system – interview survey"; in: *Accounting and Business Research*, pp. 3-37.

[276] Sandford, Cedric (1973), *Hidden Costs of Taxation*, London, Institute for Fiscal Studies, p. 155.

E, à semelhança dos estudos americanos, os custos de cumprimento dos contribuintes eram regressivos e elevados.[277]

No que diz respeito ao estudo de Sandford, de 1973, a metodologia consistiu num pequeno inquérito enviado a dois grupos de contribuintes diferentes: contribuintes individuais e contabilistas.

Para o estudo dos contribuintes individuais foi enviado um questionário a 2773 contribuintes, seleccionados aleatoriamente a partir da população de eleitores, seguido de um novo questionário, somente enviado aos contribuintes com elevados custos de cumprimento, e, por fim, de 137 entrevistas aos contribuintes que mostraram disponibilidade para tal. Para os contabilistas foi igualmente elaborado um questionário, seguido de entrevista e, novamente, de um novo questionário para esclarecer e aprofundar algumas questões.

A taxa de resposta do estudo foi de 78%, para as entrevistas, e 41% para os questionários enviados aos contribuintes individuais. Para o estudo dos contabilistas, a taxa de resposta foi de 37%, isto é, das 219 empresas seleccionadas, 82 responderam.[278]

2.2.2. *Valoração do tempo gasto no cumprimento das tarefas fiscais*

Sandford foi um dos primeiros autores que procurou atribuir um valor ao tempo gasto no cumprimento das actividades fiscais.[279]

Para tal, analisou as vantagens e desvantagens de recorrer à teoria da utilidade marginal. Assim, um indivíduo que actue racionalmente distribui o seu tempo de forma a obter a máxima utilidade marginal resultante do trabalho e do lazer, em conjunto. O indivíduo trabalhará até que a utilidade marginal do trabalho, que é a utilidade do rendimento obtido, iguala a utilidade marginal do lazer que vai perdendo com o trabalho efectuado.

---

[277] Sandford, Cedric; Dean, Peter (1971), "Accountants and the tax system – interview survey"; in: *Accounting and Business Research*, pp. 3-37.
[278] Sandford, Cedric (1973), *Hidden Costs of Taxation*, London, Institute for Fiscal Studies, p. 144.
[279] Sandford, Cedric (1973), *Hidden Costs of Taxation*, London, Institute for Fiscal Studies, p. 145.

Existem, contudo, alguns problemas resultantes do recurso à teoria da utilidade marginal na atribuição de um valor ao tempo dedicado às tarefas fiscais pelos contribuintes individuais.

Em primeiro lugar, os indivíduos não têm frequentemente em conta este tipo de decisões que a teoria assume porque, por um lado, muitas atitudes são tomadas irracionalmente e, por outro, é difícil variarem o seu tempo de trabalho na margem.

Em segundo lugar, a teoria ignora também os indivíduos que estão dispostos a trabalhar mais horas sem usufruir de qualquer tipo de recompensa, mas que continuam a atribuir um valor positivo ao lazer.

Em terceiro, os contribuintes individuais cumprem com os seus deveres num determinado período de tempo, o mais conveniente possível, o qual podem escolher de entre um vasto conjunto de possibilidades.

Na verdade, os contribuintes individuais podem dividir o tempo gasto nas tarefas fiscais e executá-las quando o tempo o permite. Mais ainda, alguns contribuintes gostam de cumprir com os seus assuntos fiscais enquanto outros sentem-se frustrados quando têm de o fazer. Por todos estes motivos, recorrer à utilidade marginal da última hora de trabalho como a única medida de atribuir um preço pelo tempo sacrificado no cumprimento fiscal tem limitações.

De facto se os contribuintes pudessem informar qual seria o valor máximo que estariam dispostos a pagar no sentido de evitar qualquer tarefa fiscal, saberíamos, então, atribuir um valor, o mais aproximado possível, ao tempo sacrificado pelos contribuintes no cumprimento fiscal. Trata-se de apurar o valor do tempo gasto baseado na noção de custo de oportunidade. Assim, Sandford recorre a esta medida, no seu estudo de 1973, como forma de valorizar o tempo gasto pelos contribuintes individuais.

2.2.3. *Análise de alguns resultados empíricos*

A análise dos resultados de Sandford, de 1973, permitiu reforçar algumas conclusões importantes já antes sublinhadas pelos autores americanos.

Os indicadores usados para estimar os custos de cumprimento foram os honorários pagos aos contabilistas e o valor do tempo gasto pelos contribuintes individuais no processo de cumprimento.

Os contribuintes com custos de cumprimento elevados são aqueles que recorrem a contabilista ou os que gastam mais de 8 horas nos seus assuntos fiscais. Destes contribuintes, cerca de 50% são trabalhadores por conta própria, 30% empregados por conta de outrem e os restantes reformados e viúvas. Dos contribuintes que auferem rendimentos por conta própria, 90% recorrem a um contabilista, enquanto dos que recebem rendimentos de trabalho dependente apenas 50% tem ajuda profissional.

Sandford sublinhou, então, quatro conclusões importantes que se revelaram cruciais na investigação posterior dos custos de cumprimento de um sistema fiscal.

Os contribuintes que exercem actividade por conta própria incorrem em custos de cumprimento mais elevados, quando comparados com os trabalhadores por conta de outrem.

Os custos de cumprimento tendem a ser regressivos pois incidem mais fortemente sobre os contribuintes com menores rendimentos.

Os custos de cumprimento são particularmente elevados para os contribuintes que auferem rendimentos de mais-valias.

Por fim, Sandford considerou os custos psicológicos, embora não mensuráveis, como uma componente importante dos custos da tributação, em especial, para os contribuintes mais idosos, divorciados e viúvas.

2.3. O crescente interesse internacional dos custos de tributação

Na última década, assistiu-se, um pouco por todo o mundo, em especial nos EUA, Reino Unido, Austrália, Canadá e Nova Zelândia, a um crescente interesse na investigação académica pelos custos decorrentes de um sistema fiscal.

No Reino Unido, a Universidade de Bath, em cooperação com a Direcção Geral dos Impostos e das Alfândegas, realizou uma série de estudos, dirigidos por Sandford, onde se definiram e quantificaram os custos do sistema fiscal inglês. Vejamos, no quadro 3.4, os principais estudos elaborados.

Como podemos observar a partir da análise do quadro 3.4, os trabalhos iniciados por Sandford, no Reino Unido, na década de 70, continuaram a desenvolver-se até hoje pelo mesmo grupo de investigadores.

Nos EUA, na Universidade de Michigan, um grupo de académicos realizou também sucessivos estudos, na tentativa de medir e quantificar os custos de tributação do sistema fiscal americano.

[Quadro n.º 3.4] Estudos dos custos de cumprimento do sistema fiscal no Reino Unido 1980-2000

Estudos / Reino Unido	Autores	Ano
Administrative and compliance Costs of Taxation	Cedric Sandford; M.R. Godwin; P.J. Hardwick	1989[280]
The compliance costs of the United Kingdom tax system	M.R. Godwin	1995[281]
Compliance costs for employers: UK PAYE and National Insurance	M.R. Godwin; Collard, David	1999[282]
The compliance costs of collecting direct tax in the UK: an analysis of PAYE and National Insurance	M.R. Godwin; John Hudson	2000[283]

O quadro 3.5 apresenta uma síntese dos principais estudos elaborados, identificando os autores, o ano, e o tipo de estudo.

A investigação dos custos de cumprimento dos contribuintes, individuais ou empresas, realizada nos EUA tem sido conduzida por Joel Slemrod. Mais recentemente, outros contributos, não menos importantes, foram levados a cabo na Austrália, no Canadá e na Nova Zelândia.

Vejamos, então, também, no quadro 3.6, uma síntese dos principais estudos elaborados nestes países.

---

[280] Sandford, Cedric et al. (1989), *Administrative and Compliance Costs of Taxation*, Bath, Fiscal Publications, 295 pp.

[281] Godwin, M.R. (1995), "The compliance costs of the United Kingdom Tax System", in: Sandford, Cedric (Ed.), *Tax Compliance Costs – Measurement and Policy*, Bath, Fiscal Publications, pp.73-101.

[282] Godwin, M.; Collard, David; "Compliance costs for employers: UK PAYE and National Insurance", in: *Fiscal Studies*, Volume 20, n.º 4, pp. 423-449.

[283] Godwin, M.; Hudson, John (2000), "The compliance costs of collecting direct tax in the UK: An analysis of PAYE and National Insurance", in: *Journal of Public Economics*, Volume 77, pp. 29-44.

[Quadro n.º 3.5] Estudos dos custos de cumprimento do sistema fiscal nos EUA entre 1980-2000

Estudos / EUA	Autor	Ano
The compliance costs of the US individual income tax system - mail questionnaire survey	Joel Slemrod; N. Sorum	1984[284]
The compliance costs of itemising deductions: evidence from individual tax returns - documentary analysis	Joel Slemrod; M. Pitt	1988[285]
Development of methodology for estimating tax-payer paperwork burden	Arthur D. Little Corporation	1988[286]
The compliance cost of the U.S. individual income tax system: a second look after tax reform	Joel Slemrod; Marsha Blumenthal	1992[287]
Recent tax compliance cost research in the United States	Joel Slemrod; Marsha Blumenthal	1995[288]
The income tax compliance cost of big business	Joel Slemrod; Marsha Blumenthal	1996[289]

Pela análise dos quadros anteriores podemos observar que o Reino Unido, os EUA, a Austrália, o Canadá e a Nova Zelândia são os países onde a investigação académica mais se desenvolveu. Mais recentemente,

---

[284] Slemrod, Joel; Sorum, N. (1984), "The compliance costs of the US individual income tax system – mail questionnaire survey", in: *National Tax Journal*, 37, n.º 4, pp. 461-474.

[285] Slemrod, Joel; Pitt, M. (1988); *The Compliance Costs of Itemising Deductions: evidence from individual tax returns – Documentary Analysis*, Mimeo.

[286] Arthur D. Little Corporation (1988), "Development of methodology for estimating tax-payer paperwork burden", in: *Final Report to Department of the Treasury*, Washington, Inland Revenue Service, IRS,.

[287] Slemrod, Joel; Blumenthal, Marsha (1992), "The compliance cost of the U.S. individual income tax system: a second look after tax reform"; in: *National Tax Journal*, Volume 55, n.º 2, Junho, pp. 185-202

[288] Slemrod, Joel; Blumenthal, Marsha (1995), "Recent tax compliance cost research in the United States", in: Sandford, Cedric (Ed.), *Tax Compliance Costs – Measurement and Policy*, Bath, Fiscal Publications, pp. 142-173.

[289] Slemrod, Joel; Blumenthal, Marsha (1996), "The income tax compliance cost of big business"; in: *Public Finance Quarterly*, Volume 24, n.º 4, pp. 411-438.

[Quadro n.º 3.6] Estudos dos custos de cumprimento na Austrália, Canadá e Nova Zelândia entre 1980-2000

Estudos / Países	Austrália		Canadá		Nova Zelândia	
	Autor	Ano	Autor	Ano	Autor	Ano
The compliance costs of individuals in Canada - Personal income tax and payroll taxes			François Vaillancourt	1986[290]		
The evolution of compliance time of personal income tax - filers in Canada			François Vaillancourt	1993[291]		
The income tax compliance burden on Canadian big business			Brian Erard	1996[292]		
Compliance costs of business taxes in New Zealand					John Hasseldine	1990/1[293]
The compliance costs of major taxes in Australia	Jeff Pope	1992/93[294]				
Tax compliance costs: research methodology and empirical evidence from Australia	Chris Evans; Michael Walpole; Katherine Ritchie, Brinh Tran-Nam	2000[295]				

---

[290] Vaillancourt, François (1989), *The Administrative and Compliance Costs of Personal Income Taxes and Payroll Taxes*, Toronto, Canadian Tax Foundation; e Vaillancourt, François (1995), "The compliance costs of individuals in Canada – Personal income tax and payroll taxes", in: Sandford, Cedric (Ed.), *Tax Compliance Costs – Measurement and Policy*, Bath, Fiscal Publications, 1995, pp. 196-210.

[291] Vaillancourt, François; Blais, Etienne (1995), "The evolution of compliance time of personal income tax-filers in Canada", in: Sandford, Cedric (Ed.), *Tax Compliance Costs – Measurement and Policy*, Bath, Fiscal Publications, pp. 263-275.

[292] Erard, Brian (1996), "The income tax compliance burden on Canadian big business", in: Evans, C.; Pope, J.; Hasseldine, J. (Eds) (2001), *Tax Compliance Costs: A Festschrift for Cedric Sandford*, St Leonards, Prospect Media PtyLda, pp. 317-339.

[293] Hasseldine, John (1995), "Compliance costs of business taxes in New Zealand", in: Sandford, Cedric (Ed.), *Tax Compliance Costs – Measurement and Policy*, Bath, Fiscal Publications, pp. 126-142.

[294] Pope, Jeff (1995), "The compliance costs of major taxes in Australia", in: Sandford, Cedric (Ed.), *Tax Compliance Costs – Measurement and Policy*, Bath, Fiscal Publications, pp. 101-126.

[295] Este grupo de investigadores, pertencentes ao *Australian Taxation Studies Program* (ATAX), fora incumbido, pela *Australian Taxation Office* (ATO), de estimar os custos de cumprimento do imposto sobre o rendimento pessoal e colectivo na Austrália. Sobre

outros países têm dedicado a sua atenção à quantificação dos custos de tributação, nomeadamente, a Espanha, a Holanda e a Suécia.[296]

Outros países introduziram igualmente os custos de cumprimento dos contribuintes no debate fiscal. Vejamos no quadro 3.7 alguns desses estudos.

[Quadro n.º 3.7] Outros estudos dos custos de cumprimento entre 1980-2000

Países	Estudos	Autor	Ano
Hong Kong	Compliance costs of corporate taxation in Hong Kong	Samuel Y.C.; Daniel K.C. Cheung; Mohamed Ariff; Alfred L.C.	2001[297]
Malásia e Singapura	Compliance costs research in selected Asian economies	Mohamed Ariff	2001[298]
Croácia	Compliance costs in transitional economies-the Croatian experience	Ott, Katarina; Bajo, Anto Bronic, Michaela	2001[299] 2004[300]
Eslovénia	Compliance costs for personal income tax in a transition country: the case of Slovenia	Maja Klun	2004[301]

---

estes estudos ver: Evans, Chris et al. (1999), "Taxation compliance costs: some lessons from "down-under"", in: *British Tax Review*, n.º 4, pp. 244-271; Evans, Chris, et. al. (2000), "Tax compliance costs: research methodology and empirical evidence from Australia", in: *National Tax Journal*, Volume 54, n.º 2, pp. 320-345;.

[296] Em Espanha, o estudo foi da autoria de Maria Luísa Delgado, na Holanda de Maarten Allers e, na Suécia, de Hakan Malmer. Estes estudos estão publicados em: Sandford, Cedric (Ed.) (1995), *Tax Compliance Costs – Measurement and Policy*, Bath, Fiscal Publications, pp. 210-226; 173-196; 226-263.

[297] Chan, Samuel; Cheung, Daniel,; Ariff, Mohamed; Loh, Alfred (1999), "Compliance costs of corporate taxation in Hong Kong", in: *International Tax Journal*, n.º 25, pp. 42-68.

[298] Ariff, Mohamed (2001), "Compliance cost research in selected Asian economies", in: Evans, C.; Pope, J.; Hasseldine, J. (Eds), *Tax compliance costs: A Festschrift for Cedric Sandford*, St Leonards, Prospect Media PtyLda, pp. 202-302.

[299] Ott, Katarina; Bajo, Anto (2001), "Compliance costs in transitional economies-the Croatian experience", in: Evans, C.; Pope, J.; Hasseldine, J. (Eds), *Tax Compliance Costs: A Festschrift for Cedric Sandford*, St Leonards, Prospect Media PtyLda, pp. 302-370.

[300] Bronic, Michaela (2004), "The costs of compliance in Croatia", in: *Occasional Paper*, n.º 21, pp. 1-27.

[301] Klun, Maja (2004), "Compliance costs for personal income tax in a transition country: the case of Slovenia", in: *Fiscal Studies*, Volume 25, n.º 1, pp. 93-104.

Verificamos, assim, pela análise dos diversos quadros que o estudo dos custos de cumprimento de um sistema fiscal é objecto de atenção de vários países no mundo.

3. OS CUSTOS DE CUMPRIMENTO DO IMPOSTO SOBRE O RENDIMENTO: ALGUMAS COMPARAÇÕES INTERNACIONAIS DE ESTUDOS E METODOLOGIAS

3.1. Introdução

Uma vez que o nosso objectivo é o da análise dos custos de cumprimento da tributação do rendimento, individual e societário, interessa-nos focar mais a nossa atenção sobre os estudos que têm sido dedicados mais especificamente aos impostos sobre o rendimento. Comparar os resultados desses estudos, para alguns países da OCDE, constitui um bom ponto de partida para a análise dos custos de cumprimento dos impostos sobre o rendimento em Portugal.

Para o efeito dividimos os estudos apresentados em três grupos: os estudos de grande dimensão (*Large Scale Surveys*); o estudo de casos (*Case Studies*); e outros.

Os estudos de grande dimensão, normalmente elaborados à escala nacional e envolvendo uma base de dados muito extensa, recorrem, em regra geral, ao uso de questionários enviados por correio para a amostra de contribuintes seleccionada, e também a algumas entrevistas de validação dos dados obtidos.

Os estudos de casos utilizam maioritariamente as entrevistas como metodologia privilegiada, pois requerem uma análise mais detalhada na qual as entrevistas, quando comparadas com os questionários, fornecem melhor e mais adequada informação.

Assim, no primeiro grupo de estudos, os de grande dimensão, elegeram-se como objecto de análise os realizados no Reino Unido, Austrália, Nova Zelândia, EUA, Holanda, Canadá, Espanha e Suécia. Em todos estes estudos os custos são estimados na perspectiva dos contribuintes, individuais ou empresas. Na medida em que são usadas técnicas e metodologias diferentes consoante o grupo de contribuintes estudado, a análise comparativa que seguidamente se apresenta divide-se entre os estudos dos custos de cumprimento dos contribuintes individuais, por um lado, e os custos das empresas, por outro.

Por sua vez, no segundo e terceiro grupo de estudos, elegemos para objecto de análise os que foram realizados na Austrália e no Reino Unido, pelas suas diferentes particularidades.

Quanto ao trabalho realizado na Austrália, trata-se do estudo de um caso que estima os custos de cumprimento das pequenas e médias empresas (PME) através da realização de doze entrevistas a este tipo de empresas.

No Reino Unido, Sue Green[302] estima os custos de cumprimento do sistema fiscal na perspectiva dos utilizadores da lei fiscal – administração fiscal e contabilistas – e não na perspectiva dos contribuintes. Com o objectivo de identificar as áreas de maior complexidade do sistema fiscal, a autora questionou os contabilistas e alguns funcionários da administração fiscal sobre a eficiência do sistema fiscal em diferentes aspectos relacionados com o cumprimento.

Qualquer que seja o tipo de estudo, as comparações foram elaboradas, em primeiro lugar, entre as metodologias utilizadas para medir os respectivos custos e, em segundo, através dos resultados empíricos específicos de cada estudo. Assim, neste capítulo, compara-se a dimensão, a distribuição e a incidência efectiva dos custos de cumprimento dos contribuintes individuais e das empresas.

3.2. Os estudos de grande dimensão (Large Scale Survey): Austrália, Reino Unido, Nova Zelândia, EUA, Holanda, Canadá, Espanha, Suécia

3.2.1. *Objectivos dos estudos*

Os objectivos principais destes estudos eram, antes de mais, identificar e estimar os custos de cumprimento, para, posteriormente, tendo em conta os resultados obtidos, propor possíveis medidas de simplificação fiscal e de minimização dos custos resultantes da operacionalidade do sistema tributário.

---

[302] Green, Sue (1994), *Compliance Costs and Direct Taxation*, The Institute of Chartered Accountants of England and Wales, 122 pp.

O quadro 3.8 apresenta, então, uma síntese dos principais estudos elaborados, no que diz respeito às metodologias utilizadas e aos impostos em estudo. Para facilitar a nossa análise, identificamos os investigadores principais de cada estudo, bem como o ano em que o mesmo foi realizado.

[Quadro n.º 3.8] Caracterização dos principais estudos sobre custos de cumprimento do imposto sobre o rendimento entre 1980-2000

PAÍSES	INVESTIGADORES	ANO	IMPOSTOS	METODOLOGIA
Austrália	Jeff Pope; ATAX[303]	1992-93 1994-95	Imposto sobre o rendimento (pessoal e societário)	Questionário e entrevista
Reino unido	Cedric Sandford; Michael Godwin; Peter Hardwick.	1983-87	Imposto sobre o rendimento pessoal; imposto sobre os lucros, sistema PAYE.	Questionário e entrevista
EUA	Joel Slemrod	1984; 1992-93 1996	Imposto sobre o rendimento (pessoal e societário)	Questionário
Nova Zelândia	Cedric Sandford e John Hasseldine	1991-92	Imposto sobre os lucros empresas	Questionário
Canadá	François Vainllacourt	1985	Imposto sobre o rendimento pessoal	Entrevistas personalizadas
Holanda	Maarten Allers	1994	Imposto sobre o rendimento pessoal e societário	Questionário
Espanha	Diaz e Delgado	1993	Imposto sobre o rendimento pessoal	Entrevistas
Suécia	Malmer Haken	1990-1991	Imposto sobre o rendimento pessoal e sociedades	Questionário e entrevista

Fonte: Sandford, Cedric (1973), *Ob. Cit.* pp. 1-30 ; Sandford, Cedric *et al* (1989), *Ob. Cit.*, pp.1-47; Sandford, Cedric (Ed.) (1995), *Ob. Cit.*, pp. 415; Slemrod, Joel; Sorum, N. (1984), *Ob. Cit.*, pp. 461-74; Slemrod, Joel; Blumenthal, Marsha (1992), *Ob. Cit.* pp. 185-202; Slemrod, Joel; Blumenthal, Marsha (1996), *Ob. Cit.* pp. 411-438.

---

[303] *Australian Taxation Studies Program* (ATAX).

Observando o quadro 3.8 observamos que existem grandes semelhanças na metodologia utilizada. Na realidade, em todos os estudos de grande dimensão, a recolha da informação assentou fundamentalmente no envio de questionários por correio e em entrevistas realizadas aos contribuintes.

Na Austrália, Pope, no ano de 1992 e 1993,[304] estimou os custos de cumprimento dos principais impostos sobre o rendimento. Também, o grupo de investigadores da *Australian Taxation Studies Program* (ATAX) a cargo da *Australian Tax Office* (ATO) desenvolveu várias iniciativas no sentido de medir os custos de cumprimento, com o objectivo de os reduzir em futuras reformas fiscais. Neste período, na Austrália, os custos de cumprimento dos contribuintes tornaram-se prioritários em matéria de política fiscal.

Na Nova Zelândia, os custos de cumprimento foram objecto de atenção das autoridades políticas, no início dos anos 90, quando estas manifestaram intenção em diminuir a complexidade e os custos de cumprimento incidentes sobre as empresas. O primeiro estudo foi elaborado por Sandford e Hasseldine, entre o período de 1991 e 1992,[305] no decorrer de um processo de simplificação do sistema fiscal que pretendia diminuir o peso das obrigações burocráticas e administrativas das empresas.

Nos EUA, no início dos anos 80, a administração fiscal americana, preocupada com a complexidade do sistema fiscal, encomendou um estudo à empresa *Arthur D. Little*, que conduziu um inquérito a 750 contribuintes individuais, onde se questionavam os contribuintes acerca do tempo gasto, durante o ano de 1983, no cumprimento das suas obrigações fiscais. Assim, desde 1988, que a administração fiscal incluiu um campo na declaração de rendimentos, onde os contribuintes estimam o tempo médio necessário para preencher a respectiva declaração. Por seu turno, as

---

[304] Pope, J. (1992), "The compliance costs of taxation in Australia: an economic and policy perspective", School of Economics and Finance, Curtin University of Technology, *Working paper* n.º 92.07; Pope, J. (1993), "The compliance costs of taxation in Australia and tax simplification: the issues", *Australian Journal of Management*, Volume 18, pp. 69--89; Pope, J. (1993), *The Compliance Costs of Major Commonwealth Taxes in Australia*, PhD thesis, Perth, Curtin University.

[305] Sandford, Cedric, Hasseldine, John (1995), "Compliance cost of business taxes in New Zealand", in: Sandford, Cedric (Ed.), *Tax compliance costs – Measurement and Policy*, Bath, Fiscal Publication, pp. 127-141.

empresas americanas reclamavam, também, de uma carga fiscal e burocrática muito elevada quando cumpriam com os seus impostos. Deste modo, as objecções das empresas não diziam respeito exclusivamente ao montante de impostos pagos, mas também ao processo complexo de cumprimento e pagamento dos impostos.

Foram, então, desenvolvidos estudos por Slemrod e Sorum, em 1984[306], e outro por Slemrod e Blumenthal, em 1992.[307] No primeiro estudo estimaram os custos de cumprimento dos contribuintes individuais do Estado do Minnesota e, no segundo, avaliaram os efeitos da reforma fiscal de 1986, nos custos de cumprimento desses contribuintes.

Outro conjunto de estudos foi conduzido por Slemrod e Blumenthal, no ano de 1996,[308] onde se estimaram os custos de cumprimento do imposto sobre os lucros das grandes empresas.

O governo americano assinalou a sua intenção em reduzir os custos de cumprimento dos contribuintes, em 1994, com uma proposta de reforma fiscal *Tax Reform for Fairness, Simplicity and Economic Growth*.[309] A legislação que surgiu dois anos depois foi no sentido de alargar a base tributável e reduzir as taxas marginais de imposto. Neste processo, os escalões de rendimento foram reduzidos de 14 para 3, deduções e benefícios fiscais foram eliminados e foi adoptada uma dedução fixa ao rendimento. Ao mesmo tempo, o imposto estadual sobre o rendimento dos contribuintes individuais foi simplificado, dado que se tornou mais próximo do imposto federal, assim como foi reduzido o volume de legislação fiscal. O número de páginas das instruções da declaração de rendimentos, entre 1982 e 1989, diminuiu de 18 para 6 páginas, no sentido de facilitar o cumprimento aos contribuintes.

No Reino Unido, e tal como já verificámos, aquando da análise da perspectiva histórica dos principais estudos dos custos de cumprimento, foram elaborados vários estudos. Porém, foi apenas nos anos 80 que se estimaram os custos de cumprimento do sistema fiscal no seu todo.

---

[306] Slemrod, Joel; Sorum (1984), "The compliance costs of the individual income tax system", in: *National Tax Journal*, Volume 37, n.º 4, pp. 461-74.

[307] Slemrod, Joel; Blumenthal, Marsha (1992), "The compliance costs of the US individual income tax system: a second look after tax reform", in: *National Tax Journal*, Volume. 45, n.º 2, pp. 185-202.

[308] Slemrod, Joel; Blumenthal, Marsha (1996), "The income tax compliance cost of big business", in: *Public Finance Quarterly*, Volume 24, n.º 24, pp. 411-438.

O estudo dos contribuintes individuais foi elaborado, em 1983-1984, com o objectivo de avaliar os custos de cumprimento do imposto sobre o rendimento e do imposto sobre as mais-valias. Por sua vez, em 1986-87, avaliou-se os custos das empresas com a administração do sistema *Pay As You Earn* (PAYE), bem como com os outros impostos. A metodologia assentou no uso de questionários enviados por correio, com posterior sistema de aviso, e ainda no recurso a algumas entrevistas para esclarecer ambiguidades do questionário. Todos os estudos foram elaborados com a colaboração da administração fiscal no processo de recolha da informação.

Na Holanda foi conduzido um inquérito por Maarten Allers, em 1994[310], para estimar os custos de cumprimento das empresas e dos indivíduos recorrendo, à semelhança dos estudos anteriores, ao envio de questionários por correio.

Por sua vez, no Canadá, o objectivo do estudo era obter uma estimativa, para um determinado ano, 1985, dos custos de cumprimento, no total e por actividade, para os contribuintes individuais. O método de investigação escolhido foi o recurso a entrevistas frente a frente (*face-to-face survey*), entre o investigador e os contribuintes.[311] Uma vez que existe uma maior interacção entre entrevistador e entrevistado, este método proporciona uma melhor qualidade de informação, bem como uma taxa de resposta mais elevada, quando se compara com outros métodos.

Em Espanha, o estudo de Diaz e Delgado, em 1993,[312] estimou quantitativa e qualitativamente os custos de cumprimento dos contribuintes individuais sujeitos ao imposto sobre o rendimento das pessoas singulares (*Impuesto sobre la Renta de las Personas Físicas*). A entrevista pessoal foi o método escolhido a partir do momento que o entrevistado aceitava a pre-

---

[309] Slemrod, Joel; Blumenthal, Marsha (1995), "Recent tax compliance research in the United States", in: Sandford, Cedric (Ed.), *Tax Compliance Costs – Measurement and Policy*, Bath, Fiscal Publication, pp. 142-172.

[310] Allers, Maarten (1994), *Administrative and Compliance Costs of Taxation and Public Transfers in the Netherlands*, Groningen, Wolters-Noordhoff.

[311] O uso de questionários enviados por correio foi, desde o princípio, uma opção a não considerar dado o nível de taxa de resposta muito baixa.

[312] Diaz, Consuelo; Delgado, Maria Luísa (1995), "Personal income tax compliance costs in Spain", in: Sandford, Cedric (Ed.), *Tax Compliance Costs – Measurement and Policy*, Bath, Fiscal Publications, pp. 210-226; Diaz, Consuelo; Delgado, Maria Luísa (1993), Aspectos psicosociales de la tributacion: Los costes de cumplimiento en el IRPF, *Papeles de Trabajo*, 13, Instituto de Estúdios Fiscales.

sença do entrevistador em sua casa. Esta técnica permite uma correcta aplicação do questionário à população de contribuintes, assegurando a qualidade da informação obtida, ao mesmo tempo que analisa as razões de não resposta.

Na Suécia, foi elaborado um estudo para avaliar os efeitos da reforma fiscal, do ano de 1990-91, nos custos de cumprimento dos contribuintes individuais e empresas.[313] Pretendia-se com este estudo saber até que ponto a reforma fiscal aumentou ou diminuiu os custos da tributação, assim como o efeito da reforma fiscal no combate à fraude e evasão fiscal.[314] Para o efeito foram conduzidos quatro estudos. O primeiro *The National Tax Board: Service Surveys*, que em 1986, 1989 e 1992 procurou saber qual a opinião dos cidadãos acerca da administração fiscal, do controlo fiscal e do sistema fiscal. O segundo *The National Tax Board: Annual Investigations of Income Tax Returns* analisou o comportamento e as atitudes dos contribuintes acerca do preenchimento da declaração de rendimentos e das instruções fornecidas. O terceiro inquérito *Tax Reporting Survey* analisou os efeitos da reforma fiscal nos contribuintes individuais com regimes fiscais transitórios. Por último, no estudo *Taxpayer Compliance Investigations* avaliou-se os efeitos da alteração do regime de tributação dos dividendos nas empresas societárias, que depois da reforma passaram a ser tributados mais favoravelmente.[315] A metodologia nele seguida não difere da dos outros países, no recurso ao uso de questionários por correio, embora com a particularidade de, para alguns contribuintes,

---

[313] A reforma fiscal na época pretendia atingir quatro objectivos: baixar as taxas de imposto, alargar a base de tributação, regras de tributação mais neutras, uniformes e simples, e o combate à fraude e evasão fiscal. Estes objectivos iam ao encontro do slogan seguido pelas reformas fiscais dos anos 80: "*Broadening the Bases, Reducing the Rates*" (BBRR). Sobre o estudo e a comparação das reformas fiscais dos anos 80 ver, por exemplo: Sandford, Cedric (Ed.) (1993) *Successful Tax Reform: Lessons from an analysis of Tax Reform in Six Countries*, Bath, Fiscal Publication.; Sandford, Cedric (Ed.) (1993) *Key Issues in Tax Reform*, Bath, Fiscal Publications.; Sandford, Cedric (Ed.)(1995), *More Key Issues in tax Reform*, Bath, Fiscal Publications.

[314] Malmer, Hakan (1995), "The Swedish tax reform in 1990-91 and tax compliance costs in Sweden", in: Sandford, Cedric (Ed.), *Tax Compliance Costs – Measurement and Policy*, Bath, Fiscal Publications, pp. 226-262.

[315] Norrman, B., Malmer, Hakan (1989), "Administrative and compliance costs of taxation in Sweden", in: *Cahiers de Droit Fiscal International*, IFA, Vol LXXIVb, Rotterdam, Klumer, pp. 563-595.

serem conduzidas, à semelhança do estudo elaborado no Canadá, entrevistas na residência dos contribuintes, o que permitiu aumentar a qualidade da informação obtida, bem como o nível de taxa de resposta.

Todos os estudos deram particular importância ao cálculo dos custos de cumprimento numa perspectiva económica, excluindo assim os custos psicológicos da estimativa total dos custos. Alguns estudos, todavia, não deixaram de avaliar, qualitativamente, as atitudes dos contribuintes em relação ao sistema fiscal.[316]

3.2.2. Os custos de cumprimento dos contribuintes individuais

A análise que se segue procura comparar os diferentes estudos, sempre que possível, nos seguintes aspectos: amostra, taxa de resposta, estudo piloto, metodologia seguida e ainda as razões apontadas para a sua escolha. Resta referir que, por conveniência de análise, cada um dos estudos, sujeito a comparação, é mencionado pelo nome do investigador principal.

3.2.2.1. Análise comparativa da dimensão da amostra e da taxa de resposta

A partir da análise do quadro 3.9, podemos concluir que, em relação à amostra utilizada, o estudo de Sandford, no Reino Unido, da ATAX, na Austrália, de Diaz e Delgado, em Espanha, e de Vaillancourt, no Canadá, utilizaram os dados da administração fiscal como base da respectiva amostra. Por sua vez, Pope recorreu às listas de eleitores, e Slemrod, nos EUA, e Maarten Allers, na Holanda, à lista telefónica.

Os problemas no desenho de uma amostra através do uso da lista telefónica ou da população de eleitores são bem conhecidos, uma vez que qualquer agregado familiar que não tenha telefone ou não esteja registado como eleitor, ou, ainda, tenha alterado a sua morada, pode ficar excluído.

---

[316] Na Suécia, no Reino Unido, na Austrália e nos EUA procurou-se, ainda que de uma forma indirecta, calcular os custos psicológicos decorrentes do cumprimento das obrigações fiscais, avaliando, para o efeito, as percepções dos contribuintes em torno do sistema fiscal, da administração fiscal e de todo o processo que envolve as atitudes de cumprimento fiscal voluntário.

**[Quadro n.º 3.9] Dimensão da amostra e da taxa de resposta
dos estudos dos custos de cumprimento dos contribuintes individuais**

Países	Investigadores	Ano	Amostra	Taxa de resposta
Austrália	Pope	1993	7000 contribuintes seleccionados aleatoriamente da população eleitores;	16,3%
	ATAX	1994-95	4993 contribuintes seleccionados ao acaso da população fiscal	36,2%
EUA	Slemrod	1984 1992	2000 contribuintes Estado Minnesota seleccionados aleatoriamente por telefone	32,65% 43%
Canadá	François Vaillancourt	1985	2040 contribuintes seleccionados da população fiscal	82%
Espanha	Diaz e Delgado	1993	2500 contribuintes selecionados aleatoriamente da população fiscal de contribuintes	45,2%
Holanda	Maarten Allers	1994	13129 contribuintes seleccionados aleatoriamente por lista telefónica	44%
Reino Unido	Sandford	1984-87	4241 indivíduos seleccionados aleatoriamente da população fiscal	43%
Suécia	Hakan Malmer	1990-91	12000 contribuintes seleccionados aleatoriamente da população activa 1000 indivíduos entrevistados em casa	67%

Fonte: Sandford, Cedric *et al* (1973), *Ob. Cit.* pp. 1-30; Sandford, Cedric *et al* (1989), *Ob. Cit.*, pp. 1-47; Sandford, Cedric (Ed.) (1995), *Ob. Cit.* 414 pp.; Slemrod, Joel; Sorum, N. (1984), *Ob. Cit.*, pp. 461-74; Slemrod, Joel; Blumenthal, Marsha (1992), *Ob. Cit.* pp. 185-202.

A avaliação da representatividade da amostra é, inevitavelmente, subjectiva. Slemrod[317] reconhece que a sua amostra não é representativa dos grupos de rendimento. Na realidade, a população de contribuintes do Estado do Minnesota não é representativa da população de contribuintes total, quer em termos do rendimento obtido, quer da respectiva situação fiscal. Com o objectivo de obter informações para a toda a população, Slemrod adoptou um mecanismo de ponderação da amostra (*weights*), recorrendo a uma base de dados *Statistics of Income Division of the Internal Revenue Service*, que continha 200 itens das declarações fiscais para uma amostra de 100 000 contribuintes individuais.[318]

Pope reconheceu, também, que a sua amostra não era representativa de todos os níveis de rendimento e identificou que os contribuintes com rendimentos mais elevados estavam excessivamente representados no seu estudo.

Nos estudos elaborados por Sandford e pela ATAX as amostras eram representativas.

Pope, na Austrália, e Slemrod, nos EUA, não usaram amostras estratificadas. Por sua vez, a ATAX estratificou a amostra de acordo com o nível de rendimento, com a localização geográfica e com o recurso à ajuda externa de um agente fiscal. No Reino Unido, a amostra de Sandford foi, também, estratificada de acordo com o nível de rendimento e o tipo de declaração apresentada. No Canadá, a amostra foi estratificada de acordo com as regiões. A estratificação da amostra evita a necessidade de usar os procedimentos a que Pope e Slemrod recorreram para reavaliar o peso do número de respostas. Assim, a estratificação da amostra permite uma estimativa mais aproximada do valor dos custos de cumprimento, uma vez que cada classe de contribuintes possui características fiscais diferentes que influenciam, certamente, os custos incorridos no cumprimento fiscal.

No que diz respeito à taxa de resposta, verifica-se, pela análise do quadro 3.9, que o nível de taxa de resposta variou consideravelmente desde 16,3% no estudo de Pope, a 43,3%, no de Sandford, até 67% no de Hakan Malmer.

---

[317] Slemrod, Joel; Blumenthal, Marsha (1995), "Recent tax compliance cost research in the United States", in: Sandford, Cedric (Ed.), *Tax Compliance Costs – Measurement and Policy*, Bath, Fiscal Publications, p. 145.

[318] Slemrod, Joel; Sorum, N. (1984), "The compliance costs of the individual income tax system", in: *National Tax Journal*, Volume 37, n.º 4, pp. 461-74.

No estudo de Pope, a percentagem da taxa de resposta é muito baixa, 16,3%, especialmente se comparada com taxas de resposta de outros estudos. Uma justificação possível para este baixo nível de respostas é o não ter sido usado nenhum sistema de aviso aos contribuintes (*reminder-system*), uma vez que os recursos disponíveis não o permitiram. Já em estudos posteriores, Pope enviou sistemas de avisos aos contribuintes, o que conduziu a um aumento da taxa de resposta para 25%.

O estudo conduzido pela ATAX, na Austrália, difere dos estudos de Pope por incluir um prémio, a sortear no final do inquérito, para os contribuintes que responderam ao questionário, do que resultou impacto positivo na taxa de resposta, que atingiu 36,2%.[319]

Nos EUA, a taxa de resposta do primeiro estudo, em 1984, foi de 32,65% enquanto a do segundo, em 1990, aumentou para 43%.[320] Este acréscimo deveu-se, em parte, ao uso do sistema de aviso aos contribuintes, assim como da inclusão de um envelope de resposta sem franquia.

Segundo Sandford, uma taxa de resposta de 30% corresponde ao que normalmente se espera em estudos desta natureza, e uma taxa de 43% é muito boa. O mesmo autor considera que elevadas taxas de resposta devem-se, antes de mais, à estrutura do questionário, a qual deverá ser simples e sintética e, se possível, não incluir questões sensíveis, tal como o nível de rendimento obtido pelos contribuintes.

Os estudos realizados por Maarten Allers, na Holanda, e por Diaz e Delgado em Espanha apresentam níveis de taxas de resposta muito satisfatórios, com 44% e 45,2%, respectivamente.

A Suécia e o Canadá tiveram taxas de resposta de 67% e 82%, respectivamente, sendo valores muito elevados para estudos desta natureza.

Na Suécia enviaram-se os questionários e posteriormente efectuaram-se entrevistas, em casa dos contribuintes, para discutir ambiguidades no preenchimento do questionário. No Canadá seguiu-se uma metodologia semelhante. Assim, nas 2 040 entrevistas elaboradas em casa dos contri-

---

[319] Nos 36,2% dos resultados do estudo da ATAX encontram-se na amostra os empresários em nome individual. Na verdade, neste estudo, a amostra não foi escolhida da mesma forma que na análise de Pope, devido à decisão inicial de separar os contribuintes individuais de empresários em nome individual, o que torna as comparações mais difíceis.

[320] Slemrod, Joel; Blumenthal, Marsha (1992), "The compliance costs of the US individual income tax system: a second look after tax reform", in: *National Tax Journal*, Volume 45, n.º 2, pp. 185-202.

buintes seleccionados, apenas 1 673 destes completaram a declaração de rendimentos do ano em causa, o que corresponde a 82% dos entrevistados. Seria de todo improvável uma taxa de 100%, uma vez que nem todos os indivíduos elegíveis auferiam rendimento tributável e, por isso, não estavam obrigados a preencher a declaração. Trata-se, contudo, de um método muito oneroso, pois exige muito tempo e dinheiro no processo de recolha da informação.

Para aumentar os níveis de taxa de resposta, em todos os inquéritos se elaboraram estudos piloto ou experimentais de forma a testar as questões.

No que diz respeito à validação dos dados, Sandford, Slemrod e a ATAX testaram as informações da amostra de diferentes formas. Sandford validou os dados através da realização de algumas entrevistas, quer pessoais quer por telefone. Por sua vez, Slemrod eliminou, logo à partida, um número de respostas incompletas e inconsistentes, enquanto a investigação da ATAX confirmou os dados através de entrevistas por telefone.

Os autores dos diferentes estudos admitiram que os contribuintes que não respondiam poderiam influenciar, ainda que de forma parcial, os resultados obtidos. No entanto, o estudo da ATAX foi o único que analisou e testou as características e a tendência dos contribuintes que não responderam.

Existe, igualmente, o perigo de os contribuintes que respondem ao questionário poderem enviesar os resultados, aumentando a estimativa dos custos incorridos. De facto, existe uma predisposição natural dos contribuintes para sobreavaliarem as estimativas dos seus custos de cumprimento fiscal, dado o sentimento de insatisfação com o sistema tributário, que é normalmente forte. No entanto, segundo alguns autores, esta sobreavaliação muitas vezes não se verifica.[321] Na verdade, para estes autores, os inquiridos que têm um sentimento de maior insatisfação com o sistema fiscal são, regra geral, os que não preenchem a declaração de rendimentos e consequentemente os mais reticentes em responder aos questionários.

Das experiências analisadas resulta que, para aumentar o nível de taxa de resposta bem como para melhorar a qualidade da informação obtida, é necessário ter em consideração um conjunto de aspectos.

---

[321] Ver, por exemplo, a posição de Slemrod, nos EUA, e Godwin, no Reino Unido. Cfr. Slemrod, Joel; Sorum (1984), "The compliance costs of the individual income tax system", in: *National Tax Journal*, Volume 37, n.º 4, pp. 461-74; e Hudson, John; Godwin, Michael (2000), "The compliance costs of collecting direct tax in the UK: An analysis of PAYE and National Insurance", in: *Journal of Public Economics*, Volume 77, p. 30.

A realização de um estudo piloto ou experimental, bem como a utilização de um sistema de aviso são essenciais para uma maior eficiência no processo de recolha de informação.

O questionário deve ser o mais sintético possível, previamente discutido com inspectores fiscais, contabilistas, grupos profissionais e académicos, o que permite melhorar a versão final. Deve ser acompanhado de uma carta a explicar os objectivos e a importância do estudo, bem como de um envelope de resposta sem franquia. Na última parte do questionário, deve também ser dada oportunidade ao contribuinte para expressar a sua opinião acerca do sistema fiscal.

A metodologia de cálculo dos custos de cumprimento assente no envio de questionários por correio é a técnica mais usual e eficiente do ponto de vista dos recursos. Todavia, se for acompanhado de entrevistas aos contribuintes, a qualidade da informação obtida melhora bastante.

3.2.2.2. *A valoração do tempo gasto com o cumprimento fiscal*

A atribuição de um valor ao tempo gasto no cumprimento das actividades fiscais comporta algumas dificuldades. Avaliar o tempo gasto com os assuntos fiscais depende da forma como esse "tempo gasto" é determinado.[322]

Para a análise do problema que agora nos ocupa vamos distinguir duas situações: i) o tempo gasto pelos contribuintes individuais que recorrem a ajuda profissionalizada; ii) o tempo gasto pelos contribuintes individuais que não recorrem a ajuda profissionalizada. Veja-se, então, cada uma das situações separadamente.

i) *Tempo gasto pelos contribuintes individuais que recorrem a ajuda profissional*

O tempo gasto pelos contribuintes individuais que recorrem a ajuda profissional não origina, em princípio, qualquer problema conceptual de valoração. Trata-se, em grande medida, de uma despesa efectiva, pois cor-

---

[322] Sandford, Cedric; Godwin, Michael; Hardwick, Peter (1989), *Administrative and Compliance Costs of Taxation*, Bath, Fiscal Publications, p. 35.

responde fundamentalmente aos honorários cobrados pelos profissionais fiscais. Estes honorários representam o custo quer para o cliente, quer para a economia no seu todo. Os honorários incluem, no entanto, outros serviços, para além dos de trabalho fiscal, tais como os de gestão e de administração da empresa. Assim, poderão existir alguns problemas práticos na separação das despesas do trabalho fiscal das despesas com outros serviços.

ii) *Tempo gasto pelos contribuintes individuais que não recorrem a ajuda profissional*

A valorização do tempo gasto pelos contribuintes individuais no cumprimento das obrigações tributárias comporta um conjunto de dificuldades.

Na verdade, quando o tempo gasto com os impostos é pago aos profissionais fiscais, o custo parece evidente, correspondendo ao valor dos honorários cobrados. Quando o custo é trabalho adicional executado fora de horas pelo proprietário de uma pequena empresa, família ou amigos, o cálculo do valor do tempo é, porém, mais difícil de obter. Mais ainda, quando o custo corresponde ao tempo de lazer gasto pelo indivíduo no cumprimento das suas obrigações fiscais, a determinação do custo é certamente ainda mais difícil.

Existem algumas medidas de valoração do tempo de lazer.[323]

A primeira consiste no recurso à taxa de remuneração individual, isto é, o que um indivíduo receberia se tivesse optado por trabalhar mais horas.

Uma segunda medida recorre à taxa de remuneração líquida, isto é, a taxa de remuneração menos o imposto sobre o rendimento, partindo do pressuposto que o imposto é o custo para o indivíduo.[324]

Pode ainda a valorização do tempo basear-se no recurso a uma proporção da taxa de remuneração, partindo do pressuposto que a muitos indivíduos não lhes é dada a opção de trabalhar horas adicionais ou extras. Nesta situação, o custo de oportunidade terá um valor inferior à taxa de remuneração. A justificação para isto assenta no argumento de que o indi-

---

[323] Sandford, Cedric; Godwin, Michael; Hardwick, Peter (1989), *Administrative and Compliance Costs of Taxation,* Bath, Fiscal Publications, p. 37.

[324] A taxa de remuneração líquida é válida, assim, numa perspectiva individual. Por sua vez, e no que se refere ao custo para a economia, será a taxa de remuneração bruta.

víduo pode escolher, dentro de limites, quando procede à elaboração do trabalho fiscal, dado que não está tão limitado no tempo como estaria se fizesse uma hora extra de trabalho adicional pago.

Por último, o tempo pode ser valorizado de acordo com um valor múltiplo da taxa de remuneração. Esta taxa extraordinária, com um valor elevado, compreende-se e justifica-se como apropriada para uma actividade como a fiscal que, na maioria das vezes, não é atractiva.

A valorização do tempo de lazer beneficia da contribuição da literatura económica dos transportes, onde a relação entre custos e benefícios das diferentes alternativas de transportes depende crucialmente do valor do tempo poupado.

Para responder a esta questão, os estudos de transportes oferecem dois argumentos válidos.

O primeiro assenta na ideia de que o valor do tempo é uma função da forma como o indivíduo está condicionado a gastar esse tempo, bem como da utilidade dada à poupança do tempo.[325]

A segunda teoria de valoração do tempo, nos estudos de transportes, parte da ideia de que as pessoas não têm atitudes uniformes. Têm existido algumas discussões sobre o método de analisar os custos através da relação entre diferentes modos de viajar. Neste caso, dividem-se os viajantes em dois grupos, um dos quais prefere tempo em vez de dinheiro enquanto o outro prefere dinheiro ao invés do tempo.

Assim, segundo Sandford[326] o tempo despendido no cumprimento fiscal deve ser fixado por um valor superior ao do tempo poupado referido nos estudos de transportes; isto quer porque o trabalho fiscal não é compatível com outras actividades de lazer, quer porque existe uma utilidade a si associada.

---

[325] Muitos estudos, na literatura dos transportes, foram realizados na tentativa de medir o valor que as pessoas dão ao tempo. Por exemplo, de diferentes caminhos ou modos de viajar (devagar e barato ou rápido e caro) para dar uma relação entre tempo e custo. O resultado destes estudos foi variável. Algumas pessoas valoraram o tempo poupado de acordo com a taxa de remuneração individual, outras pessoas, porém, com valores muito acima da sua taxa salarial. Isto deve-se, em parte, à utilidade dada ao tempo poupado. Na verdade, durante uma viagem o indivíduo pode compatibilizar a actividade de viajar com algumas actividades de lazer e trabalho. Sandford, Cedric; Godwin, Michael; Hardwick, Peter (1989), *Ob. Cit.*, p. 38.

[326] Sandford, Cedric; Godwin, Michael; Hardwick, Peter (1989), *Ob. Cit.*, p. 37.

Uma vez que as pessoas têm atitudes diferentes em relação ao tempo que gastam no cumprimento das suas obrigações fiscais, a valoração própria de cada indivíduo surge, aqui, como uma medida adequada para atribuir um valor ao tempo gasto nesta actividade em particular.

Assim, o tempo pode ser calculado em relação ao tempo de lazer, ao tempo de trabalho extra ou adicional, à taxa de remuneração bruta, à taxa de remuneração líquida, entre outros métodos que podem ser utilizados para calcular o custo de tempo. Alguns estudos apontam como a melhor medida a própria valoração do tempo dos contribuintes.

O quadro 3.10 apresenta várias formas, utilizadas pelos diferentes estudos, para valorizar o tempo despendido em actividades de cumprimento fiscal.

[Quadro n.º 3.10] Métodos de valoração do tempo gasto
pelos contribuintes individuais no cumprimento fiscal

Métodos	Estudos: autor; ano
1. Valorização própria e individual de cada contribuinte	Sandford et al.; 1989; Godwin, M.R.; 1995
2. Valorização própria do contribuinte com limite máximo	Pope; 1993
3. Valor máximo pago pelos contribuintes para evitar actividades de trabalho fiscal	Sandford, 1973; Slemrod, 1984; Slemrod, 1992
4. Taxa de remuneração bruta	Vaillancourt, 1985
5. Taxa de remuneração líquida	Slemrod, 1984; Slemrod, 1992; ATAX, 1994
6. Valor médio dos montantes observados	Diaz e Delgado, 1993

O método do valor máximo que os contribuintes estariam dispostos a pagar para evitar todo o trabalho fiscal foi usado por Sandford, no seu primeiro estudo, de 1973, onde perguntou aos contribuintes: "What would you be willing to pay to avoid all paperwork and inconvenience associated with attending to your tax affairs?" Esta questão não conduziu, com efeito, a resultados muito satisfatórios. A maioria dos inquiridos não respondeu e outros atribuíram valores absurdos.[327]

---

[327] Sandford, Cedric (1973), *Hidden Costs of Taxation*, London, Institute for Fiscal Studies, pp. 181-191.

Slemrod, no seu primeiro estudo, usou uma metodologia semelhante à utilizada por Sandford em 1973, questionando os contribuintes da seguinte forma: "If you could have avoided all time and effort on your 1982 income tax returns, how much more would you have been willing to pay? (Assume the amount of income tax paid would not have changed.)" Também não obteve resultados satisfatórios, uma vez que a maioria dos inquiridos respondeu o valor zero, enquanto outros responderam que não pagariam nem mais um dólar do que o imposto já pago, e outros contribuintes deixaram a questão por responder. Assim, parece que os contribuintes confundiram a noção de custo de oportunidade com a quantia de imposto pago.[328]

Assim, Slemrod, no seu segundo estudo, de 1992, usou uma outra forma de questionar os contribuintes, sublinhando que esta questão não tinha qualquer efeito no imposto a pagar pelos contribuintes: "Consider the time you personally spent preparing your 1989 tax returns, whether or not you had assistance from someone else. Suppose that it were possible to hire someone to do all of those tasks for you, and that your tax liability neither increased not decreased. What is the largest sum you would have been willing to pay in order to avoid doing those tasks completely?" Deste modo, com esta questão, o autor não observou qualquer dificuldade, da parte dos contribuintes, em responder à questão e atribuir um valor em termos monetários ao tempo gasto[329].

Slemrod recorreu, também, ao uso da taxa de remuneração líquida, isto é, depois de impostos, como a medida mais apropriada para estimar o custo das actividades de cumprimento fiscal, na perspectiva de que estas substituem fundamentalmente actividades de lazer. Para obter a taxa de remuneração líquida foram empregues dois conjuntos de procedimentos. Primeiro questionaram-se os inquiridos pela sua taxa de remuneração marginal bruta. Seguidamente, depois de estimar a taxa de imposto marginal para cada inquirido, baseada no estado civil e no rendimento declarado, a valorização do tempo foi calculada partindo da taxa de remuneração bruta marginal, multiplicado pelo número de contribuintes, menos a taxa de imposto marginal.

A valorização do tempo gasto pelos contribuintes de acordo com a taxa de remuneração bruta foi o método usado por Vaillancourt, no

---
[328] Slemrod, Joel; Sorum, N. (1984), *Ob. Cit.*, p. 474.
[329] Slemrod, Joel; Blumenthal, Marsha (1992), *Ob. Cit.*, p. 187.

Canadá. Segundo este autor, a remuneração bruta é a medida mais adequada para valorizar o tempo gasto, considerando que as actividades de cumprimento fiscal são substituídas por trabalho e não por lazer.

Na Austrália, a ATAX, recorreu à taxa de remuneração salarial depois de impostos, a qual segue o modelo de Slemrod adoptado nos EUA.[330]

Sandford, Godwin e Pope usaram a avaliação individual do tempo gasto por cada contribuinte de acordo com a sua própria taxa de remuneração. Regra geral, relacionaram a valoração média de cada contribuinte com o rendimento médio estimado e as horas médias de trabalho, permitindo esta comparação validar as respostas dos contribuintes sobre a sua valorização do tempo gasto.[331]

No caso do estudo de Pope, esta valorização do tempo estava sujeita a um valor máximo, uma prática muito semelhante à utilizada pela ATAX.[332] O objectivo deste limite máximo é eliminar os valores muito elevados das estimativas e reforçar a importância dos valores que estão dentro dos limites. Os valores muito elevados podem surgir das atitudes "anti-fisco" dos contribuintes ou da falta de compreensão da pergunta em questão.

---

[330] Como veremos mais à frente, os valores do tempo despendido pelos contribuintes individuais, no cumprimento fiscal no estudo da ATAX são mais baixos do que os observados nos outros estudos. Isto deve-se, em muito, à metodologia usada para estimar o tempo gasto assente na taxa de remuneração depois de impostos como a medida adequada para valorizar o tempo gasto pelos contribuintes individuais.

[331] A valoração própria e individual de cada contribuinte foi usada como medida de valoração do tempo gasto em diversos estudos: Sandford, Cedric et al (1989), *Administrative and Compliance Costs of Taxation*, Bath, Fiscal Publications, p. 38; Godwin, Michael (1995), "The compliance costs of the United Kingdom tax system", in: Sandford, Cedric (Ed.), *Tax Compliance Costs – Measurement and Policy*, Bath, Fiscal Publications, pp. 73-101; Godwin, Michael; Collard, David (1999), "Compliance costs for employers: UK PAYE and National Insurance, 1995-96", in: *Fiscal Studies*, Volume 20, n.º 4, pp. 423-449; Godwin, Michael; Hudson, John (2000), "The compliance costs of collecting direct tax in the UK: an analysis of PAYE and National Insurance", in: *Journal of Public Economics*, Volume 77, pp. 29-44.

[332] Pope, J. (1993),"The compliance costs of taxation in Australia and tax simplification: the issues", *Australian Journal of Management*, 18, pp. 69-89, 1993; Pope, J., *The Compliance Costs of Major Commonwealth Taxes in Australia*, PhD thesis, Perth, Curtin University; Evans, Chris et al. (1999), "Taxation compliance costs: some lessons from "down – under", in: *British Tax Review*, n.º 4, Sweet&Maxwell, pp. 204-212.

No estudo conduzido em Espanha, por Diaz e Delgado, foi imputado um preço para cada hora dedicada ao preenchimento da declaração de rendimentos, dependendo este da média dos valores do rendimento declarado por cada contribuinte correspondente à fonte principal de rendimentos dos mesmos. O preço a imputar era calculado separadamente para cada escalão de rendimento e resultava da seguinte informação: número de contribuintes em cada escalão, principal fonte de rendimento, rendimento médio declarado e tempo médio dedicado ao preenchimento da declaração de rendimentos.[333]

Na Suécia, Hakan Malmer elaborou duas estimativas diferentes para os custos de cumprimento. A primeira, baseada na remuneração média bruta dos valores apresentados e, a segunda, de acordo com a remuneração média líquida dos valores indicados pelos contribuintes que preencheram o questionário.[334]

No que se refere à ajuda não paga, ela foi valorizada de acordo com os valores observados pelos contribuintes no estudo da ATAX, de Pope e de Sandford. Este último autor não incluiu uma valorização do tempo da ajuda não paga no estudo de 1983-84. Investigação mais recente elaborada no Reino Unido indicou que este valor é muito pequeno, e mesmo num sistema fiscal em que o imposto é determinado por autoliquidação, este valor continua a ser insignificante. Com efeito, sabe-se que, num sistema deste tipo, a necessidade de cada vez maior confiança e coerência no cálculo do imposto por parte dos contribuintes, resultará em mais contribuintes procurarem assistência profissional paga para o preenchimento das suas declarações, e para o cumprimento de outras obrigações que asseguram o processo de cumprimento fiscal.

Uma vez que os vários estudos partiram de pressupostos diferentes para valorizar o tempo gasto pelo próprio contribuinte, ou a ajuda não paga, qualquer comparação de resultados obtidos deve tomar como ponto de partida as condicionantes aqui referidas.

---

[333] Diaz, Consuelo; Delgado, Luísa (1995), "Personal income tax compliance costs in Spain", in: Sandford, Cedric (Ed.), *Tax Compliance Costs – Measurement and Policy*, Bath, Fiscal Publications, 1995, pp. 210-226.

[334] Malmer, Hakan (1995), "The Swedish tax reform in 1990-91 and tax compliance costs in Sweden", in: Sandford, Cedric (Ed.), *Tax Compliance Costs – Measurement and Policy*, Bath, Fiscal Publications, pp. 226-262.

Na prática, qualquer que seja a teoria adoptada, haverá limites e constrangimentos que são, seguramente, impostos pela informação disponível. Nos estudos mais relevantes realizados nesta matéria, o tempo despendido no cumprimento das obrigações tributárias foi dado pelos inquiridos e, também, pelo valor que os próprios atribuíram a esse tempo.

3.2.2.3. *Composição e distribuição dos custos de cumprimento dos contribuintes individuais: análise comparativa de alguns resultados empíricos*

Todos os estudos anteriormente analisados apontam no sentido de que a maior componente dos custos de cumprimento dos contribuintes individuais é o tempo gasto no processo de cumprimento fiscal.

Vejamos, no quadro 3.11, algumas comparações internacionais do tempo gasto, em média, por ano, por cada contribuinte nos seus assuntos fiscais.

[Quadro n.º 3.11] Comparação das horas gastas, em média, por cada contribuinte, no cumprimento fiscal nos diferentes estudos realizados entre 1980-2000

Países	Investigador	Ano	Tempo gasto, em média, por contribuinte (em horas)
Reino Unido	Sandford *et al*	1989	3,6
Austrália	Pope	1993	7,8
Austrália	Evans	2000	8,5
EUA	Slemrod	1984	21,7
EUA	Slemrod	1992	27,4
Holanda	Allers	1994	4,5
Canadá	Vaillancourt	1989	5,5
Espanha	Diaz e Delgado	1995	6,8
Suécia	Malmer	1995	1,4

Fonte: Sandford, Cedric *et al* (1989), *Ob. Cit.*, pp.1-47; Sandford, Cedric (Ed.) (1995), *Ob. Cit.*, 414 pp.; Slemrod, Joel; Sorum, N. (1984), *Ob. Cit.*, pp. 461-74; Slemrod, Joel; Blumenthal, Marsha (1992), *Ob. Cit.* pp. 185-202; Evans, Chris *et al.* (2000), *Ob. Cit*, pp. 320-345.

Pela análise do quadro 3.11, observamos que os contribuintes que gastam mais tempo, em média, com o cumprimento das suas tarefas fiscais, são os contribuintes dos EUA e da Austrália, com 27,4 e 8,5 horas por ano respectivamente. Por seu turno, os que despendem menos tempo com os seus assuntos fiscais são os contribuintes da Suécia com 1,4 horas.

A comparação dos custos de cumprimento *per si*, isto é, em termos absolutos, parece não ser de grande utilidade prática. Todavia, quando a partir das comparações internacionais se confirmam resultados de estudos anteriores e se explica o porquê das diferenças dos custos de cumprimento, as comparações tornam-se bastante úteis.[335]

Existe um conjunto de razões que tornam a análise comparativa, muitas vezes, pouco esclarecedora. Entre os vários motivos, Sandford salienta os seguintes:[336] i) o tipo de impostos e o período de tempo dos estudos serem diferentes; ii) a qualidade da informação obtida diferir consoante a estrutura da amostra, a taxa de resposta e a validade dos dados; iii) o conceito de custos de cumprimento não ser muitas vezes coincidente; iv) os métodos usados para avaliar o tempo gasto divergirem[337]; v) e as dificuldades em estabelecer uma unidade de medida para elaborar comparações internacionais.

Tendo em conta os limites anteriormente referidos, nesta parte do trabalho, estabelecem-se algumas comparações dos resultados empíricos obtidos mas só para os países para os quais a informação é comparável em maior grau.[338]

As componentes dos custos de tributação para os contribuintes individuais variam, consideravelmente, entre os diferentes países e ao longo do tempo.

No quadro 3.12 apresenta-se a distribuição das diferentes componentes dos custos de cumprimento, em percentagem, para os contribuintes individuais.

---

[335] Sandford refere a este propósito: "(...) can be useful, not to identify differences in compliance costs between countries, but rather to confirm the broad findings of the research studies", in: Sandford, Cedric, (Ed) (1995), *Tax Compliance Costs – Measurement and policy*, Bath, Fiscal Publications, p. 45.

[336] Sandford, Cedric, (Ed) (1995), *Tax Compliance Cost – Measurement and Policy*, Bath, Fiscal Publications, pp. 1-45.

[337] Os custos de tempo são uma das principais componentes para avaliar os custos de cumprimento dos contribuintes, dada a sua influência no resultado final.

[338] Ao longo do tempo têm sido feitas diversas comparações entre a Austrália, o Reino Unido, os EUA e a Nova Zelândia.

[Quadro n.º 3.12] **Distribuição dos custos de cumprimento dos contribuintes individuais por categoria de custos**

(em percentagem)

PAÍSES	AUSTRALIA	AUSTRALIA	REINO UNIDO	EUA
Investigadores	ATAX	Pope	Sandford	Slemrod
Tempo	72,3	65,1	46,3	84,0
Honorários pagos	19,5	32,1	51,6	12,7
Despesas ocasionais	6,3	2,8	2,1	3,3
Cash flow	1,9	-	-	-
Total	100	100	100	100

Fonte: Sandford, Cedric *et al* (1989), *Ob. Cit.*, pp.1-47; Slemrod, Joel; Sorum (1984), *Ob. Cit.*, pp. 461-74; Slemrod, Joel; Blumenthal, Marsha (1992), *Ob. Cit.* pp. 185-202; Evans, Chris, *et al*. (1999), *Ob. Cit.*, pp. 244-271; Evans, Chris, *et al*. (2000), *Ob. Cit.*, pp. 320-345.

Observando o quadro 3.12, verifica-se que os custos de tempo são a componente com maior valor. Estes últimos incluem o tempo gasto pelo próprio contribuinte, bem como o tempo de ajuda, não paga, de familiares e amigos.

Os custos de tempo variam entre 46,3% do total de custos de cumprimento, no estudo de Sandford, em 1973, e 84% no realizado por Slemrod, em 1984.

Estas disparidades não são de todo surpreendentes, dadas as diferentes culturas e estruturas fiscais.

O sistema cumulativo PAYE existente no Reino Unido é o principal responsável pela distribuição das componentes dos custos de cumprimento. O sistema de retenção na fonte PAYE é utilizado no Reino Unido desde a Segunda Guerra Mundial, dada a tradição administrativa centralizadora dominante de deixar a cargo da administração os aspectos fundamentais da aplicação da lei fiscal. A adopção global deste sistema como método de cobrança é uma característica essencial da administração e sistema legislativo ingleses.

O empregador tem o dever de reter o imposto e entregá-lo ao Estado, podendo o responsável pela sua não entrega suportar uma coima igual a 100% do imposto em dívida. As retenções na fonte, quando exactas, ou quando, por serem efectuadas à taxa pessoal aplicável aos contribuintes, não obrigam nem a reembolso, nem a pagamento do restante imposto por parte do substituído, têm a vantagem de dispensar a entrega da declaração, diminuindo assim os custos de cumprimento incorridos pelos contribuintes, o que constitui uma simplificação máxima para os sujeitos passivos.

No Reino Unido verificou-se, ainda, um aumento do recurso à ajuda externa, em especial de agentes fiscais (*tax agents*)[339], desde o estudo de 1970 até ao de 1983-84, o que se deve, em parte, ao aparecimento do sistema declarativo de autoliquidação, para contribuintes sujeitos a uma taxa de imposto sobre o rendimento de 40%. Os incentivos para apresentar a declaração de rendimentos correctamente preenchida, num sistema de autoliquidação, são elevados, e parece não existirem muitas dúvidas de que resultaram num crescente aumento do recurso à ajuda externa.[340]

A Austrália também tem um nível elevado de recurso à ajuda externa, em especial à figura dos *tax agents*, o que se deve, em muito, segundo Evans,[341] ao facto de o sistema tributário assentar num sistema declarativo por autoliquidação.

Evans refere-se às consequências, para os contribuintes, da mudança de um sistema semelhante ao *PAYE*, em 1995, na Austrália, para um sistema assente na autoliquidação: "The increased responsability has meant increased reliance on tax agents by taxpayers which has increased their

---

[339] Os *tax agents* são ajuda externa não institucionalizada (solicitadores ou outros) a que os contribuintes individuais podem recorrer para o preenchimento das suas declarações de rendimento. É muito comum, no Reino Unido, os contribuintes recorrerem a este tipo de serviço, assim como é muito frequente a oferta destes serviços nos jornais locais. Se o contribuinte recorrer a ajuda externa profissionalizada (contabilistas ou outros) a despesa é fiscalmente dedutível para efeitos de cálculo do imposto, todavia, se usar, antes, os serviços de um *tax agent*, esta despesa não é dedutível em sede de imposto pessoal.

[340] Segundo Sandford, "..10,5 per cent of the tax-paying population employed paid tax advisers in 1983-84". Esta estimativa é ligeiramente maior do que a estimativa de 8,5 por cento feita por Sandford no estudo de 1970. Este indica que: "Of those taxpayers seeking paid tax advise the overwhelming majority employed an accountant as their sole adviser (nearly 95 per cent), a further 2,5 per cent sought additional finance from valuers, banks and members of the legal profession." In: Sandford, Cedric *et al.* (1989), *Ob. Cit.*, p. 68.

[341] Evans, Chris *et. al.* (1999), "Taxation compliance costs: some lessons from "down-under", in: *British Tax Review*, n.º 4, Sweet&Maxwell, p. 261.

compliance costs."[342] Segundo as estatísticas oficiais, de 1995, na Austrália, 67% dos contribuintes individuais recorrem a um *tax agent* para o preenchimento da declaração de rendimentos, o que constitui um número bastante elevado.

O aumento do recurso à ajuda externa deve-se à complexidade do sistema e aos contribuintes preferirem recorrer a um *tax agent* ou contabilista de forma a evitar o risco de penalizações elevadas.

3.2.3. *Os custos de cumprimento das empresas*

Os investigadores, nos seus diferentes estudos, optaram por usar mais do que um indicador para medir o peso relativo dos custos de cumprimento das empresas. Um deles é, por norma, o volume de negócios.

O volume de negócios é uma medida usada para apresentar os custos de cumprimento das empresas. Este indicador funciona bem pois permite fazer comparações entre os valores dos proveitos. Se for usado isoladamente tende, todavia, a ignorar as diferenças nas margens do volume de negócios.

O número de empregados é outra das medidas e que apresenta relativa estabilidade na medição dos custos de cumprimento.

Assim, na análise comparativa dos custos de cumprimento das empresas, que seguidamente se apresenta, devemos ter em atenção as limitações dos diferentes indicadores anteriormente apresentados.

3.2.3.1. *Análise comparativa da dimensão da amostra e taxa de resposta*

No quadro 3.13, procede-se à comparação da estrutura e da dimensão da amostra, bem como da taxa de resposta obtida nos diferentes estudos efectuados sobre os custos de cumprimento das empresas.

---

[342] Evans, Chris *et al.* (1999), *Ob. Cit.*, p. 261.

[Quadro n.º 3.13] Comparação da dimensão da amostra e da taxa de resposta nos estudos dos custos de cumprimento das empresas

Países	Investigadores	Ano	Amostra	Taxa de resposta
Austrália	Pope	1992	2 531 empresas públicas e privadas seleccionadas aleatoriamente das páginas amarelas e por telefone;	33,5%
	ATAX	1994-95	4993 Empresas seleccionadas da população fiscal	36,2%
EUA	Slemrod	1992 e 1996	1672 empresas classificadas de grandes e com situação fiscal complexa CEP[343]	27,5%
Nova Zelândia	Sandford e Hasseldine	1992	4 743 empresas seleccionadas da população fiscal;	41%
			9541 Empresas seleccionadas da população fiscal	31%
Holanda	Maarten Allers	1994	5 393 empresas seleccionadas aleatoriamente da base da Câmara do Comércio[344]	20%
Reino Unido	Sandford	1986-87	487 000 empresas registadas para efeitos de IVA	A taxa resposta variou consoante a dimensão da empresa
Suécia	Hakan Malmer	1993	3 000 empresas seleccionadas por telefone, da população fiscal, e com acordo prévio destas em fazer parte do estudo	65%

Fonte: Sandford, Cedric *et al* (1989), *Ob. Cit.*, pp.1-47; Sandford, Cedric (Ed.) (1995); *Ob. Cit.*, 414 pp.; Slemrod, Joel; Blumenthal, Marsha (1992), *Ob. Cit.* pp. 185-202; Slemrod, Joel; Blumenthal, Marsha (1996), *Ob. Cit.* pp. 411-438; Evans, Chris *et. Al.* (2000), *Ob. Cit*, pp. 320-345.

---

[343] Estas empresas constavam de um programa especial *Co-ordinated Examination Program (CEP)*. As empresas que figuravam neste programa tinham uma situação fiscal complexa e, por isso, sujeitas a auditorias com maior frequência.

[344] O peso das grandes empresas na amostra era muito significativo.

No estudo de Pope, no ano de 1993, a amostra baseou-se na população de empresas, públicas e privadas, sendo excluídos os empresários em nome individual, as sociedades unipessoais e os parceiros de grupos de empresas. Foram seleccionadas 2 531 empresas, públicas e privadas. Verificaram-se, no entanto, algumas dificuldades. Uma delas resultou de muitas empresas que faziam parte de um grupo, terem preenchido o questionário para o grupo no seu todo. Assim, existiu uma maior probabilidade de sobreavaliar o montante dos custos de cumprimento.

Na Nova Zelândia, Sandford e Hasseldine, em ambos os estudos, desenharam a amostra a partir dos dados da administração fiscal, com a particularidade de os contribuintes que constavam na primeira amostra serem eliminados da segunda.

Nos EUA, Slemrod conduziu um inquérito, em 1992 e 1996, dirigido às empresas de grande dimensão.[345] Estes estudos tinham como objectivo identificar em que medida as características destas empresas se relacionam com os custos de cumprimento, assim como determinar as atitudes dos responsáveis dos departamentos fiscais em relação à administração fiscal, bem como possíveis sugestões para futuras reformas fiscais.

Na Holanda, Maarten Allen desenhou a amostra das empresas a partir da base de dados da Câmara do Comércio, onde estavam inscritas 600 000 organizações, com e sem fins lucrativos.

Na Suécia, a administração fiscal inquiriu, em 1993, 3 000 empresas seleccionadas aleatoriamente a partir da base de dados da população fiscal de empresas que entregaram a declaração no ano de 1992.

No Reino Unido, a amostra foi desenhada a partir das empresas registadas para efeitos do imposto sobre o valor acrescentado (IVA) e estratificada de acordo com o volume de negócios e a forma legal. As empresas encontravam-se representadas na amostra de acordo com a sua dimensão, sendo as de menor dimensão, ou com um volume de negócios mais baixo, aquelas que estavam em menor proporção.

---

[345] Os motivos de a escolha incidir apenas nas empresas de maior dimensão foram, por um lado, o não existir estudos sobre custos de cumprimento neste tipo de empresas até então e, por outro, são estas empresas as que mais contribuem para o conjunto de receitas fiscais. Por isso, simplificar o processo de cumprimento e pagamento de impostos a estas empresas era uma prioridade. Slemrod, Joel; Blumenthal, Marsha (1996), "The income tax compliance cost of big business", in: *Public Finance Quarterly*, Volume 24, n.º 4, pp. 411-438.

No que diz respeito à taxa de resposta, verificou-se, pela análise comparativa do quadro, que esta taxa variou entre os 20%, na Holanda e 65%, na Suécia, apresentando os outros países níveis intermédios de aproximadamente 30%.

Em todos os estudos, foram utilizadas várias técnicas para aumentar o nível de taxa de resposta.

Regra geral, a acompanhar o questionário incluía-se uma carta do dirigente máximo da administração fiscal e dos investigadores, a sublinhar a importância e a influência dos resultados em futuras políticas governamentais e a assegurar a confidencialidade dos dados.

Quando possível efectuava-se publicidade aos estudos nas revistas da especialidade, e incluía-se um sistema de aviso e envelopes sem franquia para os contribuintes poderem responder ao questionário.

Os questionários eram, sempre que possível, discutidos com membros das organizações empresariais abordando questões de simplificação administrativa, contribuindo, assim, para melhorar as versões finais.

Também se realizaram estudos experimentais, os quais consistiam fundamentalmente em entrevistas a algumas empresas de modo a clarificar algumas perguntas dos questionários.

Na Nova Zelândia e na Holanda, verificou-se que a taxa de resposta crescia à medida que aumentava a dimensão da empresa. Na Suécia, a taxa de resposta de 65% deve-se, em parte, ao contacto prévio com as empresas e ao compromisso que estas assumiram em participar no estudo.

3.2.3.2. *A valoração do tempo gasto pelas empresas no cumprimento fiscal*

Tal como referimos anteriormente, aquando da valorização do tempo gasto pelos contribuintes individuais, não existe uma única forma ou um único método geralmente aceite para valorizar o tempo gasto. A escolha depende, obviamente, dos objectivos do estudo. Um certo grau de arbitrariedade é sempre inevitável.

Quando se pretende estimar o valor dos custos de cumprimento das empresas assume-se, por regra, que o trabalho fiscal interno é valorizado de acordo com a taxa de remuneração normalmente paga aos trabalhadores da empresa.

Na verdade, quando as actividades fiscais são conduzidas pelos trabalhadores da empresa, os custos com o pessoal são avaliados de acordo com a taxa de remuneração para as diferentes categorias de pessoal.

Este critério não suscita grandes dificuldades de aplicação para as médias e grandes empresas, mas o mesmo não se verifica nas pequenas empresas. De facto, na maioria das pequenas empresas é difícil distinguir os custos contabilísticos dos exclusivamente fiscais.[346] De um lado, temos as pequenas empresas que encaram os custos contabilísticos, na totalidade, como custos de cumprimento, dado que a contabilidade apenas existe com o objectivo de prestar informação à administração fiscal. Do outro lado, as empresas de grande dimensão vêem na informação fiscal não mais do que uma informação, entre outras, fornecida pela contabilidade.

A maioria dos estudos não adoptou nenhuma destas posições extremas, mas, antes, uma posição intermédia que tem em conta as diferenças entre os custos contabilísticos e os fiscais. Para tal, pediu-se aos contribuintes para distinguir e separar os custos contabilísticos dos custos de cumprimento fiscais.

Na Austrália, Pope questionou as empresas acerca do tempo gasto,[347] excluindo os custos de gestão ou direcção, com as tarefas associadas ao cumprimento fiscal em sede de imposto sobre os lucros.

A taxa de remuneração por hora foi verificada para validar a razoabilidade dos valores apresentados por categoria de trabalhadores. Observou-se que o departamento legal tinha a taxa de remuneração mais elevada, seguida dos órgãos de direcção e gestão da empresa. Este método funcionou bem, e não suscitou muitas dificuldades na avaliação do tempo de trabalho gasto pelas empresas.

Na Nova Zelândia, as empresas foram, também, questionadas acerca do tempo gasto no cumprimento de tarefas específicas, bem como acerca da taxa de remuneração dos trabalhadores para valorização das horas gastas. Verificou-se que, para os directores e proprietários das empresas, o custo de tempo gasto no cumprimento fiscal, por hora, foi de 30 Dólares, em média. Para os restantes empregados, o tempo gasto com as tarefas fiscais foi, em média, de 27 Dólares. Este valor estava próximo dos valores das taxas de remuneração a nível nacional.

---

[346] Evans, Chris *et. al.* (2000), "Tax compliance costs – Research methodology and empirical evidence from Australia", in: *National Tax Journal*, Volume 53, n.º 2, pp. 320-345.

[347] O que aqui estava em causa era o valor do tempo adicional gasto ou o tempo exclusivamente gasto em trabalho fiscal.

Também, no estudo de Slemrod, de 1992 e 1996, as empresas foram interrogadas acerca dos montantes orçamentados dos salários do pessoal do departamento fiscal, os rendimentos em espécie e todos os custos com outros impostos relevantes, nomeadamente, as retenções na fonte do imposto pessoal, e segurança social.

Na Holanda, o tempo gasto internamente com os assuntos fiscais foi avaliado de acordo com os valores declarados pelos trabalhadores da empresa.[348]

Em todos os estudos, as empresas foram, também, questionadas sobre o valor dos honorários pagos aos contabilistas e outros profissionais fiscais, de forma a determinar o valor dos custos externos com o cumprimento fiscal.

Os resultados empíricos obtidos pelos diferentes estudos são apresentados seguidamente.

3.2.3.3. *Distribuição dos custos de cumprimento: análise comparativa de alguns resultados empíricos*

À semelhança da análise elaborada anteriormente para os contribuintes individuais, a comparação dos resultados empíricos é elaborada para os países nos quais a informação é mais comparável. São eles: o Reino Unido, a Austrália e a Nova Zelândia.

No quadro 3.14 sintetizam-se os resultados dos estudos conduzidos para medir os custos do sistema *Pay As You Earn* (PAYE*)* e do sistema *Fringe Benefits Tax* (FBT*)*. O sistema FBT tributa, em muitos casos, rendimentos em espécie atribuídos pela entidade empregadora aos seus colaboradores.

Antes de mais, é necessário notar que os valores observados no quadro 3.14 devem ser interpretados com precaução, devido aos diferentes métodos de cálculo dos custos de cumprimento adoptados nos diversos estudos. São valores meramente indicativos. Também os resultados do estudo de Sandford e Hasseldine na Nova Zelândia são apresentados unicamente com o nome "Hasseldine" no mesmo quadro.

---

[348] Allers, Marten (1994), *Administrative and Compliance Costs of Taxation and Public Transfers in the Netherlands*, Groningen, Wolters-Noordhoff.

[Quadro n.º 3.14] Comparação dos custos de cumprimento do sistema PAYE e FBT
(em percentagem das receitas fiscais)

Países	Austrália	Austrália	Reino Unido	Nova Zelândia
Investigadores	ATAX	Pope	Sandford	Hasseldine
Ano	1994-95	1989-90	1981-82	1990-91
Impostos comparáveis	PAYE, FBT	PAYE, FBT	PAYE	PAYE, FBT
Custos de cumprimento PAYE em % de receitas fiscais resultantes do PAYE	2,5	1,4	1,0	1,9
Custos de cumprimento FBT em % de receitas fiscais resultantes do FBT	17,1	10,9	-	1,7
Custos de cumprimento PAYE e FBT em % das receitas fiscais resultantes do PAYE e do FBT	3,2	1,7	-	1,9
Custos de cumprimento PAYE e FBT (em % PIB)	0,38	0,20	-	0,21

Fonte: Evans, Chris *et al* (1999), *Ob. Cit.*, p. 265; Evans, Chris *et al* (2000), "Tax compliance costs: research methodology and empirical evidence from Australia", in: *National Tax Journal*, Volume 53, n.º 2, pp. 320-345.

O estudo levado a cabo pela ATAX confirma os resultados de Pope acerca das estimativas dos custos de cumprimento do sistema PAYE e do FBT.

No que diz respeito aos custos de cumprimento do sistema PAYE, os resultados não diferem muito consoante os países.

As terceiras entidades que recolhem imposto por conta dos seus trabalhadores beneficiam, ainda que em pequeno montante, de um benefício de *cash flow* resultante do imposto sobre o rendimento, no qual o sistema PAYE recolhe o imposto até à data do pagamento do imposto. Este sistema PAYE pode proporcionar benefícios maiores para as empresas de maior dimensão pois detêm um sistema PAYE em larga escala. O estudo de Sandford sugere que os benefícios de *cash flow* de uns correspondem aos custos de administração do sistema para outros.

Segundo Sandford[349] "...in 1981-82, overall, the compliance costs of

---

[349] Sandford, Cedric *et al.* (1989), *Administrative and Compliance Costs of Taxa-*

collecting PAYE and National Insurance Contributions were more than wiped out by the cash flow benefits. But whereas the largest firms had negative net compliance costs, i.e., the *cash flow* benefit exceeded the compliance costs, the medium and small firms had positive net costs which proportionately, were heavier for the smaller firm."

A experiência australiana revela resultados semelhantes no que diz respeito ao sistema PAYE e à sua regressividade nas pequenas empresas.[350]

O sistema FBT conduz notoriamente, por parte das empresas, a custos elevados de cumprimento, tal como podemos verificar na Austrália. Trata-se de tributar, em muitos casos, rendimentos em espécie e as regras têm necessariamente grande complexidade.

Este sistema apresenta, como observamos no quadro, custos de cumprimento mais baixos na Nova Zelândia, o que se deve ao facto de os rendimentos serem tributados maioritariamente na fonte, na entidade empregadora, a uma taxa fixa.[351]

Seguidamente procedemos à análise comparativa dos custos de cumprimento das empresas no que diz respeito ao imposto sobre o lucro.

No quadro 3.15, apresentam-se, para os mesmos países, os resultados a que chegaram os diferentes estudos.

No que diz respeito às entidades envolvidas, os estudos de Pope e Sandford consideram apenas as empresas constituídas em sociedades e, por isso, sujeitas ao imposto sobre o rendimento das pessoas colectivas, enquanto que o estudo de ATAX e Hasseldine inclui informação sobre todas as empresas, mesmo as empresas em nome individual.

Não podemos deixar de notar que as diferenças de representatividade da amostra influenciam, em muito, os resultados obtidos.

---

tion, Bath, Fiscal Publications, p. 140; na mesma linha de Sandford, e confirmando os resultados acerca da regressividade do sistema PAYE, veja-se: Godwin, Michael; Collard, David (1999), "Compliance costs for employers: UK PAYE and National Insurance, 1995-96", in: *Fiscal Studies*, Volume 20, n.º 4, pp. 423-449; Godwin, Michael; Hudson, John (2000), "The compliance costs of collecting direct tax in the UK: an analysis of PAYE and National Insurance", in: *Journal of Public Economics*, Volume 77, pp. 29-44.

[350] Evans, Chris, *et. al.* (1999),"Taxation compliance costs: some lessons from "down-under"; in: *British Tax Review*, n.º 4, Sweet&Maxwell, pp. 244-271.

[351] Cfr. Hite, Peggy; Sawyer, Adrian (1997), "A comparison of compliance cost estimates for the tax systems in the United States and New Zealand", in: *Bulletin for International Fiscal Documentation*, Volume 51, n.º 2, Official Journal of the International Fiscal Association, pp. 93-97.

[Quadro n.º 3.15] Comparação dos custos de cumprimento dos impostos sobre os lucros das empresas

Países	Austrália	Austrália	Reino Unido	Nova Zelândia
Investigadores	ATAX	Pope	Sandford	Hasseldine
Ano	1994-95	1990-91	1986-87	1989-90
Impostos comparáveis	Imposto sobre o rendimento	Imposto sobre o rendimento	Imposto sobre o rendimento	Imposto sobre o rendimento
Entidades envolvidas	Todas	Sociedades	Sociedades	Todas
Custos de cumprimento do imposto sobre o rendimento das empresas em % das receitas fiscais	15,8	22,9	2,2	19,6
Custos de cumprimento do imposto sobre o rendimento das empresas em % PIB	1,08	0,86	0,08	1,80

Fonte: Evans, Chris *et al.* (1999), *Ob. Cit.*, p. 265; Evans, Chris *et al.* (2000), *Ob. Cit.*, pp. 320-345.

Assim, no estudo de Pope que apenas considera as empresas constituídas em sociedade, verificou-se que as empresas de grande e média dimensão estão sobre – representadas, ao contrário das pequenas empresas que estavam sub-representadas.

Na verdade, e tal como já mencionámos anteriormente, as empresas de maior dimensão beneficiam em grau mais elevado das compensações dos benefícios de *cash flow*. A regressividade dos custos de cumprimento parece significar na análise em questão que, se as empresas em nome individual fossem introduzidas na análise, todos os valores do estudo de Pope aumentariam significativamente.[352] A maior limitação decorre, todavia, das diferenças entre custos de cumprimento líquidos e custos de cumprimento brutos.[353]

Apesar das limitações anteriormente mencionadas podemos tirar algumas conclusões importantes.

Em primeiro lugar, e uma vez mais, o Reino Unido é o país com custos de cumprimento do imposto sobre o rendimento mais baixos para as empresas, quer em relação às receitas fiscais colectadas, quer em relação ao PIB.

---

[352] Evans, Chris et al. (1999), *Ob. Cit.*, p. 267.
[353] Evans, Chris *et al.* (2000), *Ob. Cit.*, pp. 320-345.

Em segundo lugar, existe um resultado semelhante entre os dois estudos australianos e o da Nova Zelândia no que se refere ao imposto sobre os lucros.

A justificação para estes resultados prende-se, como referido anteriormente, com diferenças entre as culturas e estruturas fiscais dos respectivos países.

3.2.4. Os custos totais de cumprimento do imposto sobre o rendimento: contribuintes individuais e empresas

O quadro 3.16 apresenta uma comparação geral dos custos de cumprimento totais do imposto sobre o rendimento, para os países para os quais temos vindo apresentar resultados.

[Quadro n.º 3.16] Comparação dos custos de cumprimento totais do imposto sobre o rendimento dos contribuintes individuais e das empresas

CUSTOS / ESTUDOS	ATAX	POPE	SANDFORD
Custos de cumprimento em % das receitas fiscais	10,0	12,1	2,8
Custos de cumprimento em % do PIB	1,94	2,17	0,86

Fonte: Evans, Chris *et. al.* (1999), *Ob. Cit.*, p. 265; Evans, Chris *et. al.* (2000), *Ob. Cit.*, pp. 320-345.

Assim, como podemos observar pelo quadro 3.16, e não muito surpreendentemente, os custos de cumprimento do imposto sobre o rendimento na Austrália são muito superiores aos do Reino Unido.

Na verdade, o Reino Unido sempre teve custos de cumprimento com as obrigações tributárias relativamente baixos, porém os seus custos administrativos são bastante significativos.[354]

---

[354] Segundo os dados, apresentados no primeiro capítulo deste trabalho, o Reino Unido, em 2002, apresentou um rácio de colectar impostos de 1,15, encontrando-se no final da tabela entre os países com administrações fiscais menos eficientes.

Os motivos que contribuem para os custos de cumprimento elevados na Austrália estão relacionados, para além do sistema de tributação do rendimento por autoliquidação, com outras particularidades do sistema fiscal, nomeadamente factores históricos e culturais.[355]

A Austrália tem um sistema fiscal com uma história e uma cultura de planeamento fiscal muito agressiva, quer entre as empresas, quer mesmo entre os contribuintes individuais. Esta cultura de planeamento fiscal explica, em parte, o elevado recurso dos contribuintes aos contabilistas e a outros profissionais fiscais. A preocupação dos contribuintes individuais em reduzir os seus impostos compreende-se, uma vez que a grande maioria dos contribuintes com um nível médio de rendimentos está sujeito a uma taxa de tributação bastante elevada, de 43%.

Assim, na Austrália, os elevados custos de tributação devem-se não só ao sistema de tributação do rendimento por autoliquidação, que implica mais responsabilidade dos contribuintes no cumprimento fiscal, mas, também, ao elevado recurso à ajuda externa de profissionais, resultante das actividades de planeamento fiscal conduzidas pelos contribuintes.

Outro motivo que pode ser responsável pelas diferenças entre os custos de cumprimento no Reino Unido e na Austrália é a existência, no sistema australiano, de um regime de tributação dos rendimentos em espécie (FBT), que tem custos de cumprimento muito elevados para as entidades empregadoras.

Podemos então concluir que existe um conjunto de razões, culturais e técnicas, que torna o sistema fiscal australiano mais difícil de cumprir, em sede de tributação do rendimento, para os contribuintes individuais e colectivos.

3.2.5. *Os limites da metodologia utilizada*

A experiência dos estudos efectuados mostra que a técnica dos questionários tem as suas limitações.

Em primeiro lugar trata-se de uma técnica à qual está associada um baixo nível de taxa de resposta.

---

[355] Evans, Chris *et al.* (2000), "Tax compliance costs: research methodology and empirical evidence from Australia", in: *National Tax Journal*, Volume 53, n.º 2, pp. 320-345.

Em segundo lugar é um método que absorve muito tempo. Existe, no entanto, uma "curva de aprendizagem," pois o questionário vai-se tornando mais eficiente à medida que se vão fazendo mais estudos.

Em terceiro lugar, como o questionário não é preenchido na presença do investigador, podem surgir dúvidas na interpretação das questões. Se as peguntas são interpretadas de forma errada e respondidas incorrectamente, a qualidade da informação obtida não será certamente a desejável. A interpretação das questões pode pôr em causa a fiabilidade das estimativas efectuadas. Mais ainda, os inquiridos estão muitas vezes politicamente informados exagerando, assim, nos valores estimados para os seus custos.

Apesar destas limitações, a técnica do questionário ainda constitui o método mais eficiente para estimar os custos de cumprimento. Para mais, a experiência anterior aconselha a que se introduzam aperfeiçoamentos, que podem certamente minorar as limitações atrás apontadas.

Observou-se, nos estudos realizados em Espanha e na Holanda, que a taxa de resposta aumentava quando a aproximação aos contribuintes era feita pessoalmente. Por isso, recomenda-se sempre que possível o uso de questionário e entrevistas.

O questionário apresentado não deverá ser muito extenso, e deve ser acompanhado de uma carta a identificar o autor e a explicar o objectivo do estudo, bem como a sua importância para a comunidade em geral. Deve, também, constar no final do questionário uma pergunta aberta, para que os contribuintes se possam pronunciar acerca do sistema fiscal, bem como acerca de possíveis contributos que o possam melhorar.

O período de entrega do questionário é bastante importante no processo de recolha de mais e melhor informação. Por isso deverão ser entregues no período do preenchimento da declaração de rendimentos, à semelhança dos estudos elaborados nos EUA, no Reino Unido, e no Canadá. Neste último, obteve-se uma taxa de resposta de 82%, pois, na verdade, os contribuintes, durante este período, estão mais predispostos para o preenchimento de questionários relacionados com assuntos fiscais.

Proceder a um estudo experimental, bem como enviar os questionários por mais do que uma vez, é fundamental para aumentar o nível de taxa de resposta. A discussão do inquérito com inspectores fiscais, académicos, e contabilistas ajuda, em muito, a melhorar a versão final do questionário.

Verificou-se, ainda, da análise comparativa destes estudos, que testar as características dos contribuintes que não respondem é essencial, quando se pretende estimar com alguma veracidade os custos de cumprimento do sistema fiscal, uma vez que é importante saber até que ponto os contribuintes que não responderam enviesam os resultados obtidos. Para resolver este problema, uma linha de atendimento para esclarecimento de dúvidas revela-se muito importante, acrescida de esclarecimentos pessoais, à semelhança do estudo elaborado na Holanda, em que o investigador foi, pessoalmente, ajudar os contribuintes a preencherem o questionário.

De forma a saber se os custos de cumprimento aumentam ou diminuem com as alterações fiscais é recomendável repetir estes estudos, sucessivamente, ao longo dos anos. É igualmente importante que estes estudos não só quantifiquem os custos, mas também analisem a sua distribuição e os seus determinantes. Nesta situação, a análise dos custos de cumprimento através de estudos de casos, recorrendo a entrevistas, permite obter informação mais fidedigna relativamente às causas e determinantes dos custos de cumprimento, quer para os contribuintes individuais, quer para as empresas.

Seguidamente, analisaremos um estudo de caso, realizado na Austrália e observar-se-á que é especialmente eficaz quando se pretende saber as causas e os determinantes dos custos de cumprimento, tornando-se recomendável quando se pretende tomar medidas em matéria de política fiscal com custos reduzidos.[356]

3.3. Os estudos de pequena dimensão (Depth Studies) ou estudos de casos (Case Studies)

3.3.1. *Os custos de cumprimento das pequenas empresas: resultados para a Austrália*

3.3.1.1. *Objectivos e metodologia adoptada*

Wallschutzky estimou os custos de cumprimento das pequenas empresas, na Austrália, recorrendo ao estudo de casos.[357/358] Pretendia-se,

---

[356] Bannock, Graham (2001), "Can small scale surveys of compliance costs work?", in: Evans, C.; Pope, J.; Hasseldine J. (Eds) *Tax Compliance: A Festschrift for Cedric Sandford*, St Leonards, Prospect Media Pty Ltd, pp. 87-95.

[357] Wallschutzky, Ian (1995), "Cost of compliance for small business: results from

antes de mais, responder às questões "como" e "porquê" as pequenas empresas se sentiam afectadas pelo processo de cumprimento fiscal. O estudo em causa tinha também como objectivo a identificação das áreas do sistema fiscal onde se poderia reduzir o peso dos custos de cumprimento das pequenas e médias empresas (PME).

O uso de estudos de casos é normalmente associado a um processo explicativo bastante descritivo. Segundo Wallschutzky, a estratégia mais apropriada quando a atenção recai sobre acontecimentos recentes e se verifica que existe pouco controlo sobre os acontecimentos comportamentais, é o recurso ao estudo de casos.

3.3.1.2. População e amostra seleccionada

Wallschutzky conduziu um estudo durante um período de 12 meses, em 12 pequenas empresas de diferentes ramos de actividade, que se traduziu numa entrevista inicial, seguida de outras três entrevistas, efectuadas, quadrimestralmente, ao longo do ano.

As empresas de diversos sectores de actividade foram seleccionadas através da colaboração de uma associação industrial e dos seus consultores, da zona este da Austrália. A amostra não foi, assim, seleccionada aleatoriamente, sendo antes constituída por empresas voluntárias a participar no processo. Nas entrevistas era suposto inquirir o responsável pelos assuntos fiscais e o consultor externo. Tal como se esperava, nem todas as empresas usavam um contabilista externo e, em muitos casos, alguns deles mostraram-se relutantes em participarem no estudo.

O questionário e o modelo de entrevista foram previamente discutidos com funcionários da administração fiscal, contabilistas e com dirigentes das associações de indústria, tecnologia e comércio.

A taxa de resposta foi de 100%, uma vez que todas as empresas participaram, ao longo do ano, no processo de entrevistas. Isto deveu-se, por um lado, ao interesse destas empresas no assunto em causa e, por outro, à possibilidade de ganhar um prémio de 1 000 Dólares, que pretendia não mais do que incentivar as empresas à participação no estudo. Deste modo,

---

twelve case studies in Australia", in: Sandford, Cedric (Ed.), *Tax Compliance Costs – Measurement and Policy*, Bath, Fiscal Publication, pp. 275-299.

o teste às características das empresas que não responderam ao questionário não foi elaborado, uma vez que as 12 empresas participaram no processo até ao fim.

Os métodos usados para valorizar o tempo despendido com o cumprimento fiscal foram muito próximos da noção de custo de oportunidade. Assim, os inquiridos foram questionados duas vezes ao longo do ano acerca do montante por hora que achariam razoável se as empresas fossem reembolsadas do custo de cumprir com as suas obrigações tributárias. A percepção dos participantes do custo de oportunidade por hora do tempo gasto em actividades de cumprimento foi avaliada em 36 Dólares em Março de 1992 e, em 35 Dólares, em Novembro do mesmo ano.

As empresas tinham de entregar ao investigador, todos os meses, uma síntese detalhada do tempo gasto, por semana, em cada actividade de cumprimento fiscal e relativamente a cada imposto. Simultaneamente, e se assim o entendessem, os participantes podiam pronunciar-se acerca das principais dificuldades e problemas encontrados com qualquer dos impostos que afectava a vida destas empresas.[359]

3.3.1.3. Dimensão dos custos de cumprimento: análise dos resultados empíricos

Os resultados do estudo foram calculados com base nas entrevistas efectuadas e nas notas das empresas elaboradas ao longo do período de investigação.

O tempo que as empresas apontaram como o correspondente ao gasto em assuntos fiscais pode não ser exactamente o do cumprimento fiscal. Na verdade, algumas empresas confundiram o tempo gasto no cumprimento fiscal com o tempo gasto noutro tipo de obrigações, tais como as de con-

---

[358] Wallschutzky, Ian; Gibson, B. (1993), "Small business costs of tax compliance", in: *Australian Tax Forum*, Volume 10, n.º 4, pp. 511-543.

[359] Em 1999, Ritchie, recorrendo à mesma metodologia de Wallschutzky, conduziu um estudo em pequenas empresas, na Nova Zelândia, cujo objectivo era estimar os custos de cumprimento fiscal desta categoria de empresas. Cfr. Ritchie, Katherine (2001), "The tax compliance costs of small business in New Zealand", in: Evans, C.; Pope, J.; Hasseldine, J. (Eds), *Tax Compliance: A Festschrift for Cedric Sandford*, St Leonards, Prospect Media Pty Ltd, pp. 297-316.

tabilidade ou gestão. Observou-se que foi particularmente difícil distinguir o tempo gasto em cumprimento fiscal do tempo despendido na gestão interna da empresa.[360]

[Quadro n.º 3.17] Tempo gasto pelas PME nas actividades de cumprimento fiscal na Austrália entre 1991-1992

Empresas participantes	Tempo gasto (em horas)			
	Mensalmente Mínimo	Mensalmente Máximo	Mensalmente Total (tempo médio)	Anual agregado
A (12,5[361])	0,0	80	17,6	220,0
B (12,5)	2,0	15,5	4,8	60,5
C (12,5)	3,0	35	12,5	89,5
D (12,5)	1,0	50	22,0	275,0
E (11,5)	11,5	70	25,8	297,0
F (11,5)	1,5	7	3,1	36,0
G (11,0)	4,1	48	23,5	258,5
H (11,5)	4,7	59,5	22,4	257,6
I (12,5)	4,5	26	21,1	151,5
J (12,5)	0,0	3	1,0	12,0
K (11,5)	2,5	9,7	6,6	75,9
L (11,5)	0,1	5,2	1,9	22,4

Fonte: Wallschutzky, Ian (1993), *Ob. Cit.*, p. 288.

O quadro 3.17 refere-se ao tempo gasto e contabilizado pelas empresas estudadas, ao longo de 12 meses, no cumprimento das suas obrigações fiscais. Tendo em atenção os dados do quadro, o tempo médio gasto por

---

[360] Por exemplo, uma pequena actividade fiscal em que se gaste 5 ou 10 minutos enquanto o funcionário faz simultaneamente outra actividade. Esse tempo foi a maioria das vezes ignorado. Também, noutra situação, uma empresa (H) contabilizou o valor de tempo gasto, mais elevado, em actividades fiscais, 8 horas, isto é, as actividades fiscais consumiam o dia inteiro. Neste caso, o tempo gasto estaria certamente sobreestimado.

[361] Corresponde ao número de meses que as empresas contabilizaram o tempo gasto em assuntos fiscais.

mês é de, aproximadamente, 12 horas, para cada empresa. A variável "tempo" foi mais ou menos constante ao longo dos vários quadrimestres analisados. O tempo gasto num mês pode ser "zero", como se verificou para 2 das 12 empresas participantes, ou muito elevado, como sejam as 70 ou 80 horas apresentadas por uma empresa participante.

A preparação da declaração de rendimentos anual e o trabalho de fim de exercício são as duas tarefas que conduzem a um aumento do número de horas dedicado às tarefas fiscais. A maioria do trabalho fiscal, segundo os participantes, fazia parte da rotina das actividades empresariais. Assim, sendo o tempo médio de 12 horas por mês, e estando o custo estabelecido em 36 Dólares por hora, foi calculado o custo interno do trabalho fiscal mensal e anual. Para estas empresas, o custo de cumprimento por mês obtido foi de 423 Dólares (36 horas x 12 horas) e o custo de cumprimento por ano de 5 184 Dólares (36 horas x 12 horas x 12 meses). Verificou-se, ainda, que a repartição do tempo gasto por mês nas actividades de cumprimento fiscal foi bastante diversa.

Nas entrevistas iniciais, numa primeira fase, em Novembro de 1991, os empresários foram solicitados a identificar os três principais problemas com que se defrontam as pequenas empresas. Observou-se, ao contrário do esperado, que poucos participantes mencionaram as matérias fiscais como o principal problema. Mas muitos foram os que referiram a complexidade causada pelas alterações constantes na legislação fiscal. Mais do que os impostos, as medidas apontadas pelos empresários como principais obstáculos foram, entre outras, as seguintes: incerteza no volume de proveitos e vendas; crise económica; taxas de juro elevadas; dificuldade na obtenção de empréstimos; *design* e desenvolvimento de novos produtos; competição nos mercados; aumento de custos.[362]

Numa segunda fase, os empresários foram novamente questionados, em Setembro de 1992, acerca dos principais problemas que afectavam as suas empresas, de forma a verificar se os assuntos fiscais eram referidos como um dos obstáculos que podiam impedir a condução dos seus negócios. Verificou-se, e uma vez mais, que as matérias fiscais não foram mencionadas como um dos principais problemas, mas antes o baixo volume de

---

[362] Wallschutzky, Ian (1995), "Cost of compliance for small business: results from twelve case studies in Australia", in: Sandford, Cedric (Ed.), *Tax Compliance Costs – Measurement and Policy*, Bath, Fiscal Publication, p. 279.

negócios e de lucros. Deste modo, Wallschutzky concluiu que as matérias fiscais não constituem a principal preocupação dos empresários, pelo que as estimativas acerca dos custos de cumprimento, nos últimos estudos de Pope e da ATAX, seriam porventura exageradas.

Numa terceira fase, foram distribuídos dois inquéritos para questionar os empresários sobre quais os impostos que causam mais problemas e dúvidas e os que, por isso, absorvem mais tempo no cumprimento fiscal. Do resultado das entrevistas, o imposto que mais problema suscitava era o imposto sobre as vendas, em particular, no enquadramento dos sujeitos passivos no regime de isenção.

Numa quarta fase, os investigadores procuraram saber se os problemas que as empresas têm com os impostos estão mais relacionados com o tempo gasto com as matérias fiscais ou com dificuldades de interpretação dos deveres fiscais.

Concluiu-se que a percepção dos contribuintes acerca dos impostos variou no tempo e diferiu de acordo com experiências recentes. Observou-se que quanto mais dificuldades os contribuintes têm com um imposto, maior é a estimativa dos custos de cumprimento desse imposto. Algumas empresas enunciaram dificuldades com a tributação dos rendimentos em espécie, mais-valias ou outros problemas gerais específicos do imposto sobre lucros. Porém, nas entrevistas verificou-se que não se trata de problemas diários mas apenas pontuais que, quando acontecem, os proprietários destas empresas não conseguem resolver sozinhos e mostram-se relutantes em pedir ajuda à administração fiscal e aos seus consultores externos.[363]

Quando são pedidas estimativas de tempo aos inquiridos, estas podem ser influenciadas por um conjunto de factores. Entre eles, a moralidade dos inquiridos, o período em que essas estimativas são solicitadas, as percepções acerca dos impostos, o tipo de informações pedidas, isto é, informações passadas ou correntes, o tipo de relação que se estabeleceu entre os inquiridos e o investigador, a pretensão dos contribuintes em cumprir voluntariamente ou não, e a proximidade da investigação em relação a eventos que envolvem custos de cumprimento significativos.

---

[363] Wallschutzky, Ian (1995), "Cost of compliance for small business: results from twelve case studies in Australia", in: Sandford, Cedric (Ed.), *Tax Compliance Costs – Measurement and Policy*, Bath, Fiscal Publication, p. 290.

3.3.1.4. *Os limites e as vantagens da metodologia utilizada*

As pequenas empresas representam uma parte significativa do tecido empresarial da economia australiana, porém, estas empresas não constituem um grupo homogéneo. Quando o objecto de estudo incide sobre as PME os resultados esperados de uma investigação são, regra geral, a diversidade e não a uniformidade, o que torna o estudo de casos o método de investigação mais apropriado para analisar esta realidade empresarial.[364]

O contacto pessoal entre o entrevistador e o entrevistado permite dar prioridade à discussão das medidas fiscais, enquanto que, sem a ligação pessoal, é possível que os questionários não recebam o tratamento privilegiado desejado, o que conduz a taxas de resposta muito baixas. Ainda, o processo repetitivo inerente ao método de investigação permite calcular estimativas mais razoáveis, tais como a que requer que o participante estime o seu custo de oportunidade.

Como qualquer método ou estratégia, o estudo de casos apresenta, também, as suas limitações.[365]

Em primeiro lugar, o método é, muitas vezes, criticado pela falta de rigor e pela influência que pode ter na direcção dos resultados e conclusões. No entanto, em qualquer método é possível influenciar os resultados. Esta influência pode ser minimizada através da forma como se conduz as entrevistas. Por exemplo, no estudo australiano foi elaborado um guia para as entrevistas de modo a minimizar a influência do entrevistador sobre os participantes.

Em segundo lugar, o estudo de um caso não fornece uma base para generalizações científicas, porque se tiram conclusões com base numa amostra não representativa da população. Porém, esta limitação incide, também, sobre outras estratégias de investigação, tal como em alguns estudos de grande dimensão. Na realidade, esta crítica torna-se válida quando se reconhece a distinção entre generalização analítica e estatística. Assim,

---

[364] Bannock, Graham (2001), "Can small scale surveys of compliance costs work?", in: Evans, C.; Pope, J.; Hasseldine J. (Eds) *Tax Compliance: A Festschrift for Cedric Sandford*, St Leonards, Prospect Media Pty Ltd, pp. 87-95.

[365] Wallschutzky, Ian (1995), "Cost of compliance for small business: results from twelve case studies in Australia", in: Sandford, Cedric (Ed.), *Tax Compliance Costs – Measurement and Policy*, Bath, Fiscal Publications, p. 290.

se o objectivo da investigação for testar proposições baseadas no número de frequências observadas, os procedimentos que asseguram a validade estatística são necessários. O propósito de validar as generalizações é reforçado quando padrões semelhantes são evidentes em muitos casos e, também, quando outra investigação suporta as proposições.

3.4. Outros estudos dos custos de cumprimento do sistema fiscal

3.4.1. *Os custos de cumprimento da tributação directa na perspectiva dos contabilistas no Reino Unido*

Sue Green[366] realizou um estudo, em 1992, no Reino Unido, com o objectivo de identificar as áreas do sistema fiscal que, segundo a perspectiva dos contabilistas, eram mais complexas e com custos de cumprimento mais elevados.

Os contabilistas, os conselheiros e peritos fiscais detêm um papel importante como intermediários no comportamento dos contribuintes e da administração fiscal, uma vez que são os mediadores desta relação muitas vezes conflituosa. Por isso, medir e analisar os custos de cumprimento do sistema fiscal numa perspectiva diferente, a dos contabilistas, poderia resultar em informação útil para estimar os custos do sistema fiscal.

3.4.1.1. *População e selecção da amostra*

O estudo foi dirigido a 5800 membros do *Tax Faculty of the Institute of Chartered Accountants,* no Reino Unido. Elaborou-se um estudo piloto a 50 membros da *Tax Faculty* em Maio de 1992. O objectivo deste estudo experimental consistia em clarificar e esclarecer ambiguidades no questionário de modo a aumentar a taxa de resposta e, assim, obter informação coerente e útil para a análise do sistema fiscal.

O questionário foi, ainda, discutido com pessoal especializado da administração fiscal e membros da *Tax Faculty,* contribuindo estas discussões para uma melhoria significativa da versão final.

---

[366] Green, Sue (1994), *Compliance Costs and Direct Taxation*, Institute of Chartered Accountants in England and Wales, Research Monograph.

3.4.1.2. *Taxa de resposta*

A taxa de resposta foi de 24%, isto é, dos 5 800 inquiridos apenas 1 500 responderam ao questionário. Porém, tratou-se de um nível bastante satisfatório, tendo em atenção o tempo que o preenchimento do questionário envolvia. Em contrapartida, a amostra de contabilistas estava enviesada em direcção aos membros da *Tax Faculty* com mais experiência, isto é, com no mínimo 10 anos de experiência na área fiscal. Esta situação, segundo Green, poderia ser benéfica para o estudo, na medida em que os resultados poderiam ser tomados como mais fidedignos, visto que os inquiridos tinham um bom conhecimento das matérias fiscais.

3.4.1.3. *Os custos de complexidade e de cumprimento do sistema fiscal: análise dos resultados e o papel dos contabilistas*

De acordo com os resultados do estudo, a maioria dos inquiridos sublinhou que a primeira causa dos custos de cumprimento elevados provem da complexidade da legislação fiscal. A complexidade fiscal resulta, tal como já sublinhámos no capítulo anterior, de um conjunto de diferentes factores.

Neste tipo de estudo geralmente distingue-se entre a complexidade que surge de fenómenos externos ao sistema fiscal e a complexidade que resulta de fenómenos inerentes ao próprio sistema.

Os contabilistas actuam como agentes dos seus clientes. Desta forma, os técnicos da contabilidade medeiam uma relação entre o contribuinte e as autoridades fiscais, contribuindo para o melhor relacionamento entre ambos. Estes intermediários necessitam, então, de competência técnica para poderem cumprir eficientemente com a administração fiscal e conduzir os negócios fiscais dos seus clientes a um custo razoável.

De uma forma geral, as relações entre os contabilistas e a administração fiscal são cordiais. De acordo com os resultados do estudo, 92% dos contabilistas inquiridos sublinharam que os funcionários da administração fiscal eram "muito prestáveis", mas somente 54% observaram que os mesmos "possuíam conhecimentos técnicos". Em relação ao tipo de funcionários com mais experiência, foram unânimes em sublinhar que os funcionários mais antigos eram os que possuíam mais conhecimentos técnicos e, por isso, resolviam os problemas mais facilmente.

Os maiores problemas na relação dos contabilistas com a administração fiscal estão relacionados com a segurança social e com a Agência de Contribuições – *Contributions Agency (CA)*.[367] No departamento de segurança social são tratadas questões de segurança e protecção social, enquanto que na *Contributions Agency* são abordados problemas administrativos. Quando o estudo foi conduzido, a agência existia há pelo menos 2 anos, mas 24% dos contabilistas que tinham questões para resolver referentes a estas matérias não se encontravam informados acerca da existência deste organismo.

Os contabilistas sublinharam que os custos de cumprimento dos seus clientes diminuiriam, de forma significativa, caso a CA introduzisse procedimentos semelhantes na administração fiscal. Esta atitude dos contabilistas em relação à prestação da CA mostra que atribuem um papel muito importante a uma boa relação profissional entre estes e a administração fiscal, pois facilita o cumprimento e diminui os custos dele decorrentes. Quando as propostas diziam respeito à eficiência da administração fiscal, como, por exemplo, informatizando e simplificando procedimentos e hierarquias dentro da administração fiscal, os contabilistas acreditavam que estas medidas reduziriam os seus próprios custos, mais do que os dos seus clientes. Esta atitude revela que estes profissionais não têm interesse apenas em ter uma boa relação com a administração fiscal mas também em cumprir de forma eficiente com as exigências do sistema.[368]

O objectivo do estudo de Green não era determinar o valor dos custos de cumprimento da tributação directa, no Reino unido, mas antes identificar áreas específicas de legislação fiscal que os peritos entendessem como originando custos de cumprimento elevados. Assim, 57% dos inquiridos no estudo afirmaram que os honorários cobrados aos seus clientes diminuiriam entre 5 a 15% se cada contribuinte tivesse apenas um ponto de contacto com as autoridades fiscais, o que não acontecia, no Reino Unido, nesta data.

---

[367] Esta agência executiva foi estabelecida, em 1991, para melhorar os serviços na recolha, esclarecimento e divulgação da informação no que se refere *National Insurance Contributions*.

[368] Green, Sue (1994), *Compliance Costs and Direct Taxation*, Institute of Chartered Accountants in England and Wales, Research Monograph, p. 122.

As áreas da legislação fiscal mais complexas e com custos de cumprimento mais elevados identificadas pelos contribuintes foram as de enquadramento nas várias categorias de rendimento, de interpretação dos benefícios fiscais, e de cálculo das mais-valias.

Este estudo tornou evidente que os contabilistas podem desempenhar um papel importante no sistema fiscal, nomeadamente na identificação das áreas de maior complexidade do sistema e do seu impacto nos custos de cumprimento dos contribuintes. Não se trata, portanto, de um estudo de natureza quantitativa, semelhante aos anteriormente analisados, mas antes de uma análise de natureza mais qualitativa.

4. NOTAS CONCLUSIVAS

A análise comparativa de metodologias utilizadas permite-nos concluir que, nos estudos de grande dimensão (*Large Scale Studies*), a técnica do questionário constitui o método mais eficiente para estimar os custos de cumprimento dos contribuintes.

Através da comparação dos resultados dos principais estudos, verificou-se que, para os contribuintes individuais, a componente dos custos de cumprimento com maior valor é os custos de tempo.

Existem vários métodos para valorar o tempo gasto, todavia, nos estudos mais relevantes realizados nesta matéria, o tempo despendido no cumprimento das obrigações tributárias foi dado pelos inquiridos e pelo valor que os próprios atribuíram a esse tempo.

O Reino Unido é o país onde os contribuintes individuais gastam menos tempo com o cumprimento das suas obrigações fiscais (46,3%). Por sua vez, é nos EUA, onde os contribuintes gastam mais tempo com o cumprimento fiscal (84%).

O sistema cumulativo PAYE existente no Reino Unido é o principal responsável pelos baixos custos de cumprimento suportados pelos contribuintes. Com este sistema de retenções na fonte exactas, uma grande parte dos contribuintes está dispensada de preencher a sua declaração de rendimentos, o que constitui uma simplificação máxima para os sujeitos passivos.

Quando se pretende estimar o valor dos custos de cumprimento das empresas, assume-se que o trabalho fiscal interno é valorizado de acordo com a taxa de remuneração paga aos trabalhadores da empresa.

Este critério não suscita grandes dificuldades de aplicação prática para as médias e grandes empresas; o mesmo não se aplica, porém, das pequenas empresas. Nas pequenas empresas é difícil distinguir os custos contabilísticos dos exclusivamente fiscais.

O Reino Unido é o país que apresenta custos de cumprimento do imposto sobre os lucros e do sistema PAYE mais baixos, quer em relação às receitas fiscais colectadas, quer em relação ao PIB.

Os custos de cumprimento do sistema FBT são muito elevados para as empresas, em particular, na Austrália. Trata-se de tributar rendimentos em espécie e as regras têm necessariamente grande complexidade técnica e de interpretação.

A justificação destes resultados prende-se, para além das particularidades técnicas de cada sistema fiscal, com diferenças entre as culturas e estruturas fiscais dos respectivos países.

Quando o objecto de estudo incide sobre as PME os resultados esperados são, por norma, a diversidade e não a uniformidade, o que torna o estudo de casos o método mais apropriado para esta realidade empresarial.

Wallschutzky conduziu um estudo, durante um período de 12 meses, em 12 pequenas empresas de diferentes ramos de actividade. A amostra não foi seleccionada aleatoriamente, antes foi constituída por empresas voluntárias a participar no processo.

Neste estudo concluiu-se que para a grande maioria das pequenas empresas o trabalho fiscal não é particularmente difícil de cumprir. Os custos de cumprimento não aparentam ser especialmente elevados para estas empresas, regra geral, de 12 horas, por mês, porém, à medida que estas empresas estão mais familiarizadas com o sistema fiscal, os custos de cumprimento com o sistema vão diminuindo. Por estes motivos, o autor concluiu que muito provavelmente as estimativas acerca dos custos de cumprimento das empresas foram exageradas em estudos anteriores por Pope e pela ATAX.

Sue Green conduziu um estudo de natureza qualitativa, no Reino Unido, com o objectivo de identificar as áreas do sistema fiscal que, segundo a perspectiva dos contabilistas, eram as mais complexas e com custos de cumprimento mais elevados.

De acordo com os resultados do estudo, a primeira causa de custos de cumprimento elevados provêm das dificuldades de interpretação da legislação fiscal no enquadramento das várias categorias de imposto pessoal e no cálculo das mais valias.

Quando se pretende estimar os custos de cumprimento dos contribuintes é importante, para além do cálculo dos custos, analisar as causas e os factores associados a maiores custos. É do estudo destes factores que nos ocuparemos no capítulo seguinte.

CAPÍTULO IV
Os determinantes dos custos de cumprimento do imposto sobre o rendimento

1. INTRODUÇÃO

No capítulo anterior elaborámos uma análise comparativa dos principais estudos dos custos de cumprimento em sede de tributação do rendimento. Esta análise, para além de estimar os custos de cumprimento, forneceu também informação acerca da incidência e da distribuição desses custos. Não menos importante é conhecer as suas causas.

É o conhecimento dos factores associados aos custos de cumprimento que permite aos reformadores fiscais optar por medidas que conduzam à diminuição desses custos.

Assim, neste capítulo, pretende-se analisar e discutir os factores associados aos custos de cumprimento, bem como entender a dinâmica da relação entre contribuinte e custos de cumprimento. Tendo em consideração os determinantes dos diferentes estudos analisados no capítulo anterior, discutem-se os factores associados aos custos de cumprimento fiscal em sede de tributação do rendimento.

Quanto ao imposto sobre o rendimento das pessoas singulares, a nossa análise versa sobre os factores pessoais (por exemplo, o estado civil, o número de dependentes, a idade, e o nível de escolaridade); os factores económicos (tais como, a actividade principal exercida, a categoria de rendimentos e o nível de rendimento auferido); os factores técnicos (por exemplo, o nível de conhecimentos fiscais e o número de categorias de rendimento); e, por último, os factores psicológicos e sociológicos (tais como, o nível de angústia incorrido pelos contribuintes e as suas atitudes em relação à administração fiscal).

No tocante ao imposto sobre o rendimento das pessoas colectivas, exploramos as características das empresas e do sistema fiscal associadas aos custos de cumprimento destas organizações. Entre outros, foram eleitos como objecto de análise, a dimensão da empresa, o sector de actividade, e o mercado em que a empresa opera.

No final, e após identificados os factores que poderão influir em custos de cumprimento mais elevados, retiram-se as conclusões com o objectivo de formular as nossas hipóteses de estudo nos capítulos seguintes, aquando do estudo dos custos de cumprimento no sistema fiscal português.

2. FACTORES ASSOCIADOS AOS CUSTOS DE CUMPRIMENTO DO IMPOSTO SOBRE O RENDIMENTO

Tendo em conta os resultados de estudos internacionais, bem como algumas características técnicas do sistema fiscal português, analisados aquando da revisão da literatura, procede-se, nas secções seguintes, ao estudo dos factores associados a maiores dificuldades no cumprimento fiscal e, por isso, a custos de cumprimento mais elevados, quer em sede de imposto sobre o rendimento das pessoas singulares, quer das pessoas colectivas.

2.1. O imposto sobre o rendimento das pessoas singulares

É nosso objectivo identificar e analisar as características dos contribuintes individuais e do sistema fiscal que podem influir em maiores custos de cumprimento fiscal. No sentido de facilitar a nossa exposição dividimos os factores em pessoais, económicos, técnicos, psicológicos e sociológicos.

2.1.1. *Factores pessoais*

Analisamos neste ponto as relações entre custos de cumprimento e as características demográficas dos contribuintes. Elegemos para nossa análise o estado civil, o número de dependentes, a idade, e o nível de escolaridade dos contribuintes.

Em primeiro lugar, temos a relação da unidade fiscal com os custos de cumprimento.

No sistema fiscal português, e ao abrigo do art. 104.º n.º 3 da CRP, a unidade fiscal é o agregado familiar. Ou seja, os rendimentos do cônjuge e seus dependentes são tributados conjuntamente, contrariamente aos rendimentos dos contribuintes solteiros, separados, divorciados e viúvos, que são tributados autonomamente.

Se dermos primazia às considerações administrativas do sistema fiscal, a tributação separada poderia constituir uma solução superior à tributação conjunta, quer do ponto de vista dos contribuintes, quer da administração fiscal. Permitindo uma melhor aproximação do valor das retenções na fonte ao imposto devido "a final", a tributação separada tornaria até admissível que se pudesse aumentar o número de contribuintes dispensados da entrega de declaração de rendimentos, atenuando, de certo modo, o acréscimo de declarações que a sua adopção viria a provocar. Deste modo, do ponto de vista da simplicidade e dos custos de cumprimento, os contribuintes incorreriam em custos de cumprimento menores.

Esta medida foi discutida pela Comissão para o Desenvolvimento da Reforma Fiscal (CDRF), em 1996, a qual se pronunciou no sentido da ponderação da adopção de um regime de tributação separada dos rendimentos dos cônjuges por se entender que se trataria de uma solução com vantagens consideráveis em relação à tributação conjunta.[369] Na mesma linha, o Grupo de Trabalho para a Simplificação Fiscal (GTSF), em 2006, recomendou a ponderação de um regime de tributação separada com possibilidade de opção pela tributação conjunta, sendo a opção efectuada nos moldes em que já ocorre relativamente à união de facto, ou seja, mediante a assinatura por ambos da respectiva declaração de rendimentos.[370]

Em segundo lugar, e quanto ao número de dependentes, não existem evidências na literatura que sublinhem a existência de uma relação entre o número de dependentes e os custos de cumprimento.

No sistema fiscal português, o conceito de dependente gravita em torno da dependência jurídica estrita (incapacidade de exercício por menoridade), muito embora, em certos casos, a dependência jurídica ceda à dependência económica, considerando dependentes, os filhos adoptados, enteados maiores, e aqueles que até à maioridade estiverem sob tutela dos

---

[369] Cfr. CDRF (1996), *Relatório da Comissão para o Desenvolvimento da Reforma Fiscal*, Lisboa, Ministério das Finanças, Lisboa, p. 561.

[370] GTSF (2007), "Simplificação para o sistema fiscal português" in: *Cadernos da Ciência e Técnica Fiscal*, n.º 201, Ministério das Finanças, Lisboa, p. 151.

pais e possam integrar o agregado familiar dos pais, nomeadamente se não tiverem mais de 25 anos e frequentarem pelo menos o 11.º ano de escolaridade, ou estiverem a cumprir serviço militar obrigatório, ou, independentemente da idade, forem inaptos para o trabalho ou para angariar meios de subsistência e, num caso, como noutro, auferirem rendimentos inferiores ao salário mínimo nacional mais elevado.[371]

Entendemos que maior dificuldade no cumprimento fiscal pode ser originada pelas deduções à colecta e benefícios fiscais em favor dos dependentes, em particular se o agregado familiar for constituído por um grande número de dependentes. A este propósito refere Saldanha Sanches[372] que o abono de família poderia ser uma alternativa às deduções à colecta dos filhos. Segundo o autor, não só simplificaria o sistema fiscal como o tornaria, definitivamente, mais justo.

É relativamente consensual em finanças públicas que os objectivos económicos e sociais visados por uma política fiscal são prosseguidos de forma mais adequada através de despesas directas do que através de benefícios fiscais.

Em Portugal, sobre este assunto pronunciou-se a CDRF, em 1996, recomendando que os benefícios fiscais se limitassem, em termos objectivos, à aquisição de habitação própria, poupança para a reforma e donativos a instituições socialmente relevantes. No mesmo sentido, o grupo de trabalho para a reavaliação dos benefícios fiscais, em 1998, e o grupo de trabalho para a simplificação fiscal, em 2006, considerou que os objectivos visados, designadamente de carácter social, devem, preferencialmente, ser prosseguidos através da provisão directa de bens ou serviços públicos ou da concessão de subvenções directas, e que as deduções à colecta devem ser bastante selectivas. Portanto, será nesta perspetiva, a que associa mais dependentes a mais deduções à colecta e mais benefícios fiscais, que associamos a relação entre os custos de cumprimento e o número de dependentes.

Em terceiro lugar, e no que diz respeito à idade, em Portugal não existem estudos, que sejam do nosso conhecimento, que nos permitam avaliar a relação existente entre a idade e os custos de cumprimento. No

---

[371] Cfr. o art. 13.º n.º 4 do Código do IRS.
[372] Saldanha Sanches, José Luís (2005), "Entrevista" in: *Fiscália*, n.º 27/28, Lisboa, Revista da Direcção Geral dos Impostos, pp. 38 e ss.

entanto, muitos estudos internacionais, já analisados, sugerem que os custos de cumprimento são mais elevados para os contribuintes mais idosos.

No Reino Unido, Sandford sublinha que o peso dos custos de cumprimento dos contribuintes com idades entre 45 e 54 anos é maior.[373] Justifica esta situação argumentando que é nesta fase da vida que a maioria dos indivíduos está em ascensão profissional e que, por isso, auferem mais rendimentos, os quais estão normalmente associados a maior complexidade na declaração de imposto.

O mesmo autor observa, ainda, como veremos mais à frente, que os custos não podem ser medidos apenas em termos de tempo e dinheiro. O peso dos custos psicológicos da tributação, a ansiedade e o nervosismo associado ao processo de cumprimento é, muitas vezes, elevado, e incidem com maior peso nos contribuintes mais idosos.

Na Holanda, Maarten Allers concluiu que o tempo e outros custos monetários no cumprimento fiscal crescem com a idade.[374]

No estudo realizado em Espanha verificou-se que os contribuintes com custos de cumprimento mais elevados são os que têm idade superior a 74 anos e os que estão no grupo de contribuintes com idades compreendidas entre 45 e 54 anos. Os contribuintes com menos idade têm custos de cumprimento mais baixos.[375]

O estudo realizado no Canadá, por Vaillancourt, em 1995, sugere que o total de custos aumenta, numa primeira fase, com a idade, e diminui, numa segunda, com o avançar da idade.[376] Assim, neste país, a relação entre a idade e os custos de cumprimento apresenta a forma de uma curva em U.

---

[373] Sandford, Cedric (1973), *Hidden Costs of Taxation*, London, Institute for Fiscal Studies, p. 144.

[374] Allers, Maarten (1995), "Tax compliance costs in the Netherlands", in: Sandford, Cedric (Ed.), *Tax Compliance Costs – Measurement and Policy*, Bath, Fiscal Publications, p. 186.

[375] Delgado, Maria Luísa, Diaz, Consuelo (1995), "Personal income tax compliance costs in Spain", in: Sandford, Cedric (Ed.), *Tax Compliance Costs – Measurement and Policy*, Bath, Fiscal Publications, p. 223.

[376] Vaillancourt, François; Blais, Etienne (1995), "The evolution of compliance time of personal income tax-filers in Canada 1971-93", in: Sandford, Cedric (Ed.) (1995), *Tax Compliance Costs – Measurement and Policy*, Bath, Fiscal Publications, p. 263.

Slemrod, nos EUA, concluiu que o tempo gasto no cumprimento fiscal é mais elevado para os contribuintes com idades compreendidas entre os 46-65 anos.[377]

Em quarto lugar, entre os factores pessoais, é do nível de escolaridade e dos custos de cumprimento que agora nos vamos ocupar. Neste caso, a relação entre custos de cumprimento e o grau de instrução não é simples.

O estudo de Sandford, de 1973, sugere que dificuldades com os assuntos fiscais diminuem com um maior grau de instrução, pelo que a maioria das pessoas com um nível de escolaridade médio não tem dificuldades consideráveis em cumprir com os seus assuntos fiscais.

Outros estudos revelaram que o total de custos de cumprimento aumenta com o nível de escolaridade, enquanto que a necessidade de ajuda externa diminui.

Nos EUA, em 1992, Slemrod sublinha que, "(...) the total time and its sub-categories increase with education, there being an especially marked "spike" at high school graduation for record-keeping. While the use of professional advice seems to decline with education, fees paid to professional advisors tend to raise (...) the total resource costs do increase with education rising from 122.90 USA for taxpayers with only elementary level of education to 545.6 USA for those with graduate level training."[378]

No Canadá, Vaillancourt[379] concluiu acerca do imposto sobre o rendimento dos contribuintes individuais, em 1995, que o total de custos de cumprimento aumenta com o nível de escolaridade. Este estudo mostrou que os contribuintes com um elevado nível de escolaridade têm um nível de conhecimentos superior para preencher a sua declaração de rendimentos e gastam, assim, mais tempo no seu preenchimento, dado que não recorrem a ajuda externa. Deste modo, a quantidade de tempo gasto no

---

[377] Slemrod, Joel; Sorum, N. (1984), "The compliance costs of the individual income tax system", in: *National Tax Journal*, Volume 37, n.º 4, pp. 461-74; e Slemrod, Joel; Blumenthal, Marsha (1992), "The compliance costs of the U.S. individual income tax system: a second look after tax reform", in: *National Tax Journal*, Volume 55, n.º 2, pp. 185-202.

[378] Slemrod, Joel; Blumenthal, Marsha (1992), "The compliance costs of the US individual income tax system: a second look after tax reform", in: *National Tax Journal*, Volume 45, n.º 2, p. 190.

[379] Vaillancourt, François; Blais, Etienne (1995), "The evolution of compliance time of personal income tax-fillers in Canada 1971-93", in: Sandford, Cedric (Ed.), *Tax Compliance Costs – Measurement and Policy*, Bath, Fiscal Publications, p. 263.

preenchimento das declarações fiscais tende a aumentar com o grau de instrução.

Maarten Allers, na Holanda, afirmou igualmente que o total de custos aumenta com o grau de instrução, referindo o seguinte: "Time taxpayers spend on their income return increases with education. Unpaid help from family members or friends decreases somewhat as schooling or income raises (...) Money costs decrease slightly with education (...)"[380]

Em Espanha, Diaz e Delgado sugerem que "those who spend more money on income tax compliance are those who have received "no education" or some kind of "primary education" and those with university degrees. The need for external help diminishes as tax-filer educational level rises."[381]

Verificamos, assim, que não existem resultados unânimes entre a educação e custos de cumprimento nos estudos realizados internacionalmente.

Na verdade, um elevado grau de instrução é sinónimo, muitas vezes, de níveis superiores de rendimento, por isso, nestes casos, os custos de cumprimento podem aumentar, devido à complexidade induzida pelo aumento do rendimento (mais categorias de rendimento, maior complexidade da declaração de rendimentos, entre outros motivos).

Podemos, então, concluir que existem outros factores associados ao grau de instrução que influenciam os custos de cumprimento, tais como a actividade principal exercida, o nível de rendimento, e as fontes de rendimento dos contribuintes. Estes factores, que designámos de económicos, serão analisados de seguida.

2.1.2. *Factores económicos*

2.1.2.1. *Actividade principal exercida*

No que diz respeito à actividade exercida, a maioria dos estudos são unânimes em considerar que os custos de cumprimento são mais elevados

---

[380] Allers, Maarten (1995), "Tax compliance costs in the Netherlands", in: Sandford, Cedric (Ed.), *Tax Compliance Costs – Measurement and Policy*, Bath, Fiscal Publications, p. 186.
[381] Delgado, Maria Luísa, Diaz, Consuelo (1995), "Personal income tax compliance costs in Spain", in: Sandford, Cedric (Ed.), *Tax Compliance Costs – Measurement and Policy*, Bath, Fiscal Publications, p. 223.

para os trabalhadores por conta própria do que para os que auferem rendimentos do trabalho por conta de outrem.

Slemrod, em 1984, observou que os trabalhadores por conta própria gastavam mais 35 horas, e suportavam mais 400 Dólares no total de custos de cumprimento do que o grupo de contribuintes que exerce trabalho dependente[382]. Em 1992, Slemrod confirmou os resultados de 1984, sublinhando que os trabalhadores por conta própria gastavam, em média, um total de 60 horas no cumprimento fiscal enquanto que os que trabalham por conta de outrem gastavam, em média, 21 horas no cumprimento dos seus deveres tributários. Referiu, ainda, que estes contribuintes recorrem a assistência profissional duas vezes mais do que os restantes contribuintes individuais, e pagam também o dobro em honorários a consultores externos.[383]

Na mesma linha, Vaillancourt, em 1985, no Canadá, observou que os trabalhadores por conta própria gastavam, em média, por ano, 8 horas e 72 Dólares em custos de cumprimento, enquanto os trabalhadores por conta de outrem despendiam, em média, 4,8 horas e 22 Dólares por ano.

Sandford, nos seus estudos, de 1973 e 1984, demonstrou claramente que os principais determinantes dos custos de cumprimento são a categoria de rendimentos e o nível de rendimento. Observa, então, que os custos de cumprimento são maiores para os contribuintes que exercem actividade por conta própria[384].

Sandford apresenta dois motivos para justificar esta situação. Por um lado, os trabalhadores por conta própria recebem os seus rendimentos brutos, enquanto os indivíduos que exercem uma actividade por conta de outrem auferem os seus rendimentos líquidos de imposto, uma vez que a maioria dos seus rendimentos estão sujeitos ao mecanismo de retenção na fonte. Assim, a maior parte destes contribuintes estão dispensados de entregar a sua declaração de rendimentos, já que este sistema de retenção na fonte, o qual designámos anteriormente de PAYE, permite calcular o valor exacto do "imposto final". Como resultado deste sistema, os traba-

---

[382] Slemrod, Joel; Sorum, N. (1984), "The compliance costs of the individual income tax system", in: *National Tax Journal*, Volume 37, n.º 4, pp. 461-74.

[383] Slemrod, Joel; Blumenthal, Marsha (1992), "The compliance costs of the US individual income tax system: a second look after tax reform", in: *National Tax Journal*, Volume 45, n.º 2, pp. 185-202.

[384] Sandford, Cedric *et. al* (1989), *Administrative and Compliance Costs of Taxation*, Bath, Fiscal Publication, pp. 70-74.

lhadores que auferem rendimentos do trabalho dependente suportam custos de cumprimento mais baixos do que os indivíduos que trabalham por conta própria.[385] Por outro lado, este grupo de contribuintes é alvo de fiscalizações mais rigorosas e mais frequentes do que os contribuintes que auferem rendimentos do trabalho dependente. Esta situação pode resultar em custos de cumprimento mais elevados para aqueles indivíduos, não só porque têm de manter as suas contas organizadas, para as quais recorrem muitas vezes a um profissional fiscal, como ainda, resultado de inspecções mais frequentes, incorrem em custos psicológicos mais elevados e, consequentemente, em custos de cumprimento maiores.

2.1.2.2. Nível de rendimento

Muitos dos estudos elaborados sugerem ainda que os custos de cumprimento tendem a aumentar quando cresce o nível de rendimento.

No Reino Unido, Sandford concluiu que os dois factores determinantes do nível dos custos de cumprimento são a categoria de rendimentos e o montante de rendimento auferido pelo contribuinte.[386] Na realidade, quer na categoria dos trabalhadores por conta de outrem, quer na categoria dos trabalhadores por conta própria, os custos de cumprimento aumentam à medida que cresce o nível de rendimentos.

Nos EUA, Slemrod observou que a relação entre custos de cumprimento e nível de rendimento apresenta uma curva em forma de U, na qual os contribuintes com rendimentos elevados têm custos superiores à média, e os contribuintes de menores rendimentos apresentam custos superiores à média dos restantes grupos.[387]

Em Espanha, Diaz e Delgado, confirmaram os resultados de Slemrod, determinando uma curva em forma de U para os custos de cumprimento. Assim, os custos de cumprimento tendem a ser elevados, quer para os contribuintes com baixos rendimentos, quer para aqueles que possuem

---

[385] Sandford, no seu estudo de 1984, observou que, em resultado do sistema de retenção PAYE, 40% dos contribuintes não gastavam tempo algum com os seus assuntos fiscais.

[386] Sandford, Cedric *et al.* (1989), *Administrative and Compliance Costs of Taxation*, Bath, Fiscal Publications, pp. 70-74.

[387] Sandford, Cedric (Ed.) (1995), *Ob. Cit.*, pp. 73 e 74.

rendimentos mais elevados, em especial se comparados com o grupo de indivíduos com rendimentos médios da amostra.[388]

Por sua vez, Vaillancout, no Canadá, não confirma estes resultados. Segundo este autor, o principal determinante dos custos de cumprimento é a complexidade da situação fiscal do contribuinte, desempenhando o nível de rendimento um papel secundário no conjunto de determinantes do cumprimento fiscal[389].

Marten Allers, na Holanda, refere que à medida que aumenta o montante de rendimento auferido pelos contribuintes, os custos de cumprimento aumentam, o tempo gasto pelos contribuintes no cumprimento fiscal também aumenta, enquanto que o recurso à ajuda externa não paga diminui.

A maioria dos estudos sugere que os custos de cumprimento são regressivos, isto é, são desproporcionalmente elevados para os pequenos contribuintes quando comparados com os restantes contribuintes.

No Reino Unido, Dean sublinha, a este propósito, o seguinte: "The single finding on which practically all researchers are agreed is that compliance costs are proportionately heavier for small tax-paying units than they are for larger ones."[390]

Na Austrália, Pope e Fayle, no seu estudo acerca dos custos de cumprimento do imposto sobre o rendimento das pessoas individuais, questionaram 1 098 contribuintes individuais no ano de 1986-87. Verificaram que os custos de cumprimento eram mais elevados para os contribuintes do escalão de rendimentos mais baixo, isto é, 10,5% para os contribuintes com rendimentos menores do que 10 000 Dólares, 1,5% para aqueles com rendimentos entre 30 000 e 50 000 Dólares e 3,8% para os que auferem acima de 50 000 Dólares de rendimentos por ano[391].

Nos estudos da *Australian Taxation Studies Program* (ATAX), o custo médio de cumprimento para os contribuintes do escalão de rendi-

---

[388] Delgado, Maria Luísa, Diaz, Consuelo (1995), *Ob. Cit.*, pp. 210-225.

[389] Vaillancourt, François; Blais, Etienne (1995), *Ob. Cit.*, pp. 263-272.

[390] Dean, Peter, (1973), *Some Aspects of Tax Operating Costs with Particular Reference to Personal Taxation in the United Kingdom*, PhD Dissertation, Bath, Bath University, p. 112.

[391] Pope, Jeff (1995), "The compliance costs of major taxes in Australia", in: Sandford, Cedric (Ed.), *Tax Compliance Costs – Measurement and Policy*, Bath, Fiscal Publications, pp. 101-126.

mentos mais baixo, médio e superior foi de 148 Dólares, 226 Dólares e 439 Dólares, respectivamente.[392] Estes custos correspondem a 1,45%, 0,72%, e 0,57% das receitas fiscais dos contribuintes de cada escalão de rendimentos respectivos.

2.1.3. *Factores técnicos*

2.1.3.1. *Fontes de rendimento*

A complexidade do sistema fiscal é, em muitos dos estudos elaborados, a principal determinante dos custos de cumprimento do sistema fiscal.

No Canadá, Vaillancourt revelou que os custos de cumprimento do imposto pessoal sobre o rendimento tendem a ser mais elevados à medida que aumentam as categorias de rendimento dos contribuintes. Neste estudo, o factor determinante dos custos de cumprimento é a complexidade da situação fiscal do contribuinte medida pelas categorias de rendimentos.

Na Holanda, Marten Allers chegou ao mesmo resultado, segundo o qual, a maioria do tempo e dos restantes custos suportados são mais elevados para os contribuintes com fontes de rendimento diversificadas.

Diaz e Delgado, em Espanha, chegam também a conclusões semelhantes. Os custos de cumprimento tendem a ser mais elevados para os contribuintes com rendimentos oriundos de diferentes fontes.[393] No mesmo estudo sublinhou ainda que os contribuintes que têm rendimentos prediais, mais-valias, rendimentos empresariais, profissionais e agrícolas incorrem em custos de cumprimento mais elevados.

2.1.3.2. *Nível de conhecimentos fiscais*

A maioria dos estudos elaborados acerca dos custos de cumprimento incluiu o nível de escolaridade como a variável que traduz o nível de

---

[392] Evans, Chris et al (2000), "Tax compliance costs: research methodology and empirical evidence from Australia", in: *National Tax Journal*, Volume 53, n.º 2, pp. 320-345.

[393] Sandford, Cedric (Ed.) (1995), *Ob. Cit.*, p. 215.

conhecimentos, assumindo que o conhecimento sobre a tributação aumenta com o grau de instrução. Outros estudos, porém, apontaram uma relação mais estreita entre conhecimentos técnicos específicos e o comportamento dos contribuintes.

Maarten Allers, na Holanda, concluiu que os custos monetários são elevados para os contribuintes individuais que não têm quaisquer conhecimentos técnicos do sistema fiscal.

Os conhecimentos fiscais têm, na verdade, uma importância central relativamente às preferências e atitudes perante o sistema tributário. Muller, em 1963,[394] sublinhou a importância destes conhecimentos no desenvolvimento de atitudes positivas acerca do sistema fiscal. Song e Yarbrough, em 1978, elaboraram um estudo sobre o conhecimento dos objectivos do sistema tributário por parte dos contribuintes, e concluíram que aqueles com melhores conhecimentos do sistema fiscal têm atitudes eticamente mais correctas quando comparados com os contribuintes com menores conhecimentos fiscais.

Lewis, em 1979,[395] nos seus diferentes estudos sobre a psicologia da tributação, sublinha a necessidade de uma melhor educação fiscal como condição necessária para o desenvolvimento de atitudes positivas em relação ao cumprimento. Na verdade, segundo este autor, os contribuintes, na ausência de educação fiscal, estão mais motivados para reduzir os seus impostos, o que implica um aumento dos seus custos de cumprimento.

Eriksen e Fallan[396], em 1996, num inquérito elaborado aos alunos antes e depois de frequentarem a disciplina de fiscalidade, isto é, antes e depois de adquirirem melhores conhecimentos acerca dos impostos, verificaram que os alunos depois de terem os conhecimentos adquiridos possuem uma melhor percepção da justiça, da ética e das atitudes em torno da evasão e fraude fiscal.

---

[394] Muller, F.J. (1963), *The Burden of Compliance – Mail Questionnaire plus Survey follow-up Interviews and Time Studies, plus supplementary Interviews*, Seattle Bureau of Business Research.

[395] Lewis, Allan (1979, "Atitudes towards income tax and public expenditure, school of humanities and social sciences", in: *Occasional Paper*, n.º 8, pp. 19-20.

[396] Eriksen, Knut; Fallan, Lar (1996), "Tax knowledge and attitudes towards taxation – a report on a quasi-experiment", in: *Journal of Economic Psychology*, Volume 17, n.º 3, pp. 397-398.

Podemos referir que, regra geral, os estudos acima referidos sublinham que o conhecimento técnico das leis fiscais ajuda o contribuinte nas suas actividades de cumprimento.[397]

Em Portugal também as exigências que a fiscalidade faz aos cidadãos são cada vez maiores e de carácter técnico. Esta circunstância obriga em muitos casos os contribuintes a recorrer ao serviço de especialistas para um melhor cumprimento das obrigações tributárias. Esta situação pode implicar um aumento dos custos de cumprimento.

2.1.4. *Factores psicológicos e sociológicos*

Na análise de qualquer sistema fiscal, o domínio da psicologia e da sociologia assume cada vez maior importância, dele dependendo, em grande medida, a aceitação do sistema fiscal pelos cidadãos, uma condição afinal da sua correcta aplicação.[398]

Assim, o estudo dos impostos deve ter em conta os factores sócio-psicológicos que determinam o comportamento dos indivíduos e dos grupos de pressão, de modo a contemplar as reacções que são suscitadas e as interacções que entre eles se estabelecem.

No nosso estudo, o que está aqui em causa é saber até que ponto o domínio da psicologia e da sociologia interagem no cumprimento das obrigações fiscais dos contribuintes.

Segundo Luísa Delgado,[399] o objecto de estudo da sociologia fiscal apresenta múltiplos aspectos, entre os quais se podem salientar, o desenho

---

[397] Bhatnagar, Dheeraj (1997), *Compliance Costs: The Taxpayer's Perspective – A study of some of the taxpayer related determinants of compliance costs of Personal Income tax in the UK*, Dissertation for the degree of M.Sc. in Fiscal Studies, Bath, University of Bath, p. 23.

[398] Sobre este assunto veja-se, por exemplo, neste domínio, as obras: Laufenburger, Henry (1956), *Théorie Économique et Psychologie des Finances Publiques*, Paris; Schmolders, Gunter (1973), *Psychologie des Finances et de l'Impôt*, Paris, Universitaires de France Presses.

[399] Delgado, Maria Luísa (2001), "Sociología y Psicologia Fiscales. La cultura fiscal dos Españoles", in: *Conferência proferida em no XXI Curso de Instituciones y Técnicas Tributárias*, Instituto de Estúdios Fiscales. Esta conferência foi publicada posteriormente em: Delgado, Maria Luísa (2003); "Sociología y Psicologia Fiscales. La cultura fiscal dos Españoles", in: *Ciência e Técnica Fiscal*, n.° 409, Lisboa, Ministério das Finanças, pp. 11-35.

e o controlo dos programas dos gastos públicos, a distribuição da carga fiscal, a configuração e o desempenho da burocracia estatal, o grau de cumprimento real e efectivo das obrigações tributárias, e a cultura fiscal dos cidadãos. Por sua vez, a psicologia fiscal está directamente relacionada com o conjunto de ideias, sentimentos e percepções dos cidadãos, na qualidade de contribuintes, que determina as suas atitudes em relação ao cumprimento fiscal. Como qualquer atitude tem implícita uma componente intencional, a conjugação dos elementos referidos determina o comportamento dos contribuintes para o cumprimento ou incumprimento das suas obrigações tributárias. Daqui resulta que os aspectos da sociologia e da psicologia fiscais devem ser considerados em conjunto, pois procuram explicar, quer a conduta fiscal dos contribuintes, quer a dos poderes públicos.

Neste sentido é conveniente conhecermos e segmentarmos os diferentes tipos de contribuintes de acordo com as suas percepções do sistema fiscal, as suas ideias, os seus sentimentos acerca da distribuição da carga fiscal, da relação que existe entre os impostos pagos e os serviços públicos recebidos, como factores que facilitam o cumprimento ou incumprimento do sistema fiscal, influenciando, por esta via, o montante de custos de cumprimento suportados pelos contribuintes.

Alguns autores chamaram a atenção para o papel que os custos psicológicos podem desempenhar na análise dos determinantes e dos factores associados aos custos de cumprimento do sistema fiscal.

Os custos psicológicos foram identificados por Adam Smith[400] e tomados em consideração na definição de custos de cumprimento de Sandford. Segundo este autor, estes custos dizem respeito à ansiedade, preocupação e nervosismo incorridos pelos contribuintes, em particular os contribuintes mais idosos, reformados e viúvos, no cumprimento dos seus assuntos fiscais.[401]

Como é sabido, os custos psicológicos são muito difíceis, senão impossíveis, de medir, todavia, foram elaboradas algumas tentativas de avaliação qualitativa deste tipo de custo.

---

[400] SMITH, Adam (1776), *An Inquiry into the nature and causes of The Wealth of Nations*, tradução portuguesa: *Riqueza das Nações*, Volume II, 3ª Edição, Lisboa, Fundação Calouste Gulbenkian, 1983, pp. 485-489.

[401] Sandford, Cedric; Godwin, Michael; Hardwick, Peter (1989), *Administrative and Compliance Costs of Taxation*, Bath, Fiscal Publications, p. 9.

No Reino Unido, Sandford e Dean, em 1972,[402] concluíram que um grande número de contribuintes reformados recorre, de uma forma desproporcional, a ajuda para cumprir com os seus assuntos fiscais, quando comparados com os contribuintes em geral. Esta situação pode ser, segundo os autores, um indicador da existência de custos psicológicos.

Dean, em 1973,[403] enumerou um conjunto de dificuldades que mais afectavam os contribuintes reformados no cumprimento das suas obrigações fiscais: não disponibilidade no atendimento do serviço aos clientes; situações fiscais complexas resultantes fundamentalmente de várias fontes de rendimento; ganhos provenientes de diferentes rendimentos obtidos.

Na mesma linha, Lewis, em 1982,[404] observou, também, que a categoria de contribuintes que suporta custos psicológicos consideráveis no cumprimento das suas obrigações fiscais é a de pensionistas ou reformados.

Sandford, nos seus estudos de 1973 e 1984, observou, ainda, que no grupo de contribuintes com mais idade é o género feminino, em particular as viúvas, que mais sofre de custos de angústia no processo de cumprimento fiscal.[405] Assim, segundo este autor, não se deve ignorar o peso dos custos psicológicos no conjunto dos custos do sistema fiscal.

Luísa Delgado, em Espanha[406], apresentou uma definição de custos psicológicos baseada em quatro indicadores: a percepção dos contribuintes em relação ao tempo dedicado ao trabalho fiscal; a parte das tarefas fiscais mais difícil de cumprir; o sentimento dos contribuintes após o dever cumprido; e o tempo gasto nas dúvidas fiscais. Através de entrevistas pessoais, a autora mediu qualitativamente os custos psicológicos e observou

---

[402] Sandford, Cedric; Dean, Peter (1971/72), "*Accountants and the tax system – interview survey*", in: *Accounting and Business Research*, pp. 3-37.

[403] Dean, Peter, (1973), *Some Aspects of Tax Operating Costs with Particular Reference to Personal Taxation in United Kingdom*, PhD Dissertation, Bath, Bath University, pp. 112 e ss.

[404] Lewis, Allan (1982), *The Psychology of Taxation*, Oxford, Blackwell; e ver, também, Lewis, Allan (1979), "Atitudes towards income tax and public expenditure", in: *Occasional Paper* n.º 8.

[405] Sandford, Cedric (1973), *Hidden Costs of Taxation*, London, Institute for Fiscal Studies, pp. 144 e ss.

[406] Lobo, Maria Luísa Delgado (2003), "Sociologia Y psicologia fiscales. La cultura fiscal de los espanoles", in: *Ciência e Técnica Fiscal*, n.º 409, Lisboa, Ministério das Finanças, pp. 11-35.

que são particularmente sentidos pelos contribuintes mais idosos e reformados, dado que estes têm maior dificuldade em interpretar a lei fiscal e nem sempre, quando não podem recorrer a ajuda profissional, o atendimento e a informação fornecida pela administração fiscal é suficiente para esclarecer todas as suas dúvidas.

Na Austrália, um grupo de investigadores, em 2001,[407] conduziu um estudo e avaliou, também, qualitativamente os custos psicológicos relacionando-os com o comportamento e as atitudes dos contribuintes.

A metodologia assentou no uso de casos de estudo. Recorreram, então, a quatro estudantes da universidade que tinham frequentado a disciplina de fiscalidade e, por isso, estariam, em princípio, familiarizados com a lei fiscal, e a quatro profissionais de outras áreas (biólogo, arquitecto, desportista, comunicador). O método consistiu na distribuição, pelos dois grupos de indivíduos, de estudos de casos com níveis de dificuldade diferentes. As atitudes e o comportamento dos participantes na resolução dos problemas, desde a linguagem oral à corporal, foram filmados para posteriormente serem analisados por um psicólogo.

Os resultados obtidos indicaram que os indivíduos incorriam em custos psicológicos. Nenhum dos inquiridos conseguiu resolver correctamente os casos apresentados. As palavras "frustração" e "confusão" foram muito pronunciadas, assim como muitos foram os gestos corporais que indiciavam ansiedade e preocupação.

Assim, este grupo de investigadores acrescentou algumas conclusões importantes à análise de Sandford.

Em primeiro lugar, na definição de custos psicológicos de Sandford apenas se tinha em conta a ansiedade e o nervosismo dos contribuintes individuais. Por seu turno, Coleman *et al* consideraram os custos psicológicos dos contribuintes individuais e dos profissionais fiscais. Todavia, num mercado competitivo, os custos psicológicos dos profissionais fiscais estão incluídos no valor dos honorários cobrados aos contribuintes. Por

---

[407] Coleman, Cynthia; Mckerchar, Margaret *et al.* (2001), "Taxation or vexation: measuring the psychological costs of tax compliance", in: Evans, C.; Pope, J.; Hasseldine, J. (Eds), *Tax Compliance: A Festschrift for Cedric Sandford*, St Leonards, Prospect Media Pty Ltd, Australia, pp. 35-51; Tran-Nam, Binh (2001), "Tax compliance costs methodology – a research agenda for the future", in: Evans, C.; Pope, J.; Hasseldine, J. (Eds), *Tax Compliance: A Festschrift for Cedric Sandford*, St Leonards, Prospect Media Pty Ltd, pp. 51-69.

este motivo, segundo Evans,[408] referir-se aos custos psicológicos dos profissionais fiscais pode ser conceptualmente problemático.

Em segundo lugar, estes autores concluíram que o aumento do recurso à ajuda externa diminui os custos psicológicos dos contribuintes individuais, aumentando, porém, as suas despesas monetárias directas.

Em terceiro lugar, sublinharam, uma vez mais, que a medição absoluta dos custos psicológicos é extremamente difícil, senão impossível, mas acrescentaram que, na maioria dos casos, é suficiente identificar os contribuintes que incorrem neste tipo de custos.

Deste modo, tendo em conta os estudos anteriormente referenciados, podemos aferir que os custos psicológicos poderão constituir uma componente tão significativa quanto os custos de tempo ou outros custos monetários no total dos custos de cumprimento.

No ponto seguinte, iremos discutir os factores associados aos custos de cumprimento das empresas societárias.

2.2. Imposto sobre o rendimento das pessoas colectivas

2.2.1. *Dimensão da empresa*

Os estudos dos custos de cumprimento das empresas são unânimes em sublinhar que estes são maiores, em termos absolutos, para as empresas de maior dimensão do que para as empresas de pequena e média dimensão. Todavia, em termos relativos, o mesmo já não se verifica, já que os custos de cumprimento das empresas tendem a ser regressivos, isto é, incidem proporcionalmente mais sobre as pequenas e médias empresas do que sobre as suas congéneres de maior dimensão.

Existem dois indicadores para avaliar o peso relativo dos custos de cumprimento.

O primeiro é dado pela relação entre os custos totais de cumprimento e o montante de impostos pagos. Este indicador fornece informações sobre a quantia que as empresas têm de suportar em custos de cumprimento para gerar um determinado montante de receitas fiscais.

---

[408] Evans, Chris; Tran-Nam, Binh (2002), "The impact of Cedric Sandford on the discipline of tax compliance costs", in: *Australian Tax Forum – Tribute Edition to Cedric Sandford*, Volume 17, n.º 4, Taxation Institute of Australia, pp. 390-405.

O segundo indicador expressa a relação entre os custos totais de cumprimento e o volume de negócios. A medição do peso relativo dos custos de cumprimento, em percentagem do volume de negócios, quando comparamos o montante de imposto pago, reflecte, por um lado, de forma conveniente, mais a dimensão da empresa e, por outro, permite que mais empresas entrem na análise em estudos assentes em inquéritos.[409]

Estudos diferentes realizados em alguns países estimaram os custos de cumprimento das empresas, quer em percentagem dos impostos sobre os lucros, quer em percentagem do seu volume de negócios. As comparações entre os vários estudos devem, no entanto, ser entendidas como meramente indicativas devido, entre outras razões, às diferenças nas estruturas fiscais dos países, na técnica de recolha de informação, e no período em análise.

No Reino Unido, Sandford e outros, num estudo realizado em 1986-87, calcularam os custos de cumprimento das empresas em percentagem do volume de negócios, e obtiveram os resultados que constam do quadro 4.1.

[Quadro n.º 4.1] Custos de cumprimento das empresas em percentagem do volume de negócios no Reino Unido entre 1986-1987

(em percentagem do volume de negócios)

Volume de negócios das empresas	IVA	PAYE – imposto sobre o rendimento	Imposto sobre os lucros	Todos os impostos
Pequena empresa (< 100 000 Libras)	1,48	1,39	0,79	3,66
Média empresa (100 000 – 1 Milhão de Libras)	0,28	0,19	0,15	0,62
Grande empresa (> 1 Milhão de Libras)	0,05	0,08	0,04	0,17

Fonte: Godwin, Michael (1995), "The compliance costs of the United Kingdom tax system", in: Sandford, Cedric (Ed.), (1995), *Tax Compliance Costs – Measurement and Policy*, Fiscal Publications, Bath, pp. 73-99; e; Sandford, Cedric; Godwin, Michael; Hardwick, Peter (1989), *Administrative and Compliance Costs of Taxation*, Fiscal Publications, Bath, pp. 140-144.

---

[409] Na verdade, é maior a probabilidade de responderem à questão do volume de negócios do próprio ano do que à pergunta do valor do imposto pago. Por isso, a análise pode estender-se a mais empresas.

Assim, estes autores concluíram que os custos de cumprimento, em percentagem do volume de negócios, incidem de forma desproporcional sobre as pequenas empresas, no que diz respeito ao imposto sobre o rendimento, ao IVA, e ao PAYE.[410] Os custos de cumprimento das empresas no Reino Unido são, assim, claramente, regressivos.

O estudo de Hasseldine para as empresas, na Nova Zelândia, chegou ao mesmo resultado acerca da regressividade dos custos, como se pode verificar no quadro 4.2.

[Quadro n.º 4.2] Custos de cumprimento das empresas em percentagem do volume de negócios na Nova Zelândia entre 1990-1991
(em percentagem do volume de negócios)

Volume de Negócios (em Dólares)	Custos médios de cumprimento (Mil Dólares)	Custos de cumprimento (%volume de negócios)
<30000	3 345	13,4
30000-100000	4 203	6,5
100000-250000	7 365	4,2
250000-500000	8 997	2,4
500000-1 Milhão	11 321	1,5
1-2 Milhões	17 875	1,2
2-10 Milhões	23 305	0,4
10-50 Milhões	26 379	0,09
>50 Milhões	59 404	0,03

Fonte: Hasseldine, John (1995), "Compliance cost of business taxes in New Zealand", in: Sandford, Cedric (Ed.) (1995), *Tax Compliance Costs – Measurement and Policy*, Fiscal Publications, Bath, pp. 126-142.

---

[410] Estas conclusões estão de acordo com outros estudos realizados por Godwin no Reino Unido. Cfr. Godwin, Michael (1979), "Compliance costs: the costs of paying taxes" in: *Occasional Paper*, n.º 3, University of Bath; e, Sandford, Cedric; Godwin, Michael; Hardwick, Peter; Butterworth, M. (1981), *Costs and Benefits of VAT*, London, Heinemann Educational Books, 248 pp.; Godwin, Michael; Collard, David (1999), "Compliance costs for employers: UK PAYE and National Insurance, 1995-96", in: *Fiscal Studies*, Volume 20, n.º 4, pp. 423-449; Godwin, Michael; Hudson, John (2000), "The compliance costs of collecting direct tax in the UK: an analysis of PAYE and National Insurance", in: *Journal of Public Economics*, Volume 77, pp. 29-44.

Na Austrália, Pope estimou os custos de cumprimento das empresas, no seu estudo de 1993[411], em percentagem do imposto pago, e chegou aos mesmos resultados dos estudos anteriores, confirmando a regressividade dos custos de cumprimento. Posteriormente, Evans *et al*, em 1996 e 1997, na Austrália, sublinharam, uma vez mais, a regressividade dos custos de cumprimento das empresas, como se pode observar no quadro 4.3. [412]

**[Quadro n.º 4.3] Custos médios de cumprimento
de acordo com a dimensão da empresa na Austrália entre 1994-1995**

Tipo de empresa	Custo médio de cumprimento (Mil Dólares)	Custo de cumprimento (% volume de negócios)
Pequena Empresa	1 235	24,71
Média Empresa	4 935	0,98
Grande Empresa	(30 052)	(0,60)

Fonte: Evans *et. al.* (2000), *Ob. Cit.*, p. 344.

A partir da análise do quadro 4.3, sublinha-se, uma vez mais, a relação inversa entre os custos de cumprimento das empresas e a sua dimensão, a qual é medida de acordo com o volume de negócios.

Neste caso, e como se verifica da análise do quadro 4.3, as empresas de maior dimensão suportam custos médios de cumprimento negativos, o que se deve, segundo Evans, ao valor dos benefícios de *cash flow* tomados em consideração no cálculo dos custos. Por seu turno, as pequenas e médias empresas suportam custos médios de cumprimento expressivos, não assumindo, nesta situação, os benefícios de *cash flow* um valor tão significativo.

---

[411] Pope, Jeff (1993), *The Compliance Costs of Major Commonwealth Taxes in Australia*, PhD Thesis, Perth, Curtin University of Technology.

[412] Evans, Chris; Ritchie, Katherine; Tran-Nam, Binh; Walpole, Michael (1996), *A Report into the Incremental Costs of Taxpayer Compliance*, Canberra, Australian Government Publishing Service.; e ver também destes autores: Evans, Chris *et. al.* (2000), "Tax compliance costs: research methodology and empirical evidence from Australia", in: *National Tax Journal*, Volume 53, n.º 2, pp. 320-345; Evans, Chris *et al* (1999), "Taxation compliance costs: some lessons from "down-under", in: *British Tax Review*, n.º 4, pp. 244-271.

No que diz respeito ao peso dos custos cumprimento no volume de negócios, observamos que os mesmos são claramente regressivos, incidindo mais fortemente nas pequenas empresas do que nas suas concorrentes de maior dimensão.

A conclusão do estudo da ATAX vai no sentido de outros estudos realizados anteriormente, na Austrália e no estrangeiro, onde se sublinha que os custos de cumprimento das empresas são muito elevados e bastante regressivos.

O estudo de Cordova-Novion e Young[413] avaliou quantitativa e qualitativamente os custos de cumprimento da legislação laboral, ambiental e fiscal das empresas de 11 países da OCDE. Recorrendo ao uso de questionário (*Large Scale Surveys*), observaram estes autores que os custos com o cumprimento da legislação eram regressivos: o custos por empregado nas pequenas e médias empresas é cinco vezes maior do que o incorrido pelas empresas maiores.

[Quadro n.º 4.4] Custos médios de cumprimento da legislação laboral, ambiental e fiscal das empresas em 11 países da OCDE

Tipo de empresa de acordo com o número de empregados	Custo médio de cumprimento por categoria de empresa (Dólares)	Custo de cumprimento por empregado (Dólares)
Pequena Empresa 1 - 19	25 000	4600
Média Empresa 20 - 49	45 000	1500
Grande Empresa 50 - 499	96 000	900

Fonte: Cordova-Novion, Cesar; De Young, Cassandra (2001), *Ob. Cit.*, p. 150.

---

[413] Cordova-Novion, Cesar; De Young, Cassandra (2001), "The OECD/Public management service multi-country business survey – benchmarking regulatory and administrative business environments in small and medium sized enterprises", in: Evans, C.; Pope, J.; Hasseldine, J. (Eds), *Tax Compliance: A Festschrift for Cedric Sandford*, St Leonards, Prospect Media Pty Ltd, pp. 205-229.

A Comissão Europeia,[414] num estudo recente, concluiu que os custos de cumprimento do imposto sobre os lucros das empresas, na União Europeia, eram regressivos, dado que proporcionalmente incidiam mais sobre as pequenas e médias empresas do que sobre as suas concorrentes de maior dimensão,[415] como podemos observar no quadro 4.5.

[Quadro n.º 4.5] Custos de cumprimento do imposto sobre os lucros das empresas na União Europeia em 2004

Empresas	Custo médio de cumprimento (1 000 Euros)	Custo de cumprimento em % de imposto pago	Custo de cumprimento em % de volume negócios
Pequenas e Médias Empresas	203	30,9	2,6
Empresas grande dimensão	1 460	1,9	0,02

Fonte: Comissão Europeia (2004), *Ob. Cit.*, p. 23.

Os resultados dos estudos apresentados acerca da incidência relativa dos custos de cumprimento das empresas são semelhantes e vão no sentido da regressividade desses custos. Existem várias razões responsáveis por essa regressividade.

O primeiro motivo assenta na complexidade das diferentes estruturas fiscais. É um facto reconhecido que os sistemas fiscais modernos se têm tornado cada vez mais complexos. Os sistemas fiscais mais simples têm apenas um mínimo de procedimentos administrativos e de cumprimento. Os custos mínimos associados a estes procedimentos foram, no primeiro capítulo, designados de custos involuntários do sistema fiscal, os quais deveriam ser uniformes para todos os contribuintes independentemente do

---

[414] Comissão Europeia (2004), "European tax survey", *Working Paper*, n.º 3, in: «hyperlink "http://europa.eu.int/comm/taxation_customs/taxation/taxation.htm"»

[415] A OCDE num estudo elaborado, em 2001, acerca do peso da carga burocrática das obrigações das empresas concluiu, também, que o peso destas obrigações era maior nas pequenas e médias empresas do que nas grandes empresas. Cfr. OCDE (2001), *Businesses`views on Red Tape: Administrative and Regulatory Burdens on Small and Medium – Size Enterprises*, Paris, OECD Publications.

seu nível e da categoria de rendimentos auferidos. Sabemos que esta situação não acontece, já que como verificámos através da análise dos resultados obtidos em estudos anteriormente referidos, à medida que aumentam os rendimentos obtidos, de diferentes categorias de rendimentos, aumenta a complexidade da situação fiscal do contribuinte. Por isso, para o cumprimento fiscal das obrigações tributárias, não basta apenas o contribuinte cumprir com os requisitos mínimos, mas também dispor de um conjunto de informações e conhecimentos fiscais mais alargados, ou então, dispor de meios monetários para recorrer à ajuda externa de um profissional fiscal para o cumprimento correcto dos seus deveres fiscais. Deste modo, podemos concluir que quanto maior a complexidade do sistema fiscal maior será a regressividade dos custos de cumprimento.

O segundo motivo que poderá explicar a regressividade dos custos de cumprimento do sistema tributário está relacionado com as oportunidades oferecidas para o planeamento fiscal. Na verdade, são as grandes empresas que, regra geral, têm esquemas de planeamento fiscal mais agressivo, beneficiando, assim, de maiores deduções, o que lhes permite poupar mais nos seus impostos. Esta situação pode conduzir a uma distribuição regressiva dos custos de cumprimento das empresas ou, também, dos particulares com um nível de rendimento mais elevado.

2.2.2. Sector de actividade

Existem estudos que sugerem que a actividade exercida pelas empresas pode conduzir a custos de cumprimento mais elevados.

Nos EUA, Slemrod, nos seus diferentes estudos, em 1992[416] e 1996[417], estimou os custos de cumprimento para as grandes empresas e concluiu no sentido dos custos das empresas divergirem consoante o sec-

---

[416] Slemrod, Joel; Blumenthal, Marsha (1993), "The income tax compliance costs of big business", in: *Working Paper Series*, n.º 93 – 11, University of Michigan Business School, Julho.

Slemrod, Joel; Blumenthal, Marsha (1996), "The income tax compliance costs of big business", in: *Public Finance Quarterly*, Volume 24, n.º 4, pp. 411-438.

[417] Slemrod, Joel (1997), "Measuring taxpayer burden and atitudes for large corporations: 1996 e 1992 survey results", in: *Working Paper Series*, n.º 97 – 1, Michigan, University of Michigan Business School, p. 10.

tor de actividade. Segundo este autor, alguns sectores de actividade têm custos de cumprimento mais elevados do que outros.

É necessário, todavia, algum cuidado na quantificação da relação entre os custos de cumprimento e o sector de actividade, resultante do efeito da dimensão da empresa, que está sempre implícito. Pelo que, apresentar simplesmente os custos médios por sector pode induzir a conclusões não fidedignas devido às diferenças na dimensão média em empresas por sector.

Vejamos o quadro 4.6 que apresenta o desvio em relação à média dos custos de cumprimento por sector nos EUA.

[Quadro n.º 4.6] Custos de cumprimento das grandes empresas nos EUA por sector de actividade

Sector de actividade	1992	1996
	% Desvio em relação à média	% Desvio em relação à média
Indústria	-3	+7
Comércio por grosso	-29	-6
Comércio a retalho	-21	-66
Serviços	+1	+28
Exploração de minas	+52	+0
Gás e petróleo	+157	+77
Construção	0	n.a.
Transportes	-1	-17
Agricultura	+1	n.a.
Outros	n.a.	+19

Fonte: Slemrod, Joel (1996), *Ob. Cit.*, p. 10.

A partir da análise do quadro 4.6 observa-se que, dentro de cada categoria de empresas, as do sector a retalho e do comércio por grosso são as que têm custos de cumprimento significativamente abaixo da média enquanto as empresas do sector do gás e petróleo têm custos muito acima da média.

Slemrod sublinha ainda que não existiram alterações substanciais nas conclusões obtidas pelo estudo de 1992 e o realizado no ano de 1996, excepto no que diz respeito ao sector das minas.[418] No entanto, as dife-

---

[418] Slemrod, Joel (1996), *Ob. Cit.*, p. 10.

renças não são estatisticamente significativas, na medida em que existem poucas empresas em alguns sectores de actividade,[419] verificando assim uma grande margem de erro nestas observações.

A Comissão Europeia, em 2004, conclui também no sentido de que existiam diferenças sectoriais nos custos de cumprimento.[420] Assim, os sectores de actividade que apresentaram custos de cumprimento médios mais baixos, em termos absolutos, foram o sector da restauração e hotelaria, arrendamento de imóveis, saúde e outros serviços sociais. No entanto, se considerarmos os custos de cumprimento em percentagem do volume de negócios, os sectores que tiveram custos de cumprimento mais elevados foram os sectores de comércio por grosso e a retalho e os de intermediação financeira.

Os resultados dos estudos mencionados parecem assim indicar que o sector de actividade é um determinante dos custos de cumprimento das empresas.

2.2.3. Mercado: nacional, europeu e internacional

Existem alguns estudos que concluíram que as empresas que têm operações fora do mercado nacional (por exemplo europeu ou internacional) tendem a apresentar custos de cumprimento superiores às empresas cujo mercado é apenas o doméstico.

Blumenthal e Slemrod, em 1995,[421] conduziram um estudo cujo objectivo assentava na identificação da dimensão e dos determinantes dos custos de cumprimento das empresas com rendimentos provenientes do estrangeiro. Este estudo partia da amostra das grandes empresas do inquérito de 1992, e questionava as empresas sobre a percentagem dos custos que atribuiriam às operações realizadas no estrangeiro.

---

[419] Por exemplo, em 1996, existiam apenas 4 empresas no sector das minas e 2 empresas no sector dos serviços.

[420] Comissão Europeia (2004), "European tax survey", working paper n.º 3, in: «hyperlink "http://europa.eu.int/comm/taxation_customs/taxation/taxation.htm"», p. 39.

[421] Blumenthal, Marsha; Slemrod, Joel (1995), "The compliance cost of taxing foreing-source income: its magnitude, determinants and policy implications", in: *International Tax and Public Finance*, Volume 2, n.º 1, pp. 35-54.

Concluiu-se que 39,2% do total de custos de cumprimento é devido aos rendimentos obtidos no estrangeiro. Também, no estudo de 1993, os mesmos autores tinham chegado a conclusões que iam no mesmo sentido, pois 51,0% dos custos de cumprimento devia-se a rendimentos obtidos no estrangeiro.[422]

Estas conclusões parecem indicar que existem custos de cumprimento fixos para as empresas que têm operações com o estrangeiro. Porém, também aqui existe o efeito de escala no cumprimento das obrigações fiscais relacionadas com operações estrangeiras.

Para identificar as causas dos custos de cumprimento mais elevados, as empresas com rendimentos estrangeiros foram interrogadas acerca dos aspectos do sistema fiscal responsáveis por esses custos. A partir da análise qualitativa elaborada, concluiu-se que os principais factores responsáveis por maiores custos são o regime dos preços de transferência, o crédito de imposto estrangeiro, e a determinação do rendimento estrangeiro a tributar. Segundo estas empresas, uma reforma nestes aspectos do sistema fiscal, nos EUA, melhorando, por exemplo, a redacção e interpretação nestas secções do código, contribuiria para uma redução dos custos de cumprimento.

O estudo da Comissão Europeia, em 2004,[423] concluiu no sentido de Blumenthal e Slemrod. Quando as empresas realizam operações fora do seu mercado nacional, os seus custos de cumprimento tendem a aumentar. Na realidade, as empresas que se relacionam com diferentes países, dentro ou fora da União Europeia, deparam-se com estruturas e regras fiscais que diferem das suas regras internas, pelo que, consequentemente, incorrerão em custos de cumprimento superiores às empresas que apenas operam no mercado nacional.

Seguidamente, vamos, pois, centrar a nossa atenção na importância da análise qualitativa dos factores que implicam maiores dificuldades de cumprimento e, por isso, maiores custos.

---

[422] Slemrod, Joel; Blumenthal, Marsha (1993), "The income tax compliance costs of big business", in: *Working Paper Series*, n.º 93 – 11, Michigan, University of Michigan Business School, Julho.

[423] Comissão Europeia (2004), "European tax survey", working paper n.º 3, in: «hyperlink "http://europa.eu.int/comm/taxation_customs/taxation/taxation.htm"» , p. 40.

2.2.4. *Avaliação qualitativa da complexidade e dos custos de cumprimento*

O estudo qualitativo das áreas do sistema fiscal de maior complexidade no cumprimento tem sido, também, objecto de análise em alguns países.

No Reino Unido, Sandford e outros, nos seus diferentes estudos[424] incluíram um conjunto de questões que pretendiam analisar os custos da complexidade fiscal dos contribuintes, neste caso das empresas, no cumprimento das suas obrigações tributárias. Sandford identificou as áreas de maior complexidade legislativa para os contribuintes, bem como as que causam mais dificuldades no processo de cumprimento fiscal. Avaliou, também, o relacionamento da administração fiscal com os contribuintes, desde os mecanismos de apoio aos contribuintes, ao esclarecimento das dúvidas fiscais, até à fase final de entrega e pagamento do imposto.

Sandford concluiu que, para os contribuintes que não recorrem a ajuda externa, as áreas de maior complexidade legislativa são as que estão relacionadas com a tributação de mais-valias.

Nos EUA, Slemrod incluiu em todos os seus estudos acerca dos custos de cumprimento das grandes empresas uma avaliação qualitativa da complexidade de modo a investigar quais as medidas e os aspectos do sistema fiscal que poderiam reduzir os custos de cumprimento das empresas.[425]

As empresas foram, em todos os estudos de Slemrod, inquiridas da seguinte forma: "What sugestions would you make to simplify compliance with the tax system at either the federal or state/local levels?"; e "What, if any, specific revisions of the U.S. Internal Revenue Code would you suggest to reduce the cost of complying with U.S. rules regarding the taxation?" No final, as empresas eram convidadas a estimar uma quantia do valor aproximado que pouparium em custos de cumprimento com a reforma destas medidas nos códigos fiscais.

---

[424] Sandford, Cedric et. al. (1989), *Ob. Cit.*, pp. 202-220.
[425] Sobre esta análise ver: Slemrod, Joel; Blumenthal, Marsha (1993), "The income tax compliance costs of big business", in: *Working Paper Series*, n.º 93 – 11, Michigan, University of Michigan Business School, Julho; Blumenthal, Marsha; Slemrod, Joel (1995), "The compliance cost of taxing foreign-source income: its magnitude, determinants and policy implications", in: *International Tax and Public Finance*, Volume 2, n.º 1, pp. 35-54; e Slemrod, Joel (1997), "Measuring taxpayer burden and attitudes for large corporations: 1996 e 1992 survey results", in: *Working Paper Series*, n.º 97 – 1, Michigan, University of Michigan Business School, pp. 14 e ss.

Outro aspecto relevante da análise qualitativa é a avaliação da relação entre a administração fiscal e as empresas. O que está em causa é saber se as empresas estão satisfeitas com o atendimento dos funcionários da administração fiscal, assim como se os mecanismos que têm ao seu dispor para esclarecer dúvidas fiscais são eficazes.

O estudo Córdova-Novion e De Young[426] continha um conjunto de questões para avaliar a percepção que as empresas tinham da complexidade e dos custos da legislação laboral, ambiental e fiscal. Concluíram que à medida que a dimensão da empresa aumenta, maior é a percepção da complexidade da legislação e de elevados custos de cumprimento. As empresas consideraram, também, que os custos com a complexidade da legislação fiscal eram superiores aos custos devidos à complexidade laboral e ambiental.

Em 2004, a Comissão Europeia[427] avaliou qualitativamente os determinantes dos custos de cumprimento das empresas questionando-as acerca da identificação das áreas de maior complexidade tributária. Neste estudo, e com o objectivo de determinar as causas da complexidade e de custos de cumprimento elevados, a Comissão Europeia introduziu duas variáveis qualitativas, o regime dos preços de transferência e das aquisições de empresas, as quais foram submetidas à análise pelos inquiridos.

Observando os resultados da análise qualitativa, verificou-se que existe uma relação positiva entre os custos de cumprimento e o regime dos preços de transferência, uma vez que as empresas sujeitas a este regime gastam muito tempo no cumprimento fiscal, em especial, a organizar o dossier dos preços de transferência e toda a documentação necessária, no caso de existir uma auditoria tributária às contas destas empresas.

Em Portugal, Carlos Loureiro[428] elaborou um estudo com o objectivo de determinar os factores que afectavam a competitividade das maiores empresas portuguesas.

---

[426] Cordova-Novion, Cesar; De Young, Cassandra (2001), "The OECD/Public management service multi-country business survey – benchmarking regulatory and administrative business environments in small and medium sized enterprises", in: Evans, C.; Pope, J.; Hasseldine, J. (Eds) *Tax Compliance: A Festschrift for Cedric Sandford*, St Leonards, Prospect Media Pty Ltd, Australia, pp. 205-229.

[427] Comissão Europeia (2004), "European tax survey", *working Paper* n.º 3, in: «hyperlink "http://europa.eu.int/comm/taxation_customs/taxation/taxation.htm"», p. 40.

[428] Loureiro, Carlos (2006), *Relatório da Competitividade Fiscal*, Lisboa, Deloitte, p. 32.

A maioria das empresas considerou o sistema fiscal português muito complexo, o que influenciava a sua competitividade. Esta complexidade resultava, segundo as mesmas, da dificuldade em interpretar a legislação fiscal, do aumento dos custos de cumprimento e do surgimento das normas anti abuso.[429]

Neste sentido, muitas foram as empresas que apontaram como exemplo de complexidade e elevados custos de cumprimento, os que resultam de obrigações impostas, nomeadamente por via administrativa, relativamente aos pagamentos efectuados a entidades não residentes em Portugal.

A relação entre a administração fiscal e os contribuintes, para as empresas inquiridas, não tem interlocutor único. Pelo que consideram que a generalização do cumprimento das obrigações fiscais por meio electrónico representaria a medida que mais contribuiria para a melhoria das relações entre o contribuinte e a administração fiscal.

A administração fiscal, em Portugal, iniciou também um conjunto de trabalhos[430] visando a definição de um programa de actividades para promover e viabilizar um melhor relacionamento entre a administração fiscal e o contribuinte, assente nos seguintes pontos: i) identificação e desenho de um formato de diagnóstico recorrente de medição de satisfação do contribuinte nos diversos canais de atendimento; ii) transformação das interacções com o contribuinte, privilegiando o atendimento *self-service* personalizado, assegurando a disponibilidade de diferentes canais, garantindo coerência e integração entre os diferentes canais; iii) análise, modelação e simplificação de processos de atendimento (ferramentas e métodos de trabalho); iv) promoção, divulgação e lançamento de novos serviços.

O aumento do conhecimento do contribuinte (perfil, impostos, interacções, reclamações), a necessidade de melhorar o serviço ao contribuinte, a prevenção e controlo de situações de evasão e a melhoria da eficiência operacional, nomeadamente no que respeita à afectação de recursos aos processos de relacionamento com o contribuinte, foram os factores mais determinantes neste estudo.

---

[429] Loureiro, Carlos (2005), "Reforma fiscal e a competitividade das empresas: sucesso ou oportunidade perdida", in: Associação Fiscal Portuguesa (Ed.), *15 Anos de Reforma Fiscal de 1988/89 – Jornadas de Homenagem ao Professor Doutor Pitta e Cunha*, Coimbra, Almedina, pp. 239-250.

[430] Direcção Geral dos Impostos (DGCI) (2005), "O relacionamento com o contribuinte – Breve diagnóstico da situação actual", in: *Fiscalia*, Fevereiro/Julho, pp. 25-30.

Quanto às sugestões de melhoria do sistema, destacou-se, na utilização do canal Internet, para além da melhoria das condições técnicas de acesso ao *site*, a redução do tempo de espera para o atendimento no *helpdesk* e maior facilidade de obtenção da informação pretendida. Sobressaíram como solicitações mais frequentes da generalidade dos contribuintes: o alargamento das funcionalidades existentes e o envio de alertas por correio electrónico relativamente ao cumprimento de obrigações fiscais, à alteração da legislação aplicável, e aplicações disponibilizadas.

No que respeita ao atendimento presencial, foi solicitado o prolongamento do horário de atendimento (incluindo o horário de almoço), e alguns serviços de finanças manifestaram o seu interesse em funcionar por turnos. Exigiu-se ainda a melhoria das instalações e das condições materiais de suporte ao atendimento, bem como a disponibilização de postos de acesso à Internet para envio de declarações sob o apoio ou supervisão de um funcionário dos serviços.[431]

Os resultados obtidos constituem, assim, a primeira aproximação com vista à implementação de uma nova abordagem da administração fiscal no atendimento ao contribuinte, tendo como objectivo fundamental "facilitar a interacção aos contribuintes cumpridores e identificar com maior rigor os que carecem de maior acompanhamento por parte da administração fiscal".[432]

Na grande maioria dos estudos analisados, que estimaram os custos de cumprimento dos contribuintes, observou-se que os mesmos foram complementados por uma análise qualitativa da complexidade e das dificuldades de cumprimento fiscal. Na verdade, avaliar objectivamente a complexidade fiscal é muito difícil, senão impossível. Por isso, a percepção da complexidade do sistema fiscal dos contribuintes pode funcionar como um bom indicador para determinar as áreas que causam maiores custos de cumprimento aos contribuintes[433].

---

[431] Direcção Geral dos Impostos (DGCI) (2005), "O relacionamento com o contribuinte – Breve diagnóstico da situação actual", in: *Fiscália,* Fevereiro/Julho, pp. 25-30.

[432] Para uma análise destas medidas ver: Macedo, Paulo (2006), "Modelos de sucesso, Portugal e a luta contra a fraude fiscal no IRS", in: *4ª Conferência de Fiscalidade da Faculdade de Economia da Universidade de Coimbra: A tributação do IRS,* organizada por António Martins, 19 de Outubro; Direcção Geral dos Impostos (2006), *Plano Nacional de Actividades da Inspecção Tributária,* Lisboa, Ministério das Finanças e da Administração Pública.

[433] Talib, Ameen Ali (1996), "The compliance costs of taxation", in: *Bulletin for*

3. NOTAS CONCLUSIVAS

Neste capítulo identificámos e analisámos as características dos contribuintes e do sistema fiscal que podem influenciar maiores custos de cumprimento.

No que diz respeito à relação da unidade fiscal com os custos, as conclusões parecem ir no sentido de que a tributação separada constitui do ponto de vista da simplicidade e da minimização dos custos de cumprimento uma solução superior à tributação conjunta.

Quanto ao número de dependentes, não existem evidências na literatura que sublinhem a existência de uma relação entre o número de dependentes e os custos de cumprimento. Neste caso, entendemos que maior dificuldade no cumprimento fiscal pode ser induzida por maiores deduções à colecta e benefícios fiscais em favor dos dependentes.

Relativamente à idade, muitos estudos sugerem que os custos de cumprimento são mais elevados para os contribuintes com idades compreendidas entre os 45 e 54 anos.

No que se refere à educação, a relação entre custos de cumprimento e o grau de instrução não é muito simples.

Pelo que toca à actividade exercida, a maioria dos estudos considera que os custos de cumprimento são mais elevados para os trabalhadores por conta própria do que para os que auferem rendimentos de outras actividades.

Quanto ao montante de rendimento, muitos dos estudos elaborados sugerem que a relação entre nível de rendimento e custos de cumprimento apresenta a forma de U.

Alguns resultados apontam, também, no sentido do aumento da complexidade e dos custos de cumprimento à medida que aumentam as categorias de rendimento dos contribuintes.

Quanto aos custos de cumprimento das empresas, os diferentes estudos são unânimes em sublinhar que estes são maiores, em termos absolutos, para as empresas de maior dimensão. Todavia, em termos relativos, o mesmo já não se verifica, já que os custos tendem a ser regressivos, isto é, incidem mais sobre as pequenas e médias empresas do que sobre as suas

---

International Fiscal Documentation, Official Journal of the Internacional Fiscal Association, Volume 50, n.º 9, p. 418.

concorrentes de maior dimensão. Assim, segundo a literatura, a dimensão da empresa é factor determinante de custos de cumprimento mais elevados.

Existem estudos que concluíram no sentido dos custos de cumprimento das empresas divergirem consoante o sector de actividade. Contudo, neste ponto, as conclusões não são unânimes.

Alguns autores sublinharam que os custos de cumprimento das empresas que têm operações com o estrangeiro são mais elevados do que os custos daquelas que têm operações apenas no mercado nacional. Deste modo, o mercado em que as empresas operam pode ser um factor determinante dos custos de cumprimento das empresas.

O estudo qualitativo das áreas do sistema fiscal que causam maior complexidade aos contribuintes tem sido, igualmente, objecto de análise em alguns países e complementa o estudo quantitativo dos custos de cumprimento.

Assim, nos capítulos seguintes, o nosso objectivo centrar-se-á no estudo quantitativo e qualitativo dos custos de cumprimento dos contribuintes individuais e empresas, em sede de imposto sobre o rendimento, no sistema fiscal português. Pretende-se, não só avaliar quantitativamente os custos de cumprimento dos contribuintes, como também identificar as áreas do sistema fiscal que causam maior complexidade legislativa e administrativa aos contribuintes.

PARTE II

OS CUSTOS DE CUMPRIMENTO
DO IMPOSTO SOBRE O RENDIMENTO
NO SISTEMA FISCAL PORTUGUÊS: METODOLOGIA
DE INVESTIGAÇÃO E ANÁLISE DE RESULTADOS

CAPÍTULO V
Os custos de cumprimento do imposto sobre o rendimento das pessoas singulares (IRS)

1. INTRODUÇÃO

O objectivo principal do presente capítulo é avaliar e medir, no sistema fiscal português, os custos de cumprimento do imposto sobre o rendimento das pessoas singulares (IRS).

Todavia, para além de calcular os custos de cumprimento, é também nosso objectivo identificar os factores responsáveis por esses custos.

Começaremos por identificar os factores socio-demográficos, económicos e técnicos associados aos custos de cumprimento. Discutimos a relação entre os custos de cumprimento e determinadas variáveis, tais como a unidade fiscal, a idade, o nível de escolaridade, o número de dependentes, a actividade principal, o rendimento auferido e as categorias de rendimento dos contribuintes. Analisamos, também, as características técnicas, inerentes à estrutura do sistema fiscal, que introduzem complexidade e, consequentemente, originam maiores custos de cumprimento para os contribuintes.

Veremos, ainda, se os contribuintes individuais incorrem em custos psicológicos no processo de cumprimento fiscal. Pretendemos também caracterizar o perfil dos contribuintes mais susceptíveis de sofrer de custos psicológicos.

Por último, analisa-se a relação entre os contribuintes e o cumprimento fiscal, estudando a associação entre as atitudes fiscais dos contribuintes, a percepção que têm do sistema tributário e o seu impacto nos custos de cumprimento.

Para atingir os objectivos anteriormente referidos formalizámos as hipóteses a testar, definimos as variáveis relevantes e utilizámos o questionário como instrumento de recolha de dados. Caracteriza-se a amostra seleccionada, apresentam-se os resultados empíricos e extraem-se as devidas conclusões.

2. DEFINIÇÃO DOS OBJECTIVOS DO ESTUDO

2.1. Questões relevantes na medição dos custos de cumprimento dos contribuintes individuais

Nesta parte do estudo, a nossa investigação pretende responder às seguintes questões:

Qual o peso e a dimensão dos custos de cumprimento no sistema fiscal português?

Quais as principais componentes (tempo gasto e outras despesas gerais) dos custos de cumprimento?

Que tipo de contribuintes incorre em custos de cumprimento mais elevados?

Quais os contribuintes que solicitam ajuda profissional para cumprir com os seus deveres fiscais?

Quais são os motivos que obrigam os contribuintes a recorrer a ajuda profissional especializada?

Quanto tempo demora um contribuinte, em média, a preencher a sua declaração de rendimentos?

Os contribuintes incorrem em custos psicológicos no processo de cumprimento fiscal?

Que tipo de dificuldades são mais comuns no preenchimento da declaração de rendimentos?

Qual a percepção que os contribuintes têm dos impostos?

2.2. Factores associados aos custos de cumprimento e atitudes dos contribuintes individuais

Pretende-se saber quais as características pessoais, económicas, sociológicas e psicológicas dos contribuintes que influenciam os custos de cumprimento.

Dentro das características pessoais, procuramos saber se o estado civil, o número de dependentes que compõe um agregado familiar, a idade e o nível de escolaridade, aumenta ou diminui o montante de custos de cumprimento incorridos pelos contribuintes.

No que diz respeito aos factores económicos, pretendemos saber se os custos de cumprimento são proporcionais, progressivos ou regressivos com o nível de rendimento obtido. A actividade principal é também analisada como um factor associado a diferentes montantes de custos de cumprimento.

Alguns factores técnicos relacionados com a estrutura e a complexidade do sistema fiscal são também aqui estudados. O conhecimento dos factores que tornam o sistema fiscal complexo é um aspecto muito importante, uma vez que nos vai permitir sugerir medidas de simplificação do sistema fiscal que poderão reduzir os custos de cumprimento.

Quanto aos factores psicológicos, pretende-se identificar o tipo de contribuintes que incorre em custos de ansiedade no cumprimento dos seus deveres fiscais.

Nos factores sociológicos, estudamos a atitude dos contribuintes em relação ao cumprimento fiscal. Trata-se de saber se a predisposição do contribuinte para cumprir influencia, ou não, o montante dos custos de cumprimento suportados. E, também, aferir se a forma como se relacionam os contribuintes individuais com a administração fiscal altera o valor dos custos de cumprimento.

3. HIPÓTESES GERAIS DE ESTUDO

Para concretizar os objectivos empíricos, expostos na secção anterior, formalizamos as seguintes hipóteses, em grande medida decorrentes da análise efectuada em capítulos anteriores.

3.1. Hipóteses gerais relacionadas com os factores pessoais

Hipótese 1 – Estado civil

Não existem, na literatura, elementos que sugiram que os custos de cumprimento são diferentes consoante o estado civil do contribuinte. Entendemos, todavia, que o sistema de tributação separada constitui, do ponto de vista da simplicidade e da minimização dos custos de cumprimento, uma solução preferível à tributação conjunta. Assim, pretendemos saber se existe diferença significativa nos custos de cumprimento dos contribuintes casados e dos contribuintes solteiros, separados, divorciados e viúvos, através das seguintes hipóteses estatísticas:

H0: não existem diferenças na média dos custos de cumprimento dos contribuintes casados e dos outros contribuintes solteiros, separados, divorciados e viúvos; H1: os custos de cumprimento são maiores para os contribuintes casados.

Hipótese 2 – Número de dependentes

Na literatura não existem evidências que demonstrem relação entre o número de dependentes e o montante de custos de cumprimento suportados pelo contribuinte. Porém, o número de dependentes pode ser, por razões já discutidas, motivo de complexidade e aumento dos custos de cumprimento. Formalizámos, então, as seguintes hipóteses:

H0: não existem diferenças na média dos custos de cumprimento dos contribuintes sem dependentes e dos contribuintes com dependentes; H1: quanto maior o número de dependentes, maior o montante de custos de cumprimento.

Hipótese 3 – Idade

Alguns estudos que referenciámos no capítulo anterior observaram que os custos de cumprimento são mais elevados para os contribuintes com idades compreendidas entre os 45 e os 54 anos de idade.

Pretendemos, então, averiguar se a idade é um factor que influencia o montante de custos de cumprimento. As nossas hipóteses estatísticas são:

H0: não existem diferenças na média dos custos de cumprimento consoante a idade; H1: os custos de cumprimento são maiores para os contribuintes com idades compreendidas entre os 45 e os 55 anos.

Hipótese 3 – Nível de escolaridade

Existe alguma evidência empírica, conforme se referiu no capítulo anterior, que sustenta que os custos de cumprimento dos contribuintes individuais aumentam à medida que aumenta o nível de escolaridade. A justificação deve-se aos contribuintes com nível de instrução superior despenderem mais horas no cumprimento das suas actividades fiscais, bem como valorarem as horas com custos médios mais elevados.

Assim, propomo-nos estudar a influência do nível de escolaridade dos contribuintes nos custos de cumprimento do sistema fiscal português através das seguintes hipóteses:

H0: não existem diferenças na média dos custos de cumprimento consoante o nível de escolaridade dos contribuintes; H1: os custos de cumprimento crescem na medida em que aumenta o nível de escolaridade dos contribuintes.

3.2. Hipóteses gerais relacionadas com os factores económicos

Hipótese 5 – Actividade principal

Sandford e outros autores[434] concluíram que os custos de cumprimento são maiores para os contribuintes individuais que trabalham por conta própria, quando comparados com os contribuintes a exercerem actividade por conta de outrem.

Assim, vamos averiguar se a actividade principal exercida pelo contribuinte influencia o montante dos custos de cumprimento através das seguintes hipóteses:

H0: não existem diferenças na média dos custos de cumprimento consoante a actividade principal exercida; H1: os custos de cumprimento são mais elevados para os trabalhadores por conta própria do que para os trabalhadores por conta de outrem.

Hipótese 6 – Nível de rendimento

No que diz respeito ao montante de rendimento, a literatura sugere que os custos de cumprimento são maiores para os contribuintes com rendimentos mais elevados.

Esta situação decorre de, por um lado, os contribuintes com rendimentos elevados valorarem mais as horas gastas no cumprimento fiscal e, por outro, ao apresentarem mais fontes de rendimento, as quais têm regras fiscais distintas, incorrerem em maiores dificuldades no cumprimento. Pelo que, à medida que o nível de rendimento aumenta, os contribuintes têm melhores condições económicas para recorrer à ajuda de consultores para o cumprimento dos seus deveres fiscais. Os honorários cobrados pelos profissionais fiscais conduzem ao incremento dos custos de cumprimento incorridos pelos contribuintes individuais.

---

[434] Sandford, Cedric e tal. (1989), *Administrative and Compliance Costs of Taxation*, Bath, Fiscal Publications.

Assim, pretendemos saber se existe alguma influência do nível de rendimento nos custos de cumprimento suportados pelos contribuintes, em Portugal, através das seguintes hipóteses:

H0: não existem diferenças na média dos custos de cumprimento dos contribuintes individuais dos diferentes escalões de rendimento; H1: quanto mais elevado o nível de rendimento obtido, maior o peso dos custos de cumprimento.

3.3. Hipóteses gerais relacionadas com os factores técnicos

Hipótese 7 – Conhecimentos fiscais

Não existe evidência estatística clara que permita afirmar que os custos de cumprimento se reduzem à medida que aumentam os conhecimentos fiscais e técnicos dos contribuintes. Entendemos, no entanto, que à medida que os contribuintes estão mais familiarizados com o sistema fiscal e com as suas regras, menor é a dificuldade e o tempo gasto em cumprir.

Pretendemos analisar a relação entre o nível de conhecimentos fiscais e os custos de cumprimento recorrendo às seguintes hipóteses:

H0: não existem diferenças na média dos custos de cumprimento dos contribuintes individuais com diferentes níveis de conhecimentos fiscais; H1: quanto maiores forem os conhecimentos fiscais, menores serão os custos de cumprimento.

Hipótese 8 – Fontes de rendimento e complexidade fiscal

No que diz respeito às categorias de rendimento, diversos estudos, já anteriormente expostos, concluíram que os custos de cumprimento aumentavam em consequência da complexidade induzida pelo maior número de fontes de rendimento. Na verdade, cada categoria ou tipo de rendimento, resultante do trabalho por conta de outrem, por conta própria, capitais, prediais ou mais-valias, é tributada em imposto sobre o rendimento das pessoas singulares com regras diferentes, consoante a categoria, o que induz complexidade e custos de cumprimento mais elevados.

Para medir o grau de complexidade do sistema fiscal, recorremos, em primeiro lugar, à comparação dos custos de cumprimento de contribuintes com várias fontes e categorias de rendimento, com os contribuintes com um grau de complexidade resultante de apenas uma fonte ou categoria de rendimentos. Assim, pretendemos testar as seguintes hipóteses:

H0: não existem diferenças na média dos custos de cumprimento consoante o número de fontes ou categorias de rendimento; H1: os custos de cumprimento variam na razão directa do número de fontes de rendimento.

Hipótese 9 – Dificuldades fiscais e complexidade

O grau de complexidade de um sistema fiscal pode ser medido através das dificuldades sentidas pelos contribuintes individuais no cumprimento das suas obrigações fiscais.

Pretendemos aferir se os contribuintes que sentem dificuldades e, por isso, consideram o sistema fiscal complexo, incorrem em custos de cumprimento superiores.

As hipóteses a testar são as que a seguir se apresentam:

H0: não existem diferenças na média dos custos de cumprimento dos contribuintes individuais que sentem dificuldades técnicas no preenchimento da declaração de rendimentos e dos que não apresentam quaisquer dificuldades com o cumprimento fiscal;

H1: os custos de cumprimento são mais elevados para os contribuintes que têm maior percepção da complexidade e das dificuldades técnicas do cumprimento do sistema fiscal.

3.4. Hipóteses gerais relacionadas com os factores psicológicos

Hipótese 10 – Os custos psicológicos e o cumprimento fiscal

Os custos psicológicos são, como é sabido, difíceis de mensurar e quantificar. Ainda assim, pretendemos aferir se os custos de cumprimento estão associados ao grau de ansiedade do contribuinte. Se verificarmos uma resposta positiva, interessa-nos também identificar e caracterizar os grupos de contribuintes que incorrem em custos psicológicos mais elevados. Para isso, recorremos à formulação das seguintes hipóteses:

H0: não existem diferenças na média dos custos de cumprimento dos contribuintes que, antes de preencher a declaração de rendimentos, se sentem indiferentes, preocupados ou muito preocupados e os outros que se encontram tranquilos ou muito tranquilos; H1: os custos de cumprimento são maiores para os contribuintes que incorrem em custos psicológicos no processo de cumprimento fiscal.

3.5. Hipóteses gerais relacionadas com os factores sociológicos

Hipótese 11 – Predisposição para cumprir

Em nosso entender, quanto maior a predisposição ou apetência para executar as tarefas fiscais, menores serão os custos de cumprimento. Pretendemos testar este pressuposto através das seguintes hipóteses:

H0: não existem diferenças na média dos custos de cumprimento dos contribuintes que têm uma maior predisposição para cumprir com os seus deveres fiscais e os outros contribuintes; H1: quanto maior a predisposição para cumprir, menor o custo de cumprimento das obrigações fiscais.

Hipótese 12 – Relacionamento com a administração fiscal e atitudes fiscais

Saber se um relacionamento amigável do contribuinte com a administração fiscal conduz a atitudes positivas, a favor do sistema tributário, é questão de especial importância, quando o incentivo ao cumprimento fiscal está no centro do debate político.

É neste âmbito que as administrações fiscais têm desenvolvido, nos diferentes países da OCDE, estratégias de reforço em apoio ao contribuinte no cumprimento das suas obrigações. Entre elas, salientamos o aumento do número de *Call Centers*, de brochuras fiscais explicativas e de outros serviços informativos, e, em particular, realçamos o papel que a Internet tem desempenhado no apoio ao contribuinte. A qualidade de desempenho dos funcionários da administração fiscal pode influenciar também o grau e a facilidade de cumprimento do sistema fiscal.

É nosso objectivo, aqui, saber se um melhor relacionamento com a administração fiscal, em Portugal, implica maior facilidade em cumprir, e, em consequência, custos menores, através das seguintes hipóteses estatísticas:

H0: não existem diferenças na média dos custos de cumprimento consoante os contribuintes já tenham tido problemas com a administração fiscal; H1: quanto melhor o relacionamento com a administração fiscal, maior é a atitude favorável em torno do cumprimento.

Hipótese 13 – A percepção do sistema fiscal, as atitudes e o cumprimento

A percepção que os contribuintes têm do sistema fiscal pode influenciar o montante de custos de cumprimento. Entendemos que quanto melhor for a percepção do sistema fiscal, isto é, de que o imposto é pago em troca dos serviços públicos recebidos, melhor é a atitude fiscal dos contribuintes face ao cumprimento e, consequentemente, menores são os custos incorridos pelo contribuinte.

H0: não existem diferenças na média dos custos de cumprimento dos contribuintes que têm uma melhor percepção do sistema fiscal e dos restantes contribuintes;

H1: quanto melhor a percepção do contribuinte acerca do sistema fiscal, menores são os custos de cumprimento incorridos pelo contribuinte.

Uma vez identificadas as hipóteses, procedemos, de seguida, à definição das variáveis em estudo.

4. DEFINIÇÃO DAS VARIÁVEIS EM ESTUDO

Os custos de cumprimento foram definidos anteriormente, no primeiro capítulo, como custos de tempo, monetários e psicológicos.

Assim, nos custos de tempo consideramos o número de horas gasto com o cumprimento das obrigações fiscais, valorizado em Euros. Durante a realização do estudo piloto, tal como veremos de seguida, verificámos que a valorização do tempo gasto, através da atribuição de um valor, pelo próprio contribuinte, conduzia a uma menor taxa de resposta ou menor capacidade para valorar o tempo no questionário final. Consequentemente, a forma de valorar o tempo gasto no cumprimento dos deveres fiscais foi fechar a resposta em cinco escalões, de 5 a 100 Euros.

As despesas pessoais de viagens, telefone, livros e Internet, necessárias a todo o processo de cumprimento fiscal, são os custos monetários. O recurso à ajuda externa paga para completar a declaração de rendimentos, as razões pelas quais recorrem a um determinado tipo de ajuda e não a outro, bem como o custo monetário dessa ajuda especializada, são, também, variáveis consideradas nesta análise.

Para o estudo dos factores associados aos custos de cumprimento considerámos um conjunto de atributos. Nas variáveis demográficas, temos as características do contribuinte, tais como o género, o estado civil, os dependentes e o nível de escolaridade. Por sua vez, nas variáveis económicas, temos o nível de rendimento, a actividade principal e a forma de entrega da declaração de rendimentos. Das variáveis técnicas fazem parte o nível de conhecimentos fiscais, as dificuldades fiscais e o número de categorias de rendimento.

As variáveis sociológicas são aqui estudadas através da análise da predisposição dos contribuintes para elaborar tarefas fiscais, dos principais problemas encontrados pelos contribuintes no processo de cumprimento fiscal, bem como das percepções dos contribuintes acerca do sistema fiscal.

Por fim, nas variáveis psicológicas, o nível de ansiedade e angústia sentido pelos contribuintes é medido procurando saber se o cumprimento das obrigações fiscais provoca alterações no seu estado emocional, verificando como se sentem esses mesmos contribuintes antes e depois do preenchimento da declaração de rendimentos. Ao mesmo tempo, pretende-se, também, saber se uma acção de fiscalização por parte da administração fiscal induz algum nível de preocupação nos contribuintes.

Uma vez identificadas as hipóteses e as variáveis em estudo, apresenta-se a metodologia que utilizámos para atingir os objectivos anteriormente referidos.

5. METODOLOGIA E CARACTERIZAÇÃO DA AMOSTRA

5.1. Metodologia de investigação

5.1.1. *A escolha do método de recolha da informação*

Tal como referenciado em Sandford e outros autores, o método mais usual, para estimar os custos de cumprimento, nos diferentes estudos analisados no capítulo anterior, foi o uso do questionário, enviado por correio, uma vez que permitia tratar uma grande quantidade de informação a um custo razoável.

A principal razão para a escolha desta metodologia assentava na relação eficácia-custo, dado que a utilização de questionário permite obter bons resultados com baixo custo. Todavia, não podemos deixar de sublinhar que o recurso à investigação por questionário, enviado por correio, comporta alguns inconvenientes. O primeiro, e talvez o mais significativo, é o baixo nível de taxa de resposta geralmente obtido neste tipo de estudos. Em segundo, trata-se, também, de um método que absorve elevados recursos de tempo.

Outra forma de recolher informação junto dos contribuintes, para estimar os custos de cumprimento, é através do uso de entrevistas pessoais. Na verdade, quando o objectivo do estudo é, não apenas o cálculo dos custos de cumprimento, mas, sobretudo, a análise da sua distribuição e causas, o recurso à técnica da entrevista revela-se mais eficaz porque permite tirar informação mais fidedigna relativamente às causas dos custos de cumprimento.[435]

Assim, a eficiência da técnica do questionário ou das entrevistas depende dos objectivos da investigação, das hipóteses a testar, bem como da limitação de recursos monetários e de tempo.

O presente estudo tem como objectivo apresentar uma estimativa dos custos de cumprimento e determinar os factores associados a esses custos.

Com vista a atingir estes objectivos de uma forma eficiente, a técnica escolhida para recolher a informação foi o uso de entrevistas por aplicação directa de questionário (*face – to – face interviews*).[436] Pretendeu-se, com esta técnica de recolha de dados, obter uma taxa de resposta mais elevada e melhor qualidade da informação obtida, a qual, segundo os estudos anteriormente referidos, aumenta quando a aproximação aos contribuintes é feita pessoalmente.

Na verdade, uma vantagem importante da escolha deste método é o preenchimento do questionário na presença do investigador principal. Este último encarrega-se de assegurar a correcta aplicação do questionário, esclarecendo os inquiridos, as vezes que forem necessárias, quanto às dúvidas nas questões formuladas. Esta situação leva a que as perguntas sejam interpretadas, regra geral, por todos os indivíduos de forma clara e

---

[435] Hill, Manuela Magalhães (2002), *Investigação por Questionário*, Lisboa, Edições Sílabo, pp. 84-102.

[436] Sobre este assunto ver, também, por exemplo: Hill, Manuela Magalhães (2002), *Investigação por Questionário*, Lisboa, Edições Sílabo, pp. 84-102; e, Pestana, Maria Helena; Gageiro, João Nunes (2003), *Análise de Dados para Ciências Sociais – A Complementariedade do SPSS*, 3ª Edição, Lisboa, Edições Sílabo.

objectiva. Ao invés, se as questões são interpretadas de forma errada e respondidas incorrectamente, a qualidade da informação obtida não será, certamente, a desejável.

A interpretação das questões pode condicionar a fiabilidade das estimativas efectuadas. Mais ainda, os inquiridos poderão estar politicamente influenciados, exagerando, assim, nos valores estimados para os seus custos de cumprimento.

Dado que o objectivo do nosso estudo versa não só sobre o cálculo dos custos de cumprimento mas, também, sobre a identificação dos principais determinantes desses custos, assegurar a qualidade da informação obtida revelou-se fundamental. Por isso, a nossa escolha incidiu sobre o uso de entrevistas por aplicação directa de questionário (*face – to – face interviews*). Esta técnica de recolha de informação permite, por um lado, assegurar um bom nível de taxa de resposta e, por outro, a fiabilidade e a qualidade dos resultados obtidos.

5.1.2. *Apresentação do questionário*

Cabe, agora, proceder à apresentação da versão final do questionário. Este encontra-se dividido em três partes, conforme se pode ver no quadro 5.1, seguidamente apresentado.

Na primeira parte, de preenchimento obrigatório, apresenta-se, em primeiro lugar, um conjunto de questões sócio-demográficas que caracterizam os contribuintes inquiridos, desde o género, a idade, ao nível de escolaridade. Em segundo, apresentam-se questões sobre a origem e categorias de rendimento obtidas (rendimentos por conta de outrem, rendimentos empresariais e profissionais, rendimentos de capitais, mais valias, entre outros), sobre o montante de rendimento auferido no último ano e, ainda, sobre a forma de preenchimento da declaração de rendimentos.

Ainda na primeira parte do questionário, os contribuintes foram divididos consoante a forma de preenchimento da declaração de rendimentos: sem ou com ajuda profissional. Assim, caso fosse o próprio contribuinte a preencher a sua declaração ou, se tivesse a ajuda, não paga, de familiares ou amigos, era questionado sobre o número de horas que gastava a preencher a sua declaração, desde a recolha dos documentos, à compra dos impressos, ao estudo das leis fiscais, à leitura das instruções, até à fase final do preenchimento e envio da declaração de rendimentos. Posterior-

[Quadro n.º 5.1] Questionário dos custos de cumprimento do imposto sobre o rendimento dos contribuintes individuais

ESTUDO DOS CUSTOS DE CUMPRIMENTO FISCAIS DAS PESSOAS SINGULARES

PARTE I - PREENCHIMENTO OBRIGATÓRIO

INFORMAÇÕES PESSOAIS

1. Sexo
   - Feminino
   - Masculino

2. Estado Civil
   - Solteiro
   - Casado/União de Facto
   - Separado/Divorciado/Viúvo

3. Numero dependentes

4. Idade
   - 18-24
   - 25-35
   - 36-55
   - 56-65
   - Superior a 65

5. Habilitações Académicas
   - Ensino primário (4º ano)
   - Ensino básico (9º ano)
   - Ensino secundário (12º ano)
   - Bacharelato
   - Licenciatura
   - Pós-licenciatura

6. Actividade Principal (Próprio / Cônjuge)
   - Trabalhador por conta outrém
   - Trabalhador por conta própria
   - Reformado
   - Desempregado
   - Doméstica
   - Estudante

7. Fontes de rendimento (Próprio / Cônjuge)
   - Rendimentos por conta outrém
   - Rendimentos profissionais liberais
   - Rendimentos empresariais (Emp. Individual)
   - Rendimentos capitais (Lucros, dividendos, juros)
   - Rendimentos prediais (rendas imóveis)
   - Incrementos patrimoniais (mais-valias)
   - Pensões
   - Rendimentos obtidos no estrangeiro
   - Subsídio de desemprego

8. A sua predisposição em relação ao cumprimento dos deveres fiscais é:
   - Gosto de cumprir
   - Indiferente
   - Indiferente
   - Não Gosto de cumprir

9. O seu conhecimento do IRS é:
   - Excelente
   - Muito Bom
   - Bom
   - Razoável
   - Mau

ACTIVIDADES CUMPRIMENTO FISCAL

10. O valor do rendimento anual do agregado familiar é:
    - Inferior a 4.351€
    - 4.351€ - 6.581€
    - 6.581€ - 16.317€
    - 16.317€ - 37.528€
    - 37.528€ - 54.388€
    - Superior a 54.388€

11. Preenche a sua declaração de rendimentos:
    - Sem ajuda
    - Ajuda não paga (ex.familiares)
    - Ajuda paga (ex. contabilista)

    SE RECORRE A UM CONTABILISTA OU OUTRO ESPECIALISTA FISCAL CONTINUE NA PARTE II. SE NÃO, CONTINUE NA QUESTÃO 12, E ESTIME O VALOR GASTO POR SI E SEU CÔNJUGE NO CUMPRIMENTO FISCAL

12. Antes de preencher a declaração de rendimentos sente-se:
    - Muito Tranquilo
    - Tranquilo
    - Indiferente
    - Preocupado
    - Muito Preocupado

13. Entrega a sua declaração de rendimentos:
    - Entrega física
    - Correio
    - Internet

14. Quantas horas gasta na preparação da declaração de rendimentos (recolha informação, compra impressos leitura instruções e brochuras, preenchimento e envio)?
    - Inferior a 1 hora
    - 1-2 horas
    - 2-3 horas
    - 3-4 horas
    - 4-6 horas
    - 6-12 horas
    - Superior a 12 horas

15. Especifique o total de horas gasto em cada uma das actividades fiscais seguintes:
    - Recolha de informação
    - Ler instruções e brochuras
    - Preenchimento e envio declaração

16. A valorização do tempo gasto, por hora, em Euros, para si é de:
    - Inferior a 5€
    - 5€ - 25€
    - 25€ - 50€
    - 50€ - 100€
    - Superior a 100€

17. Teve despesas pessoais relacionadas com a actividade de cumprimento fiscal?		PARTE III - TODOS OS CONTRIBUINTES	
	valor €	25. Teve algum problema com administração fiscal durante o ano?	
Correio		Sim	
Livros		Não	
Telefone/Internet		26. Se sim, especifique brevemente:	
Viagens			
18. Depois de preencher a declaração de rendimentos sente-se:			
Muito Tranquilo		27. Fez alguma reclamação de imposto durante o ano:	
Tranquilo		Sim	
Indiferente		Não	
Preocupado		28. Se sim especifique	
Muito Preocupado		Quantia(€)	
19. Teve dificuldades no preenchimento declaração de rendimentos de IRS?		Tempo resolução (semanas)	
		Motivo reclamação:	
Definição sujeito passivo		29. Perante uma acção de inspecção fiscal, em sua casa, sentir-se-ia:	
Dedução das despesas e abatimentos			
Conhecimento dos benefícios fiscais		Muito Tranquilo	
Compreensão da dec. e instruções		Tranquilo	
POR FAVOR CONTINUE NA QUESTÃO 25		Indiferente	
		Preocupado	
PARTE II- CONTRIBUINTES QUE RECORREM CONTABILISTA OU OUTRO ESPECIALISTA FISCAL		Muito Preocupado	
		30. O montante de imposto pago por si, tendo em atenção os serviços públicos por si recebidos, deveria ser:	
20. Indique os principais motivos(4) para recorrer a ajuda:			
Falta de tempo		Muito menor	
Alterações na situação fiscal		Menor	
Impressos fiscais são muito complexos		Nem maior/Nem menor	
A legislação fiscal é muito complexa		Maior	
Rendimento proveniente diversas fontes		Muito maior	
Certeza poder usufruir todos os benefícos fiscais		31. Se desejar, acrescente, no espaço abaixo, as sugestões que, no seu entender, melhorariam o processo de cumprimento fiscal.	
Preenchimento correcto da declaração rendimentos			
Poupança impostos superior ao valor de honorários pagos ao contablista			
É obrigatório por lei ter contabilidade organizada			
Evitar problemas administração fiscal			
21. A que tipo de profissional recorre:			
Contabilista/TOC			
Gabinete contabilidade			
Solicitador			
Advogado			
22. Qual o valor dos honorários pagos no último ano?			
	€		
23. Estes honorários incluem outro trabalho fiscal para além do relacionado com o IRS?			
Sim	€		
Não			
24. Para além honorários teve outras despesas pessoais relacionadas com a actividade de cumprimento fiscal?			
	valor €		
Correio			
Livros			
Telefone/Internet			
Viagens			
		TERMINOU O QUESTIONÁRIO!	
		OBRIGADO PELA SUA COLABORAÇÃO!	

mente, pedia-se ao contribuinte para valorizar o tempo que o próprio, ou os seus familiares, gastavam no cumprimento de todas as obrigações decorrentes do processo de cumprimento fiscal. Ainda nesta parte do questionário, e de forma a medir os custos psicológicos, inquirimos os contribuintes, antes e depois do preenchimento da declaração de rendimentos, acerca do nível de angústia sentido no cumprimento desta tarefa. Por último, os inquiridos eram ainda questionados sobre as principais dificuldades sentidas no preenchimento da sua declaração de rendimentos, de forma a podermos medir a complexidade fiscal.

A segunda parte do questionário destinava-se apenas aos contribuintes que recorriam a contabilista ou a outro especialista fiscal para preencher a sua declaração de rendimentos e cumprir com todos os seus deveres fiscais. Em primeiro lugar, perguntava-se aos contribuintes para indicarem quais os motivos pelos quais recorriam a ajuda especializada, seguido do valor dos honorários pagos, no último ano, e de outras despesas incorridas, tais como correio, livros, telefone, Internet e viagens, para cumprir com os seus deveres fiscais.

A última parte do inquérito é dirigida a todos os contribuintes, independentemente da forma como preenchem a sua declaração de rendimentos, os quais são questionados sobre o seu relacionamento com a administração fiscal, assim como sobre a sua percepção acerca do sistema fiscal.

5.1.3. O estudo preliminar

Com o objectivo de testar as perguntas do questionário, bem como o melhor local para a realização das entrevistas, de forma a conseguir um número razoável de observações e uma melhor qualidade da informação, elaborou-se um estudo piloto.

Assim, durante a primeira semana do mês de Janeiro de 2006, na zona comercial da cidade de Coimbra, num momento em que as pessoas estariam disponíveis para responder às perguntas, testou-se a receptividade das pessoas ao questionário. Todavia, verificou-se que estas eram pouco receptivas a responder, e não dispunham da informação solicitada relativa aos seus rendimentos. Pelo que, alternativamente, na semana seguinte, do mesmo mês, testou-se o questionário na 2ª repartição de finanças de Coimbra, aplicando-o aos contribuintes que estavam na fila de espera para serem atendidos. Observou-se, aqui, uma maior receptividade da parte das pessoas em responder ao questionário, resultante, porventura, de uma maior propensão para, naquele contexto, responder a questões fiscais, o que permitia assegurar um nível de taxa de resposta razoável. Por sua vez, e no que diz respeito à qualidade de informação, entendemos que o local escolhido poderia, em princípio, aumentar a veracidade das respostas.

Tendo em conta os limites de recursos monetários e de tempo, que a realização de entrevistas pessoais envolve, o que impossibilitou a sua concretização para todo o país, o local escolhido para realizar as entrevistas foi, então, a repartição de finanças de cada concelho do distrito de Coimbra, por razões de conveniência monetária e de tempo.

Também, durante a realização do estudo experimental, testámos as perguntas do questionário.

A questão que mais dúvida suscitou foi a pergunta 15, na qual, inicialmente, se pedia ao contribuinte para calcular qual o custo de oportunidade que atribuía ao cumprimento das tarefas fiscais, e à qual não sabiam responder ou atribuir um valor. Assim, optou-se, antes, por perguntar aos contribuintes como valorizavam o tempo gasto no cumprimento das suas obrigações fiscais, atribuindo-se diferentes valores, à semelhança da questão 13, onde se apresentava uma escala por classes de intervalos do número de horas gasto na preparação da declaração de rendimentos. A pergunta foi testada e verificou-se que, de uma forma geral, as pessoas atribuíam, imediatamente, um valor ao tempo gasto.

Também a questão 18 foi alterada durante a realização do estudo experimental. Com esta pergunta pretendia-se obter informação sobre a variável "complexidade fiscal", perguntando aos contribuintes se consideravam o sistema fiscal complexo, ao que todos responderam afirmativamente. De seguida, pedia-se aos contribuintes para identificarem as áreas de complexidade fiscal do IRS, ao que os mesmos não sabiam responder. A questão foi reformulada substituindo a palavra "complexidade" por "dificuldades" no preenchimento da declaração. Por fim, apresentámos algumas áreas que, por regra, ocasionavam mais dúvidas no cumprimento das obrigações fiscais em sede de IRS.

Antes de proceder à apresentação da versão final do questionário, resta ainda sublinhar que o mesmo foi, por diversas vezes, durante o estudo experimental, discutido com inspectores fiscais, contabilistas, responsáveis de associações de comércio e indústria, e académicos, o que muito ajudou para aperfeiçoar a versão final.

5.1.4. *O período de realização das entrevistas*

O processo de realização das entrevistas decorreu no período de entrega das declarações de rendimento dos contribuintes individuais, isto é, entre 15 de Fevereiro e 30 de Abril de 2006.

A escolha deste período para elaborar as entrevistas resultou de dois motivos: por um lado, o pressuposto de que os contribuintes estariam, à partida, durante o período de entrega das declarações de rendimento, mais predispostos para responder a questões sobre "impostos" e "cumprimento fiscal"; por outro, os mesmos contribuintes teriam mais presente, neste período, a informação acerca do processo de cumprimento, e da possível estimativa desses custos, do que noutra altura do ano.

5.2. **A população em estudo e a amostra utilizada**

A população em estudo é constituída por todos os contribuintes individuais do distrito de Coimbra, no ano de 2006. Assim, a nossa unidade de análise são os contribuintes do distrito de Coimbra, obrigados a apresentar a declaração de rendimentos, no ano de 2006, e que é referente aos rendimentos obtidos no ano de 2005.

Tendo em conta os limites de recursos monetários e de tempo que a aplicação do questionário por entrevistas directas envolve, o que impossibilitou a sua concretização em todo o país, o local escolhido foi a repartição de finanças de cada concelho do distrito de Coimbra, como já referido anteriormente. Além disso, não existiam razões para suspeitar que os habitantes deste distrito tinham custos de cumprimento diferentes dos outros.

A amostra foi aleatória, pois, em cada repartição, e durante o período de inquéritos, os indivíduos seleccionados foram sempre os últimos das respectivas filas em cada momento.

Foram, assim, realizadas 350 entrevistas individuais durante o período de entrega da declaração de rendimentos Modelo 3, isto é, de 15 de Fevereiro a 30 de Abril de 2006. Dos 350 contribuintes, 22 recusaram ser entrevistados, dos quais 9 argumentaram que não estavam interessados no assunto em questão, e 13 que não dispunham de tempo. Foram preenchidos 328 questionários, dos quais 20 não estavam completos, pelo que foram eliminados da nossa análise. Deste modo, ficámos com 308 questionários integralmente preenchidos.

A nossa amostra é, pois, constituída por 308 observações ou casos, resultantes do preenchimento do questionário através de entrevistas directas. O número de entrevistas variou consoante o concelho, o que resultou, em muito, do número de contribuintes localizados nessa repartição para serem atendidos. Na figura 5.1 apresenta-se a distribuição da amostra no distrito.

[Figura n.º 5.1] Distribuição da amostra no distrito

(Frequência)

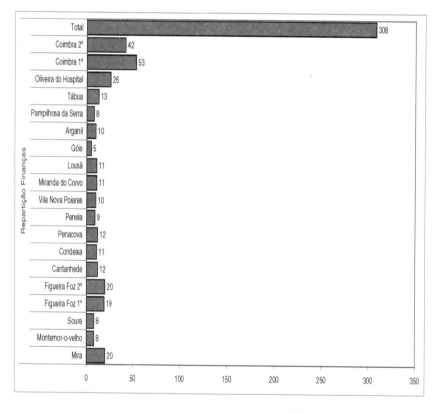

Número de entrevistas realizadas

Da análise da figura 5.1, os locais onde foram realizadas mais entrevistas foram a 1ª e 2ª repartições de Coimbra, o que se compreende, uma vez que se trata da localidade com maior densidade populacional do distrito. Seguidamente, o maior número de entrevistados verificou-se na 1ª e 2ª repartições de finanças da Figueira da Foz e de Oliveira de Hospital. Nas restantes repartições de finanças o número de contribuintes entrevistados não variou muito de localidade para localidade, o que se justifica, dado tratarem-se de zonas com características mais rurais e, por regra, com menor densidade populacional. Nas repartições de Pampilhosa da Serra e Góis registou-se o menor número de entrevistados, consequência de ali se encontrar um muito reduzido número de contribuintes.

Após proceder a vários inquéritos, ficámos com a percepção de que existiam assimetrias dos contribuintes, em cada localidade, consoante fosse mais urbana ou mais rural, dependendo da idade, do estado civil, do nível de escolaridade, da actividade principal exercida e das fontes de rendimento obtidas.

No quadro 5.2, apresenta-se a caracterização sócio demográfica dos contribuintes inquiridos no nosso estudo, que nos permite definir os diferentes tipos de contribuintes da nossa amostra

A dimensão da nossa amostra é de 308 contribuintes, dos quais 162 são do sexo masculino e 142 do feminino. No que respeita ao estado civil, do total de contribuintes entrevistados, 221 são casados, 62 são solteiros e 25 contribuintes são divorciados, separados ou viúvos.[437] Ainda no que se refere ao agregado familiar, 61,4% dos inquiridos têm a seu cargo um, dois, três ou mais dependentes, enquanto 38,6% não dispõem de qualquer dependente.

A amostra apresenta, também, contribuintes com idades muito diversas. A maioria dos inquiridos, 42,9%, encontra-se no escalão dos 36 aos 55 anos, seguindo-se 28,2% dos contribuintes com idades compreendidas entre os 25 e os 35 anos de idade, 14,6% está no intervalo dos 56 aos 65 anos, e os restantes 10,4% acima dos 65 anos. O escalão de idades menos representado na amostra é o primeiro escalão dos 18 aos 24 anos, o que se compreende, porque nesta faixa etária, a grande maioria dos indivíduos ainda é fiscalmente considerada dependente e, por isso, integrada no agregado familiar dos progenitores.

---

[437] Os rendimentos dos contribuintes casados, que representam 71,8% da nossa amostra, são tributados obrigatoriamente em conjunto com os rendimentos do cônjuge, dado que a unidade fiscal em Portugal é o agregado familiar. Por sua vez, os rendimentos dos indivíduos não casados (solteiros, divorciados, separados ou viúvos) são tributados separadamente, com os dependentes a seu cargo.

[Quadro n.º 5.2] Características sócio demográficas da amostra
(Frequência e percentagens)

Características sócio demográficas		Número de inquiridos	%
Sexo		308	100
	Mulheres	146	47,4
	Homens	162	52,6
Estado civil		308	100
	Solteiro	62	20,1
	Casado/União de facto	221	71,8
	Divorciado/Separado/viúvo	25	8,1
Dependentes		308	100
	Sem dependentes	119	38,6
	1 Dependente	64	20,8
	2 Dependentes	96	31,2
	3 ou mais Dependentes	29	9,4
Idade		308	100
	18-24	12	3,9
	25-35	87	28,2
	36-55	132	42,9
	56-65	45	14,6
	Superior a 65	32	10,4
Habilitações académicas		308	100
	Ensino primário	54	17,5
	Ensino básico 6º ano	28	9,1
	Ensino básico 9º ano	53	17,2
	Ensino secundário 12º ano	77	25,0
	Bacharelato	35	11,4
	Licenciatura	52	16,9
	Pós-Licenciatura	9	2,9
Total de contribuintes		308	100

No que diz respeito ao grau de escolaridade, a amostra apresenta também diferentes perfis de contribuintes: 54 – ensino primário; 28 – ensino básico 6.º ano; 53 – ensino básico 9.º ano; 77 – ensino secundário; 35 – bacharelato; 52 – licenciatura; 9 – pós licenciatura.

[Quadro n.º 5.3] Preenchimento e entrega da declaração de rendimentos
(Frequência e percentagens)

Preenchimento da declaração	Entrega da declaração de rendimentos					
	Contabilista	Entrega física	Correio	Internet	Total	(%)
Sem ajuda		88	1	51	140	46
Ajuda não paga		65		25	90	29
Ajuda paga	78				78	25
Total	78	153	1	76	308	100

No quadro 5.3 observamos que, do total de contribuintes entrevistados, 140 (46%) preencheram e entregaram a declaração de rendimentos sem qualquer tipo de ajuda, 90 (29%) recorreram a ajuda não paga de familiares, de amigos ou de funcionários da administração fiscal, e 78 (25%) consultaram um especialista fiscal ou um contabilista, para cumprir os seus deveres fiscais.

Verificamos, ainda, que dos contribuintes que não recorreram a ajuda, 153 (67%) entregaram a declaração por entrega física, enquanto 76 (33%) contribuintes recorreram ao uso das novas tecnologias. No caso dos contribuintes que recorreram a um contabilista para cumprir com as suas obrigações fiscais foi o próprio especialista que se encarregou do preenchimento e entrega da declaração.

Na caracterização económica dos indivíduos, a amostra apresenta, igualmente, diversos tipos e níveis de rendimento auferidos pelos contribuintes.

Da análise do quadro 5.4, verificamos que a maioria dos contribuintes se encontra no terceiro escalão (35,4%) e quarto escalão (23,3%). Nos dois últimos escalões estão apenas 18,4% dos inquiridos da amostra. O escalão de rendimento que concentra maior número de inquiridos é o terceiro, de 6 581 Euros a 16 317 Euros, com 35% do total de contribuintes entrevistados. No quarto escalão, de 16 317 Euros a 37 528 Euros, estão 23% dos contribuintes. Perguntar aos contribuintes qual o rendimento auferido é uma questão sensível que, por regra, origina uma taxa elevada de "não respostas" (*missings*). Todavia, a nossa amostra não regista "não respostas", o que se deve, em parte, ao local escolhido para

**[Quadro n.º 5.4] Distribuição dos inquiridos
de acordo com o montante de rendimento obtido**

(Frequência e percentagens)

Escalões de rendimento (Euros)	Preenchimento da declaração de rendimentos			Total	(%)
	Sem ajuda	Ajuda não paga	Ajuda paga		
<4 351	9	8	6	23	7,4
≥4 351 - <6 581	14	23	10	47	15,2
≥6 581 - <16 317	37	22	12	109	35,4
≥16 317 - <37 528	61	29	20	72	23,3
≥37 528 - <54 388	12	5	14	31	10,0
≥54 388	7	3	16	26	8,4
Total	140	90	78	308	100

entrevistar os contribuintes, o que motivou alguma propensão para responder às questões fiscais, assim como para indicarem valores mais próximos do valor do rendimento efectivamente obtido.

Ainda assim, procurou-se também contrariar a tendência de baixo nível de taxa de resposta, fechando a resposta em seis escalões de rendimento, os quais apresentavam como limites os valores dos escalões de IRS.

[Quadro n.º 5.5] Actividade principal dos inquiridos

(Frequência e percentagens)

Actividade principal	Contribuintes			Total	%
	Sem ajuda	Ajuda não paga	Ajuda paga		
Trabalhador por conta de outrem	93	61	19	173	56,16
Trabalhador por conta própria	28	11	48	87	28,24
Reformado	17	11	8	36	11,68
Desempregado		5	2	7	2,27
Doméstica	2	2	1	5	1,62
Total	140	90	78	308	100,00

A amostra é composta por um conjunto de contribuintes com diferentes actividades. Do total de contribuintes, 173 (56,16%) exercem actividade por conta de outrem, enquanto 87 (28,24%) exercem uma actividade por conta própria, e 48 (15,5%) encontram-se fora da vida profissional activa, dos quais 36 (11%) são reformados e 7 e 5 (5%) são desempregados e domésticas, respectivamente.

[Quadro n.º 5.6] **Fontes e categorias de rendimento da amostra**
(Frequência e percentagens)

Fontes e categorias de rendimento	Preenchimento da declaração			Total	(%)
	Sem ajuda	Ajuda não paga	Ajuda paga		
1 Categoria	95	63	26	184	60,0
2 Categorias	36	25	32	93	30,0
3 Categorias	5	1	9	15	5,0
4 Categorias	4	1	9	14	4,5
5 ou mais Categorias	0	0	2	2	0,5
Total	140	90	78	308	100

No que se refere à complexidade das tarefas fiscais, a qual associámos, no nosso estudo, à existência de mais do que uma categoria ou fonte de rendimentos, 184 (60%) dos contribuintes inquiridos apenas possuem rendimentos resultantes de apenas uma categoria, 93 (30%) de duas categorias, 15 (5%) de três categorias, 14 (4,5%) de quatro categorias e 5 (0,5%) dos contribuintes da amostra possuem rendimentos de cinco ou mais categorias. Observa-se ainda que, à medida que o número de categorias aumenta, os contribuintes tendem a procurar ajuda para o preenchimento da declaração e cumprimento dos seus deveres fiscais.

No que diz respeito ao tipo de rendimento obtido, verificamos que, para os contribuintes sem ajuda, a categoria A (81,4%) e a H (18,1%) são aquelas melhor representadas, pelo que a maioria dos contribuintes aufere rendimentos resultantes do trabalho dependente ou pensões. As restantes categorias têm um peso pouco significativo para os contribuintes que não têm ajuda no processo de cumprimento fiscal.

[Figura n.º 5.2] Distribuição do número de contribuintes de acordo com a categoria de rendimentos

(em percentagens)

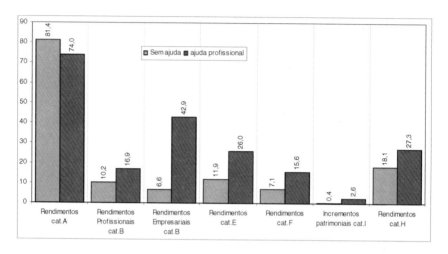

Por sua vez, para os contribuintes com ajuda profissional, são as categorias A e B as que têm maior representatividade, com 74,0% e 42,9%, respectivamente. Esta situação compreende-se, uma vez que a complexidade do cumprimento dos deveres fiscais associada aos trabalhadores independentes e empresários individuais é maior quando os comparamos com os trabalhadores dependentes, o que conduz, muitas vezes, à necessidade de recorrer a um profissional fiscal. Neste grupo de contribuintes, as restantes categorias de rendimentos, excepto os pensionistas, apresentam um peso pouco expressivo.

Obviamente existem diferenças entre as características da população de contribuintes em sede de IRS e as da amostra de contribuintes entrevistados.

Ainda assim, devemos sublinhar que os custos de cumprimento não são diferentes consoante o distrito, já que as repartições são bem distribuídas e os custos de Internet, telefone, viagens, livros, avenças pagas a profissionais fiscais, entre outros, também não diferem consoante o distrito.

Pelo que não existem motivos para duvidar que os custos de cumprimento dos contribuintes do distrito de Coimbra sejam diferentes dos incorridos pelos contribuintes do resto do país.

Tendo em conta a informação recolhida, procedemos, então, na secção seguinte, ao cálculo dos custos de cumprimento dos contribuintes individuais, bem como ao teste das nossas hipóteses de investigação, anteriormente, formuladas.

6. ANÁLISE DOS RESULTADOS

Seguidamente, apresenta-se o método usado para calcular os custos de cumprimento dos contribuintes individuais, bem como as técnicas aplicadas para testar as hipóteses de estudo.

6.1. O cálculo dos custos de cumprimento dos contribuintes individuais

O primeiro objectivo deste trabalho é apresentar uma estimativa dos custos de cumprimento incorridos pelos contribuintes individuais no cumprimento das suas obrigações tributárias. Para o cálculo dos custos baseamo-nos na definição abaixo apresentada.

Custos Cumprimento (CC) [438] = Custos tempo + custos monetários + custos psicológicos

O conceito de custos de cumprimento que utilizámos no nosso estudo diz respeito aos custos directamente suportados pelos contribuintes, na recolha de informação, na compra de impressos, de livros, de *software*, e, por fim, no preenchimento e no envio da declaração de rendimentos. A nossa atenção centrou-se, apenas, no cálculo dos custos passíveis de mensuração, como são os custos de tempo e os custos monetários.

---

[438] Como já referimos anteriormente, os custos de tempo são os obtidos através do número de horas gasto por cada contribuinte, valoradas em Euros, no cumprimento dos seus deveres fiscais. Os custos monetários correspondem ao somatório de outras despesas gerais incorridas no cumprimento fiscal, tais como gastos em livros, correio e viagens. Por último, os custos psicológicos traduzem os custos de angústia suportados pelo contribuinte no decorrer do processo de cumprimento fiscal.

No que diz respeito aos custos psicológicos, e apesar de se tratar de um custo dificilmente quantificável, questionámos os contribuintes sobre o nível de preocupação e angústia incorrido no processo de cumprimento fiscal, com o objectivo de determinar se os contribuintes sofriam este tipo de custos.

Os custos de cumprimento directamente incorridos pelos próprios contribuintes constituem, provavelmente, a maior componente dos custos de cumprimento. Porém, não é a única, dado que também fazem parte do processo de cumprimento fiscal os custos incorridos por terceiras entidades, os quais não constituem objecto da nossa análise.

Mais ainda, no nosso estudo também não distinguimos os custos "voluntários", tais como os que resultam de algum planeamento fiscal, dos custos de cumprimento "involuntários", os quais o contribuinte tem obrigatoriamente de suportar para cumprir as suas obrigações fiscais. Na verdade, a proporção de custos "involuntários" e de custos "voluntários" é extremamente difícil de determinar.

Em conclusão, neste estudo estima-se apenas os custos de cumprimento directamente incorridos pelos contribuintes individuais.

No nosso trabalho, e tal como decorre do filtro do questionário, agrupámos os contribuintes em dois grupos: os que não recorrem a ajuda profissional paga e os que utilizam os serviços de um contabilista ou outro especialista fiscal. Criámos, então, uma nova variável que agrega, por um lado, os contribuintes sem ajuda profissional (contribuintes sem ajuda e os contribuintes com ajuda não paga), e, por outro, os contribuintes que recorrem a ajuda profissional paga.

O cálculo dos custos de cumprimento e a análise dos resultados são elaborados, separadamente, para os dois tipos de contribuintes diferentes, sem e com ajuda profissional, por entendermos que os respectivos custos têm natureza diferente.

Entendemos que, para os contribuintes que recorrem a ajuda profissional paga, o valor do tempo gasto no cumprimento das tarefas fiscais encontra-se incluído no valor dos honorários pagos aos especialistas. Todavia, sabemos que qualquer contribuinte tem sempre de perder algum tempo com os seus assuntos fiscais, tal como o tempo despendido com o conhecimento da sua situação fiscal, ou eventuais reuniões com especialistas fiscais, entre outras despesas gerais. Desta forma, e de modo a não sobreestimar o valor dos custos de cumprimento dos contribuintes que recorrem a ajuda profissional, e dado que o tempo gasto em reuniões com os especialistas fiscais é difícil de quantificar pelo contribuinte, entendemos que o custo de cumprimento corresponde ao valor dos honorários pagos.

6.1.1. Custos de cumprimento dos contribuintes individuais que não recorrem a ajuda profissional

6.1.1.1. *Custos de tempo*

Os custos de tempo incorridos pelo próprio contribuinte, ou por amigos ou familiares, constituem uma componente importante dos custos de cumprimento. No entanto, não podemos deixar de sublinhar que, quando é o próprio contribuinte a tratar dos seus assuntos fiscais, é particularmente difícil medir o tempo gasto em perguntas e dúvidas a familiares, amigos ou a funcionários da administração fiscal.

[Quadro n.º 5.7] Número de horas gasto, por ano, no cumprimento das actividades fiscais

(Frequência e percentagens)

Escalões de horas	Contribuintes sem ajuda profissional	
	N	%
<3 horas	30	13,0
≥3-<6 horas	189	82,2
≥ 6 horas	11	4,8
Total	230	100

Do total de contribuintes entrevistados, verificámos que 13% dos inquiridos gastaram entre 1 e 3 horas, por ano, 82,2% despenderam entre 3 e 6 horas, e apenas 4,8% gastaram mais de 6 horas no processo de cumprimento fiscal.

Na figura 5.3, apresenta-se a distribuição, com o limite mínimo e o máximo, do número de horas gasto, em média, pelos contribuintes sem ajuda profissionalizada no cumprimento fiscal.

[Figura n.º 5.3] Intervalo de variação das horas médias gastas, por ano, e frequência dos contribuintes sem ajuda profissional

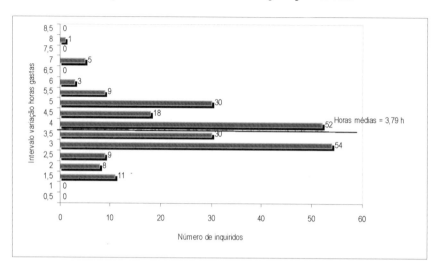

De acordo com a figura 5.3, verificamos que os custos de tempo revelam uma grande variabilidade, gastando os contribuintes da nossa amostra entre 1,5 horas a 8,25 horas, por ano, no processo de cumprimento fiscal.

O total de horas médias gasto, por ano, pelos contribuintes no cumprimento em sede de IRS, foi de 3,79 horas (aproximadamente 3 horas e 45 minutos).

O total de horas médio despendido, por ano, pelos contribuintes individuais em Portugal encontra-se próximo dos valores obtidos no Reino Unido, na Holanda e no Canadá, com 3,6 horas, 4,5 horas, e 5,5 horas, respectivamente.

Vejamos, na figura 5.4, se existem diferenças nas horas médias gastas consoante as actividades inerentes ao processo de cumprimento fiscal.

Da leitura da figura 5.4, verificamos que o tempo médio gasto pelos contribuintes difere consoante as actividades inerentes ao processo de cumprimento fiscal. A recolha de informação é a actividade que absorve mais tempo aos contribuintes (2,33 horas), seguido do preenchimento e envio da declaração (0,97 horas). A compra de impressos e a leitura das instruções ou outras brochuras fiscais são as componentes onde os contribuintes gastam menos tempo, com 0,28 horas e 0,21 horas, respectiva-

[Figura n.º 5.4] Distribuição das horas gastas, em média,
por ano, no cumprimento fiscal

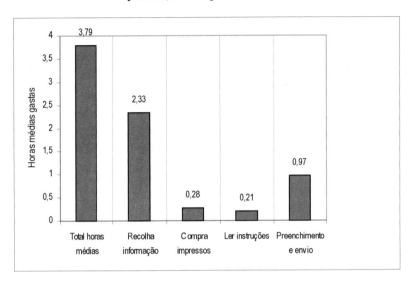

mente. No que se refere à compra de impressos, a situação justifica-se, na medida em que uma grande parte dos contribuintes entrega a sua declaração através de Internet[439], pelo que não é necessária a compra dos impressos.[440] Por sua vez, e no que diz respeito à leitura de instruções da declaração de rendimentos, os contribuintes referiram por diversas vezes no processo de entrevistas, que "copiavam" o preenchimento da declaração de uns anos para os outros. Na maioria dos casos, tratava-se de contribuintes com uma situação fiscal relativamente simples[441], em que o preen-

---

[439] Na nossa amostra, dos 230 contribuintes que não recorrem a ajuda profissional, 76 contribuintes entregam a sua declaração pela Internet, o que corresponde a 33% dos entrevistados, uma percentagem considerável no total de contribuintes.

[440] Refira-se que, para o ano de 2006, é obrigatória a apresentação da declaração mediante transmissão electrónica de dados para os titulares de rendimentos profissionais ou empresariais tributados com base na contabilidade organizada e, bem assim, para os restantes sujeitos passivos de IRS titulares de rendimentos empresariais ou profissionais de montante ilíquido superior a 10 000,00 Euros. (Cfr. Portaria n.º 1287/2005, de 15 de Dezembro)

[441] Entendemos por situação fiscal relativamente simples os contribuintes que dispõem de rendimentos de apenas uma categoria de rendimentos (a maioria das vezes trabalho dependente).

chimento da declaração não exige conhecimentos técnicos e fiscais muito aprofundados. Para estes contribuintes, a estabilidade da lei fiscal é um factor determinante dos seus custos de cumprimento.

O quadro 5.8 apresenta as horas médias gastas pelos contribuintes de acordo com o escalão de rendimento. Procura-se saber se existe um comportamento semelhante dos contribuintes na distribuição do seu tempo pelas tarefas fiscais, de acordo com o escalão de rendimento.

[Quadro n.º 5.8] Distribuição do tempo médio gasto, por ano, de acordo com o escalão de rendimento

Contribuintes sem ajuda profissional	Rendimento anual do agregado familiar (em Euros)						Horas médias totais
	<4351	≥4351- <6581	≥6581- <16317	≥16317- <37528	≥37528- <54388	≥ 54388	
Recolha de informação	2,71	2,41	2,24	2,30	2,24	2,40	2,33
Compra de impressos	0,31	0,41	0,28	0,26	0,18	0,13	0,28
Leitura de instruções e brochuras	0,28	0,17	0,12	0,26	0,22	0,33	0,21
Preenchimento e envio	1,04	1,04	0,97	0,93	1,09	0,75	0,97
Horas médias totais	4,34	4,02	3,61	3,74	3,72	3,60	3,79

Os contribuintes desta amostra gastam, em média, 3,79 horas no processo de preenchimento e entrega da declaração de rendimentos.

Observa-se que os contribuintes situados nos escalões inferiores de rendimento são aqueles que despendem mais horas, em média, nas suas tarefas fiscais, como se verifica pela tendência demonstrada no quadro, onde o total de horas vai diminuindo de 4,34 horas, no escalão de rendimentos inferior a 4 351 Euros, até 3,60 horas, no escalão de rendimentos superior a 54 388 Euros.[442] Esta observação não deixa de ser surpreendente, e resulta, não de um contribuinte com uma resposta muito elevada, mas de vários contribuintes entrevistados, de rendimentos baixos, que indicaram gastar muito tempo.[443] A justificação para esta situação estará,

---

[442] Esta situação verifica-se pela análise do quadro n.º 5.4, onde se apresenta a distribuição dos inquiridos pelo montante de rendimento obtido.

[443] O comportamento dos custos de tempo de acordo com o rendimento obtido pelo

certamente, relacionada com a idade dos contribuintes, o nível de escolaridade, a origem ou fonte dos rendimentos, tal como veremos mais à frente, aquando do teste das hipóteses.

Os contribuintes apresentam, todavia, um comportamento semelhante na distribuição do tempo gasto pelas diferentes tarefas inerentes ao cumprimento das obrigações fiscais. As componentes onde despendem mais tempo são o processo de recolha da informação e documentos, e o preenchimento e envio da declaração. Por sua vez, o tempo gasto na leitura das instruções da declaração de rendimentos e no estudo da lei fiscal aumenta à medida que os contribuintes vão subindo de escalão. Verifica-se a situação inversa no que diz respeito ao tempo gasto na compra de impressos, uma vez que o tempo despendido diminui à medida que os rendimentos aumentam. Esta situação está, certamente, relacionada com o maior recurso às novas tecnologias, na entrega e envio da declaração, pelos contribuintes que dispõem de maiores rendimentos.

Depois de sabermos o número de horas gastas pelos contribuintes no cumprimento fiscal, valorámos essas horas. A valoração do tempo despendido nas actividades de cumprimento fiscal assentou numa estimativa dos contribuintes inquiridos. Porém, e de modo a aumentar o número de respostas, fechou-se a pergunta com cinco escalões que variavam desde 5 Euros a 100 Euros.

No quadro 5.9, apresenta-se a valoração que os contribuintes atribuíram ao tempo gasto nas actividades fiscais.

Os contribuintes foram questionados acerca do valor que os próprios atribuiriam ao tempo que gastaram, durante o ano, no cumprimento das suas obrigações fiscais, independentemente de considerarem esse tempo de trabalho ou tempo de lazer.[444]

---

contribuinte em Portugal é muito semelhante ao obtido por Slemrod, em 1984, nos EUA, aquando do seu estudo acerca dos custos de cumprimento dos contribuintes individuais. Cfr. Slemrod, Joel; Sorum, N. (1984); "The compliance costs of the US individual income tax system-mail questionnaire survey", in: *National Tax Journal*, Volume 37, n.º 4, p. 465.

[444] Na verdade, tal como verificámos aquando da revisão da literatura, no terceiro capítulo, não existe uma perspectiva de valoração do tempo gasto no trabalho fiscal, aceite, de forma unânime, por todos os autores que estimaram custos de cumprimento. Cfr. Sandford, Cedric (Ed.) (1995), *Tax Compliance Costs-Measurement and Policy*, Bath, Fiscal Publications, pp.73-101.

[Quadro n.º 5.9] Valoração do tempo gasto no cumprimento das actividades fiscais
(Frequência e percentagens)

Valoração do tempo gasto (em Euros)	Contribuintes sem ajuda profissional	
	N	%
<5	79	34,35
≥5-<25	93	40,43
≥25-<50	39	16,96
≥50-<100	13	5,65
≥ 100	6	2,61
Total	230	100

Verifica-se que a grande maioria dos contribuintes entrevistados valorizou o tempo gasto no primeiro (34,35%) e segundo escalão (40,43%), os quais correspondem à valoração mais baixa da hora gasta. A maioria dos contribuintes entrevistados considerou o tempo gasto como tempo de trabalho adicional e não como tempo de lazer, uma vez que respondia, de forma muito intuitiva, que se estivesse a trabalhar ganharia determinado montante por hora. Assim, após a valoração do tempo gasto em Euros, obtivemos o custo médio das horas gastas, que, seguidamente, apresentamos no quadro 5.10.

[Quadro n.º 5.10] Custo de tempo médio dos contribuintes sem ajuda profissional

(em Euros)

	N	Média	Mínimo	Máximo	Desvio Padrão
Custo tempo médio	230	74,8	7,5	450	77,75

O custo mínimo de tempo gasto pelos contribuintes é de 7,5 Euros e o máximo é de 450,0 Euros, verificando-se, assim, uma grande variabilidade dos dados.

O custo de tempo médio gasto pelos contribuintes no cumprimento dos seus deveres fiscais em IRS é de 74,8 Euros. Porém, dada a grande variabilidade dos dados é importante saber onde se situa a maioria dos contribuintes.

[Quadro n.º 5.11] Custo de tempo médio gasto, por ano, pelos contribuintes sem ajuda profissional

(em percentagem acumulada)

Custo de tempo médio (em Euros)	Contribuintes sem ajuda profissional N
<25	34
≥25-<45	50
≥45-<90	74
≥90-<160	90
≥160-<250	96
≥250-<400	99
≥400	100

Da análise do quadro 5.11, verificamos que 50% dos contribuintes entrevistados avaliaram os seus custos até 45 Euros;[445] 74% estimaram os seus custos até 90 Euros; e para 90% dos entrevistados os custos foram até 160 Euros; os restantes 10% consideraram os seus custos superiores a 160 Euros.

---

[445] Este valor encontra-se muito próximo de uma estimativa do custo declarativo global da Direcção Geral de Finanças, de 2006, onde o custo médio por declaração entregue é de 39,5 Euros, sendo de 43 Euros o custo médio da declaração entregue em papel e de 23 Euros o correspondente à enviada por Internet. Macedo, Paulo (2006), "A luta contra a fraude fiscal no IRS", in: *4ª Conferência de Fiscalidade da FEUC: A tributação do rendimento das pessoas singulares*, organizada pelo Doutor António Martins, 19 de Outubro, Faculdade de Economia da Universidade de Coimbra.

Vejamos, agora, como variam os custos de tempo de acordo com o rendimento obtido.

[Quadro n.º 5.12] Custo de tempo médio, em Euros, de acordo com o escalão de rendimento

Contribuintes sem ajuda profissional	<4351	Rendimento anual do agregado familiar (em Euros)				
		≥4351-<6581	≥6581-<16317	≥16317-<37528	≥37528-<54388	≥54388
Recolha de informação	2,71	2,41	2,24	2,30	2,24	2,40
Compra de impressos	0,31	0,41	0,28	0,26	0,18	0,13
Leitura de instruções e brochuras	0,28	0,17	0,12	0,26	0,22	0,33
Preenchimento e envio	1,04	1,04	0,97	0,93	1,09	0,75
Horas médias	4,34	4,02	3,61	3,74	3,72	3,60
Custo médio cumprimento (em Euros)	51,29	34,70	54,52	99,58	171,51	166,75

Verificamos, pelo quadro 5.12, que o custo médio de tempo dos contribuintes inquiridos, por escalão de rendimento, variou desde 51,29 Euros a 171,51 Euros.

Observa-se uma ligeira tendência para a regressividade dos custos de cumprimento, dado que os contribuintes com menores rendimentos apresentam custos mais elevados. Posteriormente, os custos médios de cumprimento tendem a subir com o aumento do rendimento, todavia, no último escalão, os custos médios diminuem novamente, ainda que de forma pouco acentuada.

Podemos, então, discutir a seguinte questão: a que se deve a regressividade inicial dos custos de cumprimento?

No que se refere aos contribuintes com baixos rendimentos, pode dever-se a uma elevada valoração do tempo. De notar que neste escalão apenas temos 17 contribuintes, pelo que os resultados devem ser interpretados com algum cuidado. Ainda assim, podemos adiantar uma explicação possível, segundo a qual a elevada valoração do tempo gasto resulta da variabilidade dos rendimentos auferidos no exercício de uma actividade por conta própria, tal como os empresários individuais que não dispõem de uma fonte de rendimentos permanente ou fixa. Note-se que o custo médio dos contribuintes com rendimentos inferiores a 4 351 Euros é de 51, 29 Euros, não muito longe do custo médio dos contribuintes com rendimentos entre 6 581 Euros e 16 317 Euros, que apresenta um valor de 54, 52 Euros. Verificaremos, no entanto, esta nossa convicção, mais à frente, aquando do teste das hipóteses de estudo.

O custo médio dos contribuintes que dispõem de rendimentos superiores a 37 528 Euros até 54 388 Euros atinge 171,51 Euros, o que se deve, em muito, à mais elevada valoração do tempo gasto por estes contribuintes, uma vez que o número de entrevistados neste escalão de rendimento é de 17 no total da amostra de contribuintes. O custo médio desce ligeiramente para 166,75 Euros para os contribuintes com rendimentos superiores a 54 388 Euros, resultado da elevada valoração do tempo.

6.1.1.2. *Outros custos*

Na pergunta 17 do questionário, os contribuintes foram inquiridos acerca de outros custos que suportariam no processo de cumprimento fiscal, nomeadamente despesas com correio, Internet, telefone, viagens e livros. Verificámos que poucos foram os contribuintes inquiridos que quantificaram estes custos, dado tratarem-se de despesas difíceis de individualizar das suportadas com outros fins extra fiscais. Do nosso ponto de vista entendemos, porém, que todos os contribuintes suportam, para além dos custos de tempo e entrega da declaração de rendimentos, custos mínimos de preparação e envio no cumprimento das suas obrigações fiscais.

Assim, definimos como custos de envio os resultantes de telefonemas a amigos, familiares, ou à administração fiscal, e os custos com a Internet e correio. Por sua vez, nos custos de preparação incluímos a compra de livros, programas informáticos, ou brochuras fiscais, os quais dão aos contribuintes os conhecimentos e os custos mínimos para conhecerem a sua situação fiscal. Tendo em consideração a nossa definição de custos de envio e de custos de preparação, procedemos ao cálculo do seu valor da seguinte forma.

Dos contribuintes entrevistados, 17 indicaram que tinham gastos com viagens e 76 contribuintes custos com Internet e telefone. Neste caso, os contribuintes entrevistados afirmavam que tinham gastos com a Internet ou telefone, mas a maioria não conseguia individualizar este custo para fins exclusivamente fiscais. Assim, de forma a calcular este custo, e para os contribuintes que entregaram a declaração pela Internet, valorizámos o tempo despendido na Internet a 0,5 Euros, por hora, dado tratar-se do custo médio por hora que é pago, regra geral, pelos utilizadores deste serviço quando requerido em espaços públicos.

Tendo em atenção a nossa hipótese de que todos os contribuintes incorrem em custos mínimos de envio, calculámos os custos monetários médios de envio dos contribuintes que quantificaram esta despesa (viagens, correio, Internet e telefone), do qual resultou um valor de 3,29 Euros, que, posteriormente, imputámos a todos os contribuintes. No que diz respeito a livros ou outras brochuras fiscais, 24 contribuintes referiram que tiveram esses custos, pelo que calculámos os custos de preparação médios dos contribuintes que quantificaram esta despesa e, posteriormente, imputámos a cada contribuinte o custo médio de 3,20 Euros.

Após imputar a cada contribuinte o custo médio mínimo de envio e preparação, obtivemos os custos de cumprimento médios totais dos contribuintes.

Vejamos, no quadro 5.13, a distribuição dos custos de cumprimento médios totais, de acordo com o escalão de rendimento.

[Quadro n.º 5.13] Custo de cumprimento médio total dos contribuintes sem ajuda profissional

(em Euros)

Contribuintes sem ajuda profissional	<4351	Rendimento anual do agregado familiar (em Euros)				
		≥4351-<6581	≥6581-<16317	≥16317-<37528	≥37528-<54388	≥54388
Custo médio tempo	51,29	34,70	54,52	99,58	171,51	166,75
Outros custos monetários	6,49	6,49	6,49	6,49	6,49	6,49
Custo médio total de cumprimento	57,79	41,20	61,02	106,08	178,01	173,25

Podemos, assim, concluir que os custos de tempo são a principal componente dos custos de cumprimento dos contribuintes individuais tendo as outras despesas monetárias um peso pouco expressivo no total dos custos.

6.1.2. *Os custos de cumprimento dos contribuintes que recorrem a ajuda profissional paga*

Tal como já referimos anteriormente, do total de 308 contribuintes entrevistados da amostra, 78 recorrem a ajuda profissional para o cumprimento dos seus deveres fiscais.

[Figura n.º 5.5] Motivos enumerados pelos contribuintes para recorrer a ajuda profissional paga

(em percentagem)

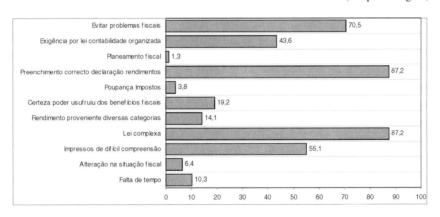

Dentro dos motivos enunciados pelos contribuintes como justificativos do recurso a ajuda especializada, os mais referidos foram a complexidade da legislação fiscal (87,2%), a necessidade de assegurar o correcto preenchimento da declaração de rendimentos (87,2%), evitar problemas com a administração fiscal (70,5%), a incompreensão dos impressos (55,1%), e a exigência legal de ter contabilidade organizada (43,6%).

O tipo de profissional a que os contribuintes mais recorreram foi o Técnico Oficial de Contas (TOC) e as empresas de prestação de serviços de contabilidade e gestão. No entanto, seis dos entrevistados utilizaram os serviços de um solicitador para assegurar o correcto preenchimento da declaração de rendimentos, tal como podemos ver na figura 5.6.

[Figura n.º 5.6] Tipo de profissional

(Frequência)

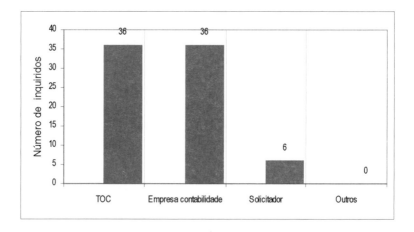

A figura do solicitador foi apenas enunciada pelos contribuintes mais idosos, reformados, com nível de escolaridade muito baixo, habitantes nas localidades mais rurais, que recorriam ao solicitador para um apoio pontual: o preenchimento e envio da declaração de rendimentos.[446] Estes contribuintes fazem parte do grupo que recorre a ajuda profissional, todavia, é necessário sublinhar que se trata de um perfil de contribuintes de natureza diferente dos que recorrem ao contabilista para um apoio regular e continuado, pagando a respectiva avença ao longo do ano.[447]

---

[446] Aquando da elaboração do trabalho de campo, verificou-se que os contribuintes com rendimentos muito baixos recorrem a ajuda profissional porque, regra geral, são contribuintes que detêm um nível de escolaridade muito baixo que não lhes permite dispor dos conhecimentos mínimos necessários para o cumprimento dos seus deveres fiscais. Na verdade, como veremos mais à frente, o custo de cumprimento destes contribuintes vai corresponder, no essencial, ao custo mínimo de preparação da sua situação fiscal.

[447] Este tipo de ajuda corresponde ao apoio não institucionalizado dos *tax agents*, muito generalizado no Reino Unido e na Austrália, concedido aos contribuintes individuais no cumprimento das suas obrigações fiscais.

Por isso, após análise dos dados recolhidos, entendemos criar uma nova variável que divide os contribuintes que recorrem a ajuda profissional em dois tipos: ajuda profissional pontual e ajuda profissional regular. Tendo em atenção a pergunta 23 do questionário, definimos tratar-se de apoio pontual quando os contribuintes pagam honorários aos profissionais que apenas dizem respeito a IRS. Os contribuintes que pagam honorários que dizem respeito a IRS e a outros impostos, regra geral o IVA, são contribuintes que normalmente pagam uma avença ao longo do ano para apoio regular e continuado.

A figura 5.7 apresenta os motivos enunciados pelos contribuintes para recorrer a ajuda profissional, a qual dividimos entre ajuda com carácter pontual e ajuda com carácter mais regular ou continuado.

[Figura n.º 5.7] Motivos enumerados pelos contribuintes para recorrer a ajuda profissional pontual e a ajuda profissional regular
(em percentagem)

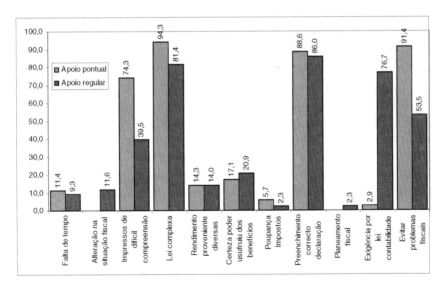

Os motivos pelos quais os contribuintes recorrem a ajuda profissional pontual ou regular diferem em alguns aspectos.

A complexidade da lei fiscal, a dificuldade em preencher a declaração de rendimentos, a certeza de cumprir correctamente com as obrigações fiscais, e evitar problemas com a administração fiscal são as razões que levam os contribuintes a recorrer a um apoio de natureza mais pontual.

Os motivos que induzem os contribuintes a recorrer a ajuda profissional regular são, por seu turno, a exigência legal de contabilidade organizada, a lei complexa, o preenchimento correcto da declaração e evitar problemas com a administração fiscal.

A principal razão que conduz os contribuintes a recorrer a um apoio mais pontual é a complexidade da lei fiscal. Porém, para os contribuintes que recorrem a uma ajuda regular, a razão preponderante é a exigência legal de contabilidade organizada. Foi a análise da figura 5.7 que reforçou a nossa ideia de que existem neste grupo de contribuintes, com ajuda profissional paga, dois tipos diferentes: o apoio pontual e o apoio regular.

Os contribuintes que tinham ajuda profissional foram questionados, na pergunta 18, sobre o valor dos honorários pago aos contabilistas para cumprirem com os deveres fiscais. Nesta questão, não existiu qualquer relutância da parte dos contribuintes em indicar o valor dos honorários. Ainda assim, muitos foram os que sublinharam, por diversas vezes, que se tratava de um valor aproximado. Todavia, quando os contribuintes eram questionados acerca de uma estimativa que se relacionasse com o valor correspondente ao IRS, a maioria afirmou que não conseguia dividir os honorários pagos de acordo com o tipo de imposto. Na verdade, convém sublinhar que o IVA é um imposto que implica, da parte dos contribuintes e dos contabilistas, o cumprimento de tarefas regulares, ao longo do ano, enquanto que o cumprimento dos deveres fiscais em sede de IRS envolve um conjunto de tarefas de âmbito mais ocasional. Esta situação conduz, também, a dificuldades acrescidas na divisão dos honorários.

Assim, e tendo em conta estas considerações, entendemos que para calcular o valor dos honorários respeitante ao IRS, que corresponde aos custos de cumprimento destes contribuintes em sede deste imposto, assumimos a hipótese de 50% dos honorários ser para o cumprimento dos deveres fiscais em sede de IVA e os restantes 50% para fazer face ao cumprimento em IRS. Obtivemos os resultados apresentados no quadro 5.14.

Observamos, assim, que os custos de cumprimento dos contribuintes individuais que recorrem a ajuda profissional regular são significativamente superiores aos custos de cumprimento dos contribuintes que têm apenas um apoio pontual, os quais apresentam uma média de 640,61 Euros e 63,80 Euros, respectivamente.

[Quadro n.º 5.14] Custo de cumprimento médio dos contribuintes com ajuda profissional
(em Euros)

Contribuintes	N	Média	Mínimo	Máximo	Desvio Padrão
Apoio pontual	35	63,80	11,50	206,50	58,89
Apoio regular	43	640,61	256,50	1906,50	326,22
Total	78	381,79	11,50	1906,50	385,11

Ao compararmos os valores médios dos custos de cumprimento dos contribuintes com e sem ajuda profissional, verificamos que os custos de cumprimento dos contribuintes com ajuda regular (a média é de 640,61 Euros) são 8,5 vezes superiores aos dos contribuintes sem ajuda (a média é de 74,80 Euros). Todavia, os custos destes últimos não diferem muito dos custos dos contribuintes com ajuda pontual (a média é de 63,80 Euros).

Tendo em conta estes resultados, entendemos que em estudos futuros será útil dividir os contribuintes individuais por grupos diferenciados consoante as categorias de rendimentos e a exigência ou não de contabilidade organizada por lei, no sentido de obter estimativas de custos de cumprimento mais aproximadas com a natureza e o tipo de contribuinte.

De modo a podermos comparar o comportamento dos custos de cumprimento em relação ao rendimento auferido pelos contribuintes, analisemos o quadro 5.15.

Os custos de cumprimento dos contribuintes individuais que recorreram a ajuda profissional pontual aumentam com o rendimento obtido.

Assim, o valor dos custos varia desde 23 Euros, no primeiro escalão, a 176 Euros, no último escalão. A progressividade dos custos é expressiva do segundo para o terceiro escalão de rendimento, e do quarto para o quinto e sexto escalão. Esta situação compreende-se se tivermos em atenção que a facilidade de recorrer a ajuda profissional cresce com o aumento do nível de rendimentos.

Na verdade, os contribuintes com apoio pontual são de natureza diversa, abrangendo, por um lado, os que recorrem a ajuda porque não dispõem dos conhecimentos mínimos para cumprir, tais como os mais idosos, reformados, sem habilitações, e que recorreram à figura do solicitador, e, por outro lado, outros contribuintes com mais habilitações e rendimentos e que recorrem ao contabilista para preencher a sua declaração de rendimentos, e que pagam um valor pontual, consoante a complexidade da sua situação fiscal.

[Quadro n.º 5.15] **Custos de cumprimento com as obrigações fiscais em sede de IRS dos contribuintes com ajuda profissional, de acordo com o escalão de rendimento**

(em Euros)

Contribuintes com ajuda profissional	<4351	Rendimento anual do agregado familiar (em Euros)				
		≥4351-<6581	≥6581-<16317	≥16317-<37528	≥37528-<54388	≥54388
Apoio pontual*	23	24	45	44	117	176
Apoio regular*		450	744	556	542	819
Custos totais	23	109	220	428	451	658

*custo médio de cumprimento

Os custos de cumprimento em sede de IRS dos contribuintes individuais com apoio regular são significativamente mais elevados do que os dos contribuintes com apoio pontual, variando entre 450 Euros e 819 Euros. Observamos que o comportamento dos custos de cumprimento com o rendimento apresenta um formato semelhante ao dos contribuintes que não recorriam a qualquer tipo de ajuda profissional.

Assim, a relação entre os custos de cumprimento e o nível de rendimento apresenta o formato curvo em U. Verificamos, assim, que os custos crescem inicialmente com o aumento do rendimento, diminuindo nos escalões intermédios, para subirem novamente no último escalão de rendimento.

No que diz respeito às outras despesas monetárias, e dada a dificuldade em quantificar este tipo de custos pelos contribuintes, adoptámos um procedimento semelhante ao que usámos para os contribuintes que não recorrem a ajuda profissional.

Assim, dividimos os outros custos monetários em custos de envio e em custos de preparação, e calculámos os custos mínimos que cada contribuinte tem de suportar para cumprir com as suas obrigações fiscais.

Nos custos de envio considerámos as despesas em viagens, telefone, Internet, e obtivemos um custo médio mínimo de 2,97 Euros.

Nos custos de preparação incluímos as despesas mínimas de preparação e conhecimento da situação fiscal do contribuinte independentemente de ter um profissional para tratar dos seus assuntos, tais como compra de livros ou brochuras fiscais. O custo de preparação médio obtido foi de 3,46 Euros.

O custo médio total das outras despesas a imputar a cada contribuinte é, então, de 6,43 Euros. Este custo é semelhante ao que obtivemos para os contribuintes sem ajuda profissional (6,49 Euros). Posteriormente, adicionámos estes custos aos honorários pagos e obtivemos o custo de cumprimento total dos contribuintes, como podemos ver no quadro 5.16.

[Quadro n.º 5.16] Custos de cumprimento totais dos contribuintes com e sem ajuda profissional de acordo com o escalão de rendimento

(em Euros)

Contribuintes	Rendimento anual do agregado familiar (em Euros)					
	<4351	≥4351-<6581	≥6581-<16317	≥16317-<37528	≥37528-<54388	≥54388
Sem ajuda profissional*	57,79	41,20	61,02	106,08	178,01	173,25
Ajuda profissional pontual*	29,00	30,78	51,42	50,35	123,17	182,25
Ajuda profissional regular*	.	456,50	750,50	562,83	548,32	825,67

*custos médios de cumprimento

A partir do quadro 5.16 observamos que, de uma forma geral, os contribuintes que recorrem a ajuda profissional regular incorrem em custos de cumprimento significativamente mais elevados do que aqueles que não dispõem de qualquer ajuda especializada ou que dispõem de ajuda pontual.

6.2. Os custos de cumprimento e a localização dos contribuintes

Após a realização do trabalho de campo e o cálculo dos custos de cumprimento, ficámos com a convicção de que existia um tipo de contribuinte mais urbano e outro mais rural.

Neste sentido, elaborámos, na figura 5.8, a projecção dos custos de cumprimento médios dos contribuintes inquiridos da nossa amostra nas diferentes localidades[448].

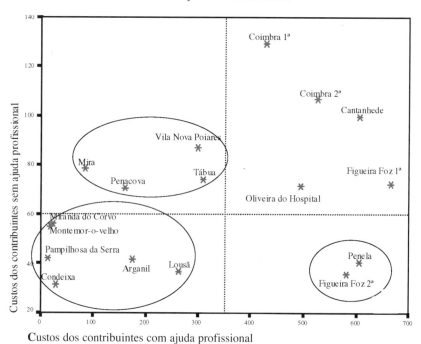

[Figura n.º 5.8] Os custos de cumprimento médios e a localização dos contribuintes

A figura 5.8 indica-nos que existe uma tendência geral para agruparmos os contribuintes de acordo com a sua localização.

Assim, podemos agrupar os contribuintes, sem e com ajuda profissional, em dois grupos diferentes.

---

[448] Nesta parte do nosso trabalho utilizámos o método de análise de dados – Análise de Homogeneidade (HOMALS) – também conhecido por Análise de Correspondências Múltiplas – o qual é particularmente apropriado à abordagem simultânea de múltiplos indicadores e ao tratamento de variáveis qualitativas. Para um estudo mais aprofundado deste método ver, por exemplo, Carvalho, Helena (2004), *Análise Multivariada de Dados Qualitativos – Utilização da Homals com o SPSS*, Lisboa, 1ª Edição, Edições Sílabo.

De um lado, temos os contribuintes com um perfil mais urbano, residentes nos concelhos de Coimbra, Figueira da Foz, Cantanhede e Oliveira do Hospital, e que apresentam custos de cumprimento médios mais elevados. Do outro lado, encontram-se os contribuintes com custos médios de cumprimento mais baixos. São os contribuintes residentes nos concelhos de Miranda do Corvo, Pampilhosa da Serra, Arganil, Lousã, Condeixa e Monte-mor-o-Velho. Tratam-se, pois, de concelhos com características mais rurais.

Estes perfis de contribuintes têm características pessoais, económicas, e sociológicas distintas, pelo que apresentam custos de cumprimento fiscais também diferentes. Nos concelhos mais rurais, encontrámos, regra geral, os contribuintes com mais idade, reformados, com um nível de escolaridade e de rendimento mais baixo e menos informados acerca do sistema fiscal. Nas zonas mais urbanas os contribuintes inquiridos eram, de uma forma geral, indivíduos mais jovens, com habilitações académicas superiores, níveis de rendimento mais elevados e melhor informados acerca do sistema fiscal.

Mais recentemente, a organização das administrações fiscais tem-se orientado para modelos organizativos que se desenvolvem em torno de segmentos de contribuintes, pois entende-se que cada grupo apresenta especificidades que justificam um tratamento autónomo. Por isso, o conhecimento dos diferentes perfis de contribuintes, através da projecção dos custos de cumprimento nas diferentes localidades, pode contribuir para melhorar a actuação da administração fiscal no desenvolvimento de estratégias de relacionamento com esses contribuintes.

Interessa, agora, saber o porquê das diferenças dos custos de cumprimento entre os diferentes perfis de contribuintes analisados. Os factores que explicam estas diferenças dos custos são explorados, seguidamente, aquando do teste das hipóteses gerais do nosso estudo. Tratam-se, como apresentado anteriormente aquando da definição dos objectivos deste capítulo, de factores de natureza demográfica, económica, técnica, psicológica e sociológica.

6.3. O teste das hipóteses gerais de estudo

O nosso objectivo, nesta parte do trabalho, assenta na determinação dos vários factores aos quais pode ser atribuída a variação dos custos de cumprimento dos contribuintes individuais.

A metodologia estatística que utilizamos para testar as hipóteses e atingir os objectivos propostos é a análise de variância (ANOVA). A análise de variância é um método que consiste na decomposição da variação total de uma variável em componentes aditivas, independentes entre si, que podem ser atribuídas a diferentes factores, também designados por causas ou fontes de variação da variável em causa.[449]

A análise de variância paramétrica é um procedimento estatístico apropriado para testar a igualdade das médias (μ_1, μ_2, ..., μ_k) de uma mesma variável, designada de variável dependente (Y)[450], em duas[451] ou mais populações e com base em outras tantas amostras. Trata-se, pois, de um ensaio de hipóteses, e a hipótese nula é a igualdade das médias: H_0: $\mu_1 = \mu_2 = \mu_k$; contra a hipótese alternativa de que existem pelo menos duas populações em que as médias são diferentes: H1: $\mu_i \neq \mu_j$ com $_i \neq _j$. Cada amostra constitui um grupo de observações da variável dependente e os grupos são definidos a partir de variáveis explicativas, também designadas por factores ou por variáveis independentes ($X_1, X_2, ..., X_k$).

Se a diferença entre as médias for estatisticamente significativa, isso quer dizer que deve existir uma relação entre as variáveis explicativas (factores pessoais, económicos, técnicos, psicológicos e sociológicos) e a variável dependente (custos de cumprimento).

Assim, numa primeira parte, recorremos à ANOVA simples (*one-way* ANOVA) para determinar o efeito principal de cada uma das variáveis explicativas nos custos de cumprimento[452]. Nesta fase, pretendemos deter-

---

[449] O modelo subjacente à análise ANOVA assenta em certos pressupostos. São eles: i) as populações estão normalmente distribuídas; ii) homogeneidades das variâncias, isto é, a variância das populações são iguais; iii) e, as amostras são aleatoriamente seleccionadas. Para uma análise mais detalhada da análise de variância e dos seus pressupostos ver, por exemplo, Pestana, Maria Helena; Gageiro, João Nunes (2003); *Análise de Dados para Ciências Sociais – A Complementaridade do SPSS*; 3ª Edição, Edições Silabo, pp. 254-364; ou, Maroco, João (2003) *Análise Estatística com Utilização do SPSS*, 2ª Edição, Lisboa, Edições Silabo, pp. 109-158; ou Pinto, J.Carlos Castro; Curto, J.J.Dias (1999), *Estatística para Economia e Gestão – Instrumentos de Apoio à Tomada de Decisão*, 1ª Edição, Lisboa, Edições Silabo, pp. 365-380.

[450] No nosso estudo a variável dependente é apenas uma: os custos de cumprimento dos contribuintes individuais.

[451] Quando se trata de duas populações, a igualdade de médias pode ser aferida através do teste *t* para a diferença de médias.

[452] Para um estudo mais pormenorizado desta análise exploratória veja-se: Lopes, Cidália Maria da Mota (2006), *Os custos de cumprimento no sistema fiscal portu-*

minar o efeito isolado de cada variável explicativa sobre a variável dependente. Numa segunda parte, elaboramos uma análise de variância a mais do que um factor (*n-way* ANOVA), onde calculamos o efeito principal de cada variável explicativa, bem como o efeito combinado das diversas variáveis explicativas na variável dependente. E, por fim, apresentamos um modelo geral global explicativo dos custos de cumprimento dos contribuintes individuais.

Resta por último referir que usámos a versão 14 do programa do *Statistical Package for the Social Sciences* (SPSS) para testar as nossas hipóteses de estudo, com um nível de significância de 5%.

6.3.1. O teste das variáveis individuais separadamente[453]

6.3.1.1. Hipóteses gerais relacionadas com os factores pessoais

6.3.1.1.1. Hipótese 1 – Estado civil

Com esta hipótese de estudo pretende-se analisar se os custos de cumprimento são diferentes consoante o estado civil do contribuinte. A nossa hipótese nula é: $H_0: \mu_1 = \mu_2$, a qual considera que não existem diferenças na média dos custos de cumprimento dos contribuintes casados e de outros contribuintes solteiros, separados, divorciados e viúvos. Para testar esta hipótese usámos o teste t[454] e concluímos para os contribuintes sem

---

guês – uma análise da tributação do rendimento, Dissertação de Doutoramento em Organização e Gestão de Empresas, Coimbra, Faculdade de Economia da Universidade de Coimbra.

[453] Para cada uma das hipóteses individuais, e antes da aplicação dos testes estatísticos, foram verificados todos os pressupostos estatísticos, em especial, a normalidade em cada um dos grupos considerados e a homogeneidade de variâncias. A normalidade verificou-se quer pela observação do teorema do limite central (n=30), quer pelo teste de aderência de *Kolmogorov-Smirnov*. Por sua vez, na homogeneidade de variâncias recorremos ao *teste de Levéne*.

[454] Quando se trata de duas populações, a igualdade de médias pode ser aferida através do teste *t* para a diferença de médias. O teste *t* é um teste para a diferença de médias e aplica-se quando se pretende testar se uma média populacional é ou não igual a um determinado valor a partir de uma estimativa obtida de uma amostra aleatória. Cfr. Maroco, João (2003), *Análise Estatística com Utilização do SPSSS*, Lisboa, Edições Silabo, p. 121.

ajuda profissional, com *t (228)* = 1,165 e *p*=0,246[455], que as diferenças observadas não são estatisticamente significativas. Por sua vez, para os contribuintes com ajuda profissional *t*(76) = 2,672, *p*=0,009, conclui-se que as diferenças observadas são estatisticamente significativas.

Ainda que a teoria postule que a tributação separada é, do ponto de vista da simplicidade administrativa, mais simples para os contribuintes, suportando estes, por isso, custos de cumprimento menores, este resultado apenas se verificou para os contribuintes com ajuda profissional.

6.3.1.1.2. *Hipótese 2 – Número de dependentes*

Pretende-se analisar se existe alguma relação entre os custos de cumprimento incorridos pelos contribuintes e o número de dependentes. A nossa hipótese nula é: H_0: $\mu_1=\mu_2=\mu_3=\mu_4$, a qual considera que não existem diferenças na média dos custos de cumprimento dos contribuintes sem dependentes e dos contribuintes com dependentes. Para testar esta hipótese recorremos a uma análise de variância (*one-way* ANOVA).

Nos contribuintes com ajuda de um especialista fiscal obtivemos um F(3,74)= 1,434 e *p*=0,240, pelo que podemos concluir que, para estes contribuintes, as diferenças entre os custos de cumprimento não são significativas.

Para os contribuintes sem ajuda profissional, com um F (3,226) = 16,801 e *p*<0,00, concluímos que as diferenças entre as médias dos custos de cumprimento, dos diferentes grupos de contribuintes, são estatisticamente significativas.

Para saber quais os grupos em que as médias são diferentes, recorreu-se aos testes P*ost Hoc*.[456] Verificámos que as diferenças dos custos de cumprimento são estatisticamente significativas entre os grupos com zero, um, e dois dependentes e os grupos com três ou mais dependentes. Assim, podemos afirmar que o aumento do número de dependentes está associado a custos de cumprimento mais elevados.

---

[455] Em que (228) são os graus de liberdade, 1,164 é o valor da estatística de teste e 0,246 a probabilidade associada ao teste.

[456] Os testes *Post – Hoc* são testes auxiliares que permitem saber quais os grupos em que existem diferenças significativas na média dos custos de cumprimento. O teste utilizado foi o *Bonferroni*, o qual nos permite detectar diferenças significativas entre três ou mais grupos, relativamente às diversas médias das variáveis em causa.

Este resultado sugere que o aumento do número de dependentes eleva a complexidade das tarefas inerentes ao cumprimento fiscal. Calculámos, por isso, o coeficiente de correlação de *Pearson*[457] para averiguar a correlação entre as variáveis custo de cumprimento e número de dependentes. Com um $r = 0.254$ e $p < 0,00$ podemos dizer que a relação entre as variáveis custos de cumprimento e número de dependentes é positiva, ou seja, quanto maior o número de dependentes maiores são os custos de cumprimento. Veja-se a distribuição dos custos médios de cumprimento, de acordo com o número de dependentes, na figura 5.9.

[Figura n.º 5.9] Os custos de cumprimento médios dos contribuintes de acordo com o número de dependentes

(em Euros)

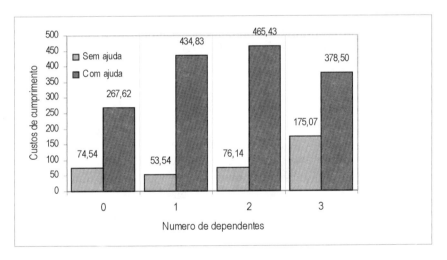

---

[457] O coeficiente de correlação de *Pearson* é o mais vulgarmente utilizado quando se pretende calcular a correlação entre duas variáveis métricas. Este coeficiente é aplicável quando as duas variáveis são medidas por escala de intervalo ou de rácio (variáveis métricas), e a relação entre as variáveis é linear (ou pelo menos não claramente não linear). Cfr. Maroco, João (2003); *Ob. Cit.*, pp. 129 e ss.

6.3.1.1.3. *Hipótese 3 – Idade*

A nossa hipótese nula é, recorde-se: H0: $\mu 1= \mu 2=\mu 3=\mu 4=\mu 5$, a qual considera que não existem diferenças na média dos custos de cumprimento consoante a idade dos contribuintes. Para testar esta hipótese recorremos a uma análise de variância (*one-way* ANOVA) e concluímos que, para os dois tipos de contribuintes, as diferenças observadas não são estatisticamente significativas.

Da análise das médias, verificamos que, para os contribuintes sem ajuda, os custos de cumprimento não diferem acentuadamente de acordo com a idade, excepto nos grupos de contribuintes mais jovens e nos mais idosos, os quais apresentam custos de cumprimento inferiores aos restantes grupos de contribuintes.

[Figura n.º 5.10] Os custos de cumprimento médios de acordo com a idade dos contribuintes

(em Euros)

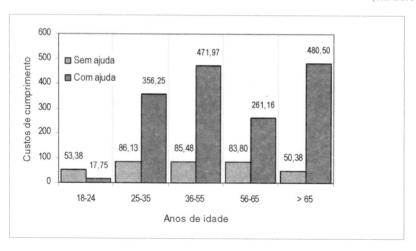

Na figura 5.10 observamos que os contribuintes do escalão de idades dos 36 aos 55 anos apresentam custos de cumprimento mais elevados em relação aos restantes grupos de contribuintes. Esta observação está de acordo com os resultados de Dean e Sandford que, nos seus estudos, verificaram que os custos de cumprimento eram mais elevados para os contribuintes individuais que possuíam idades compreendidas entre os 45 e os 54 anos de idade. Esta situação foi justificada pelo facto de ser no escalão etário dos 45 aos 54 anos que os contribuintes normalmente atingem maior progressão e estabilidade na carreira profissional e que, por isso, auferem mais rendimentos. Esta situação pode conduzir a maior complexidade na sua situação fiscal e, consequentemente, a custos de cumprimento mais elevados.

6.3.1.1.4. *Hipótese 4 – Nível de escolaridade*

Pretendemos averiguar, nesta hipótese, se o nível de escolaridade está associado a diferentes valores de custos de cumprimento. Para facilitar a análise criámos uma nova variável onde agrupámos os contribuintes em três grupos: básico, secundário e superior. A nossa hipótese nula é: H_0: μ_1= μ_2= μ_3, a qual considera que não existem diferenças na média dos custos de cumprimento dos contribuintes com o nível de ensino primário, secundário ou superior. Usámos *one- way* ANOVA e, com F (2,227)=11,392 e p<0,00; F (5,59)=2,75 e p=0,005, concluímos que as diferenças observadas na média dos custos são estatisticamente significativas consoante o

**[Figura n.° 5.11] Os custos de cumprimento médios
e o nível de escolaridade dos contribuintes**

(em Euros)

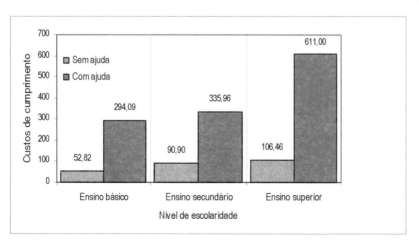

nível de escolaridade nos dois tipos de contribuintes. Os testes *Post Hoc* indicaram que, no caso dos contribuintes sem ajuda, a diferença dos custos é entre os contribuintes com o ensino básico e os outros grupos de contribuintes, não se verificando diferença entre os grupos do ensino secundário e superior. Por sua vez, para os contribuintes com ajuda profissional, os mesmos testes indicaram que as maiores diferenças são entre o ensino básico e superior, não existindo significativa diferença entre o ensino básico e secundário.

Vejamos, na figura 5.11, o comportamento dos custos de cumprimento de acordo com o nível de escolaridade dos contribuintes.

6.3.1.2. Hipóteses gerais relacionadas com os factores económicos

6.3.1.2.1. *Hipótese 5 – Actividade principal*

Com esta hipótese, pretende-se averiguar se existem diferenças na média dos custos de cumprimento consoante a actividade exercida pelos contribuintes. Para testar esta hipótese efectuámos uma análise de variância e concluímos que, para os dois tipos de contribuintes sem e com ajuda, com $F_{(4,225)} = 4,308$ e $p=0,002$ e $F_{(4,73)} =16,066$ e $p<0,00$, respectivamente, existem diferenças significativas na média dos custos de cumprimento, consoante a actividade exercida.

Os custos de cumprimento dos contribuintes individuais que exercem por conta própria são muito superiores aos dos restantes grupos de contribuintes, quer dos que exercem por conta de outrem, quer dos que estão fora da vida activa profissional (reformados, desempregados e domésticas). Vejamos, na figura 5.12, como se distribuem esses custos pela actividade principal dos contribuintes.

Para os contribuintes sem ajuda, o custo médio de cumprimento de um contribuinte que exerça actividade por conta própria é de 123,48 Euros e de um trabalhador por conta de outrem é de 76,54 Euros, de um reformado é de 61,92 Euros, e o custo médio de uma doméstica é de 42,13 Euros.

Como seria de esperar, esta diferença de médias ainda é mais significativa no caso dos contribuintes com ajuda profissional, em que um trabalhador por conta de outrem e um reformado apresentam custos de 64,57 Euros e 44,00 Euros, respectivamente, e um trabalhador por conta própria 584,81 Euros.

Assim, em Portugal, os custos de cumprimento dos contribuintes que recorrem a um contabilista são quase cinco vezes superiores aos custos dos contribuintes sem ajuda profissionalizada.

**[Figura n.° 5. 12] Os custos de cumprimento médios
e a actividade principal dos contribuintes**

(em Euros)

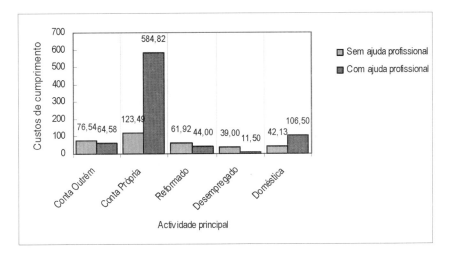

À semelhança do que verificámos aquando da revisão da literatura, também no sistema fiscal português podemos concluir que a actividade exercida pelos contribuintes é um factor determinante dos custos de cumprimento.

6.3.1.2.2. *Hipótese 6 – Nível de rendimento*

Nesta hipótese, pretendemos saber qual a relação entre os custos de cumprimento e o rendimento auferido pelos contribuintes. A hipótese nula assenta no pressuposto de que não existem diferenças na média dos custos de cumprimento dos contribuintes individuais nos diferentes escalões de rendimento.

Do resultado do teste, com um $F(5,224) = 17,210$ e $p < 0,00$ e $F(5,72) = 5,802$ e $p < 0,00$, para os contribuintes sem e com ajuda, respectivamente, rejeitamos a hipótese nula, de que não existem diferenças significativas na média dos custos de cumprimento entre os diferentes escalões de rendimento.

Assim, após realizar os testes *Post Hoc*, verificamos que as diferenças de custos são significativas entre os quatro primeiros escalões e os dois últimos, não se verificando diferenças significativas entre o quinto e o sexto escalão de rendimento. No que diz respeito aos contribuintes com ajuda profissional, a média dos custos de cumprimento é significativamente diferente entre os três primeiros escalões e o sexto escalão.

Para aferir sobre a relação entre os custos de cumprimento e o nível de rendimento, calculámos o coeficiente de correlação de *Pearson,* e com: $r=0,467$ e $p<0,00$; $r=0,526$ e $p<0,00$; podemos concluir que, para os dois tipos de contribuintes, a relação entre estas duas variáveis é positiva e crescente, ou seja, quanto maior for o rendimento, maiores são os custos de cumprimento.

6.3.1.3. *Hipóteses gerais relacionadas com os factores técnicos*

6.3.1.3.1. *Hipótese 7 – Conhecimentos fiscais*

Pretendemos saber qual a relação entre os conhecimentos fiscais dos contribuintes e os seus custos de cumprimento. A nossa hipótese considera que não existem diferenças na média dos custos de cumprimento dos contribuintes individuais consoante o nível de conhecimentos fiscais.

Neste caso, conclui-se, para os dois tipos de contribuintes, que as diferenças observadas não são estatisticamente significativas, dado que não se rejeita a hipótese nula de não existirem diferenças na média dos custos de cumprimento dos contribuintes consoante o grau de conhecimentos fiscais.

De notar que, no grupo dos contribuintes com ajuda profissional, a amostra não contém contribuintes com conhecimentos fiscais excelentes ou muito bons, o que se compreende, já que a ausência de conhecimentos técnicos é um motivo para recorrer a um profissional fiscal.

6.3.1.3.2. *Hipótese 8 – Fontes de rendimento*

Tal como já foi referido na revisão da literatura, diversos foram os estudos que associaram a complexidade fiscal ao número de fontes de rendimento, a qual conduzia a custos de cumprimento elevados. Para testar esta hipótese utilizámos uma análise de variância simples (*one-way* ANOVA) com a seguinte H_0: não existem diferenças na média dos custos de cumprimento consoante o número de categorias ou de fontes de rendimento.

Tendo em atenção os resultados do teste, de $F(3,226)=4,725$ e $p=0,003$ e $F(4,73)=6,527$ e $p<0,00$, pode afirmar-se que existem diferenças na média dos custos de cumprimento dos contribuintes com rendimentos provenientes de apenas uma categoria e a dos contribuintes com diferentes fontes de rendimentos.

Os testes *Post Hoc* indicam-nos que as diferenças são significativas entre os contribuintes, sem ajuda, com apenas uma categoria de rendimentos e com mais do que três. Por sua vez, para os contribuintes com ajuda profissional, as diferenças na média dos custos não são significativas entre os contribuintes que auferem rendimentos de duas, três e quatro categorias, todavia, são muito significativas entre os contribuintes que auferem rendimentos de uma ou duas categorias e os que auferem rendimentos de cinco ou mais categorias de rendimento diferentes.

Assim, podemos concluir que a complexidade associada à existência de diversas categorias de rendimentos, as quais têm regras próprias e diferentes de apuramento de cálculo do imposto, é, na nossa amostra, um factor associado a custos de cumprimento mais elevados.

6.3.1.3.3. *Hipótese 9 – Complexidade fiscal e dificuldades fiscais*

6.3.1.3.3.1. *Identificação das áreas de maior complexidade fiscal – abordagem qualitativa*

Os contribuintes individuais foram questionados acerca das dificuldades sentidas no preenchimento da sua declaração de rendimentos. Do total de contribuintes entrevistados, 108 apresentaram pelo menos uma dificuldade no preenchimento e entrega da declaração de rendimentos. A figura 5.13 apresenta as áreas que causaram mais dificuldades aos contribuintes no processo de cumprimento fiscal.

Da análise da figura 5.13, verificamos que as áreas identificadas pelos contribuintes como mais complexas foram as relacionadas com a dedução de despesas, abatimentos e benefícios fiscais. Os contribuintes atribuíram estas dificuldades à falta de estabilidade da lei fiscal.

[Figura n.º 5.13] Dificuldades sentidas pelos contribuintes individuais no cumprimento fiscal

(em percentagem)

Categoria	Percentagem
Manifestações de Fortuna	4,3
Compreensão da declaração de rendimentos	28,2
Benefícios fiscais	57,3
Dedução de despesas e abatimentos	71,8
Enquadramento sujeito passivo	15,4

A compreensão da declaração e o enquadramento do sujeito passivo foram também referidos por, respectivamente, 28,2% e 15,4% dos contribuintes.

Uma área referida por 4,3% dos contribuintes, a qual não constava do questionário, foi a das manifestações de fortuna. Entendemos incluí-la no nosso estudo, por ter sido, algumas vezes, apontada como um dos problemas mais difíceis de resolver para os contribuintes sem ajuda.

6.3.1.3.3.2. *O teste da hipótese – abordagem quantitativa*

Na nossa hipótese de investigação, partimos do pressuposto que os contribuintes que têm dificuldades no processo de cumprimento fiscal consideram o sistema tributário mais complexo. Pretendemos, então, saber se a complexidade, medida desta forma, está associada a custos de cumprimento mais elevados. Para testar esta hipótese elaborámos um teste *t* com H_0: não existem diferenças na média dos custos de cumprimento dos contribuintes individuais que sentiram dificuldades no preenchimento da declaração de rendimentos e a dos restantes contribuintes.

Do resultado do teste, com F (126,731) =6,919 e *p* <0,00, podemos aferir que existem diferenças na média dos custos de cumprimento dos contribuintes individuais com e sem dificuldades. A média dos custos de cumprimento dos contribuintes com dificuldades foi de 117,08 Euros, e foi de 49,63 Euros para os contribuintes que não apresentaram quaisquer dificuldades no preenchimento da sua declaração de rendimentos. A complexidade associada ao conhecimento e à dedução de despesas, abatimentos e benefícios fiscais está associada a custos de cumprimento mais elevados.

6.3.1.4. *Hipótese gerais relacionadas com os factores psicológicos*

6.3.1.4.1. **O cálculo dos custos psicológicos – uma perspectiva de análise**

Nesta parte pretende-se saber se os contribuintes individuais incorrem em custos psicológicos no cumprimento das suas obrigações fiscais. Para atingir este objectivo, os contribuintes foram questionados sobre o seu estado emocional antes e depois de preencher a declaração de rendimentos.

Com o objectivo de identificar quais os contribuintes mais susceptíveis de sofrer este tipo de custos, criou-se uma variável nova – "custos emocionais" – que pretende medir a ansiedade dos contribuintes através da mudança do seu estado emocional. Agregámos, então, o estado emocional tranquilo e muito tranquilo, e preocupado e muito preocupado, ficando com apenas três estados emocionais: tranquilo; indiferente; e preocupado.

A nova variável, que designámos de custos emocionais, mede a mudança de estado emocional dos contribuintes.

Considerámos que os contribuintes que mudaram de estado emocional preocupado, antes de preencher a declaração, para tranquilo, indiferente, ou preocupado, depois do preenchimento, incorriam em custos psicológicos.

Por sua vez, os contribuintes que se sentiam tranquilos ou indiferentes, antes de preencher a declaração, e continuaram tranquilos ou indiferentes, depois do preenchimento, não incorriam em custos psicológicos.

Vejamos, então, na figura 5.14 o perfil sócio demográfico dos contribuintes que incorrem em custos psicológicos.

Verificamos que, de uma forma geral, os contribuintes incorrem em custos psicológicos, dado o sentido da mudança do estado emocional dos contribuintes antes e depois do cumprimento dos deveres fiscais. Na realidade, em todos os escalões etários o estado emocional tranquilo, depois

[Figura n.º 5.14] Os custos psicológicos e a idade dos contribuintes

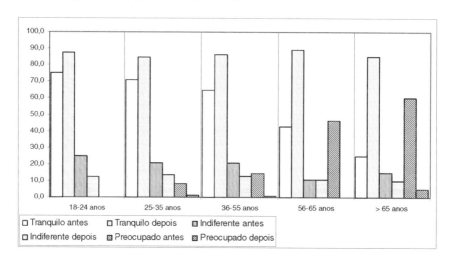

do cumprimento, é superior ao estado tranquilo, antes do cumprimento. Também o sentimento de preocupação, antes do preenchimento da declaração, é superior ao sentimento de preocupação, depois do dever cumprido. Este movimento pode ser um indicador de que os contribuintes sofrem custos de ansiedade no cumprimento das suas obrigações fiscais. Por sua vez, o sentimento de indiferença antes e depois do cumprimento mantém-se relativamente constante em todos os escalões de idades dos contribuintes. Este movimento indica-nos que existem contribuintes que não incorrem em custos psicológicos, e que para estes indivíduos a idade não é um factor explicativo da existência de stress ou ansiedade no preenchimento da declaração de rendimentos.

A análise da figura 5.14 sugere que à medida que aumenta a idade dos contribuintes maiores são os custos psicológicos.

Na verdade, à medida que aumenta a idade dos contribuintes, aumenta o estado emocional preocupado antes do cumprimento, e aumenta o sentimento tranquilo depois da declaração de rendimentos entregue. O sentido da mudança dos estados emocionais indica-nos que, antes do cumprimento, os contribuintes incorreram em custos de ansiedade.

É, assim, nos contribuintes com idades superiores a 65 anos que se observam as maiores mudanças de estado emocional, bem como é nestes contribuintes que se observa uma maior percentagem de indivíduos preocupados mesmo depois de preencherem e entregarem a declaração de rendimentos.

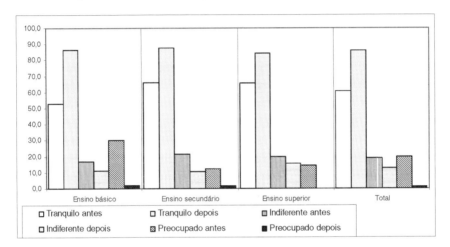

[Figura n.° 5.15] Os custos psicológicos e o nível de escolaridade

É interessante verificar que os custos psicológicos também modificam de acordo com o nível de escolaridade dos contribuintes.

Seguindo o mesmo método de análise, os contribuintes da nossa amostra incorreram em custos de ansiedade em todos os grupos de escolaridade. Todavia, os que sofrem custos mais elevados são aqueles que têm um nível de escolaridade mais baixo, uma vez que é nestes contribuintes que o estado emocional preocupado, antes do cumprimento, bem como o sentimento tranquilo, depois do cumprimento, é maior. O estado emocional – indiferente – não apresenta grandes alterações, o que significa que os contribuintes, para os quais as tarefas fiscais lhe são indiferentes, antes do cumprimento, continuam indiferentes depois do cumprimento.

Para terminar a caracterização sócio demográfica do perfil dos contribuintes que sofrem de custos psicológicos, apresentamos a figura 5.16, que nos permite aferir sobre o género, feminino ou masculino, mais susceptível de incorrer em custos de ansiedade.

[Figura n.º 5.16] Os custos psicológicos e o género dos contribuintes

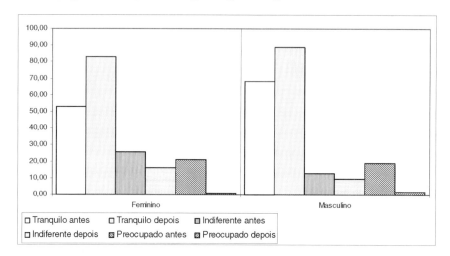

A figura 5.16 sugere que existe uma tendência para os custos psicológicos serem ligeiramente superiores nos contribuintes do sexo feminino. É neste grupo de contribuintes que o estado emotivo tranquilo antes do cumprimento é menor, bem como o estado preocupado antes do cumprimento das obrigações fiscais. Depois de entregar a declaração de rendimentos, verifica-se um aumento substancial do sentimento de tranquilidade com maior incidência no sexo feminino.

Tendo em conta estes resultados, parece que podemos aferir que, regra geral, os contribuintes individuais incorrem em ansiedade no processo de cumprimento fiscal.

Este tema, por si só, exige um estudo mais aprofundado, que nos conduziria a outro tipo de análise, que sai fora do âmbito do nosso estudo, mas que será interessante para investigações futuras.

6.3.1.4.2. *O teste da hipótese – abordagem quantitativa*

A análise anterior leva-nos a concluir que os contribuintes incorrem em custos de angústia e ansiedade provocados pelo processo de cumprimento fiscal. Elaborámos, então, um teste de X^2 (Qui-Quadrado) para aferir da relação entre os custos emocionais e o nível de escolaridade, a idade e o genéro dos contribuintes. Verificámos que a relação entre o nível de escolaridade e o montante de custos, bem como entre a idade dos contribuintes e os respectivos custos emocionais é estatisticamente significativa, com X^2 (2) = 9,798 e p=0,007 e com $X^2(4)$ = 42,135 p<0,000, respectivamente.

Este resultado pode indicar-nos que os cálculos dos custos de cumprimento apresentados no nosso estudo se encontram sobrevalorizados, uma vez que parte dos mesmos são custos psicológicos.

6.3.1.5. Hipótese gerais relacionadas com os factores sociológicos

6.3.1.5.1. *Hipótese 11 – Predisposição para cumprir*

6.3.1.5.1.1. *A predisposição para o cumprimento – uma abordagem qualitativa*

Aquando da formulação da nossa hipótese de estudo, entendemos que quanto maior a predisposição para cumprir, menor o custo de cumprimento dos contribuintes. Vejamos, então, qual a predisposição para o cumprimento das tarefas fiscais dos contribuintes da nossa amostra.

[Figura n.° 5.17] A predisposição dos contribuintes
para o cumprimento das tarefas fiscais

(em percentagem)

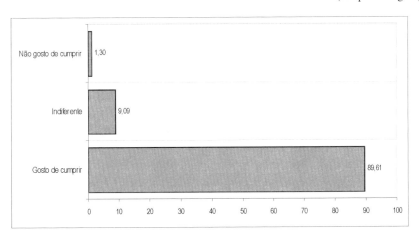

Como verificamos pela análise da figura 5.17, 89,61% dos contribuintes responderam que gostam de cumprir, 9,09% que o cumprimento dos deveres fiscais lhes é indiferente, e 1,30% responderam que não estão muito predispostos para executar tarefas de cumprimento fiscal. Estes valores levam-nos a concluir que os dados poderão estar enviesados, por isso estes resultados devem ser interpretados com algum cuidado, já que os contribuintes estão perante um contexto que os conduz a responder de uma certa forma em relação aos seus comportamentos tributários. Assim, também, aqui, devemos considerar novas abordagens em trabalhos de investigação futura.

6.3.1.5.1.2. *O teste da hipótese de estudo*

Para testar esta hipótese utilizámos uma análise de variância com o pressuposto de que não existem diferenças nas médias dos custos de cumprimento dos contribuintes que têm uma maior predisposição para cumprir com os seus deveres fiscais e os outros contribuintes. Dos resultados do teste concluímos que para os dois tipos de contribuintes as diferenças observadas não são estatisticamente significativas.

6.3.1.5.2. **Hipótese 12 – Relacionamento com a administração fiscal e atitudes fiscais**

6.3.1.5.2.1. *O teste da hipótese de estudo*

Saber se o relacionamento amigável do contribuinte com a administração fiscal conduz a atitudes fiscais positivas, a favor do sistema fiscal, e, consequentemente, a menores custos de cumprimento é, hoje, uma questão de especial importância, uma vez que o incentivo ao cumprimento fiscal está no centro do debate político. A nossa hipótese nula é H_0: não existem diferenças na média dos custos de cumprimento dos contribuintes que já tiveram problemas com a administração fiscal e na dos restantes contribuintes.

Os resultados permitem-nos afirmar que as diferenças observadas não são estatisticamente significativas. Esta situação resultou de poucos contribuintes referirem que já tiveram problemas com a administração fiscal e/ou reclamações de imposto.

6.3.1.5.2.2. O relacionamento dos contribuintes com a administração fiscal – análise qualitativa

Do total de contribuintes, 20 referiram que já tiveram problemas com a administração fiscal e 16 que já tiveram que reclamar imposto.

[Figura n.° 5.18] Os problemas referenciados pelos contribuintes no cumprimento das tarefas fiscais

(Frequência)

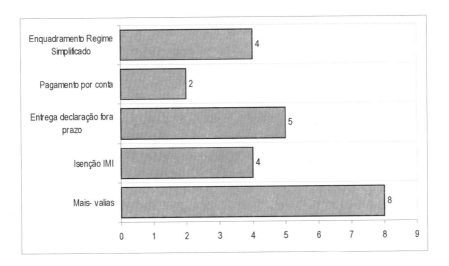

Os principais problemas identificados pelos contribuintes no cumprimento fiscal foram os relacionados com o cálculo das mais-valias, a entrega da declaração de rendimentos fora do prazo, o enquadramento no regime simplificado do IRS, o cálculo dos pagamentos por conta e, por último, os relacionados com os procedimentos para requerer a isenção do Imposto Municipal sobre Imóveis (IMI).

No que diz respeito às reclamações de imposto, dos 16 contribuintes, um deles referiu que não se recordava da quantia, tempo e motivo, enquanto para os restantes 15 as respostas foram diversas, consoante o caso. Os motivos que justificaram as reclamações estavam relacionados com o cálculo dos pagamentos por conta em IRS, os reembolsos de IRS e o pedido de isenção do IMI. O enquadramento no regime simplificado, as

[Figura n.º 5.19] As reclamações e o tempo de resolução pela administração fiscal

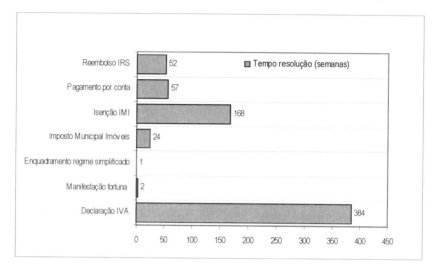

[Figura n.º 5.20] As quantias reclamadas pelos contribuintes no cumprimento das tarefas fiscais

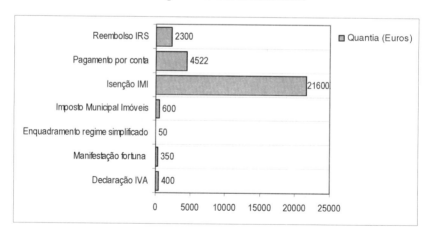

manifestações de fortuna e problemas com o enquadramento no regime de IVA foram também referidos por um contribuinte. O tempo de resolução pela administração fiscal apresenta um intervalo de variação desde uma semana a 384 semanas, consoante o problema em causa e a quantia. Os montantes envolvidos na reclamação variam desde 50,00 Euros, no enquadramento do regime simplificado, a 21600,00 Euros, num pedido de isenção de IMI.

Estes valores, fornecidos pelos contribuintes, são meramente indicativos, e não nos permitem tirar conclusões mais aprofundadas ou fidedignas, em particular, acerca da eficiência da administração fiscal, traduzida na capacidade de resposta aos problemas tributários.

Para aferir acerca do relacionamento dos contribuintes com a administração fiscal, questionámos os contribuintes quanto à sua atitude perante uma acção de inspecção tributária e obtivemos os resultados constantes da figura 5.21.

[Figura n.º 5.21] Atitude dos contribuintes perante uma acção de inspecção fiscal
(em percentagem)

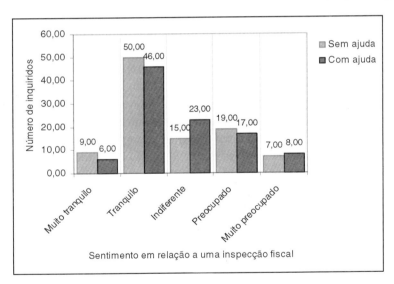

O comportamento dos contribuintes sem e com ajuda profissional é muito semelhante.

A maioria dos contribuintes, sem e com ajuda, responderam que ficavam tranquilos, com 50,0% e 46,0%, respectivamente, demonstrando assim uma atitude favorável em relação à presença da administração fiscal. Os restantes inquiridos situavam-se entre o estado emocional de indiferença e de alguma preocupação. Neste caso, nota-se uma tendência, ainda que ligeira, para os contribuintes sem ajuda profissional apresentarem situação de maior estado de preocupação. Esta situação pode, também, ser um indicador da transferência dos custos psicológicos dos contribuintes individuais para os seus profissionais fiscais. Num mercado laboral competitivo, os honorários cobrados pelos especialistas fiscais incluem estes custos.

O local escolhido para inquirir os contribuintes acerca de atitudes em relação à administração fiscal pode, por certo, ter influenciado os resultados obtidos.

6.3.1.5.3. Hipótese 13 – A percepção do sistema fiscal

6.3.1.5.3.1. O teste da hipótese de estudo

Entendemos que, quanto melhor for a percepção utilitária do sistema fiscal, isto é, de que o imposto é pago em troca dos serviços públicos recebidos, melhor é a atitude fiscal dos contribuintes em relação ao cumprimento e, consequentemente, menores são os custos suportados pelo contribuinte. A nossa hipótese de investigação é: quanto melhor a percepção do contribuinte acerca do sistema fiscal, menores são os custos de cumprimento incorridos pelo contribuinte.

Para testar esta hipótese utilizámos *One-way* ANOVA e obtivemos os seguintes resultados: $F(3,226) = 4,855$ e $p = 0,003$ e $F(3,74) = 0,100$ e $p = 0,960$, para os contribuintes sem e com ajuda profissional. Podemos então concluir que, para os contribuintes sem ajuda profissional, as diferenças observadas são estatisticamente significativas. Efectuámos os testes *Post Hoc* e verificámos que as diferenças são entre o grupo de contribuintes que considera que o montante que paga de imposto em troca dos serviços que recebe deveria ser muito menor, e os contribuintes que consideram que o imposto que pagam não deveria ser nem maior nem menor, isto é, que a relação de troca entre imposto e serviços públicos está correcta.

[Figura n.º 5.22] Os custos médios de cumprimento de acordo com a percepção do sistema fiscal dos contribuintes

(Euros)

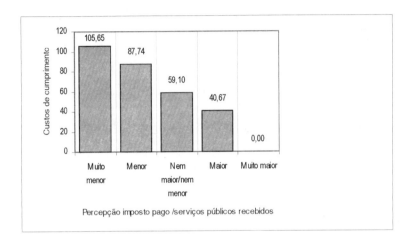

Da análise da figura 5.22, verificamos que, à medida que melhora a percepção que os contribuintes têm dos impostos, como sendo necessários à relação de troca de serviços públicos da parte do Estado, os custos de cumprimento tendem a ser menores.

6.3.1.5.3.2. *A percepção dos contribuintes e os custos de cumprimento – abordagem qualitativa*

A identificação do perfil sócio demográfico dos contribuintes que têm uma melhor percepção do sistema fiscal é apresentada nas figuras 5.23 e 5.24.

Da análise conjunta das figuras apresentadas, verificamos que os contribuintes com uma atitude mais positiva em relação ao sistema fiscal são os contribuintes com mais idade e com um nível de escolaridade mais baixo.

Esta situação pode dever-se, em parte, ao facto destes contribuintes crescerem antes do desenvolvimento dos Estados – Providência (*Welfare States*) e, consequentemente, pensarem que os serviços públicos e as prestações sociais melhoraram muito nos últimos anos. Consideram que a

[Figura n.º 5.23] A percepção dos contribuintes acerca do sistema fiscal e a idade

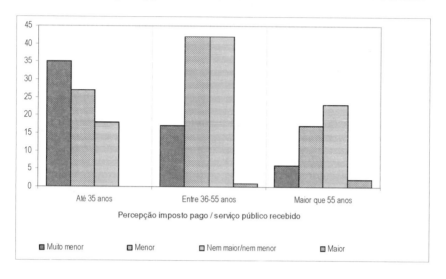

[Figura n.º 5.24] A percepção dos contribuintes acerca do sistema fiscal e o nível de escolaridade

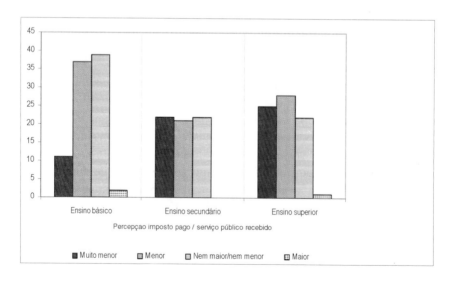

oferta pública de serviços e prestações justifica o pagamento dos impostos, e que existe uma adequada relação de troca com os impostos pagos. Estes contribuintes, quando comparam as suas condições de vida actual com as do passado, notam grandes diferenças, e, como tal, conseguem ver melhorias no sistema, encarando melhor o pagamento dos impostos. É neste grupo social de contribuintes que o modelo de política fiscal vigente encontra apoios mais firmes.[458]

Por sua vez, os contribuintes com idade até aos 35 anos e com um nível de escolaridade superior são os contribuintes mais críticos em relação ao sistema fiscal. Na verdade, os contribuintes mais jovens e mais qualificados, sendo também mais informados, dispõem de um sentido crítico maior em relação ao sistema e ao que esperam do mesmo em termos de contrapartida de serviços públicos.

Este grupo de contribuintes, mais jovem e mais qualificado, ao contrário do grupo de contribuintes mais idosos e menos qualificados, cresceu no auge do desenvolvimento do Estado – Providência e, por isso, numa cultura mais optimista, com abundância de bens e serviços, e com maiores expectativas sociais futuras. Ao comparar a qualidade de vida presente com a que podem vir a alcançar no futuro, temem uma baixa de qualidade dos bens e serviços públicos a receber, tendo em conta aqueles com que já iniciaram o seu percurso. Este grupo de contribuintes jovens e qualificados é o que apoia a transformação do modelo fiscal actual.

6.3.2. *O teste das variáveis: análise de variância a mais do que um factor (n-way* **ANOVA**) *e o modelo linear generalizado* **(MLG))**

Anteriormente, determinámos o efeito isolado de cada variável explicativa sobre a variável dependente, assumindo que as outras são constantes. No entanto, as diferentes variáveis explicativas podem exercer um efeito combinado ou de interacção na variável custos. De modo a ter em

---

[458] Estes resultados são semelhantes aos obtidos em Espanha por Lobo, Maria Luísa Delgado (2001), "Sociologia Y Psicologia Fiscales. La cultura Fiscal dos Espanoles", in: *Conferência proferida no XXI Curso de Instituciones y Técnicas Tributárias*, Madrid, Instituto de Estúdios Fiscales.

conta estes efeitos, elaborámos uma análise de variância a mais de um factor fixo (*n-way* ANOVA).

Assim, o modelo da Anova com mais de um factor é o seguinte[459/460]:

$Y_{rc} = \mu + \alpha_c + \beta_r + \gamma_{rc} + \varepsilon_{rc}$

Onde:

1) μ, α_c, β_r, γ_{rc} são os parâmetros do modelo e ε_{rc} é uma variável aleatória;
2) μ é a média global da variável dependente;
3) α_c o efeito da categoria c da variável explicativa X_1 sobre a variável dependente;
4) β_r o efeito da categoria r da variável explicativa X_2 sobre a variável dependente;
5) β_r e α_c são designados de efeitos principais;
6) γ_{rc} o efeito de interacção das duas variáveis explicativas sobre a variável dependente;

Tal como a expressão evidencia, este modelo permite testar diversos efeitos: o efeito combinado dos dois factores sobre a variável dependente, o designado efeito de interacção; e os efeitos de cada um dos factores sobre a variável dependente são os efeitos principais.[461/462]

---

[459] Para simplificação da análise vamos apenas apresentar teoricamente o modelo com dois factores.

[460] Para uma análise mais aprofundada deste modelo ver, por exemplo, Maroco, João (2003), *Análise Estatística com a Utilização do SPSS*, 2ª Edição, Lisboa, Edições Sílabo, pp. 109-158; e, Pinto, J. Carlos Castro; Curto, J.J. Dias (1999), *Estatística para Economia e Gestão – Instrumentos de Apoio à Tomada de Decisão*, 2ª Edição, Lisboa, Edições Sílabo, pp. 365-389; e, Pestana, Maria Helena; Gageiro, João Nunes (2003), *Análise de Dados para Ciências Sociais – A Complementaridade do SPSS*, 3ª Edição, Lisboa, Edições Sílabo, pp. 254-364.

[461] Foram testados os pressupostos estatísticos da aplicação do modelo: 1) A variável aleatória ε_{rci} deve ter uma distribuição normal; 2) A variância da variável aleatória ε_{rci} deve ser constante (homogeneidade de variâncias); 3) Os erros associados a um qualquer par de observações devem ser independentes.

[462] Para um estudo mais aprofundado deste assunto ver: Lopes, Cidália Maria da Mota (2006), *Os custos de cumprimento no sistema fiscal português – uma análise da tributação do rendimento*, Dissertação de Doutoramento em Organização e Gestão de Empresas, Faculdade de Economia da Universidade de Coimbra, Coimbra.

Com o objectivo de determinar os efeitos combinados das diversas variáveis que explicam os diferentes custos de cumprimento, seguimos, em duas fases, a metodologia estatística baseada no modelo *n-way* ANOVA. Em primeiro lugar, agrupámos os factores pessoais, os económicos e os técnicos, e testámos os mesmos separadamente; em segundo, apresentámos um modelo global com todos os factores explicativos e respectivas interacções, para os contribuintes sem e com ajuda profissional.

Não podemos deixar de sublinhar que os factores psicológicos e sociológicos, nesta parte do nosso estudo, foram retirados da análise do modelo global, porque entendemos que constituem, por si só, objecto de uma outra investigação futura.

6.3.1.1. *A análise de variância a mais do que um factor*

6.3.1.1.1. *Factores pessoais*

Uma vez calculadas as diferentes componentes da variação total da variável dependente, verificámos que os factores pessoais são responsáveis pela variação dos custos de cumprimento dos contribuintes sem ajuda profissional, dado que as diferenças observadas são estatisticamente significativas.

A idade, combinada com o estado civil, e número de dependentes, têm um efeito de interacção estatisticamente significativo na variável custos, o que significa que a idade tem influência nos custos de cumprimento, dependendo do estado civil e do número de dependentes. Para os contribuintes sem ajuda, o R^2 ajustado[463] é de 0,308, o que significa que 30,8% da variação total dos custos de cumprimento é explicada pela relação entre os custos de cumprimento e os factores pessoais destes contribuintes.

Para os contribuintes com ajuda profissional, verificamos que as características pessoais dos contribuintes não influenciam o montante dos

---

[463] O R^2 ajustado indica, na amostra considerada, a percentagem da variação total da variável dependente que é explicada pela relação linear entre a variável dependente e as variáveis explicativas.

custos de cumprimento, o que facilmente se compreende na medida em que o valor dos honorários pagos ao contabilista não depende do número de dependentes, do estado civil, da idade ou do nível de escolaridade dos contribuintes.

6.3.1.1.2. *Factores económicos*

Seguindo a mesma metodologia estatística usada anteriormente, procedemos ao cálculo dos efeitos principais e dos efeitos combinados das variáveis económicas que explicam a variação da variável custos de cumprimento.

Verificamos que, para os contribuintes sem ajuda, o nível de rendimento e a entrega da declaração de rendimentos exercem uma influência significativa na variação dos custos de cumprimento.

Observou-se a existência de uma acção recíproca da variável actividade principal sobre a variável dependente, os custos de cumprimento. Na verdade, os contribuintes que entregam a sua declaração na primeira fase são trabalhadores dependentes e/ou pensionista e, por regra, apresentam custos de cumprimento menores, e os que entregam na segunda fase, apresentam rendimentos de qualquer outra natureza para além dos de trabalho dependente ou pensões. Estes contribuintes são, em princípio, trabalhadores por conta própria, os quais têm custos de cumprimento mais elevados. A variável explicativa mais influente nos custos dos contribuintes sem ajuda é a actividade principal a qual depende da fonte ou origem dos rendimentos auferidos pelo contribuinte.

O R^2 ajustado de 31,7% indica-nos a percentagem de variação dos custos de cumprimento que pode ser atribuída às variáveis explicativas económicas. Assim, podemos concluir que existe uma influência dos factores económicos nos custos de cumprimento e que a natureza dos rendimentos auferidos pelo contribuinte sem ajuda está associado a diferentes níveis de custos de cumprimento.

No que diz respeito aos contribuintes com ajuda profissional, as diferenças observadas nas variáveis económicas, a actividade principal, e o nível de rendimento não são estatisticamente significativas, nem isoladamente, nem em conjunto. Na verdade, para os contribuintes com apoio profissional o que determina o valor do custo de cumprimento são os honorários pagos ao contabilista, cujo valor é fixado pelo mercado.

Assim, para os contribuintes com apoio profissional, podemos concluir que em investigações futuras será, porventura, mais apropriado calcular e analisar os custos de cumprimento assente em inquéritos aos contabilistas e não aos contribuintes individuais. Na verdade, os contabilistas são os intervenientes do processo de cumprimento mais apropriados para fornecer informação acerca dos determinantes dos custos de cumprimento dos contribuintes que recorrem a ajuda profissional.

6.3.1.1.3. *Factores técnicos*

Como já referimos anteriormente, os factores técnicos são os associados à própria estrutura do sistema fiscal e que pretendem aferir acerca do seu grau de complexidade. Para isso, medimos a complexidade através de três variáveis. A primeira foi o nível de conhecimentos técnicos do IRS, a segunda as dificuldades fiscais sentidas pelos contribuintes no processo de cumprimento, em especial, nos aspectos que dizem respeito à definição do sujeito passivo, à dedução de despesas, abatimentos, e benefícios fiscais, compreensão e preenchimento do impresso da declaração de rendimentos. A terceira variável escolhida para medir a complexidade foi o número de categorias de rendimentos, as quais têm regras próprias e diferenciadas de apuramento e cálculo do imposto. Calculámos, então, os efeitos principais e os efeitos combinados destes factores sobre os custos de cumprimento para os dois tipos de contribuintes.

Mais uma vez, verifica-se que, para os contribuintes sem ajuda profissional, os factores técnicos que medem a complexidade do sistema fiscal contribuem para explicar significativamente a variação dos custos de cumprimento, tal como já verificámos anteriormente, pelo teste individual das variáveis. Observámos, agora, que as fontes de rendimento têm um efeito combinado com o nível de conhecimentos técnicos, querendo isto dizer que a influência do número de fontes de rendimento nos custos de cumprimento depende do nível de conhecimentos técnicos dos contribuintes, o que se justifica, uma vez que, se o contribuinte tiver conhecimentos técnicos bons não sente o aumento da complexidade e dos seus custos pelo aumento das fontes de rendimento.

Para os contribuintes com ajuda profissional não se verifica efeitos combinados entre as diferentes variáveis. Na verdade, para estes contribuintes não são os conhecimentos técnicos ou as dificuldades fiscais que influenciam o valor dos honorários cobrados pelo contabilista ou outro especialista fiscal.

6.3.1.2. O modelo global linear generalizado (MLG)

Um dos objectivos fundamentais do nosso trabalho é investigar a relação estatística entre as características pessoais e económicas dos contribuintes e os custos de cumprimento, bem como entre as características técnicas do sistema fiscal que podem induzir mais complexidade e os custos dos contribuintes.

Em matéria de política fiscal, entendemos que, mais do que o cálculo dos custos de cumprimento dos contribuintes, é o conhecimento dos determinantes desses custos que se reveste de maior importância, pois permite às entidades governativas tomar decisões mais fundamentadas.

Tendo em atenção estes objectivos, testámos as nossas hipóteses gerais de estudo individualmente, através da metodologia estatística baseada na análise de variância simples. Posteriormente, agrupámos essas variáveis dentro de cada grupo que as caracterizava e calculámos os efeitos de interacção entre essas mesmas variáveis e os custos de cumprimento, seguindo a mesma metodologia estatística: a análise de variância a mais do que um factor.

Para terminar resta, agora, apresentar um modelo global geral dos custos de cumprimento, para todos os contribuintes, com a totalidade dos factores e possíveis interacções entre as variáveis explicativas das diferenças dos custos de cumprimento dos contribuintes. Escolhemos o modelo global de regressão gama, o qual é hoje muito usado na análise de dados contínuos com suporte positivo para a distribuição da variável resposta[464] e, como anteriormente, usámos a versão 14 do programa SPSS.

A selecção das variáveis explicativas, que poderão influenciar os custos dos contribuintes, prendeu-se com os resultados obtidos no teste das hipóteses, individualmente. Assim, por questões de simplicidade, as variáveis que entram para o modelo global são as pessoais, as económicas e as

---

[464] Para uma análise detalhada deste modelo de regressão estatística ver, por exemplo, Turkman, M. Antónia Amaral; Silva, Giovani, Loiola (2000), *Modelos Lineares Generalizados – da teoria à prática*, Lisboa, Sociedade Portuguesa de Estatística, pp. 114 e ss.

técnicas, ficando fora do âmbito do nosso modelo as psicológicas e as sociológicas. Entendemos que o estudo dos custos de angústia, bem como das atitudes e do comportamento dos contribuintes exige uma análise mais profunda e constitui objecto de uma outra possível investigação futura. Efectuámos uma selecção de covariáveis para o "melhor" modelo, usando o método *Stepwise Bacward*. As co-variáveis escolhidas como as mais importantes na explicação dos custos de cumprimento foram as demográficas. Obtivemos, então, os resultados apresentados no quadro 5.17.

[Quadro n.º 5.17] Efeito global dos factores pessoais, económicos
e técnicos nos custos de cumprimento dos contribuintes individuais
– Análise de variância *n-way* ANOVA

Factores explicativos[465]	F	*p-value**
Estado civil	4,657	0,032*
Dependentes	7,874	0,006*
Conhecimentos*Dificuldades	0,326	0,897
Actividade principal*Conhecimentos*Dificuldades	0,056	0,946
Actividade principal*Habilitações	0,015	1,000
Modelo*Habilitações	0,001	0,979
Fontes rendimento*Habilitações	17,601	0,000*
Conhecimentos*Habilitações	0,527	0,813
Actividade principal*Conhecimentos*Habilitações	0,125	0,883
Modelo*Conhecimentos*Habilitações	0,229	0,633
Fontes rendimento*Conhecimentos*Habilitações	14,374	0,000*
Dificuldades*Habilitações	0,419	0,795
Conhecimentos*Dificuldades*Habilitações	0,829	0,479
R^2	0,859	
R^2 ajustado	0,748	

* Significativo <0,05

O coeficiente de determinação ajustado indica que o modelo em causa explica 74,8% da variação dos custos de cumprimento dos contribuintes individuais, o que constitui uma explicação muito significativa da variação total dos custos.

---

[465] No quadro são apresentados apenas os efeitos principais e combinados das variáveis para as quais o *software* procedeu ao cálculo.

Verifica-se, assim, a partir da análise dos resultados do modelo global, que qualquer que seja o tipo de contribuinte, com ou sem ajuda profissional, os factores que mais influenciam o montante dos custos de cumprimento são o estado civil, o número de dependentes, o nível de escolaridade e as categorias de rendimentos auferidos.

7. NOTAS CONCLUSIVAS

O cálculo dos custos de cumprimento e a análise dos resultados foram elaborados, separadamente, para dois tipos de contribuintes diferentes, sem e com ajuda profissional.

O total de horas gasto, em média, por ano, pelos contribuintes sem ajuda profissional, no processo de cumprimento fiscal é de 3,79 horas (aproximadamente 3 horas e 45 minutos).

A recolha de informação é a componente que absorve mais tempo, em média, aos contribuintes, seguida do preenchimento e envio da declaração, com 2,33 e 0,97 horas, respectivamente. A compra de impressos e a leitura das instruções são as componentes onde os contribuintes gastam menos tempo, com 0,28 e 0,21 horas, respectivamente.

O custo de tempo médio dos contribuintes sem ajuda profissional é de 74,8 Euros, porém, 50% dos inquiridos avaliou estes custos em 45,00 Euros.

Partindo do pressuposto que todos os contribuintes suportam custos mínimos de envio e preparação, definimos esses custos e obtivemos um valor de 6,43 Euros, o qual imputámos a cada contribuinte.

Concluímos que, para os contribuintes sem ajuda profissional, os custos de tempo são a principal componente dos custos de cumprimento dos contribuintes individuais tendo as outras despesas monetárias um peso pouco expressivo no total dos custos.

Para o cálculo dos custos de cumprimento dos contribuintes com ajuda profissional, entendemos dividir os contribuintes em dois tipos, consoante o tipo de ajuda: pontual e regular.

Os custos de cumprimento dos contribuintes individuais com ajuda profissional regular são significativamente superiores aos custos de cumprimento dos contribuintes que têm apenas um apoio pontual, os quais apresentam uma média de 640,61 Euros e 63,80 Euros, respectivamente.

Verificámos, ainda, que existem perfis de contribuintes diferentes consoante a localidade seja mais urbana ou mais rural. Existe uma tendência para os contribuintes com custos médios de cumprimento mais elevados se encontrarem nas localidades com características mais urbanas.

Observámos também que, em Portugal, os contribuintes incorrem em custos de angústia e ansiedade, sendo os mais susceptíveis os mais idosos e os que têm um nível de escolaridade mais baixo.

A percepção que os contribuintes têm dos impostos como contrapartida dos serviços públicos recebidos difere de acordo com a idade e o nível de escolaridade dos contribuintes. Os contribuintes com idade até aos 35 anos e com mais habilitações académicas são o grupo social em que o modelo de política fiscal vigente encontra apoios menos firmes.

Analisámos os factores pessoais, económicos, e técnicos que explicam as diferenças observadas nos custos de cumprimento dos contribuintes individuais sem e com ajuda profissional.

Do teste das variáveis em conjunto, verificámos que, para os contribuintes sem ajuda, a variação total dos custos de cumprimento é explicada pela relação entre os custos de cumprimento e o estado civil, combinado com o número de dependentes, o nível de escolaridade e a idade dos contribuintes. No caso dos factores económicos, a actividade principal e o modelo de entrega da declaração de rendimentos influencia, em conjunto, o valor dos custos de cumprimento dos contribuintes sem ajuda. No que diz respeito aos factores técnicos, as fontes de rendimento têm um efeito combinado com o nível de conhecimentos fiscais na determinação dos custos de cumprimento dos contribuintes.

Para os contribuintes com ajuda profissional, as características pessoais, económicas e técnicas não exercem influência no montante dos custos de cumprimento, o que se compreende na medida em que o valor dos honorários pagos ao contabilista não depende das características dos contribuintes mas de um valor que é fixado pelo mercado.

Pela análise do modelo geral explicativo, concluímos que os factores pessoais, económicos e técnicos incluídos no modelo explicam 74,8% da variação dos custos de cumprimento dos contribuintes individuais, sem e com ajuda profissional, o que constitui uma explicação razoável da variação total dos custos.

CAPÍTULO VI
Os custos de cumprimento do imposto sobre o rendimento das pessoas colectivas (IRC)

1. INTRODUÇÃO

O presente capítulo tem como objectivo avaliar quantitativamente os custos de cumprimento das empresas no sistema fiscal português. Pretende-se, também, identificar as áreas de maior complexidade tributária que causam às empresas maiores custos no cumprimento fiscal.

O estudo contém, pois, informação quantitativa e qualitativa sobre os custos de cumprimento. Pretendemos medir a dimensão e a composição dos custos das empresas no processo de cumprimento das obrigações fiscais em sede de imposto sobre o rendimento das pessoas colectivas (IRC). Para tal, identificam-se as principais componentes dos custos de cumprimento, e calcula-se o seu valor.

É também nosso objectivo identificar quais os factores que estão associados a maiores custos de cumprimento. Procuramos, ainda, averiguar a existência e a dimensão dos custos devidos à complexidade legislativa, assim como aferir acerca do relacionamento das empresas com a administração fiscal.

Neste sentido, divide-se este capítulo da seguinte forma: na secção 2, definimos os objectivos do nosso estudo e formalizamos as hipóteses a testar; na secção 3, apresentamos o questionário; na secção 4, definimos a amostra e caracterizamos a metodologia utilizada; na secção 5, expomos e discutimos os resultados obtidos. E, por último, na secção 6, apresentam-se as considerações finais.

2. DEFINIÇÃO DOS OBJECTIVOS DO ESTUDO

Como o nosso primeiro objectivo incide sobre o cálculo dos custos de cumprimento, dividimos as principais componentes destes custos em internos e externos.

Na avaliação dos custos internos, isto é, os incorridos dentro da empresa, é assumido, na literatura económica, que se trata do tempo gasto internamente no cumprimento das tarefas fiscais e valorizado segundo a taxa de remuneração de cada colaborador. São custos com o pessoal e referem-se ao tempo marginal despendido no cumprimento das obrigações fiscais em sede de IRC, excluindo todo o trabalho contabilístico muitas vezes antecedente ao trabalho inerente ao cumprimento das tarefas fiscais.[466]

Ainda nos custos internos, e continuando com o mesmo princípio baseado na definição de custo marginal, incluímos outros custos adicionais necessários ao cumprimento das obrigações fiscais em sede de IRC. Estes custos referem-se aos custos com computadores, programas informáticos, rendas, edifícios, ou outras despesas gerais, suportados pelas empresas e necessários ao cumprimento fiscal.

Quanto aos custos externos, calculamos os custos suportados fora da empresa, isto é, quando esta recorre a ajuda externa de especialistas fiscais para cumprir com as suas obrigações tributárias em sede de imposto sobre o rendimento.

Identificamos, em primeiro lugar, a que tipo de profissionais as empresas recorrem para cumprir com os seus deveres fiscais e, em segundo, estimamos o valor dos honorários pagos relativos ao cumprimento das obrigações tributárias.

Analisar-se-ão, também, as características das empresas que explicam as diferenças dos custos de cumprimento, tais como a dimensão, o sector de actividade, o mercado, o tipo de empresa e o regime fiscal.

Procuramos, então, saber se os custos de cumprimento das empresas são regressivos, isto é, se incidem proporcionalmente mais nas pequenas unidades empresariais do que nas de maior dimensão.

Pretendemos, ainda, determinar se os custos de cumprimento diferem

---

[466] Neste ponto, seguimos de muito perto a metodologia de Hasseldine e Sandford aquando da sua estimativa dos custos de cumprimento das empresas na Nova Zelândia, em 1992.

consoante o sector de actividade, bem como identificar os sectores de actividade que incorrem em custos de cumprimento mais elevados.

Averiguamos se o mercado (nacional, europeu e internacional) onde a empresa opera é um factor que influi em custos de cumprimento mais elevados.

O segundo objectivo principal deste capítulo é, através de uma análise qualitativa, saber se as empresas incorrem em custos devido à complexidade legislativa, bem como identificar as áreas do sistema fiscal que criam situações de maior dificuldade. A relação das empresas com a administração fiscal é também objecto de análise, assim como as áreas do sistema tributário que necessitariam de reforma no sentido de simplificar o sistema e diminuir os custos de cumprimento.

3. HIPÓTESES DE ESTUDO

Para atingir os objectivos do presente capítulo formalizamos as seguintes hipóteses gerais de estudo.

3.1. Hipótese 1 – Dimensão da empresa

Existe alguma evidência empírica, conforme já se referiu, que sustenta que os custos de cumprimento das empresas são significativamente maiores, em termos absolutos, para as empresas de maior dimensão do que para as pequenas e médias empresas. Todavia, se tivermos em atenção o peso relativo desses custos, a conclusão não é a mesma, tendo-se observado que os custos de cumprimento são regressivos. Pretendemos saber se a dimensão das empresas é um factor associado a custos de cumprimento mais elevados, bem como se, em Portugal, o peso dos custos é regressivo. Formulámos, então, as seguintes hipóteses estatísticas: H1.0: não existem diferenças na média dos custos de cumprimento, em termos absolutos, consoante a dimensão da empresa; H1.1: os custos de cumprimento crescem, em termos absolutos, com o aumento da dimensão da empresa; H2.0: não existem diferenças na média dos custos de cumprimento, em percentagem do volume de negócios, consoante a dimensão da empresa; H2.1: os custos de cumprimento são proporcionalmente maiores nas pequenas e médias empresas do que nas suas concorrentes de maior dimensão, em termos percentuais.

3.2. Hipótese 2 – Sector de actividade

Na literatura da especialidade tem-se discutido a influência do sector de actividade nos custos de cumprimento.

Slemrod observou, nos seus diferentes estudos, que os custos de cumprimento são significativamente mais elevados nas empresas do sector de produção e distribuição de electricidade, gás e água. Os custos são menores nas empresas do sector de comércio por grosso e a retalho. Assim, pretendemos saber se, em Portugal, os custos de cumprimento diferem de acordo com o sector de actividade, através das seguintes hipóteses: H0: não existem diferenças na média dos custos de cumprimento das empresas consoante o sector de actividade; H1: os custos de cumprimento diferem consoante o sector de actividade.

3.3. Hipótese 3 – Mercado da empresa

Num estudo recente, a Comissão Europeia estimou que os custos de cumprimento das empresas que realizem operações no seu mercado nacional, na União Europeia e em países terceiros têm custos de cumprimento superiores às empresas que apenas têm operações no seu mercado nacional. Esta situação resulta do facto das empresas serem confrontadas com a legislação fiscal de diversos países da União Europeia, as quais apresentam regras e regimes diferentes. Deste modo, pretendemos aferir se os custos de cumprimento crescem à medida que a empresa aumenta o seu mercado de nacional para mercado europeu e internacional. Formulámos as nossas hipóteses: H0: não existem diferenças na média dos custos de cumprimento das empresas que efectuam operações com a União Europeia ou outros países terceiros em relação aquelas que apenas operam no mercado nacional; H1: os custos de cumprimento crescem à medida que a empresa aumenta o seu mercado de nacional para mercado europeu e internacional.

3.4. Hipótese 4 – Os custos de complexidade legislativa

Diversos estudos referenciados em capítulos anteriores identificaram as áreas de maior complexidade fiscal para as empresas. Assim, é nosso objectivo aferir se os custos de cumprimento variam na razão directa da percepção da complexidade fiscal por parte das empresas em Portugal, através das hipóteses seguintes: H0: não existem diferenças na média dos custos de cumprimento dos contribuintes que apresentaram dificuldades fiscais e a dos restantes; H1: os custos de cumprimento variam na razão directa da percepção da complexidade fiscal por parte das empresas.

4. METODOLOGIA E CARACTERIZAÇÃO DA AMOSTRA

4.1. Apresentação da metodologia de investigação e sua execução

Na metodologia adoptada, seguimos os métodos de investigação usados por Sandford, no Reino Unido, e posteriormente por Pope, na Austrália, Hasseldine, na Nova Zelândia, e Slemrod, nos EUA.

Assim, procedemos à elaboração de um questionário provisório, o qual foi testado junto de algumas empresas localizadas em Coimbra. Foram contactadas dez empresas, das quais quatro se recusaram a participar no estudo piloto e a fornecer a informação necessária ao apuramento dos custos de cumprimento. Das restantes empresas, verificámos que as questões que suscitavam mais dúvidas eram as relacionadas com a estimativa do tempo gasto e a sua valoração, pelo que procedemos à reformulação desta questão. Na verdade, e tal como já sublinhámos, o apuramento dos custos de tempo é uma questão crucial no cálculo dos custos totais de cumprimento.

O questionário foi discutido, por diversas vezes, com dirigentes e funcionários da administração fiscal, contabilistas e académicos. Estas discussões em muito contribuíram para melhorar a versão final do questionário.

A recolha da informação junto das empresas foi feita através de questionários enviados por correio. É o método mais usual em estudos que pretendem estimar custos de cumprimento, já que permite tratar uma grande quantidade de informação a um custo razoável, bem como obter dados a nível nacional. Existindo da parte das empresas uma cerca relutância em responder a questões fiscais, assegurar a confidencialidade dos dados elaborando um questionário anónimo foi essencial para assegurar um bom nível de taxa de resposta.

4.1.2. *Apresentação do questionário*

O questionário de seguida apresentado encontra-se dividido em quatro partes. Na primeira parte, inquirimos as empresas com questões gerais, tais como o sector de actividade, o número de empregados, o volume de negócios, o regime fiscal da empresa, o tipo e a idade da empresa. Na segunda e terceira partes, questionamos as empresas sobre os custos de cumprimento incorridos dentro e fora das empresas, em sede de IRC.

[Quadro n.º 6.1] Questionário sobre o estudo dos custos de cumprimento do IRC das empresas

ESTUDO DOS CUSTOS DE CUMPRIMENTO DO IRC DAS EMPRESAS	
PARTE I - IDENTIFICAÇÃO DA EMPRESA	10. Quantas horas gasta, em média, por mês, dentro da empresa no cumprimento das obrigações fiscais em sede de IRC?
1. A sua actividade principal é:	
Agricultura, produção animal, caça e silvicultura	N.º Horas / mês: < 10h / 10h-20h / 20h-40h / 40h-80h / ≥ 80h
Pesca	
Indústria	Directores
Produção, distribuição electricidade, gás, água	Empregados
Construção	Outro Pessoal
Comércio por grosso e a retalho; reparação de automóveis e bens de uso pessoal e doméstico	**11. A valorização do tempo gasto, por hora, em média, é de:**
Alojamento e restauração	Valor € / hora: < 5€ / 5€-25€ / 25€-50€ / 50€-100€ / ≥100€
Transportes, armazenagem e comunicações	Directores
Actividades financeiras	Empregados
Actividades imobiliárias, alugueres e serviços prestados às empresas	Outro Pessoal
Outras actividades	**12. As actividades de cumprimento fiscal, em IRC, estão divididas em 10 categorias. Estime que percentagem do tempo gasto com o pessoal afectaria a cada uma das categorias:**
2. O número de empregados da sua empresa é:	
Inferior a 10	Actividades de Cumprimento Fiscal — %
10- 50	Arquivo da informação e documentos
50- 250	Preparação da informação com objectivos financeiros
Superior a 250	Encerramento de Contas
3. O Volume de Negócios, no último ano, foi:	Preparação da informação necessária ao preenchimento das declarações fiscais (Modelo 22, Dossier fiscal, Declaração Anual contabilística e fiscal, Mod. 10 e Mod. 130)
Inferior a 500 000€	
500 000€- 2 milhões €	
2-10 milhões €	Estudo da legislação fiscal
10-50 milhões €	Planeamento fiscal
Superior a 50 milhões €	Preenchimento e envio de declarações
4. Indique, por favor, o valor do Volume de Negócios: €	Pagamento IRC (Pag.conta, Retenções, PEC)
5. Ano de início da sua actividade:	Contencioso
6. A sua empresa é:	TOTAL — 100%
Empresa independente	**13. Indique uma estimativa dos custos adicionais suportados para cumprir as obrigações fiscais, em IRC, na sua empresa:**
Empresa subsidiária, filial ou membro grupo	
Empresa-mãe de um grupo	Outros custos adicionais — Valor em €
7. O mercado da sua empresa é:	Computadores e Software
Portugal	Custos arquivo e registo
União Europeia	Edifício (por ex. rendas, amortizações)
Países fora da União Europeia	Fotocópias e impressos
8. O regime fiscal da sua empresa em IRC é:	Viagens
Regime Geral da Contabilidade Organizada	Telefone, faxes, internet
Regime Simplificado	Despesas Gerais
Regime Transparência Fiscal	Outras despesas (especifique_____
Regime Tributação Grupos	
9. Estime os seguintes valores no último ano:	TOTAL — €
Resultado antes de imposto	**14. Teve alguma dificuldade no processo de cumprimento fiscal em sede IRC?**
IRC pago	Sim
PARTE II - CUSTOS DE CUMPRIMENTO FISCAIS DENTRO DA EMPRESA	Não
Esta secção destina-se a determinar os custos fiscais de cumprimento suportados dentro da empresa. Os custos fiscais incorridos fora da empresa (contabilistas ou outros especialistas fiscais) encontram-se na Parte III.	**15. Se Sim, especifique brevemente:**
Pretende-se obter uma estimativa dos custos fiscais de cmprimento em sede de do imposto sobre o rendimento das pessoas colectivas (IRC).	

PARTE III - CUSTOS DE CUMPRIMENTO FISCAIS FORA DA EMPRESA		22. Teve necessidade de contactar a administração fiscal no último ano?		
16. O tipo de profissional a que recorre para obter assistência fiscal é:		Sim	Não	
Contabilista/TOC		23. Do contacto com a administração fiscal as suas dúvidas fiscais ficaram:		
Gabinete de contabilidade		Muito esclarecidas		
ROC		Esclarecidas		
Advogado		Pouco esclarecidas		
Empresa consultadoria fiscal		Nada esclarecidas		
Outra (especifique_____)		24. Para o esclarecimento das suas dúvidas fiscais, quais os mecanismos da administração fiscal que considera mais eficazes:		
17. O valor total dos honorários pagos na sua empresa, no último ano, para obter assistência fiscal foram:			Muito Úteis / Úteis / Nada Úteis	
	Valor €	Serviço Informações Fiscais		
Contabilista/TOC		Internet		
Gabinete de contabilidade		Telefone		
ROC		Brochuras explicativas		
Advogado		25. Recorreu, alguma vez, a informações vinculativas da Administração fiscal:		
Empresa consultadoria fiscal		Sim		
Outra (especifique_____)		Não		
TOTAL		26. Se sim, especifique:		
18. Que percentagem do total honorários pagos atribuiria ao cumprimento das obrigações fiscais em IRC?		Tempo espera (meses)		
		Motivo (especifique brevemente_____)		
	%	Foi útil o pedido para a resolução do problema:		
19. As actividades de cumprimento fiscal estão divididas em 10 categorias. Estime uma percentagem dos custos com assistência fiscal em cada uma das categorias:		Sim		
		Não		
		27. Já teve, alguma vez, contencioso tributário?		
Actividades de Cumprimento Fiscal	%	Sim		
Arquivo da informação e documentos		Não		
Preparação da informação financeira		28. Se sim, especifique:		
Encerramento de Contas		Custas do processo (€)		
Preparação da informação p/ preenchimento decl. fiscais (Mod.22, Dossier fiscal, Decl. Anual, Mod. 10 e Mod. 130		Honorários do advogado (€)		
		Outros custos (€)		
Estudo da legislação fiscal		29. Classifique a relevância das seguintes medidas na redução dos custos de complexidade legislativa para sua empresa, numa escala de 1 a 4:		
Planeamento fiscal				
Preenchimento e envio de declarações		1=Muito Relevante; 2=Relevante; 3=Pouco Relevante; 4=Irrelevante		
Pagamento IRC (Pag.conta, Retenções, PEC)		Simplificar impressos fiscais		
Contencioso		Reescrever legislação fiscal de forma clara e simples		
TOTAL	100%	Aumento dos Serviços Informações Fiscais		
PARTE IV-CUSTOS DE COMPLEXIDADE LEGISLATIVA		Criação de um "check list" para a empresa, de forma assegurar o cumprimento das obrigações fiscais e a fruição dos benefícios fiscais		
20.O processo actualização fiscal necessário ao exercício da actividade é:				
Muito difícil		Medidas de redução prazos de resposta pela Administração fiscal das dúvidas fiscais dos contribuintes		
Difícil				
Nem difícil/nem fácil		Redução do período em que a Administração fiscal pode corrigir a situação fiscal do contribuinte		
Fácil				
Muito fácil		Formação especializada dos funcionários da Administração fiscal		
21. Do tempo total gasto em actualização fiscal, quanto tempo estima gastar, em percentagem, para cada imposto:		30. Se desejar, apresente, os aspectos do sistema fiscal que considera que reduziriam os custos de cumprimento da sua empresa e os honorários cobrados pelo seu contabilista:		
IMPOSTOS	%			
IRS				
IRC				
IVA				
Segurança Social				
Impostos sobre Património		TERMINOU O QUESTIONÁRIO!		
TOTAL	100%	OBRIGADO PELA SUA COLABORAÇÃO!		

Assim, na segunda parte do inquérito, obtivemos dados sobre os custos de cumprimento internos, isto é, os custos suportados dentro das empresas, os quais dividimos em custos com o pessoal ou custos de tempo e outros custos.

As empresas foram questionadas sobre o número de horas que os seus directores, empregados, ou outro pessoal, gastam, por mês, no processo de cumprimento fiscal, assim como sobre a valorização dessas horas. Foram indicadas escalas de valores para o número de horas gasto, bem como para a valoração dessas horas, segundo a categoria de cada colaborador. Utilizámos, para o efeito, três categorias de pessoal assalariado: os directores, os empregados e outro pessoal. Fechámos as respostas em cinco escalões, quer para o número de horas, quer para a sua valoração.

Com estes resultados determinámos, assim, os custos de tempo dentro da empresa, valorados em Euros. Ainda na segunda parte, inquirimos as empresas sobre a distribuição dos seus custos de tempo pelas diferentes categorias (arquivo, encerramento de contas, preenchimento das declarações, estudo da legislação fiscal, planeamento fiscal, entre outras). Por último, os contribuintes foram questionados sobre outros custos adicionais suportados para cumprir com as suas obrigações fiscais. Perguntámos às empresas que outros custos, tais como computadores, programas informáticos, rendas de edifícios, ou outras despesas gerais, imputariam, marginalmente, ao cumprimento fiscal em sede de IRC.

A terceira parte do questionário procura obter os custos externos do cumprimento fiscal. Primeiro, identificamos as categorias de profissionais a que as empresas recorrem para obter assistência fiscal (contabilista, advogado, revisor oficial de contas, empresas de consultadoria fiscal, entre outros) e, em segundo, calculamos o valor dos honorários pagos. Dada a dificuldade em dividir os custos de natureza fiscal dos de natureza contabilística, já discutida anteriormente, procedeu-se ao cálculo dos custos de cumprimento, imputando uma percentagem que, segundo as empresas, cabe ao cumprimento das obrigações fiscais em IRC. Por fim, apresentamos também os custos externos de cumprimento de acordo com as diferentes actividades de cumprimento fiscal.

A última parte do questionário é dirigida a todos os contribuintes e inclui um conjunto de questões, de natureza qualitativa, usando a escala de *Likert*, sobre o relacionamento das empresas com a administração fiscal, as fontes de complexidade legislativa e os custos dessa complexidade (contencioso tributário), e, também, sugestões para simplificar o sistema fiscal.

4.1.3. *O período de envio dos questionários por correio*

É necessário sublinhar, antes de mais, que os questionários foram enviados por correio, acompanhados por uma carta de apresentação dos objectivos do estudo, bem como de um envelope de resposta sem franquia, o qual as empresas remeteriam sem qualquer custo adicional. Solicitámos às empresas que o questionário fosse respondido pelo director financeiro ou pelo responsável máximo da empresa.

Dadas as nossas limitações orçamentais, e de tempo, o questionário foi enviado uma vez durante o ano de 2006. Assim, enviámos os questionários no período entre 15 de Julho e 1 de Setembro, e considerámos todas as respostas recebidas até ao dia 15 de Setembro.

A nossa escolha incidiu no período após o encerramento de contas e entrega de todas as declarações fiscais inerentes ao cumprimento fiscal (Modelo 22, Dossier fiscal, entre outras) dado que, por um lado, os responsáveis da empresa teriam mais presente a informação sobre os custos de cumprimento incorridos pela empresa permitindo, assim, obter estimativas mais fidedignas dos respectivos custos. Por outro, é nossa convicção que, após o encerramento de contas, os responsáveis do departamento financeiro e fiscal teriam maior disponibilidade para responder ao questionário.

4.2. Definição e caracterização da amostra utilizada

A população-alvo do estudo diz respeito às empresas que entregaram a declaração de rendimentos Modelo 22 do exercício de 2004 e que constam da base de dados *Datawarehouse* da Direcção Geral dos Impostos.

[Quadro n.° 6.2] Distribuição da população de empresas por volume de negócios

Volume de negócios (em milhões de Euros)	População de empresas	População de empresas (em percentagem)
<2	337 011	95,29
≥2 – <10	13 227	0,037
≥10 – <50	2 729	0,007
≥50	670	0,001
Total	353 637	100,0

A selecção da amostra foi elaborada com base nos dados do *software Datawarehouse*, e os valores estatísticos apresentados nesta secção correspondem aos valores que constam das declarações de rendimentos Modelo 22 do exercício de 2004. Para definir a nossa amostra, e de modo a termos empresas representativas de todos os sectores e de todos os distritos, seleccionámos as três maiores empresas de cada grupo do CAE de cada distrito de Portugal continental e regiões autónomas.

A principal justificação para seleccionar as empresas de maior dimensão prendeu-se com o facto de estas empresas serem dotadas, por comparação com as empresas de pequena dimensão, de uma estrutura melhor organizada, pelo que estariam, em princípio, mais predispostas para responder a um questionário desta natureza. De facto, as empresas de maior dimensão apresentam uma estrutura estratégica e organizacional bem definida, com quadros de pessoal especializados, estando, assim, melhor preparadas para responder a um questionário sobre assuntos fiscais. Mais ainda, estas empresas estão, por regra, mais interessadas em estimar e obter informação acerca dos seus custos de cumprimento fiscais e da complexidade do sistema tributário do que as PME.

Muito embora os critérios de selecção tenham incidido sobre as maiores empresas de cada grupo do CAE e de cada distrito, a nossa amostra de empresas apresenta, todavia, uma grande diversidade de empresas (pequenas, médias e grandes), se atendermos ao critério do volume de negócios da definição de PME[467]. Na verdade, as diferenças do tecido empresarial português, consoante o distrito, conduziram a que as empresas seleccionadas apresentassem características diferenciadas consoante o sector de actividade, bem como segundo os critérios da definição de PME, em especial, o número de empregados e o volume de negócios.

---

[467] Segundo a União Europeia, os efectivos e os limiares financeiros que definem as diferentes categorias de empresas são os seguintes:

PME	Pessoas (efectivos)	Volume de Negócios (VN) anual (em milhões de Euros)	Balanço Total Anual (em milhões de Euros)
Média empresa	≥ 50 e < 250	< 50	< 43
Pequena empresa	≥ 10 e < 50	< 10	< 10
Micro empresa	< 10	< 2	< 2

Fonte: Recomendação da Comissão 2003/361/CE, de 6 de Maio de 2003

De um total de 353 637 empresas em Portugal, obtivemos uma amostra teórica de 897 empresas seleccionadas.

De seguida dividimos a nossa amostra por grupos tendo em atenção os critérios da definição de PME da Comissão Europeia, em especial o volume de negócios, de modo a que a nossa selecção de empresas tivesse um grupo representativo de cada categoria de empresas da definição de PME.

Na amostra seleccionámos 897 empresas, das quais 306 têm um volume de negócios inferior a 2 milhões de Euros, 265 empresas apresentam um volume de negócios compreendido entre 2 e 10 milhões de Euros, 186 empresas entre 10 e 50 milhões, e para as últimas 140 empresas o volume de negócios é superior a 50 milhões de Euros.

Após dois meses do primeiro e único envio dos questionários, encerrou-se o período de obtenção de respostas. Eliminaram-se 22 questionários devido ao facto de 10 deles estarem incompletos e os restantes 12 estarem por preencher, como resultado da mudança de endereço de algumas empresas e do encerramento de outras. Após este procedimento, obtiveram-se 148 questionários devidamente preenchidos, correspondendo a uma taxa de resposta de 16,4%.

No quadro 6.3 apresenta-se a distribuição por sector e volume de negócios das empresas da amostra teórica ou inicial e das empresas da nossa amostra real, isto é, das que responderam ao questionário.

A taxa de resposta da nossa amostra está de acordo com a que se obteve em outros estudos desta natureza. Os sectores de actividade sobre os quais obtivemos mais respostas são a indústria e a construção, os quais constituem juntamente com o comércio por grosso e a retalho, os mais representativos da população de empresas em Portugal.

Embora a distribuição da nossa amostra teórica não tenha as mesmas características da população de empresas de IRC no que diz respeito ao critério do volume de negócios, já que isso obrigar-nos-ia a ter uma amostra com 95% de empresas com volume de negócios inferior a 2 milhões de Euros, verificamos que a distribuição das empresas seleccionadas na nossa amostra teórica segundo o volume de negócios é muito semelhante à distribuição das empresas que responderam ao nosso questionário.

Na verdade, um número considerável de empresas que responderam ao questionário apresenta um volume de negócios inferior a 2 milhões de Euros (41,2%) e entre 2 e 10 milhões de Euros (28,4%). As empresas que têm um volume de negócios entre 10 e 50 milhões de Euros são 18,9% do total de empresas inquiridas, enquanto 11,5% apresenta um volume de negócios superior a 50 milhões de Euros.

[Quadro n.º 6.3] Distribuição por sector de actividade das empresas da amostra teórica inicial e das empresas que responderam ao questionário

(Frequência e percentagens)

CAE	Amostra teórica (empresas seleccionadas)	Amostra real (empresas que responderam)	Taxas de resposta (em percentagem)
Agricultura, produção animal, caça e silvicultura	62	7	4,7
Pesca	42	2	1,4
Indústria	124	40	27,0
Produção e distribuição de electricidade, gás e água	56	7	4,7
Construção	62	17	11,5
Comércio por grosso e a retalho	62	14	9,5
Alojamento e restauração	62	14	9,5
Transportes, armazenagem e comunicações	62	13	8,8
Actividades financeiras	58	7	4,7
Actividades imobiliárias, alugueres e outros serviços prestados	62	13	8,8
Educação	62	2	1,4
Saúde	62	5	3,4
Outras actividades de serviços colectivos, sociais e pessoais	62	6	4,1
Outras actividades	14	1	,7
Total	897	148	16,49

[Quadro n.° 6.4] Distribuição por volume de negócios das empresas
da amostra teórica e das empresas que responderam ao questionário

(Frequência e percentagem)

Volume de negócios (em milhões Euros)	Amostra teórica (empresas seleccionadas)	Amostra teórica (em percentagem)	Amostra real (empresas que responderam)	Taxas de resposta (em percentagem)
<2	306	34,1	61	41,2
≥2 – <10	265	29,5	42	28,4
≥10 – <50	186	20,7	28	18,9
≥50	140	15,6	17	11,5
Total	897	100	148	100

[Quadro n.° 6.5] Distribuição das empresas
da nossa amostra real por número de empregados

(Frequência e percentagem)

Número de empregados	Amostra real (empresas que responderam)	Taxas de resposta (em percentagem)
< 10	47	31,7
≥10 – <50	39	26,3
≥50 – <250	42	28,3
> 250	20	13,5
Total	148	100

No que diz respeito ao número de empregados, 31,7% das empresas têm menos de 10 empregados, 26,3% têm entre 10 e 50 empregados, 28,3% têm entre 50 e 250 empregados, e os restantes 13,5% têm um número superior a 250 empregados.

No que diz respeito ao número de empresas a laborar no mercado, 18,9% estão no mercado há menos de 5 anos, 20,9% entre 5 e 10 anos, 31,1% das empresas participantes no estudo já se encontram no mercado há pelo menos 10 anos e menos de 20 anos, 15,5% estão a trabalhar num período entre 20 e 40 anos, as restantes 13,5% estão em exercício há mais de 40 anos.

[Quadro n.º 6.6] **Período de exercício da actividade das empresas inquiridas**
(Frequência e percentagem)

Período de laboração no mercado (em anos)	Frequência	Percentagem
<5	28	18,9
≥5 – <10	31	20,9
≥10 – <20	46	31,1
≥20 – <40	23	15,5
≥40	20	13,5
Total	148	100,0

[Quadro n.º 6.7] **Tipologia das empresas participantes no estudo**
(Frequência e percentagem)

Tipo de empresas	Frequência	Percentagem
Empresa independente	114	77,0
Empresa subsidiária, filial ou membro de um grupo	23	15,5
Empresa mãe de um grupo	11	7,4
	148	100,0

Do total de empresas inquiridas, 77% são empresas independentes, 15,5% são filiais de sociedades nacionais ou estrangeiras, e 7,4% são a empresa mãe de um grupo de empresas.

[Quadro n.º 6.8] **O mercado das empresas participantes no estudo**
(Frequência e percentagem)

Mercado	Frequência	Percentagem
Portugal	100	67,6
União Europeia (UE)	10	6,8
Portugal e UE	11	7,4
Portugal, UE e Países fora da UE	22	14,9
Portugal e países fora da UE	3	2,0
UE e países fora da UE	2	1,4
Total	148	100,0

Verificamos que mais de metade das empresas participantes no nosso estudo (67,6%) têm como mercado apenas Portugal, 14,9% das empresas operam no mercado português, bem como na União Europeia (UE) e fora da UE, 7,4% operam em Portugal e na UE, e 6,8% das empresas inquiridas têm como mercado a UE. As restantes empresas caracterizam-se por terem como mercado os outros países fora da UE em conjunto com Portugal (2%) ou com a União Europeia (1,4%).

[Quadro n.º 6.9] O regime fiscal das empresas participantes no estudo
(Frequência e percentagem)

Mercado	Frequência	Percentagem
Regime geral de contabilidade organizada	137	92,5
Regime simplificado	0	0,0
Regime de transparência fiscal	3	2,1
Regime de tributação dos grupos	8	5,4
Total	148	100,0

No que diz respeito ao enquadramento fiscal das empresas inquiridas, 92,5% estão no regime geral da contabilidade organizada, 2,1% no regime de transparência fiscal e 5,4% no regime de tributação dos grupos. Não temos nenhuma empresa enquadrada no regime simplificado de IRC, o que se compreende, uma vez que a nossa amostra teórica de empresas incide fundamentalmente sobre as empresas de maior dimensão de cada sector de actividade, pelo que a probabilidade de encontrar uma empresa no regime simplificado é muito baixa, dado que este regime apenas se aplica a empresas com um volume de negócios até 149.639,37 Euros.

Esta amostra fornece um conjunto de informação sobre a dimensão e composição dos custos de cumprimento das empresas portuguesas, em particular, das empresas de maior dimensão.

Seguidamente, é nosso objectivo apresentar uma estimativa dos custos de cumprimento das empresas da nossa amostra e identificar os factores associados a custos de cumprimento mais elevados. Procuramos, então, determinar quais as características das empresas que influenciam os custos de cumprimento em IRC.

5. ANÁLISE DOS RESULTADOS

Terminada a recolha dos dados, estes foram submetidos a análise, tendo-se usado a versão 14 do programa informático *Statistical Package for the Social Sciences* (SPSS).

Para atingir os objectivos do nosso estudo, procedemos, em primeiro lugar, ao cálculo dos custos de cumprimento das empresas em sede de IRC. Em segundo lugar, e de forma a determinar os factores associados a maiores custos de cumprimento usámos as mesmas técnicas estatísticas utilizadas, anteriormente, no capítulo V.

5.1. Cálculo dos custos de cumprimento das empresas

No que diz respeito à análise quantitativa, o nosso objectivo centra-se no cálculo dos custos de cumprimento das empresas, tendo em conta a definição apresentada no primeiro capítulo, a qual transcrevemos seguidamente:

Custos de cumprimento (CC) = Custos dentro da empresa + Custos fora da empresa[468]

CC = [custos de tempo + outros custos] + [honorários pagos correspondentes ao IRC]

Em primeiro lugar, não podemos deixar de sublinhar que a presente definição de custos de cumprimento não considera a distinção de custos de cumprimento voluntários (ou de planeamento fiscal) de custos involuntários.

No que diz respeito às empresas, é possível separar os custos resultantes do planeamento fiscal dos associados às actividades puramente fiscais. Porém, esta divisão não constitui nenhum indicador quanto à classificação de custo voluntário ou involuntário. Adicionalmente, se estivermos perante uma empresa multinacional existe, obviamente, uma grande necessidade

---

[468] A nossa definição de custos segue de perto a definição utilizada por Slemrod (1992, 1996), *Measuring Taxpayer Burden and Attitudes for Large Corporations: 1992 and 1996 Surveys Results*, Office of Tax Policy Research, Working paper series, n.º 97-1, University of Michigan Business School, p. 29.

de planeamento fiscal. No sentido literal, trata-se de um custo voluntário. Todavia, nenhuma empresa com operações multilaterais pode ignorar os custos de planeamento fiscal, os quais consistem num exame detalhado das transacções e métodos que minimizem os seus impostos. Nesta situação, os custos de planeamento fiscal tornam-se um elemento necessário na actividade empresarial.

Tal como já referimos anteriormente, o custo de cumprimento das obrigações tributárias não tem apenas consequências prejudiciais. Existem também os benefícios de *cash flow* que decorrem do cumprimento de alguns impostos. Na verdade, a determinados impostos sobre o rendimento ou o consumo estão associados benefícios de *cash flow* que resultam das empresas usufruírem, durante um certo período, dos impostos antes da sua entrega ao Estado.[469]

Neste trabalho, quando utilizamos a expressão custos de cumprimento, estamos a referirmo-nos aos custos de cumprimento brutos. Os custos de cumprimento líquidos são os custos de cumprimento menos o valor do benefício de *cash flow*, os quais não incluímos na nossa análise.

Após estas considerações iniciais analisaremos de seguida cada uma das diferentes componentes dos custos de cumprimento: os custos internos e os externos.

5.1.1. *Custos de cumprimento internos*

5.1.1.1. *Custos de tempo*

As empresas foram questionadas acerca do tempo gasto internamente dentro da empresa por diferentes categorias de pessoal assalariado no cumprimento das tarefas fiscais de IRC: directores, empregados, e outro pessoal.

Verificamos, a partir do quadro 6.12, que as empresas da nossa amostra real gastam, em média, 52 horas por mês no cumprimento das suas obrigações fiscais em sede de IRC. O número de horas gasto internamente na empresa, por ano, é de 622 horas, em média, para a execução das tarefas inerentes ao cumprimento do IRC.

---

[469] Evans, Chris, *et. al.* (1999),"Taxation compliance costs: some lessons from "down-under"; in: *British Tax Review*, n.º 4, Sweet&Maxwell, pp. 244-271.

[Quadro n.º 6.10] Horas médias gastas dentro da empresa no cumprimento de IRC por categoria de pessoal assalariado

Categorias de pessoal assalariado	Horas médias gastas por mês	Horas médias gastas por ano
Directores	14	173
Empregados	29	349
Outro pessoal	8	101
Total horas	52	622

A categoria profissional à qual foi imputado um maior número de horas foi aos empregados, com 29 horas e 349 horas, mensais e anuais, respectivamente. Seguiu-se os cargos de direcção da empresa, com 14 horas mensais e 173 horas anuais, e, por último, outro pessoal, com 8 horas e 101 horas, por mês e ano, respectivamente.

Esta situação resulta de o trabalho de rotina inerente ao cumprimento do IRC ser normalmente elaborado pelos empregados do departamento fiscal[470] ou do departamento administrativo e contabilístico. Aos órgãos de gestão cabe tomar decisões fiscais relacionadas com estratégias da empresa e planeamento fiscal, sendo por isso decisões mais pontuais. A terceira categoria de pessoal à qual foram imputadas menos horas é normalmente pessoal avençado que trabalha para a empresa e que não faz parte dos quadros da mesma.

Para obtermos os custos de tempo valorados em Euros, questionámos as diferentes categorias de pessoal assalariado sobre o valor que atribuiriam a cada hora gasta no cumprimento fiscal das actividades inerentes ao cumprimento do IRC.

As empresas foram, então, inquiridas sobre o valor que imputariam a cada hora gasta internamente, segundo a categoria profissional dos colaboradores envolvidos nessa tarefa.

---

[470] Em regra, só as empresas de maior dimensão possuem um departamento fiscal autónomo dos restantes departamentos de gestão.

[Quadro n.° 6.11] Valoração das horas médias gastas dentro da empresa no cumprimento de IRC por categoria de pessoal assalariado

(Frequência e percentagem)

Valoração das horas por escalão (em Euros)	Directores Frequência	Percentagem	Empregados Frequência	Percentagem	Outro pessoal Frequência	Percentagem
<5	2	1	14	11,2	15	28,3
≥5-<25	31	25	85	68	27	50,9
≥25-<50	47	38	22	17,6	8	15,0
≥50-<100	28	23	4	3,2	3	5,6
≥100	15	13	0	0	0	0
Total	123	100	125	100	53	100

Verificamos, então, pela análise do quadro 6.11 que as empresas valoraram as horas gastas no cumprimento fiscal segundo a taxa de remuneração salarial de cada categoria de pessoal.[471] Na verdade, 38% das empresas valoraram a hora gasta pelos directores entre 25 e 50 Euros, enquanto que 23% valoraram entre 50 e 100 euros. Por sua vez, 68% das empresas valoraram as horas gastas pelos empregados entre 5 e 25 Euros. Ao mesmo tempo, apenas nas horas gastas pelos directores, as empresas imputaram valores superiores a 100 Euros, não se observando o mesmo nas outras categorias de pessoal ou outros trabalhadores.

Da multiplicação do total de horas gasto pela valoração das horas obtivemos os custos de tempo, em Euros, gastos internamente na empresa, dentro do seu departamento fiscal, contabilístico ou administrativo, para cumprir com todas as suas obrigações fiscais em sede de IRC e obtivemos os seguintes resultados apresentados no quadro 6.12.

---

[471] Por isso, as empresas valoraram as horas gastas no cumprimento fiscal pelos directores, com um valor mais elevado quando comparamos com a valoração das horas gastas pelos empregados e por outro pessoal.

[Quadro n.º 6.12] Custo de tempo médio gasto dentro da empresa no cumprimento de IRC

(em Euros)

Custo de tempo	Valor mínimo	Valor máximo	Média	Desvio Padrão
Custo de tempo mensal total	50	15 040	1 676,89	2 336,813
Custo de tempo anual total	600	180 480	20 122,70	28 041,757

Para as empresas da nossa amostra, a média dos custos de tempo mensal é de 1676,89 Euros e a média anual é de 20 122,70 Euros. Em ambos os casos, mês ou ano, verifica-se uma grande variação dos dados, com custos compreendidos entre 50 e 15 040 Euros, e entre 600 e 180 480 Euros, mensalmente e anualmente, respectivamente.

[Quadro n.º 6.13] Custo de tempo mensal gasto dentro da empresa no cumprimento de IRC

(Frequência e percentagem)

Custo de tempo mensal (em Euros)	Frequência	Percentagem
<500	50	33,8
≥500 - <1 000	33	22,3
≥1 000 - <2 000	30	20,3
≥2 000 - <5 000	24	16,2
≥5 000 - <1 0000	9	6,1
> 10 000	2	1,4
Total	148	100,0

Na nossa amostra de empresas, 33,8% obtiveram um custo de tempo mensal inferior a 500 Euros, em 22,3% o custo variou entre 500 e 1 000 Euros, em 20,3% entre 1 000 e 2 000 Euros, para 16,2% o custo de tempo oscilou entre 2000 e 5000 Euros, 6,1% das empresas apurou um custo mensal de 5 000 a 10 000 Euros, e as restantes, custos de tempo superiores a 10 000 Euros.

[Quadro n.° 6.14] Custo de tempo anual gasto dentro da empresa no cumprimento de IRC

(Frequência e percentagem)

Custo de tempo anual (em Euros)	Frequência	Percentagem
<6 000	50	33,8
≥6 000-<12 000	33	22,3
≥12 000 - <25 000	33	22,3
≥25 000 - <50 000	17	11,5
≥50 000 - <100 000	10	6,8
≥100 000	5	3,4
Total	148	100,0

Questionadas sobre as horas gastas e a sua valoração no cumprimento do IRC, 33,8% das empresas participantes indicaram um custo médio anual inferior a 6 000 Euros, em 22,3% o custo situa-se entre 6 000 e 12 000 Euros, para outras 22,3% o valor situa-se entre 12 000 e 25 000 Euros, 11,5% das empresas apresentaram custos de tempo situados entre 25 000 e 50 000 Euros, 6,8% das empresas apresentaram custos entre 50 000 a 100 000 Euros, e para as restantes 3,4%, os custos são superiores a 100 000 Euros.

Os custos de tempo gastos na execução das tarefas fiscais inerentes ao IRC tratam-se, como já referimos, de custos com o pessoal valorados em Euros. Estes custos diferem segundo as funções ou actividades de cumprimento fiscal, como podemos verificar na figura 6.1 a seguir apresentada.

Como verificamos pela análise da figura 6.1, a preparação da informação necessária ao preenchimento das declarações fiscais, o encerramento de contas e o arquivo de informação e documentos, são as actividades inerentes ao cumprimento que consomem mais tempo, compreendendo 18,4%, 17,7% e 16,8%, dos custos com o pessoal, respectivamente. A preparação da informação com objectivos financeiros surge logo de seguida com 14,4%, não se distanciando muito das outras actividades anteriormente referidas.

Na verdade, o arquivo, o encerramento de contas, a preparação da informação com objectivos financeiros e o preenchimento das declarações fiscais representam 66,9% dos custos com o pessoal gastos internamente na empresa no processo de cumprimento fiscal.

[Figura n.º 6.1] Os custos de tempo dentro da empresa por actividade de cumprimento fiscal

(em percentagem)

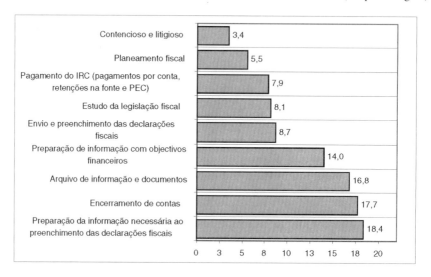

As categorias de envio das declarações, pagamento do IRC e estudo da legislação fiscal apresentam valores muito próximos entre si, com 8,7%, 7,9%, e 8,1%, respectivamente. Estas três categorias, em conjunto, absorvem 24,7% dos custos de tempo gastos internamente pelo pessoal da empresa.

Por sua vez, as categorias de custos em que se gasta menos tempo dentro da empresa são o contencioso (3,4%) e o planeamento fiscal (5,5%), o que se compreende, pois trata-se de actividades não incluídas na rotina normal das actividades de uma empresa e, por norma, para a sua execução as empresas recorrem à ajuda de profissionais fiscais externos.

Como já referimos anteriormente, o custo de tempo gasto pelo pessoal da empresa é apenas uma componente dos custos incorridos internamente na empresa para o cumprimento das tarefas fiscais em sede de IRC. Existem outros custos de natureza não pessoal e que também são suportados pela empresa no decorrer do processo de cumprimento fiscal, os quais analisaremos seguidamente.

5.1.1.2. Outros custos suportados

Os custos de natureza não pessoal incorridos pelas empresas para o cumprimento das obrigações fiscais representam uma das áreas de investigação de mais difícil análise que envolve o estudo de custos de cumprimento de um sistema fiscal.[472] Na realidade, é muito difícil distinguir os custos adicionais suportados pelas empresas só para fazer face a fins exclusivamente fiscais daqueles que têm também outros fins não fiscais. Distinguir a parcela de custos destinada a fins exclusivamente fiscais de cumprimento é tarefa de difícil resolução, e trata-se, a maioria das vezes, de uma estimativa grosseira do valor desses custos.

Segundo Sandford,[473] estes custos não laborais podem ser ignorados em estudos que envolvem apenas as pequenas empresas, pois constituem custos de natureza residual quando comparados com os custos de tempo gasto pelo pessoal dentro da empresa. Todavia, segundo o mesmo autor, quando está em causa a estimativa de custos de cumprimento das empresas de maior dimensão, não considerar estes custos adicionais seria subestimar os custos de cumprimento destas empresas. Foi este motivo que nos levou a considerar os custos adicionais susceptíveis de tratamento na nossa análise, já que a nossa amostra de empresas real é composta pelas maiores empresas de cada sector de actividade e de cada distrito em Portugal. Assim, não considerar os custos adicionais na nossa estimativa de custos de cumprimento implicaria subestimar o valor dos custos das empresas.[474]

Do total de 148 empresas, 32,4% não quantificaram o valor dos custos adicionais ou atribuíram valor zero; 21,6% apresentaram custos adicionais inferiores a 1 000 Euros; 18,2% apresentaram custos compreendidos entre 1000 e 4000 Euros; em 9,5% os custos variam entre 4000 e 8000 Euros; 6,8% os custos variam entre 8000 e 16000 Euros; em 8,1% os valores oscilam entre 16000 e 32000 Euros; e nas restantes 3,4% os custos adicionais são superiores a 32000 Euros.

---

[472] Evans, Chris et. al. (2000), "Tax compliance costs: research methodology and empirical evidence from Australia." in: *National Tax Journal*, Vol. LIII, n.º 2, pp. 320-345.

[473] Sandford, Cedric (Ed.) (1995), *Tax Compliance Costs – Measurement and Policy*, Fiscal Publications, Bath, p. 396.

[474] É necessário sublinhar que esta área requer um estudo mais aprofundado em futuras investigações empíricas.

[Quadro n.º 6.15] A quantificação dos custos monetários adicionais incorridos dentro da empresa no cumprimento fiscal de IRC

(Frequência e percentagem)

Custo de tempo anual (em Euros)	Frequência	Percentagem
0	48	32,4
<1 000	32	21,6
≥1 000-<4 000	27	18,2
≥4 000-<8 000	14	9,5
≥8 000-<16 000	10	6,8
≥16 000-<32 000	12	8,1
> 32 000	5	3,4
Total	148	100,0

[Quadro n.º 6.16] Os custos monetários adicionais gastos dentro da empresa no cumprimento de IRC

(em Euros)

Custo de tempo	Valor mínimo	Valor máximo	Média	Desvio Padrão
Outros custos adicionais	0	96 862	5 271,21	11 836,875

A média dos custos adicionais das empresas que responderam ao inquérito é de 5 271,21 Euros. Todavia, verifica-se, nesta matéria, uma grande variação dos dados, apresentando estes custos adicionais valores mínimos de zero até um valor máximo de 96 862 Euros.

Vamos, então, ver se existem diferenças na composição média destes custos adicionais suportados pelas empresas na figura n.º 6.2 abaixo apresentada.

Os custos médios com computadores e programas informáticos, assim como os custos de arquivo e registo são os mais elevados, com 1513 Euros e 940 Euros, respectivamente.

As diferenças entre as restantes categorias de custos não são muito expressivas apresentando valores médios não muito díspares.

[Figura n.º 6.2] Os custos monetários médios incorridos dentro da empresa no cumprimento fiscal em sede de IRC

(em Euros)

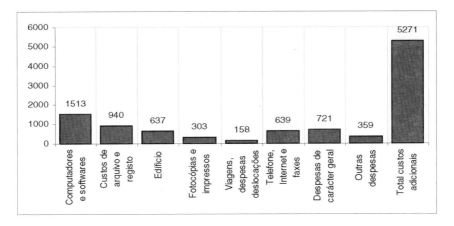

Após a estimativa dos custos de tempo gasto pelos colaboradores da empresa nos diversos departamentos, medimos os outros custos monetários, ou seja, custos não relacionados com o pessoal, porém, incorridos pela empresa porque necessários ao processo de cumprimento fiscal, e obtivemos os custos de cumprimento internos totais.

[Quadro n.º 6.17] Custos internos médios de cumprimento das empresas em sede de IRC

(em Euros e percentagem)

Custos médios de cumprimento	Volume de negócios (em milhões de Euros)					
	<2	≥2-<10	≥10-<50	≥ 50	Média	%
Custos de tempo médios	7 687	22 388	27 830	46 454	20 123	79
Custos adicionais médios	3 088	3 282	12 252	6521	5 271	21
Custos totais de cumprimento	10 775	25 670	40 082	52 975	25 395	100

Verificamos, pela análise do quadro 6.17, que os custos de tempo gasto aumentam com o volume de negócios da empresa crescendo pois com a dimensão da empresa. Porém, os custos adicionais apresentam valores médios semelhantes para todos os grupos de empresas, excepto o terceiro grupo, com um volume de negócios compreendido entre 10 e 50 milhões de Euros. Esta situação poderia dever-se à frequência de cada grupo de empresas. No entanto, o número de empresas em cada categoria não é muito diferente. Assim, a causa desta diferença encontra-se provavelmente na estimativa subjectiva apresentada pelas diferentes empresas. Encontram-se aqui, possivelmente, custos adicionais cujos fins não se destinam exclusivamente ao cumprimento fiscal, mas, também, aos objectivos de contabilidade e gestão. Estes resultados devem, pois, ser analisados com alguma precaução.

Podemos concluir, com efeito, que os custos de tempo são a principal componente dos custos de cumprimento das empresas (79%) tendo os outros custos monetários (21%) um peso não tão expressivo no total dos custos.

5.1.2. *Custos de cumprimento externos*

Os custos de cumprimento incorridos internamente na empresa constituem uma componente importante dos custos. Contudo, a nossa análise ficaria incompleta se não tivéssemos em conta os custos da ajuda externa ao cumprimento fiscal.

Do total de empresas participantes no nosso estudo apenas 10 não recorreram a ajuda externa, o que significa que dispõem, internamente, de pessoal qualificado para fazer face ao processo de cumprimento fiscal, bem como para o aconselhamento fiscal da empresa.

Pela análise da figura 6.3, verificamos que as empresas recorrem com maior frequência para o cumprimento das suas obrigações fiscais e aconselhamento fiscal à figura dos Técnicos Oficiais de Contas (TOCs) ou empresas de contabilidade e aos Revisores Oficiais de Contas (ROCs).

Do total das empresas que responderam ao inquérito, apenas 20 têm advogado fiscal, e 32 usaram os serviços de consultadoria e auditoria fiscal. Por último, 6 empresas recorreram aos serviços de outros profissionais, os quais foram referidos como tratando-se de uma ajuda pontual de *outsourcing*.

**[Figura n.º 6.3] Tipo de profissional a que as empresas recorrem
para o cumprimento fiscal**

(Frequência)

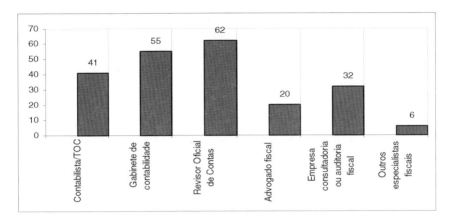

O tipo de profissional a que as empresas recorrem para o cumprimento das suas obrigações fiscais ou para aconselhamento fiscal diverge consoante o tipo e a dimensão da empresa, como podemos verificar no quadro 6.18.

**[Quadro n.º 6.18] Tipo de profissional a que as empresas recorrem
para o cumprimento fiscal de acordo com o volume de negócios**

(Frequência)

Tipo de profissional	Volume de negócios (em milhões de Euros)				
	<2	≥2-<10	≥10-<50	≥ 50	Total
Contabilista/TOC	13	18	7	3	41
Gabinete de contabilidade	42	10	3	0	55
Revisor Oficial de Contas	5	23	23	11	62
Advogado fiscal	1	8	6	5	20
Empresa de consultoria fiscal	1	7	11	13	32
Outros especialistas fiscais	0	1	2	3	6

O apoio fiscal às empresas de menor dimensão, isto é, com um volume de negócios inferior a 2 milhões de Euros, é concedido fundamentalmente pelos TOCs e empresas de contabilidade. No entanto, à medida que as empresas aumentam de dimensão têm necessidade de recorrer a algo mais do que o aconselhamento do seu contabilista, pelo que é nas empresas de maior dimensão que existe uma maior solicitação dos serviços das empresas de consultoria fiscal, bem como dos serviços prestados pelos advogados fiscais.

Com o objectivo de calcular o custo de cumprimento relacionado com a ajuda externa, inquirimos as empresas acerca do valor dos honorários pagos a cada profissional que recorreram para o cumprimento das suas obrigações fiscais, e obtivemos os valores seguintes.

[Quadro n.º 6.19] Honorários pagos à ajuda de profissionais externos

(em Euros)

Custo de tempo	Valor mínimo	Valor máximo	Média	Desvio Padrão
Total de honorários pagos	0	525 000	21 933,84	51 541,72
Total de honorários IRC	0	393 750	10 072,28	33 319,468

Os custos externos foram, então, obtidos através do somatório do valor dos honorários pagos aos profissionais a que recorreram e, como observamos no quadro 6.19, atingem valores muito elevados, sendo o valor máximo de 525 000 Euros, para todo o processo de cumprimento fiscal, e de 393 750 Euros para o cumprimento das obrigações fiscais em sede IRC. Para obtermos os custos correspondentes ao cumprimento do IRC, questionámos as empresas acerca da percentagem que imputariam ao cumprimento fiscal das obrigações fiscais em sede de IRC e multiplicámos pelo valor dos honorários totais pagos.

Vejamos, seguidamente, qual o comportamento dos custos de cumprimento externos de acordo com a dimensão das empresas ou o volume de negócios.

Pela análise do quadro 6.20 observamos que os custos médios de cumprimento externos aumentam de acordo com a dimensão das empresas.

[Quadro n.º 6.20] Custo médio externo de cumprimento fiscal de acordo com o volume de negócios

(em Euros)

Custos de cumprimento externos	Volume de negócios (em milhões de Euros)				
	<2	≥2-<10	≥10-<50	≥50	Média
TOC	1 330,37	5 566,67	5 428,39	4 588,24	3 682,08
Gabinete contabilidade	2 103,06	1 461,67	1 290,71	,00	1 525,79
ROC	424,20	4 084,70	13 199,00	25 029,40	6 706,10
Advogado fiscal	204,92	508,33	1 514,29	6 176,47	1 224,66
Empresa de consultadoria fiscal	39,34	1 529,17	4 359,93	55 553,76	7 656,20
Outros especialistas fiscais	00,00	252,14	4 034,93	2 647,06	1 138,97
Custo de cumprimento total	4 102,00	13 403,00	29 827,00	93 995,00	21 934,00
Percentagem IRC	42,00	46,00	45,00	47,00	44,00
Custo de cumprimento IRC	1 778,00	6 743,00	12 270,00	44 440,00	10 072,00

Na realidade, à medida que passamos de um grupo de empresas para outro de maior dimensão, os custos médios de cumprimento mais que duplicam o seu valor.

A percentagem média correspondente ao trabalho inerente ao cumprimento do IRC não é muito diferente entre cada grupo de empresas, compreendendo valores entre os 42% e os 47% do total de honorários pagos.

Os custos externos das empresas de menor dimensão são essencialmente compostos pelos honorários dos TOCs e empresas de contabilidade, enquanto nos das suas concorrentes de maior dimensão são os honorários dos ROCs e das empresas de consultadoria fiscal que absorvem a maior parcela do valor dos honorários totais. Esta situação conduz obviamente a um peso diferente concedido na afectação dos custos de cumprimento pelas diferentes actividades fiscais. Veja-se a figura 6.4.

[Figura n.° 6.4] Os custos externos de IRC por actividade de cumprimento fiscal
(em percentagem)

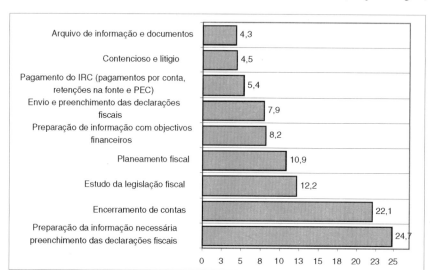

No que diz respeito à distribuição dos custos externos pelas diferentes actividades de cumprimento fiscal, verificamos que são maioritariamente responsáveis pelo valor dos honorários a preparação da informação necessária ao preenchimento das declarações fiscais, o encerramento de contas, o estudo da legislação fiscal e o planeamento fiscal, com 24,7%, 22,1%, 12,2% e 10,9%, respectivamente.

Assim, neste caso, o arquivo da informação e documentos é a actividade onde os profissionais da ajuda externa despendem menos tempo (4,3%), ao contrário do que se observou aquando do cálculo dos custos internos de cumprimento, em que a tarefa que ocupava mais tempo era o arquivo em conjunto com o encerramento de contas e a preparação da informação necessária ao preenchimento das declarações fiscais. Parece, então, existir uma certa coerência no preenchimento do questionário pelas empresas. No cálculo dos custos externos destacamos o tempo gasto no planeamento fiscal e no estudo da legislação fiscal, o qual pode constituir um indicador qualitativo da complexidade inerente ao sistema fiscal.

5.1.3. *Custos de cumprimento totais das empresas*

Resta, agora, calcular os custos de cumprimento fiscais totais, bem como identificar quais as suas principais componentes.

A partir do quadro 6.21 verificamos que os custos de cumprimento internos representam a maior componente do total de custos (67%), ocupando os custos externos um peso de 26,6% do total dos custos para todos os grupos de empresas.

Esta diferença é pouco expressiva no grupo de empresas de maior dimensão onde os custos internos (54,38%) e os custos externos (45,61%) têm pesos muito semelhantes, o que se deve em muito ao peso do *outsourcing* nas empresas de grande dimensão.

A partir do quadro 6.22 observamos, uma vez mais, que os custos internos ocupam a maior componente dos custos totais de cumprimento,

[Quadro n.º 6.21] Custo médio total de cumprimento fiscal, de IRC, de acordo com o volume de negócios

(em Euros)

Custos de cumprimento das empresas	Volume de negócios (em milhões de Euros)				Média
	<2	≥2-<10	≥10-<50	≥50	
Custo internos	10 775	25 670	40 082	52 975	25 394
Custos externos	1 778	6 743	12 270	44 440	10 072
Custo total de cumprimento	11 739	32 413	65 844	97 414	37 860

[Quadro n.º 6.22] Custo médio total de cumprimento fiscal, de IRC, de acordo com o número de empregados

(em Euros)

Custos de cumprimento das empresas	Número de empregados				Média
	<10	≥10-<50	≥50-<250	≥250	
Custo internos	8 698	24 052	33 407	50 419	25 394
Custos externos	2 546	5 581	8 406	40 016	10 072
Custo total de cumprimento	10 154	29 633	50 807	90 435	37 860

relegando para segundo lugar o peso dos custos externos, excepto nas empresas de maior dimensão, onde a percentagem dos custos é bastante semelhante.

5.1.4. *Os custos de complexidade legislativa*

Neste ponto do trabalho identificamos as áreas do sistema fiscal de maior complexidade legislativa, assim como avaliamos o custo dessa complexidade através de uma estimativa das empresas participantes neste estudo.

5.1.4.1. *Dificuldades fiscais no cumprimento do IRC*

Começámos por perguntar às empresas se consideravam o processo de actualização fiscal difícil e obtivemos os resultados constantes da figura 6.5.

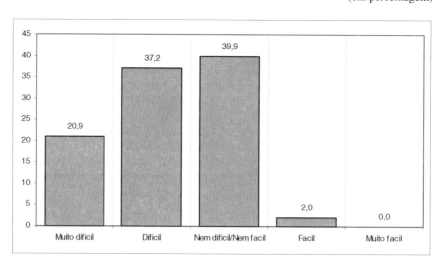

[Figura n.º 6.5] Dificuldade do processo de actualização fiscal
(em percentagem)

Do total de empresas inquiridas, 20,9% considera o processo de actualização fiscal muito difícil, 37,2% difícil, 39,9% não considera fácil nem difícil a actualização da lei fiscal, e as restantes 2,0% entendem que o processo de actualização é fácil.

Não existiu, com efeito, nenhuma empresa que considerasse o sistema fiscal e a sua actualização um processo muito fácil. Na realidade, 58,1% das empresas considerou o processo de actualização muito difícil ou difícil contra 2% que notou que era fácil.

De seguida, as empresas foram inquiridas acerca das áreas do sistema fiscal onde despendem mais tempo no processo de actualização fiscal.

[Figura n.º 6.6] **Áreas de maior complexidade do processo de actualização fiscal**
(em percentagem)

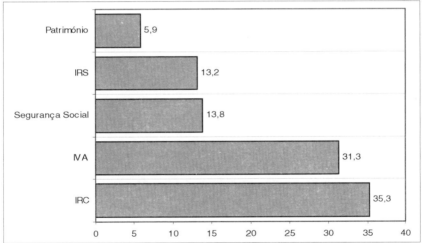

Para as empresas inquiridas, as áreas do sistema fiscal que requerem mais tempo de actualização fiscal são o IRC e o IVA, com 35,3% e 31,3%, respectivamente. Por sua vez, é nos impostos sobre o património que os contribuintes despendem menos tempo a actualizar-se, sendo o tempo gasto no IRS e no regime das contribuições para a segurança social muito semelhante, com 13,2% e 13,8% respectivamente.

As empresas foram questionadas, de seguida, a especificar as principais dificuldades técnicas sentidas no cumprimento fiscal do IRC. A figura 6.7 apresenta os resultados obtidos.

[Figura n.º 6.7] **Dificuldades técnicas do processo de cumprimento fiscal em sede de IRC**

(em percentagem)

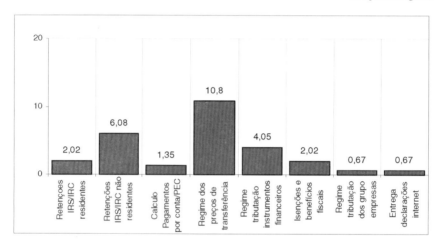

Os principais problemas relacionados com a complexidade fiscal em sede de IRC foram o regime dos preços de transferência, com 10,8%, o regime de tributação dos não residentes, com 6,08%, o regime de tributação dos instrumentos financeiros derivados, com 4,05%, e os benefícios fiscais e isenções, com 2,02% de empresas inquiridas a considerarem estes regimes de excepção como uma área de grande complexidade fiscal.

Assim, denota-se pela análise qualitativa da complexidade, uma tendência para as empresas que tenham operações com outras não residentes terem, em princípio, custos de cumprimento mais elevados.

5.1.4.2. *Custos de contencioso tributário*

Determinámos, ainda, os custos de contencioso tributário, na medida em que estes podem também ser um factor associado a custos de cumprimento das empresas mais elevados.

As empresas foram, então, questionadas sobre se alguma vez já tinham tido contencioso tributário, qual o valor das custas do processo, o valor dos honorários e outros custos suportados.

[Figura n.º 6.8] **Número de empresas que tiveram contencioso tributário por volume de negócios**

(em percentagem)

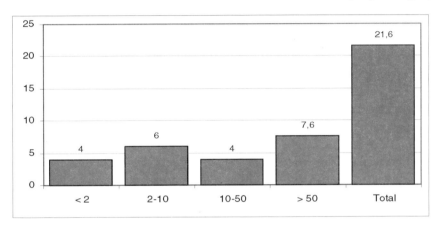

Do total de empresas participantes no estudo, 21,62% já tiveram contencioso tributário. A maior concentração de empresas com contencioso fiscal encontra-se no grupo de empresas com um volume de negócios superior a 50 milhões de Euros, apresentando os outros grupos valores semelhantes entre si.

Os custos de contencioso fiscal foram divididos em três tipos diferentes: as custas do processo, os honorários dos advogados e outras despesas.

O quadro 6.23 apresenta-nos o valor médio dos custos de contencioso tributário por volume de negócios.

Verifica-se, pela análise do quadro 6.23, que os custos de contencioso fiscal atingem valores muito elevados.

Os custos de contencioso tributário incidem de forma mais expressiva nas empresas de maior dimensão, em especial, as que têm um volume de negócios superior a 50 milhões de Euros, já que os custos médios de contencioso fiscal atingem valores de 51 116 Euros.

**[Quadro n.º 6.23] Custo médio de contencioso fiscal
de acordo com o volume de negócios**

(em Euros e percentagem)

Custos de contencioso fiscal	<2	≥2-<10	Volume de negócios (em milhões de Euros) ≥10-<50	≥50	Média
Custas do processo	623	4137	4564	23202	4959
Honorários do advogado	300	2012	2214	24220	3896
Outros custos	26	165	939	3694	660
Custos totais	949	6314	7718	51116	9515
Custos em % VN	10,00	10,00	4,00	3,00	8,00

Nas empresas de menor dimensão, com um volume de negócios inferior a 2 milhões de Euros, os custos de contencioso fiscal, em termos absolutos, não são muito elevados. Contudo, em termos relativos, é sobre estas empresas que estes custos incidem de forma mais expressiva, com 10% do seu volume de negócios.

Parece, assim, que os custos de contencioso tributário são regressivos, já que incidem proporcionalmente mais nas unidades empresariais de menor dimensão.

5.1.5. *O relacionamento das empresas com a administração fiscal*

Para podermos aferir acerca das atitudes das empresas em relação à administração fiscal, estas foram inquiridas acerca do seu relacionamento com a administração tributária, assim como sobre os mecanismos que consideram mais eficazes no esclarecimento das suas dúvidas fiscais.

Em primeiro lugar, perguntámos às empresas se tinham contactado a administração fiscal no último ano. Do total de 148 empresas, 89 (60,1%) responderam que tinham contactado a administração fiscal e 59 (39,9%) responderam que, no último ano, não houve qualquer contacto com a administração fiscal.

Em segundo lugar, questionámos as empresas que contactaram a administração fiscal se as suas dúvidas fiscais tinham ficado esclarecidas e obtivemos os resultados da figura 6.9.

[Figura n.º 6.9] Esclarecimento das dúvidas fiscais resultantes do contacto com a administração fiscal

(em percentagem)

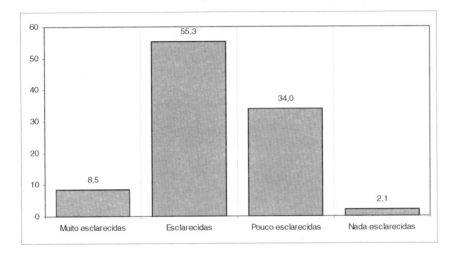

Das empresas que contactaram a administração fiscal, a maioria ficou com as suas dúvidas fiscais esclarecidas. Assim, 8,5% das empresas ficaram muito esclarecidas, 55,3% esclarecidas, 34% pouco esclarecidas e apenas 2,1% não ficaram nada esclarecidas.

No que diz respeito aos mecanismos de esclarecimento de dúvidas fiscais, as empresas elegeram como mais eficientes os constantes da figura 6.10.

Verificamos que o mecanismo que as empresas consideram mais útil no processo de esclarecimento das dúvidas fiscais é a Internet, com 62,2%, seguido dos serviços de informações fiscais (SIF) com 39,9%. O telefone ocupa o terceiro lugar com apenas 14,2% das empresas a considerarem-no muito útil e, por fim, 10,2% entendem que as brochuras fiscais também são muito úteis.

Os mecanismos que as empresas consideram, em certa proporção, como nada úteis para esclarecer as suas dúvidas tributárias, são as brochuras fiscais e o telefone, com 25% e 20,3% respectivamente.

Assim, podemos concluir que os contribuintes consideram os mecanismos ao seu dispor úteis no esclarecimento das suas dúvidas, sendo a Internet aquele que reúne maior consenso, o que reforça a confiança que as administrações fiscais depositam nas novas tecnologias como forma de melhorar o seu relacionamento com os contribuintes.

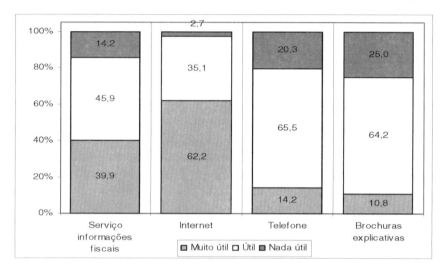

[Figura n.º 6.10] Mecanismos mais eficazes no processo de esclarecimento das dúvidas fiscais

(em percentagem)

Ainda na tentativa de aferir acerca da eficácia dos SIF no esclarecimento das dúvidas fiscais, questionámos as empresas sobre o uso de informações vinculativas fornecidas pelos serviços de finanças.

Das 148 empresas participantes, 36 empresas (24,3%) referiu que já tinha pedido informações vinculativas aos SIF. Os motivos enunciados pelas empresas para efectuarem o pedido foram de natureza diversa, entre os quais salientamos o regime de retenções na fonte de IRS e IRC para sujeitos passivos residentes e não residentes, o regime fiscal dos preços de transferência e dos instrumentos financeiros derivados, os critérios fiscais das reintegrações e amortizações, e a tributação das ajudas de custo em IRC, entre outros.

As empresas que fizeram mais pedidos de informações vinculativas foram as de maior dimensão.

[Quadro n.º 6.24] As informações vinculativas e tempo médio de espera das empresas de acordo com o volume de negócios

(Frequência)

	Volume de negócios (em milhões de Euros)				
	<2	≥2-<10	≥10-<50	≥50	Total
Informações vinculativas	2	12	13	9	36
Tempo médio de espera (meses)	0	2	3	8	2

No que diz respeito ao tempo de espera das informações vinculativas, verificou-se que é consideravelmente maior também nas grandes empresas, o qual varia desde 0 a 8 meses consoante a complexidade do pedido.

Das 36 empresas que solicitaram informações vinculativas, 32 empresas consideraram o seu pedido útil, e apenas 4 consideraram o pedido elaborado aos SIF como não tendo qualquer utilidade para a resolução dos seus problemas fiscais.

Assim, podemos concluir que as empresas participantes no nosso estudo consideram os SIF como um mecanismo de esclarecimento de dúvidas bastante útil no processo de cumprimento fiscal.

Para terminar a análise qualitativa da complexidade, solicitámos às empresas que ordenassem numa escala de *Likert*, desde irrelevante a muito relevante, um conjunto de medidas fiscais que, em sua opinião, contribuiriam mais para a redução dos seus custos de complexidade legislativa e de cumprimento fiscal e obtivemos os seguintes resultados.

As empresas da amostra consideraram todas as medidas fiscais, sem excepção, como sendo relevantes na simplificação fiscal e no processo de redução dos custos de cumprimento, já que todas as propostas estão acima do centro da escala e no sentido da relevância.

É, todavia, notório que a simplicidade legislativa, a redução do período em que a administração fiscal pode corrigir a situação fiscal e a formação especializada dos funcionários da administração fiscal são os factores considerados como muito relevantes para a redução dos custos de cumprimento.

[Figura n.º 6.11] Medidas fiscais que simplificariam o sistema fiscal e reduziriam os custos de cumprimento e de complexidade legislativa das empresas

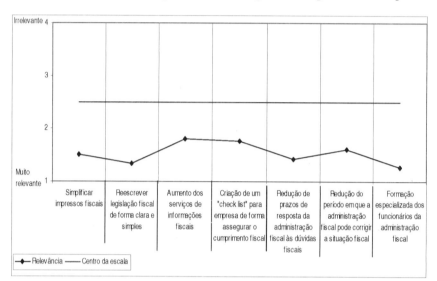

Por sua vez, as medidas fiscais que, segundo os contribuintes, ainda que importantes, não contribuiriam muito para a redução dos custos de cumprimento são o aumento dos serviços de informações fiscais e a criação de um *check list* da empresa de forma a assegurar o cumprimento fiscal.

Na última questão do inquérito pedia-se aos contribuintes para indicarem sugestões que, no seu entender, simplificariam o sistema fiscal e, ao mesmo tempo, reduziriam os custos de cumprimento internos e externos das obrigações fiscais em sede de IRC.

As empresas que participaram neste estudo foram convidadas, no final do inquérito, com uma pergunta de resposta aberta, a dar sugestões que, no seu entender, poderiam contribuir para simplificar o sistema fiscal e reduzir os custos de cumprimento.

Destacamos como principal preocupação das empresas a necessidade de estabilidade da lei fiscal e de simplificação e clarificação do regime de tributação dos sujeitos passivos não residentes, dos preços de transferência, dos instrumentos financeiros derivados, dos benefícios fiscais e dos regimes de excepção constantes do CIRC e do EBF.

[Figura n.° 6.12] Sugestões das empresas participantes para simplificar o sistema fiscal e reduzir os custos de cumprimento e de complexidade legislativa das empresas

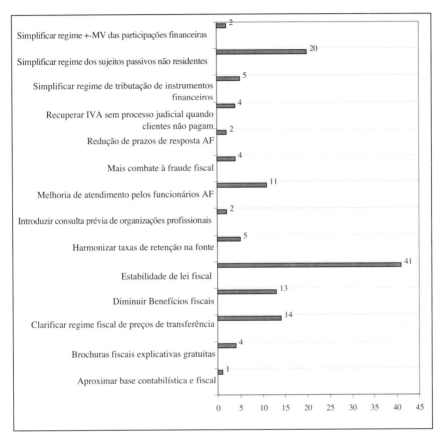

A melhoria do atendimento dos funcionários da administração fiscal foi referida, uma vez mais, por um número significativo de empresas.

À semelhança do que aconteceu com os contribuintes individuais no processo de entrevistas, também as empresas se mostraram muito participativas neste estudo, quer pela taxa de resposta obtida, quer pelo número de sugestões concedidas, o que realça, uma vez mais, o interesse das empresas pelos assuntos abordados.

5.2. O teste das hipóteses gerais de estudo

O nosso objectivo, nesta parte do trabalho, assenta na identificação dos factores que poderão estar associados a custos de cumprimento fiscal mais elevados nas empresas.

Na metodologia estatística e de modo a determinar o efeito isolado de cada factor nos custos de cumprimento, testamos cada uma das hipóteses de investigação separadamente e, em segundo, apresentamos o modelo de regressão linear múltiplo que explica quais os factores associados a custos de cumprimento mais elevados.

Todos os testes foram elaborados com um nível de significância de 5%.

5.2.1. *Hipótese 1 – Dimensão da empresa*

Pretendemos testar se a dimensão da empresa é um factor associado a custos de cumprimento mais elevados. Para estar esta hipótese recorremos a uma análise de variância (ANOVA) com a seguinte hipótese nula: H0: $\mu1=\mu2=\mu3=\mu4$; a qual considera que não existem diferenças na média dos custos de cumprimento dos diferentes grupos de empresas.

Concluimos, com um F (3,143) = 11,999 e um *p-value* <0,00, que existem diferenças nas médias dos custos de cumprimento dos diferentes grupos de empresas. Para aferir quais os grupos em que essa diferença é significativa realizámos os testes *Post Hoc Bonferroni* e verificámos que as diferenças de médias são estatisticamente significativas entre o grupo de empresas de menor dimensão, com volume de negócios inferior a 2 milhões de Euros, e as empresas do terceiro e quarto grupo, isto é, com um volume de negócios superior a 10 e a 50 milhões de Euros. As diferenças são também estatisticamente significativas entre o segundo grupo, com um volume de negócios compreendido entre 2 e 10 milhões de Euros, e o quarto grupo, onde as empresas apresentam um volume de negócios superior a 50 milhões de Euros.

Deste modo, podemos concluir que a dimensão da empresa é um factor que influencia o montante dos custos de cumprimento fiscais das empresas.

Anteriormente, aquando do cálculo dos custos de cumprimento das empresas, verificámos que os custos, em valor absoluto, são mais elevados para as empresas de maior dimensão do que para as pequenas unidades empresariais. Todavia, se tivermos em atenção o peso relativo desses custos na estrutura empresarial da empresa, a conclusão pode não ser a mesma.

Assim, vamos averiguar se o peso dos custos de cumprimento, em Portugal, incide de forma regressiva nas empresas.

Nesse sentido, e para medir o peso relativo dos custos, recorremos ao indicador do volume de negócios em vez do montante de IRC pago, já que o primeiro reflecte melhor a dimensão da empresa e o seu poder económico. Ao mesmo tempo, utilizar o volume de negócios conduz a que mais empresas sejam incluídas na nossa análise, dado que muitas delas não responderam à questão que pedia uma estimativa do montante do imposto pago.

O quadro 6.25 apresenta, então, os custos de cumprimento fiscais, em IRC, das empresas, em percentagem do volume de negócios.

[Quadro n.º 6.25] Custo médio total de cumprimento fiscal, em IRC, em percentagem do volume de negócios

(em Euros e percentagem)

Custos de cumprimento das empresas	Volume de negócios (em milhões de Euros)				
	<2	≥2-10	≥10-50	≥50	Média
Custo internos	10 775	25 670	40 082	52 975	25 394
Custos externos	1 778	6 743	12 270	44 440	10 072
Custo total de cumprimento	11 739	32 413	65 844	97 414	37 860
CC em percentagem do VN	5,27	0,89	0,35	0,05	2,48

Perante os resultados apresentados no quadro 6.25, verificamos que os custos de cumprimento são regressivos, isto é, incidem proporcionalmente mais sobre as pequenas unidades empresariais.

Assim, à medida que a empresa aumenta de dimensão, os custos de cumprimento vão diminuindo em percentagem do volume de negócios, variando desde 5,27%, nas pequenas unidades, até 0,05%, nas organizações de maior dimensão. Perante os resultados do teste da análise de variância, com $F_{(3,143)} = 8,840$ e um *p-value* <0,00, torna-se clara a regressividade dos custos de cumprimento medida em percentagem do volume de negócios.

O resultado a que chegámos está de acordo com a literatura económica dos custos de cumprimento e pode indicar que uma parte dos custos de cumprimento é um custo fixo, e que existem economias de escala no processo de cumprimento fiscal.

5.2.2. *Hipótese 2 – Sector de actividade*

Nesta secção pretendemos saber se os custos de cumprimento diferem de acordo com o sector de actividade. Utilizámos a análise de variância (ANOVA), com a seguinte hipótese nula H0: não existem diferenças significativas nas médias dos custos de cumprimento das empresas dos diferentes sectores de actividade.

Com um $F(13,133) = 0,553$ e um *p-value* = 0,887, podemos concluir que não rejeitamos H_0, isto é, não existem diferenças nas médias dos custos de cumprimento consoante os diferentes sectores de actividade.

O sector de actividade não é então um factor associado a custos de cumprimento elevados. No entanto, podem existir sectores que impliquem, pela sua natureza e especificidade, custos de cumprimento médios superiores.

A figura 6.13 representa os custos de cumprimento médios totais por sector de actividade.

[Figura n.º 6.13] Os custos médios de cumprimento fiscal por sector de actividade

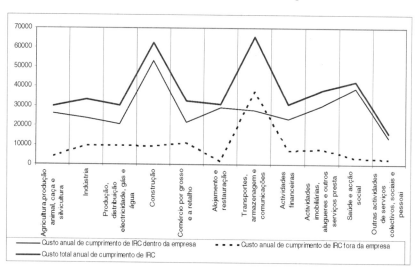

Apesar das diferenças de médias dos custos de cumprimento não serem estatisticamente significativas por sector de actividade, podemos aferir, através da análise da figura, que os sectores de actividade com custos mais elevados são o sector da construção e dos transportes.

Verifica-se que, em todos os sectores de actividade, os custos internos constituem a principal componente dos custos totais de cumprimento, excepto o sector dos transportes que apresenta custos externos fiscais de montante bastante elevado. Não existindo uma razão teórica que justifique esta situação, entendemos que o sector dos transportes constituirá muito possivelmente um *outlier* no nosso estudo. Tendo em conta esta situação, entendemos eliminar o sector dos transportes aquando da representação dos custos de cumprimento internos e externos por sector de actividade, na figura seguinte.

[Figura n.º 6.14] Perfis das empresas segundo os custos médios de cumprimento fiscal por sector de actividade

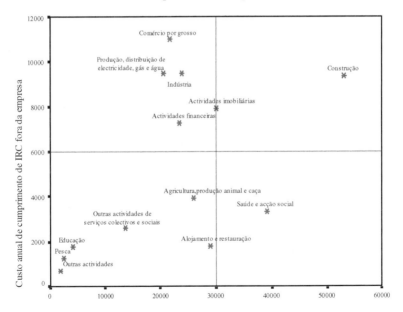

A figura 6.14 permite-nos agrupar os diferentes sectores de actividade com características similares no que diz respeito à composição dos custos de cumprimento fiscais.

Assim, o sector com custos internos mais elevados é o sector da construção. Pelo contrário, os que apresentam valores mais baixos dos custos internos são os sectores da agricultura, do alojamento e restauração, da educação, da pesca e outras actividades. Por sua vez, os sectores de comércio por grosso e a retalho, produção, distribuição de electricidade, gás e água, indústria, actividades imobiliárias, e actividades financeiras são os sectores que apresentam custos externos mais elevados e muito acima da média.

5.2.3. Hipótese 3 – Mercado da empresa

Entendemos que as empresas que realizem operações no seu mercado nacional, na União Europeia e em países terceiros, têm custos de cumprimento superiores aos das empresas que apenas actuem no mercado nacional. Para testar esta hipótese recorremos à análise de variância simples (ANOVA), sendo a nossa hipótese nula a de que não existem diferenças na média dos custos de cumprimento das empresas cujo mercado é apenas Portugal e aquelas cujo mercado não é apenas Portugal, mas também a União Europeia e os outros Países terceiros.

Concluímos, com um F (5,141) = 4,425 e um *p-value* de 0,001, que existem diferenças estatisticamente significativas entre a média dos custos de cumprimento das empresas que operam só no mercado nacional e a das que possuem operações não só em Portugal mas, também, na União Europeia e em outros países terceiros. Tendo realizado o teste *Post Hoc de Bonferroni,* verificámos que as diferenças de médias são estatisticamente significativas entre as empresas cujo mercado é só Portugal e aquelas que operam não só em Portugal, mas também na União Europeia e em países fora da União Europeia.

Na realidade, quando as empresas realizam operações com outros países, pertencentes ou não à União Europeia, são confrontadas com regras e regimes fiscais diferentes. O conhecimento e a interpretação dessas regras originam custos acrescidos de complexidade legislativa, aumentando, deste modo, os custos de cumprimento das empresas que operam fora do mercado nacional. Este resultado vai, assim, ao encontro do obtido aquando da análise qualitativa da complexidade, em que as empresas identificaram o regime dos preços de transferência e dos sujeitos passivos não residentes como factores que induzem complexidade e custos acrescidos.

Podemos afirmar, para concluir, que o mercado das empresas é um factor associado a custos de cumprimento mais elevados.

5.2.4. *Hipótese 4 – Os custos de complexidade legislativa*

Para sabermos se a complexidade fiscal se encontra associada a custos de cumprimento elevados, dividimos as empresas em dois grupos, as que tiveram dificuldades fiscais e as que não sentiram qualquer problema no processo de cumprimento fiscal.[475] Elaborámos um teste *"t"* e concluímos, com um *t* (41,25) = 3,483 e *p-value* <0,000, que as diferenças observadas são estatisticamente significativas.

As empresas que consideravam o IRC complexo e, por isso, apresentaram dificuldades no cumprimento têm custos médios mais elevados, com 80 766,11 Euros, em relação às empresas que não tiveram qualquer dificuldade fiscal no processo de cumprimento fiscal, onde os custos médios foram de 21 263,62 Euros.

Podemos, então, concluir que a complexidade fiscal, medida pelas dificuldades fiscais técnicas no cumprimento do IRC se encontra associada a custos de cumprimento mais elevados.

5.3. **Apresentação do modelo global explicativo dos custos de cumprimento**

Para identificar as características das empresas que podem influenciar os custos de cumprimento apresenta-se, seguidamente, um modelo global de regressão linear múltiplo, cujo objectivo é perceber como, em conjunto, estas variáveis afectam o custo e quais as que se destacam mais.

A análise de regressão tem como objectivo o estudo da relação entre os custos de cumprimento e as diversas características das empresas que neles poderão exercer influência.

---

[475] A divisão das empresas nestes dois grupos foi elaborada tendo em consideração a pergunta 14 e 15 do questionário.

Na realidade, até agora, ainda não podemos afirmar com certeza que os custos aumentam devido à dimensão das empresas, embora seja o que nos pareça evidente a partir da análise já elaborada anteriormente. Por exemplo, se as pequenas empresas operarem exclusivamente no mercado nacional e as de maior dimensão na União Europeia e em outros países terceiros, esta pode ser a explicação, mais do que a dimensão da empresa, para a diferença de custos médios de cumprimento entre as empresas. O uso do modelo de regressão permite verificar se a dimensão das empresas continua a ser um factor importante se tivermos em conta o mercado da empresa.

Procedemos, por isso, à construção de um modelo explicativo dos custos de cumprimento tendo por base as características das empresas. Assim, o nosso objectivo é identificar as variáveis que melhor explicam os custos de cumprimento despendidos anualmente pelas empresas nas suas actividades de cumprimento fiscal. Na primeira parte especifica-se o modelo teórico utilizado, bem como os pressupostos da sua utilização e, na segunda, discutem-se os resultados obtidos.

5.3.1. *O modelo teórico de regressão linear múltiplo*

A metodologia estatística empregue é a regressão múltipla, já que se pretende construir um modelo de regressão que explique os custos de cumprimento das empresas (variável dependente) em função de um conjunto de variáveis independentes. A variável dependente é o logaritmo dos custos de cumprimento totais,[476] enquanto que as variáveis independentes são a dimensão, o sector de actividade, o mercado, e a situação de complexidade fiscal das empresas.[477]

---

[476] É necessário sublinhar que o logaritmo de custos, mais do que o nível de custos, presume que qualquer mudança numa variável explicativa ou independente implica uma mudança menor de determinada percentagem na variável dependente dos custos de cumprimento, tendo em conta as alterações do nível inicial de custos de cumprimento.

[477] As hipóteses subjacentes a este modelo são: i) a variável segue uma distribuição normal com média zero e a variância constante (σ^2); e ii) os valores de ε_j são independentes. O modelo de regressão requer ainda que a variável dependente seja métrica assim como as variáveis independentes. É, todavia, possível utilizar algumas variáveis não métricas como variáveis independentes que se designam por variáveis mudas ou *dummies*, as quais assumem valores de um ou zero. Neste caso, os coeficientes podem ser interpreta-

Na análise do modelo de regressão linear múltipla recorremos à seguinte expressão matemática para formalizar a relação funcional entre a variável dependente (Y) e uma ou mais variáveis independentes (X_i; = 1, ..., p):

$$LOG\ Y_j = \beta_0 + \beta_1 X_{1j} + \beta_2 X_{2j} + \ldots\ldots + \beta_p X_{pj} + \varepsilon_j\ (j = 1, ..., n)$$

Em que:

Y_j representa o valor esperado da variação dos custos de cumprimento das empresas, os quais estão representados na forma de logaritmo;

β_j são os coeficientes de regressão;

ε_j representa os erros ou resíduos do modelo e reflecte os erros de medição e a variação natural em Y.

Depois de averiguarmos a consistência dos pressupostos do modelo, designadamente a homoscedasticidade e a independência dos erros, os valores estatísticos encontrados serão testados com um nível de significância de 5%.

5.3.2. Discussão dos resultados obtidos

Com base nos dados, identificaram-se as variáveis e, de acordo com a metodologia exposta em 5.3.1, a expressão a utilizar do modelo pode representar-se por:

$$LOG\ CC^{478} = \beta0 + \beta1\text{sector de actividade} + \beta2\text{volume negócios}^{479} + \beta3\text{número de empregados} + \beta4\text{mercado} + \beta5\text{complexidade fiscal}$$

Antes de passar à análise dos resultados obtidos, é necessário referir que as variáveis independentes ou explicativas não métricas foram codificadas em variáveis *dummies*.

---

dos como diferenciais relativos nos custos de cumprimento. Maroco, João (2003), *Análise Estatística – Com Utilização do SPSS*, 2ª Edição, Edições Sílabo, Lisboa, pp. 375-580.

[478] Logaritmo dos custos de cumprimento totais das empresas.

[479] Não introduzimos no nosso modelo a variável independente que diz respeito ao número de empregados por considerarmos que mede a mesma influência explicativa da variável volume de negócios, que é a dimensão da empresa.

Quando se procede à codificação das variáveis em variáveis *dummies* é necessário ter em atenção que a interpretação dos resultados obtidos é elaborada em relação à categoria de referência de cada variável. A categoria de referência corresponde, no nosso modelo, à classe com maior número de observações em todas as variáveis codificadas.

Na realidade, quando estamos perante variáveis *dummies* a interpretação dos coeficientes de regressão é diferente da que se faz quando a variável independente é uma variável métrica. Neste último caso, a interpretação das variáveis baseia-se no princípio *ceteris paribus*, isto é, os coeficientes de regressão indicam-nos qual o efeito sobre a variável dependente Y de uma variação unitária de X_1,[480] mantendo todas as restantes variáveis independentes, X_1 a X_p, constantes. No caso das variáveis explicativas serem *dummies*, não temos o efeito na variável dependente provocado por um aumento unitário na variável independente, mas sim a diferença entre os valores médios da variável dependente para as categorias, a de referência e as restantes.[481]

O método usado para estimar os parâmetros do modelo e seleccionar as variáveis foi o *Stepwise*. Segundo este método, sempre que entra uma variável nova no modelo analisa-se a significância de cada variável X_j, sendo eliminadas as variáveis que não tenham uma capacidade de explicação significativa[482]. O processo repete-se até que só as variáveis introduzidas no modelo tenham capacidade de explicação significativa.

A razão da escolha do método *Stepwise* de selecção das variáveis assentou em dois motivos. O primeiro porque permite a remoção de uma variável cuja importância no modelo é reduzida pela adição de novas variáveis[483] e, o segundo, porque o método *Stepwise* é particularmente apropriado quando se suspeita que existem relações estreitas entre as variáveis independentes, como é o caso das variáveis explicativas que integram o nosso modelo.

---

[480] Ou seja da variação de Y por unidade de variação de X_p.

[481] Assim, os resultados vão representar o impacto relativo nos custos de cumprimento em relação ao impacto de se encontrar na categoria de referência mais populosa.

[482] Maroco, João (2003), *Análise Estatística com utilização do SPSS*, 2ª Edição, Edições Sílabo, Lisboa, pp. 375-580, e Pestana, Maria Helena; Gageiro, João Nunes (2003), *Análise de Dados para Ciências Sociais – A Complementaridade do SPSS*, 3ª Edição revista e aumentada, Lisboa, Edições Sílabo, pp. 603-627.

[483] Maroco, João (2003), *Análise Estatística com utilização do SPSS*, 2ª Edição, Lisboa, Edições Sílabo, pp. 375-580.

Os resultados do modelo de regressão linear apresentam-se no quadro 6.26.

[Quadro n.° 6.26] Resultados obtidos do modelo de regressão linear múltiplo

Variáveis independentes	Coeficientes	t	P-value
Constante	6877,43	74,065	,000
Volume de Negócios (VN) *	3,078	6,422	,000
Complexidade fiscal*	1,955	3,654	,000
Mercado*	1,45	2,062	,041
R^2 ajustado	0,429	–	–

*variável *dummy*

O valor do R^2 ajustado[484] que se considera produzir um ajustamento adequado é algo subjectivo. Todavia, o valor do coeficiente de determinação obtido, de 0,429, é geralmente aceite como um indicador de um bom ajustamento[485] e não se afasta muito dos valores obtidos em outros estudos recentes, tais como o R^2 ajustado de 0,400 obtido num estudo realizado pela Comissão Europeia, em 2004, que estimava os custos de cumprimento das empresas e os factores explicativos desses mesmos custos.[486]

---

[484] O valor do R^2 ajustado de 0,429 é um indicador da proporção da variabilidade total que é explicada pela regressão, isto é, a proporção da variabilidade total dos custos de cumprimento que é atribuível à dependência de todas as variáveis independentes. O R^2 ajustado é, também, muitas vezes referido como indicador da qualidade de ajustamento do modelo de regressão aos dados.

[485] O R^2 mede a proporção da variabilidade total que é explicada pela regressão (0=R^2=1) como definido pelo ajustamento do modelo de regressão aos dados. Quando R^2=0 o modelo claramente não se ajusta aos dados, e quando R^2=1 o ajustamento é perfeito. No caso das ciências exactas, R^2>0,9 são geralmente aceites como indicadores de um bom ajustamento, enquanto que para as ciências sociais valores de R^2>0,5 consideram já aceitável o ajustamento do modelo aos dados. Todavia, segundo Maroco (2003) o uso do R^2 como indicador da qualidade do ajustamento deve ser feito com alguma precaução na comparação de modelos que diferem relativamente ao número de variáveis independentes presentes.

[486] Comissão Europeia (2004), "European tax survey", *Working paper*, n.° 3, in: «hyperlink "http://europa.eu.int/comm/taxation_customs/taxation/taxation.htm"» *http//Europa.eu.int/comm/taxation_customs/taxation/taxation.htm*,

O modelo final estimado é dado pela seguinte expressão:

LOG CC = 6 877,43 + 3,078 VN + 1,95 Complexidade fiscal + 1,45 Mercado

No que diz respeito à interpretação dos coeficientes de regressão, e como estamos perante variáveis *dummies*, temos de ter em atenção não o efeito na variável custos de cumprimento provocado por um aumento unitário na variável volume de negócios, por exemplo, mas sim a diferença relativa entre os valores da variável dependente para as duas categorias.

Assim, se a variável independente for o volume de negócios,[487] em que o coeficiente de regressão é 3,078, isto significa que o valor dos custos de cumprimento para as empresas com volume de negócios superior a 2 milhões de Euros é superior em 3,078 vezes o valor dos custos de cumprimento das empresas com volume de negócios inferior a 2 milhões de Euros.

Quanto à complexidade fiscal, expressa pelas dificuldades que estão em grande parte associadas ao regime dos preços de transferência[488], em que o coeficiente de regressão é 1,95, isto significa que as empresas com dificuldades têm custos de cumprimento superiores em 1,95 vezes o valor dos custos das empresas sem dificuldades fiscais.

Por último, relativamente ao mercado,[489] para o qual o coeficiente de regressão é 1,45 podemos concluir que as empresas com mercado europeu e internacional têm custos de cumprimento superiores a 1,45 vezes o valor dos custos das empresas que operam exclusivamente no mercado português.

Pode portanto reter-se como conclusão geral que as variáveis mais importantes para a explicação das diferenças dos custos de cumprimento das empresas são, por ordem de importância, o volume de negócios, a complexidade fiscal e o mercado (nacional, europeu ou internacional) onde as empresas operam.

---

[487] Neste caso as duas categorias em causa são: 0 = empresas com volume de negócios inferior a 2 milhões de Euros; e 1= empresas com volume de negócios superior a 2 milhões de Euros.

[488] Neste caso as duas categorias são: 0 = empresas sem dificuldades; e 1 = empresas com dificuldades.

[489] As duas categorias em causa são: 0 = empresas com mercado apenas nacional; e 1 = empresas com mercado nacional, europeu ou internacional.

6. NOTAS CONCLUSIVAS

Os custos de cumprimento das empresas dividem-se em dois grupos: os custos internos e os externos.

O custo de tempo médio das empresas da nossa amostra foi de 1 676,89 Euros por mês e de 20 122, 70 Euros por ano. A média dos outros custos monetários adicionais, de carácter não pessoal, foi de 5 271, 21 Euros por ano.

Concluímos que os custos de tempo médios (79%) são a principal componente dos custos de cumprimento internos tendo os outros custos adicionais (21%) um peso não tão expressivo no total dos custos. Este resultado vai ao encontro dos obtidos noutros estudos realizados internacionalmente.

Os custos de cumprimento totais externos das empresas da nossa amostra foram, em média, de 21 933,84 Euros. Por sua vez, para o IRC, a média dos custos de cumprimento foi de 10 072,28 Euros.

A partir da comparação dos custos internos e externos, concluímos que os custos de cumprimento internos representam, em média, a maior componente do total de custos (67%), ocupando os custos externos um peso de 26,6% do total para todos os grupos de empresas.

Observámos que os custos de cumprimento são, em termos absolutos, significativamente maiores para as empresas de maior dimensão, todavia, se tivermos em conta o peso destes custos no volume de negócios a conclusão já não é a mesma.

Os custos de cumprimento das empresas são regressivos, já que à medida que cresce a dimensão da empresa os custos de cumprimento diminuem, em percentagem do volume de negócios. Este resultado indica-nos que uma parte dos custos de cumprimento é um custo fixo e que existem economias de escala no processo de cumprimento fiscal.

Verificámos, também, que a complexidade fiscal, avaliada pelas dificuldades das empresas está associada a custos de cumprimento elevados. As principais dificuldades relacionadas com a complexidade inerente ao cumprimento fiscal do IRC são o regime dos preços de transferência, o regime de tributação dos sujeitos passivos não residentes, o regime dos instrumentos financeiros derivados e os benefícios fiscais.

O mercado onde as empresas operam é um factor explicativo e determinante dos custos de cumprimento das empresas. As empresas que apenas desenvolvem actividades em Portugal têm, em média, custos inferiores às que têm operações no mercado exterior europeu ou internacional, o que resulta do confronto de sistemas fiscais diferentes e da necessidade de conhecer as regras fiscais inerentes a cada sistema fiscal.

Em síntese, podemos então concluir que as variáveis mais importantes para a explicação das diferenças dos custos de cumprimento das empresas são a dimensão, a complexidade fiscal e o mercado (nacional, europeu ou internacional) onde as empresas operam.

PARTE III

OS CUSTOS DE CUMPRIMENTO
NO SISTEMA FISCAL PORTUGUÊS:
CONCLUSÕES FINAIS E PERSPECTIVAS FUTURAS

CAPÍTULO VII
Conclusões finais e perspectivas futuras

O conhecimento do valor dos custos da tributação é hoje essencial para a tomada de decisões mais fundamentada em matéria de política fiscal.

O aumento da complexidade tributária nos sistemas fiscais actuais conduziu à preocupação em torno da simplicidade fiscal e da minimização dos custos de cumprimento. Também as condições da sociedade e da economia contemporâneas, bem como a erosão das matérias colectáveis, forçaram os governos a preocuparem-se com as questões relacionadas com o cumprimento fiscal.

Existem vários factores responsáveis pelo cumprimento dos contribuintes com o sistema tributário: os económicos, os psicológicos e sociológicos, os morais e religiosos, e os técnicos.

De entre estes motivos, destacamos os factores psicológicos e sociológicos. A percepção dos contribuintes em relação à distribuição da carga fiscal, ao imposto pago e aos serviços públicos recebidos assumem cada vez maior importância em política fiscal. A aceitação do sistema fiscal pelos sujeitos passivos é, afinal, um requisito da sua correcta aplicação.

O incentivo ao cumprimento fiscal voluntário assume também um papel crucial e deve atender a várias estratégias: a económica, a psicológica e sociológica, a administrativa e técnica, e a de simplificação fiscal.

A simplicidade do sistema fiscal é, também, um dos meios mais eficazes de luta contra a evasão fiscal, pois existe alguma evidência de que esta aumenta com o acréscimo de complexidade do sistema. Assim, à semelhança do que já foi elaborado noutros países, reescrever e melhorar a legislação fiscal permite uma poupança nos custos de cumprimento, na medida em torna o sistema tributário mais perceptível pelos intervenientes no processo de pagamento de impostos.

Entendemos ainda que o estudo de algumas características técnicas do sistema fiscal, tais como a dispensa de entrega da declaração de rendimentos assente num sistema de retenção na fonte semelhante ao PAYE, a simplificação das obrigações declarativas via Internet e os regimes simplificados de cálculo do imposto podem facilitar o cumprimento aos contribuintes diminuindo os seus custos.

Nos aspectos psicológicos e sociológicos destacamos a melhoria da relação entre o contribuinte e a administração fiscal através do lançamento de campanhas e programas educativos, à semelhança dos realizados na Suécia, pode em muito contribuir para moralizar o sistema fiscal e incentivar o cumprimento com menores custos.

Na última década, muitos foram os estudos conduzidos em diversos países que estimaram os custos de cumprimento do sistema fiscal.

Através da análise comparativa das metodologias utilizadas e dos resultados obtidos, observámos que os custos de cumprimento variavam de forma diversa entre os contribuintes individuais e as formas societárias.

Assim, para os contribuintes individuais, a principal componente dos custos de cumprimento é o tempo gasto. Este último inclui o tempo gasto pelo próprio contribuinte, bem como o tempo gasto por familiares e amigos e que não é remunerado.

A literatura revela diferentes formas para valorar o tempo gasto com o cumprimento fiscal. Porém, o método mais comum entre os investigadores foi o uso da valorização própria e individual de cada contribuinte, acompanhado, muitas vezes, por limites máximos ou intervalos de valores.

O Reino Unido é o país onde os contribuintes individuais gastam menos tempo com o cumprimento das suas obrigações fiscais. Por sua vez, é nos EUA onde os contribuintes despendem mais tempo com o cumprimento fiscal no total dos custos. Estas disparidades não são de todo surpreendentes, dadas as diferentes culturas e estruturas fiscais.

A maioria dos estudos sugere que os custos de cumprimento são mais elevados para os contribuintes individuais que trabalham por conta própria do que para os que exercem actividade por conta de outrem.

Quanto ao montante do rendimento, a relação entre rendimento e os custos de cumprimento é representado por uma curva em U, isto é, os custos são proporcionalmente maiores nos indivíduos com menores rendimentos, bem como nos situados nos escalões mais elevados.

No que diz respeito aos custos de cumprimento das empresas, os diferentes estudos assumiram que o trabalho fiscal gasto internamente na empresa é valorizado de acordo com a taxa de remuneração normalmente paga aos colaboradores da empresa. Os custos externos correspondem aos honorários pagos aos profissionais fiscais e constituem uma das componentes mais importantes dos custos de cumprimento das empresas, em especial nas de maior dimensão.

Todos os estudos são unânimes em considerar que os custos de cumprimento são regressivos, isto é, incidem mais fortemente nas pequenas e médias empresas.

Estimámos, então, os custos de cumprimento no sistema fiscal português, assim como avaliámos as áreas do sistema fiscal que causam maior complexidade legislativa e administrativa aos contribuintes, individuais e formas societárias.

A metodologia seguida na recolha de informação dos custos dos contribuintes individuais foi o uso de entrevistas pessoais, por aplicação directa de questionário. Este método funciona bem quando está em causa a análise dos determinantes dos custos de cumprimento, pois permite assegurar uma melhor qualidade da informação e um bom nível de taxa de resposta.

O conceito de custos de cumprimento que utilizámos no nosso estudo corresponde ao tempo gasto e outras despesas directamente suportadas pelos contribuintes individuais, na recolha de informação, na compra de impressos, de livros, de *softwares*, e, por fim, no preenchimento e no envio da declaração de rendimentos.

O cálculo dos custos de cumprimento e a análise dos resultados foram elaborados, separadamente, para dois tipos de contribuintes distintos: sem e com ajuda profissional.

Para os contribuintes sem ajuda profissional, concluímos que os custos de tempo são a principal componente dos custos de cumprimento.

A média de horas gasta pelos contribuintes da nossa amostra foi de 3,79 horas. Este valor encontra-se próximo dos valores obtidos no Reino Unido, na Holanda e no Canadá com 3,6 horas, 4,5 horas, e 5,5 horas, respectivamente.

As horas médias despendidas pelos contribuintes são, todavia, diferentes consoante as actividades inerentes ao cumprimento fiscal. A recolha de informação é a tarefa que absorve mais tempo, seguida do preenchimento e envio da declaração, com 2,33 horas e 0,97 horas respectivamente. Por seu turno, a compra de impressos e a leitura das instruções ou outras brochuras fiscais são as actividades que consomem menos tempo, com 0,28 horas e 0,21 horas, respectivamente.

Esta situação resulta de grande parte dos contribuintes entrevistados considerarem a sua situação fiscal relativamente simples, com apenas uma categoria de rendimentos. Quando entrevistados acerca do tempo gasto no preenchimento e envio, respondiam que as horas gastas eram mínimas pois limitavam-se a "copiar" os valores e os campos que preencheram na declaração anterior.

As horas médias gastas pelos contribuintes variam de acordo com o escalão de rendimento. Observou-se que os contribuintes situados nos escalões inferiores de rendimento são os que despendem mais horas, em média, nas suas tarefas fiscais. No entanto, o tempo gasto na leitura das instruções da declaração de rendimentos aumenta à medida que os rendimentos dos contribuintes vão subindo de escalão.

Na valorização do tempo gasto nas actividades de cumprimento fiscal seguimos de perto os métodos utilizados noutros países, os quais assentavam na valorização própria e subjectiva do contribuinte.

Assim, o custo de tempo mínimo, valorizado em Euros, é de 7,5 Euros e o máximo é de 450,0 Euros.

A média dos custos de tempo dos contribuintes da nossa amostra é de 74,8 Euros, porém 50% dos inquiridos avaliou estes custos em 45,00 Euros.

Observámos que os contribuintes com menores rendimentos apresentavam custos médios mais elevados. Os custos médios de cumprimento tendem, todavia, a subir com o aumento de rendimento.

O valor a que chegámos dos custos de cumprimento médios dos contribuintes individuais com ajuda profissional regular são de 640,61 Euros. Os que só recorrem a um apoio pontual apresentam custos médios no valor de 63,80 Euros.

Os contribuintes com custos médios de cumprimento mais baixos situaram-se tendencialmente em regiões com características mais rurais.

Os custos psicológicos são difíceis, senão impossíveis, de medir. Por isso, não existem na literatura muitos estudos que o tenham feito.

Atentas estas dificuldades, avaliámos qualitativamente a existência de custos psicológicos no cumprimento do sistema fiscal português. Criámos um índice –"custos emocionais" – que mede o nível de angústia dos contribuintes antes e depois de cumprirem com os seus deveres fiscais.

Observámos, desta forma, que existem custos psicológicos no cumprimento das actividades fiscais, em especial, nos contribuintes mais idosos e nos que têm um nível de escolaridade mais baixo.

O estudo dos custos psicológicos e das metodologias mais adequadas para medi-los, justifica, por si só, uma análise mais profunda em investigações futuras.

Identificámos os factores que explicam individualmente as diferenças observadas nos custos de cumprimento do imposto pessoal sobre o rendimento, no sistema fiscal português.

Verificámos que um maior número de dependentes e um grau de habilitações académicas superior estão associados a custos de cumprimento mais elevados. Quanto à idade, não ficou provado estatisticamente que determina custos maiores.

A actividade principal exercida influencia o montante dos custos de cumprimento, já que os custos de cumprimento médios são mais elevados para os trabalhadores por conta própria do que para os que exercem actividade por conta de outrem, à semelhança dos resultados obtidos internacionalmente.

O nível de rendimento é um factor que influi em custos de cumprimento mais elevados. Por sua vez, a relação entre o grau de conhecimentos fiscais e o nível de custos de cumprimento não ficou estatisticamente demonstrada.

As principais dificuldades dos contribuintes individuais no cumprimento fiscal estão fundamentalmente relacionadas com o conhecimento das deduções, abatimentos e benefícios fiscais do ano em que necessitam de preencher a respectiva declaração.

A complexidade do sistema fiscal, a qual analisámos pelo número de categorias de rendimento e pelas dificuldades dos contribuintes no cumprimento das suas obrigações fiscais, está fortemente associada a custos de cumprimento mais elevados.

De acordo com os resultados da nossa amostra, a percepção que os contribuintes têm dos impostos como contrapartida dos serviços públicos recebidos da parte do Estado difere de acordo com a idade e o nível de escolaridade dos contribuintes.

Os contribuintes com idade até aos 35 anos e com nível de escolaridade superior são mais críticos em relação ao sistema fiscal. Por sua vez, os menos informados e de mais idade, são o grupo social de contribuintes em que o modelo de política fiscal vigente encontra apoios mais firmes.

A análise das atitudes, das percepções e do comportamento dos contribuintes em relação ao sistema fiscal justifica, numa época em que os aspectos psicológicos e sociológicos são ferramentas de sucesso, um estudo autónomo. A interdisciplinaridade nesta área é fundamental.

A metodologia seguida para as empresas, no processo de recolha da informação, assentou no envio de questionários por correio. Obtivemos uma taxa de resposta razoável (16,4%), o que se justifica, em parte, pelo facto de as empresas da nossa amostra serem de grande dimensão, as quais têm mais interesse e facilidade na quantificação dos seus custos fiscais.

A estender este estudo no futuro a todos os tipos de empresas, é necessário, todavia, para assegurar um bom nível de taxa de resposta, enviar os questionários por diversas vezes, ou, em alternativa, contactar as empresas previamente. Este trabalho exige, obviamente, um apoio orçamental diferente do que dispusemos no nosso estudo.

Calculámos os custos de cumprimento fiscal internos e externos das empresas. Os custos de cumprimentos internos representam, em média, a maior componente do total de custos, com 67%, ocupando os custos externos um peso de 26,6% do total de custos para todos os grupos de empresas.

Assim, verificámos que, do total de custos de cumprimento das empresas, a maior componente são os custos internos e dentro destes é o tempo gasto no cumprimento fiscal a actividade mais valorada.

As horas médias gastas no cumprimento do IRC, dentro das empresas da nossa amostra, foram de 52 horas e 622 horas, por mês e ano, respectivamente.

O custo de tempo médio apurado foi então de 1 676,89 Euros por mês e de 20 122,70 Euros por ano. Contudo, verifica-se uma grande variabilidade dos dados, com custos compreendidos entre 50 Euros e 15 040 Euros, por mês, e entre 600 e 180 480 Euros, por ano.

A preparação da informação necessária ao preenchimento das declarações fiscais, o encerramento de contas e o arquivo de informação e documentos são as actividades que consomem mais tempo internamente no processo de cumprimento fiscal, compreendendo valores entre 18,4%, 17,7% e 16,8% dos custos internos, respectivamente.

Os custos externos de cumprimento das empresas da nossa amostra foram, em média, de 21 933,84 Euros, variando desde zero a 525 000 Euros. Por sua vez, para o IRC, a média dos custos de cumprimento foi de 10 072,28 Euros, apresentando também uma grande variabilidade dos dados, desde zero a 393 750 Euros.

O tipo de profissional a que as empresas recorrem para o cumprimento das suas obrigações fiscais diverge consoante o tipo e a dimensão da empresa. O apoio fiscal às empresas de menor dimensão é concedido fundamentalmente por TOC e gabinetes de contabilidade, enquanto que para as empresas de maior dimensão, são os advogados e as empresas de consultores fiscais que representam uma grande parte dos honorários totais pagos.

O estudo da legislação fiscal, o planeamento fiscal, a preparação da informação necessária ao preenchimento das declarações fiscais e o encerramento de contas são as actividades que absorvem mais tempo aos profissionais externos no cumprimento das tarefas inerentes ao cumprimento fiscal.

Identificámos os factores associados aos custos de cumprimento das empresas portuguesas.

Verificámos que os custos de cumprimento são regressivos, à semelhança dos resultados obtidos internacionalmente. Na verdade, à medida que aumenta a dimensão da empresa os custos de cumprimento, em percentagem do volume de negócios, vão diminuindo.

Assim, observámos que os custos de cumprimento, médios, em percentagem do volume de negócios, eram de 5,27%, para as empresas que tinham um volume inferior a 2 milhões de Euros, de 0,89% se o volume de negócios se situasse entre 2 e 10 milhões de Euros, de 0,35% para aquelas cujo volume negócios estava compreendido entre 10 e 50 milhões e de 0,05% se superior a 50 milhões de Euros.

Estes resultados indicam-nos que uma parte dos custos de cumprimento é um custo fixo e que existem economias de escala no processo de cumprimento fiscal.

O sector de actividade não é um factor associado a custos de cumprimento mais elevados.

O mercado onde as empresas operam é um factor que influência os custos de cumprimento. As empresas que apenas desenvolvem actividades no mercado nacional têm, em média, custos inferiores às que têm operações no mercado exterior europeu ou internacional, o que resulta da necessidade de conhecer as regras fiscais inerentes a cada sistema tributário.

A complexidade fiscal, avaliada pelas dificuldades das empresas, está associada a custos de cumprimento elevados. A complexidade foi avaliada com base nas dificuldades enumeradas pelas empresas, as quais se referiram fundamentalmente às dificuldades técnicas, legislativas e práticas levantadas pelo regime dos preços de transferência e pelo regime de tributação dos rendimentos dos não residentes. Assim, em investigações futuras, parece justificar-se um estudo detalhado dos custos e dos determinantes das empresas que realizam operações fora do seu mercado nacional.

A estabilidade fiscal, a simplicidade legislativa, a redução do período em que a administração fiscal pode corrigir a situação dos contribuintes e mais formação especializada para os funcionários da administração fiscal foram as medidas fiscais que as empresas da nossa amostra consideraram como imprescindíveis para a redução dos seus custos de cumprimento, quer do tempo gasto internamente, quer dos honorários cobrados pelos profissionais.

Tendo em atenção os custos de cumprimento das empresas e dos indivíduos, verificámos que os custos de cumprimento das empresas são consideravelmente superiores aos custos dos contribuintes individuais.

O nosso trabalho é uma análise dos custos de cumprimento no sistema fiscal português no que à tributação do rendimento diz respeito. O cumprimento das obrigações fiscais em matéria de tributação do consumo ou da riqueza impõe também custos de diversa ordem para os contribuintes. Este livro é, assim, um primeiro trabalho de um conjunto de trabalhos de investigação futura.

BIBLIOGRAFIA

AARON, Henry J.; SLEMROD, Joel (Eds) (2004), *The Crisis in Tax Administration*, Washington, Brookings Institution Press.
ALLERS, Maarten (1994), *Administrative and Compliance Costs of Taxation and PublicTtransfers in Netherlands*, Groningen, Wolters-Noordhoff.
—— (1995), "Tax compliance costs in the Netherlands", in: Sandford, Cedric (Ed.) (1995), *Tax Compliance Costs – Measurement and Policy*, Bath, Fiscal Publications, pp. 173-195.
ALLINGHAM, M.G.; SANDMO, M. (1972), "Income tax evasion: a theoretical analysis", in: *Journal of Public Economics*, Volume I, pp. 323-38.
AMARAL TOMÁZ, João José (2005), "A administração tributária e as novas tecnologias", in: *15 Anos da Reforma Fiscal de 1988/89 – Jornadas de Homenagem ao Professor Doutor Pitta e Cunha*, Associação Fiscal Portuguesa, Coimbra, Almedina, pp. 595-623.
—— (2006), "A redescoberta do imposto proporcional (Flat Tax)", in: *Homenagem a José Guilherme Xavier de Basto*, Coimbra, Coimbra Editora, pp. 351-405.
ANDRADE, Fernando Rocha (2002), "Preços de transferência e tributação de multinacionais: as evoluções recentes e o novo enquadramento jurídico português", in: *Separata do Boletim de Ciências Económicas*, Volume XLV-A, Coimbra, Faculdade de Direito de Coimbra, pp. 307-348.
ANDREONI, J.; ERARD, B.; FEINSTEIN, J. (1998), "Tax compliance", in: *Journal of Economic Literature*, Volume 36, n.º 2, Junho, pp. 818-860.
ARIFF, Mohamed (2001), "Compliance cost research in selected Asian economies", in: Evans, C.; Pope, J.; Hasseldine, J. (Eds), *Tax Compliance Costs: A Festschrift for Cedric Sandford*, St Leonards, Prospect Media Pty Lda, pp. 202-302.
ARTHUR D. LITTLE CORPORATION (1988), "Development of methodology for estimating tax-payer paperwork burden", in: *Final Report to Department of the Treasury*, Washington, Inland Revenue Service (IRS).
ASSOCIAÇÃO PORTUGUESA PARA O INVESTIMENTO (API) (2003), "Custos de contexto", in: *Boletim n.º 1*, 1.º Trimestre, Porto, pp. 7-13.

BAHL, Roy W. (1971), "A regression approach to tax effort and tax ratio analysis", in: *Staff Papers – International Monetary Fund*, Washington, Volume 18, n.º 3, pp. 570-612.

BALDWIN, Trevor (1989), "Taxation compliance costs-implications for the small business", in: *British Tax Review*, Sweet&Maxwell, pp. 319-331.

BANNOCK, Graham (2001), "Can small scale surveys of compliance costs work?", in: Evans, C.; Pope, J.; Hasseldine J. (Eds), *Tax Compliance: A Festschrift for Cedric Sandford*, St Leonards, Prospect Media Pty Ltd, pp. 87-95.

BHATNAGAR, Dheeraj (1997), *Compliance Costs: the Taxpayer's Perspective – A study of some of the taxpayer related determinants of compliance costs of personal income tax in UK*, Dissertation for the degree of M.Sc. in Fiscal Studies, Bath, University of Bath.

BIRD, Richard M.; JANTSCHER, Milka Casanegra (Eds.) (1992), *Improving Tax Administration in Developing Countries*, Washington D.C., International Monetary Fund.

BLUMENTHAL, Marsha; SLEMROD, Joel (1995), "The compliance cost of taxing foreing – source income: its magnitude, determinants and policy implications", in: *International – Tax and Public Finance*, Volume 2, n.º 1, pp. 35-54.

BLUMENTHAL, Marsha (2001), "Leaping tall building pursuing greater compliance and reduced burden", in: Evans, C.; Pope, J.; Hasseldine J. (Eds) *Tax compliance: A Festschrift for Cedric Sandford*, St Leonards, Prospect Media Pty Ltd, Australia, pp. 15-35.

BOADWAY, R.; Marchand, M.; Pestieau, P. (1994), "Towards a theory of the direct-indirect tax mix." in: *Journal of Public Economics*, Volume 55, n.º 1, Setembro, pp. 71-88.

BOWLES, R. (1998), "Minimising corruption in tax affairs", in: *Further Key Issues in Tax Reform*, Bath, Fiscal Publications, pp. 65-87.

BRÁS CARLOS, Américo Fernando, (2005), "Os princípios da eficácia e da eficiência fiscais", in: *Ciência e Técnica Fiscal*, n.º 416, Lisboa, Ministério das Finanças, pp. 163-181.

—— (2006), *Impostos – Teoria geral*, Coimbra, Almedina.

BRONIC, Michaela (2004), "The costs of compliance in Croatia", in: *Occasional Paper*, n.º 21, 27 pp.

BURTON, Mark; DIRKIS, Michael (1996), "The income tax simplification experience to date", in: *Bulletin for International Fiscal Documentation*, Volume 50, n.º 2, Official Journal of the International Fiscal Association, pp. 67-71.

CARAGATA, Patrick James (2002), *The Economic and Compliance Consequences of Taxation – A Report on the Health of the Tax System in New Zealand*, Inland Revenue.

CARVALHO, António Joaquim (1989), "Custos da cobrança dos impostos a cargo da administração e dos contribuintes", in: *Ciência e Técnica Fiscal*, n.º 355, Lisboa, Ministério das Finanças, pp. 7-28.

CASALTA NABAIS, José (1996), *O Dever Fundamental de Pagar Impostos. Contributo para a Compreensão Constitucional do Estado Fiscal Contemporâneo*, Coimbra, Almedina.

—— (2003), *Direito Fiscal*; 2ª Edição, Coimbra, Almedina.

—— (2005), *Por um Estado Fiscal Suportável – Estudos de Direito Fiscal*, Coimbra, Almedina.

CHAN, Samuel; CHEUNG, Daniel; ARIFF, Mohamed; LOH, Alfred (1999), "Compliance costs of corporate taxation in Hong Kong", in: *International Tax Journal*, n.º 25, pp. 42-68.

COHN, Gordon, (1998), "The ethics of tax evasion- a Jewish perspective", in: *Ethics of Tax Evasion*, South Orange, The Dumont Institute for Public Policy Research, pp. 180-190.

COLEMAN, Cynthia; FREEMAN, Judith (1996) "Taxpayer attitudes to voluntary compliance", in: Paper *Series Current Issues in Tax Administration*, ATAX, University of New South Wales, pp. 10.

COLEMAN, Cynthia; MCKERCHAR, Margaret *et al.* (2001), "Taxation or vexation- measuring the psychological costs of tax compliance", in: Evans, C.; Pope, J.; Hasseldine J. (Eds), *Tax Compliance: A Festschrift for Cedric Sandford*, St Leonards, Prospect Media Pty Ltd, pp. 35-51.

COMISSÃO EUROPEIA (2004), "European tax survey", *Working paper n.º 3*, in: «hyperlink "http://europa.eu.int/comm/taxation... customs/taxation/taxation.htm"».

COMISSÃO PARA O DESENVOLVIMENTO DA REFORMA FISCAL (CDRF) (1996), *Relatório da Comissão para o Desenvolvimento da Reforma Fiscal*, Lisboa, Ministério das Finanças.

COOPER, G.S. (1993). "Themes and issues in tax simplification", in: *Australian Tax Forum*, Volume 10, pp. 417-60.

CORDOVA-NOVION; Cesar; DE YOUNG; Cassandra (2001), "The OECD public management service multi-country business survey-benchmarking regulatory and administrative business environments in small and medium sized enterprises", in: Evans, C.; Pope, J.; Hasseldine J. (Eds), *Tax Compliance: A Festschrift for Cedric Sandford*, St Leonards, Prospect Media Pty Ltd, pp. 205-229.

DEAN, Peter, (1973), *Some Aspects of Tax Operating Costs With Particular Reference to Personal Taxation in United Kingdom*; PHD Dissertation, Bath, Bath University.

DELGADO, Maria Luísa (2001), "Sociologia y psicologia fiscales. la cultura fiscal dos espanoles", *Conferência proferida no XXI Curso de Instituciones Y Técnicas Tributárias*, Instituto de Estudios Fiscales.

—— (2003); "Sociología y psicologia fiscales. la cultura fiscal dos españoles", in: *Ciência e Técnica Fiscal*, n.º 409, Lisboa, Ministério das Finanças, pp. 11-35.

DIAZ, Consuelo; DELGADO, Maria Luísa (1993), *Aspectos Psicosociales de la Tributacion: Los costes de cumplimiento en el IRPF, Papeles de Trabajo*, 13, Instituto de Estúdios Fiscales.

—— (1995), "Personal income tax compliance costs in Spain", in: Sandford, Cedric (Ed.), *Tax Compliance Costs-Measurement and Policy*, Bath, Fiscal Publications, pp. 210-226.

DIRECÇÃO GERAL DOS IMPOSTOS (2001), *Plano de Actividades da inspecção tributária*, Lisboa, Lisboa, Ministério das Finanças e da Administração Pública.

—— (2005), "O relacionamento com o contribuinte – Breve diagnóstico da situação actual", in: *Fiscalia*, Fevereiro/Julho, pp. 25-30.

—— (2006), *Plano de Actividades da Inspecção Tributária*, Lisboa, Ministério das Finanças e da Administração Pública.

ENGLEBRECHT, Ted D.; FOLAMI, Buky, et al. (1998), "The impact of ethics on tax compliance behavior: a multidimensional analysis", in: *The Ethics of Tax Evasion*, South Orange, The Dumont Institute for Public Research South, pp. 372-404

ERARD, Brian (1996), "The income tax compliance burden on Canadian big business", in: Evans, C.; Pope, J.,; Hasseldine, J. (Eds) (2001), *Tax compliance costs: A Festchrift for Cedric Sandford*, St Leonards, Prospect Media Pty Lda, pp. 317-339.

ERIKSEN, Knut; FALLAN, Lar (1996), "Tax knowledge and attitudes towards taxation – a report on a quasi-experiment", in: *Journal of Economic Psychology*, Volume 17, n.º 3, pp. 397-398.

EVANS, Chris; RITCHIE, Katherine; TRAN-NAM, Binh; WALPOLE, Michael (1996), *A Report into the Incremental Costs of Taxpayer Compliance*, Canberra, Australian Government Publishing Service.

EVANS, Chris; WALPOLE, Michael (1999), *Compliance cost control: a review of tax impact statements in the OCDE*, Sidney, Australian Tax Research Foundation.

EVANS, Chris et. al. (1999),"Taxation compliance costs: some lessons from "down-under"; in: *British Tax Review*, n.º 4, Sweet&Maxwell, pp. 244-271.

EVANS, Chris et. al. (2000), "Tax compliance costs: research methodology and empirical evidence from Australia", in: *National Tax Journal*, Volume 53; n.º 2, pp. 320-345.

EVANS, Chris (2000), "The operating costs of taxing capital gains", in: *Bulletin for International Fiscal Documentation*, Official Journal of the International Fiscal Association, Volume 54, n.º 7, pp. 357-365.

EVANS, Chris; Tran-Nam, Binh (2002), "The impact of Cedric Sandford on the discipline of tax compliance costs", in: *Australian Tax Forum – Tribute Edition to Cedric Sandford*, Volume 17, n.º 4, Taxation Institute of Australia, pp. 390-405.

FAVEIRO, Vítor (2002), *O Estatuto do Contribuinte – A Pessoa do Contribuinte no Estado Social de Direito*, Coimbra, Coimbra Editora.

FOERS, Michael (1998), "Forms and comprehensibility", in: *Further key Issues in Tax Reform*, Bath, Fiscal Publications, pp. 179-197.

FOREST, Adam *et al.* (2002), "Complexity and compliance: an empirical investigation", in: *National Tax Journal*, Volume 55, n.º 1.

FRANZONI, L.A. (2004), "Discretion in tax enforcement", in. *Economica*, Volume 71, n.º 283, pp. 369-389.

FREITAS PEREIRA, Manuel Henrique (2005), *Fiscalidade*, Coimbra, Almedina.

GALE, William G. (1997), "What America can learn from the British tax system", in: *National Tax Journal*, n.º 4, Dezembro, pp. 753 e ss.

GAMMIE, Malcolm (Ed.) (1993), *Striking the Balance: Tax Administration, Enforcement and Compliance in the 1990s*, London, The Institute for Fiscal Studies.

—— (1996), "The global future of income tax", in: *Bulletin for International Fiscal Documentation*, Volume 50, n.º 10, Official Journal of the International Fiscal Association, pp. 477-480.

GLOVER, John; TRAN-NAM, Binh (2002), "Estimating the transitional compliance costs of the GST in Australia: A case study approach", in: *Australian Tax Forum – Tribute Edition to Cedric Sandford*, Volume 17, n.º 4, pp. 499-536.

GODWIN, Michael (1979), "Compliance costs: the costs of paying taxes" in: *Occasional paper*, n.º 3, Bath, University of Bath.

GODWIN, Michael; COLLARD, David (1995), "Compliance costs for employers: UK PAYE and National Insurance", in: *Fiscal Studies*, Volume 20, n.º 4, pp. 423-449.

GODWIN, Michael; HUDSON, John (2000), "The compliance costs of collecting direct tax in the UK: An analysis of PAYE and National Insurance", in: *Journal of Public Economics*, Volume 77, pp. 29-44.

GORDON, Roger; NIELSEN, S. (1997), "Tax evasion in an open economy: Value-added vs. income taxation", in: *Journal of Public Economics*, n.º 66, pp. 173-197.

GRAETZ, J.M. et al. (1989), "Administrative and compliance costs of taxation in the United States.", in: *Cahiers de Droit Fiscal International*, Kluwer, pp. 311-347.

GREEN, Sue (1993), "Compliance costs: The need for reappraisal", in: Gammie, Malcolm; Shipwright, Adrian, (Ed.), *Striking the Balance: Tax Administration, Enforcement and Compliance in the 1990s*, London, Institute for Fiscal Studies, pp. 129-143.

—— (1994), *Compliance Costs and Direct Taxation*, The Institute of Chartered Accountants in England and Wales, Research Monograph.

—— (1996), "Self assessment: A new era for United Kingdom taxpayer, but what about the costs?" in: *British Tax Review*, p. 115.

GRUPO DE TRABALHO PARA A REAVALIAÇÃO DOS BENEFÍCIOS FISCAIS (GTRBF) (1998), in: *Ciência e Técnica Fiscal*, n.º 180, Lisboa, Ministério das Finanças.

GRUPO DE TRABALHO PARA A SIMPLIFICAÇÃO DO SISTEMA FISCAL (GTSF) (2007), "Simplificação do sistema fiscal português – Relatório Final", in: *Cadernos da Ciência e Técnica Fiscal*, n.º 201, Lisboa, Ministério das Finanças.

GURD, Bruce; TURN, John (2001), "Tax compliance research – a cost management perspective", in: Evans, C.; Pope, J.; Hasseldine, J. (Eds) *Tax compliance: A Festschrift for Cedric Sandford*, St Leonards, Prospect Media Pty Ltd, pp. 69-87.

HAIG, R.M. (1935), "The cost to business concerns of compliance with tax laws-mail questionnaire survey", in: *Management Review*, November, pp. 232-333.

HASSELDINE, John (1993), "How do revenue audits affect taxpayer compliance?" *Bulletin for International Fiscal Documentation*, IBFD, July-August.

—— (1995), "Compliance cost of business taxes in New Zealand", in: Sandford, Cedric (Ed.), *Tax compliance costs – Measurement and policy*, Bath, Fiscal Publications, pp. 126-142.

—— (2000), "Linkages between compliance costs and taxpayer compliance research", in: *Bulletin for International Fiscal Documentation*, Official Journal of the International Fiscal Association, Volume 54, n.º 6, pp. 299-303.

—— (2001), "Linkages between compliance costs and taxpayer compliance research", in: Evans, C.; Pope, J.; Hasseldine, J. (Eds), *Tax Compliance: A Festschrift for Cedric Sandford*, St Leonards, Prospect Media Pty Ltd, pp. 3-15.

HAUGHTON, Jonathan (1998) "Comparative Tax Administration", in: «hyperlink http://WWW.law.harvard.edu.htm ».

HILL, Manuela Magalhães (2002), *Investigação por Questionário*, Lisboa, Edições Sílabo.

HILL, Roderick; KABIR, Muhammed (1996), "Tax rates, the tax mix, and the growth of the underground economy in Canada: What can we infer?" in: *Canadian Tax Journal*, Volume 44, n.º 6, pp. 1552-1583.

HITE, Peggy; Sawyer, Adrian (1997), "A comparison of compliance cost estimates for the tax systems in the United States and New Zealand", in: *Bulletin for International Fiscal Documentation,* Volume 51, n.º2, Official Journal of the International Fiscal Association, pp. 93-97.

HOWE, Geoffrey (1998), "Tax simplification in the United Kingdom", in: *Further key Issues in Tax Reform*, Bath, Fiscal Publications, pp. 87-110.

INSTITUTO NACIONAL DE ESTATÍSTICA (2003), *Anuário Estatístico de Portugal*, Lisboa.

INTER-AMERICAN CENTER OF TAX ADMINISTRATORS (CIAT) (1984), *Measures for Improving the Level of Voluntary Compliance With Tax Obligations*, n.º 38, Amsterdam, International Bureau of Fiscal Documentation (IBFD), pp. 165.

JAMES, Simon; WALLSCHUTZKY, Ian (1997); "Tax Law Improvement in Australia and the UK: The need for a Strategy for simplification", in: *Fiscal Studies*, Volume 18, n.º 4, pp. 445-460.

JAMES, Simon; SAWYER, Adrian; WALLSCHUTZKY, Ian (1997), "Tax simplifications – A tale of three countries", in: *Bulletin for International Fiscal Documentation*, Official Journal of the International Fiscal Association, Volume 51, n.º 11, pp. 493-503.

JAMES, Simon; NOBES, Christopher (2000), *The Economics of Taxation – Principles, Police and Practice*, 7th Edition, London, Pearson Education.

JAMES, Simon; HASSELDINE, John et al. (2001), "Developing a tax compliance strategy for Revenue Services", in: *Bulletin for International Fiscal Documentation*, Official Journal of the International Fiscal Association, Volume 55, n.º 4, pp. 156 – 163.

JONES, John Avery (1996), "Simplification of tax legislation", in: *Bulletin for International Fiscal Documentation*, Volume 50, n.º 11/12, Official Journal of The International Fiscal Association, pp. 508-510.

KAPLOW, Louis (1994), "Accuracy, complexity, and the income tax", in: *Working Paper Series*, n.º 4631, National Bureau of Economic Research, pp. 25.

KLUN, Maja (2004), "Compliance costs for personal income tax in a transition country: The case of Slovenia", in: *Fiscal Studies*, Volume 25, n.º 1, pp. 93-104.

K.S., JOHNSTON (1961), *Corporations'Federal Income Tax Compliance Costs – Case Studies*, Ohio, Ohio University Bureau of Business Research, Monograph, n.10.

LAUFENBURGER, Henry (1956), *Théorie Économique et Psychologie des Finances Publiques*, Paris, Sirey.

LEVY, Horácio; Mercader-Prats, Magda (2002), "Simplifying the Personal Income Tax Systems: Lessons from the 1998 Spanish Reform", in: *Fiscal Studies*, Volume 23, n.º 3, pp. 419-443.

LEWIS, Allan (1979), "Attitudes towards income tax and public expenditure, school of humanities and social sciences", in: *Occasional Paper*, n.º 8, pp. 19-20.

—— (1982), *The Psychology of Taxation*, Oxford, Blackwell.

LEWIS, Charles (2001), *The Cheating of America: How Tax avoidance and Evasion by the super rich are costing the country billions, and what you can do about it?*, New York, William Morrow.

LIMA, Emanuel Vidal, *Código do Imposto sobre o Valor Acrescentado*, Porto, Porto Editora, 1ª, 2ª e 3ª Edição, 1987, 1995, 2000, 2003.

LONG, S.B.; Burnham (1990), "Solving the Nation`s budget deficit with a bigger, tougher IRS: What are the realities?", in: *Special Report Tax Notes*, Agosto.

LOPES, Cidália M. Mota (1999), *A Fiscalidade das Pequenas e Médias empresas – Estudo comparativo na União Europeia*, Porto, Vida Económica.

—— (2003), "Simplicidade e complexidade fiscal", in: *Fiscalidade*, n.º 13/14, Lisboa, Instituto Superior de Gestão, pp. 51-83.

—— (2006) "Os custos de tributação na história da economia", in: *Homenagem a José Guilherme Xavier de Basto*, Coimbra, Coimbra Editora, pp. 83-127.

LOUREIRO, Carlos (2005), "Reforma fiscal e a competitividade das empresas: sucesso ou oportunidade perdida", in: Associação Fiscal Portuguesa (Ed.), *15 Anos de reforma fiscal de 1988/89 – Jornadas de Homenagem ao Professor Doutor Pitta e Cunha*, Coimbra, Almedina, pp. 239-250.

—— (2006), *Relatório da Competitividade Fiscal*, Lisboa, Deloitte.

MACEDO, Paulo (2006), "Modelos de sucesso, Portugal e a luta contra a fraude fiscal no IRS", in: *4ª Conferência de Fiscalidade da Faculdade de Economia da Universidade de Coimbra: A tributação do IRS*, organizada por António Martins, 19 de Outubro, Faculdade Economia Universidade de Coimbra.

MALMER, Hakan (1995), "The Swedish tax reform in 1990-91 and tax compliance costs in Sweden", in: Sandford, Cedric (Ed.), *Tax Compliance Costs-Measurement and Policy*, Bath, Fiscal Publications, pp. 226-262.

MAROCO, João (2003), *Análise Estatística com utilização do SPSSS*, Lisboa, Edições Silabo.

MARTIN, J.W. (1944), "Costs of tax administration: Examples of compliance expenses – case studies and interviews", in: *Bulletin of the National Tax Association*, Abril, pp. 194-205.

MARTINS, António (2002), *A Fiscalidade e o Sistema Económico – Escritos sobre a Tributação do Rendimento*, Coimbra, Fundação Bissaya Barreto – Instituto Bissaya-Barreto.

—— (2005), "A complexidade do sistema tributário: uma inevitabilidade económica?", in: *Fisco*, n.º 119-121, Setembro, pp. 27-36.

MATHES, S.M.; THOMPSON, G.C. (1959), "The high cost of compliance – mail questionnaire survey", in: *Business Record*, August, pp. 383-88.

McCRAE, Julian (1997), "Simplifying the formal structure of UK income tax", in: *Fiscal Studies*, Volume 18, n.º 3, pp. 319-334.

MC. GEE, Robert (Ed.) (1998), *The Ethics of Tax Evasion*, South Orange, The Institute for Public Policy Research.

MCKERCHAR, Margaret (2001), "The study of income tax complexity and unintentional non-compliance: research method and preliminary findings", in: *ATAX Discussion Paper Series*, n.º 6, pp. 1-13.

MESSERE, Ken (1999), "Half a century of changes in taxation", in: *Bulletin for International Fiscal Documentation*, Volume 53, n.º 8/9, Agosto – Setembro, pp. 340-365.

MINISTÉRIO DAS FINANÇAS (1998), *Estruturar o Sistema Fiscal do Portugal Desenvolvido*, Coimbra, Almedina.

——— (1998), *Relatório de Actividades*, Lisboa, Direcção Geral dos Impostos, pp. 12-14.

——— (2000), *1.º Relatório Intercalar sobre Algumas Medidas de Aprofundamento e Desenvolvimento da Reforma Fiscal*, Junho, Lisboa, pp. 63-69.

——— (2004), *Estatísticas das Declarações do IRS – Modelo 3*, Lisboa, Direcção de Serviços do IRS.

——— (2006), *Plano Nacional de Actividade de Inspecção Tributária*, Lisboa, Direcção Geral dos Impostos.

MORALES, Alfonso (1998), "Income tax compliance and alternative views of ethics and human nature", in: *The Ethics of Tax Evasion*, South Orange, The Dumont Institute for Public Research, pp. 242-260.

MOZZICAFREDDO, Juan (1997), *Estado – Providência e Cidadania em Portugal*, Oeiras, Celta Editora.

MULLER, F.J. (1963), "The burden of compliance-mail questionnaire plus survey follow – up interviews and time studies, plus supplementary interviews", in: *Seattle Bureau of Business Research*.

NORRMAN, B., MALMER, Hakan (1989), "Administrative and compliance costs of taxation in Sweden", in: *Cahiers de Droit Fiscal International*, Rotterdam, IFA, Volume LXXIVb, Klumer, pp. 563-595.

OCDE (1991), "Études Économiques – Portugal 1990/91", in: *Ciência e Técnica Fiscal*, n.º 361, pp. 183-209.

——— (2001), *Compliance Measurement – Practice Note*, Centre for Tax Policy and Administration, Committee on Fiscal Affairs, Paris, OECD Publications.

——— (2001), *Businesses`views on Red Tape: Administrative and Regulatory Burdens on Small and Medium – Size Enterprises*, Paris, OECD Publications.

——— (2002), *Handbook for Measurement of the Mon Observed Economy*, Paris, OECD Publications.

——— (2004), *Tax Administration in OCDE Countries: comparative infor-*

mation series, Centre for Tax Policy and Administration, Paris, OECD Publications.

―― (2005), *Statistiques des Recettes Publiques* 1965-2004, Paris, OECD Publications.

―― (2005), *Recent Experiences of OCDE Countries with Tax Reform*, Centre for Tax Policy and Administration, CTPA/CFA (2005) 53. Paris, OECD Publications.

―― (2006), *Tax Policy Design and Evasion*, Centre for Tax Policy and Administration, Committee on Fiscal Affairs, CTPA/CFA/WP2 (2006)8, Paris, OECD Publications.

―― (2006), *Fundamental Reform of Personal Income Tax*, Tax Policy Studies, n.° 13, Paris, OECD Publications.

O'CONNOR, Frank (2001), "Tax administration in the year 2010," OCDE *Working Paper*, in: «hyperlink "http://www.oecd.org/dataoecd/43/28/1894417.pdf"».

OSTER, C.V.; LYNN, A.D. (1955), "Compliance costs and the Ohio axle mile tax – case studies", in: *National Tax Journal*, Abril, pp. 209-214.

OTT, Katarina; BAJO, Anto (2001), "Compliance costs in transitional economies- the Croatian experience", in: Evans, C.; Pope, J.; Hasseldine, J. (Eds), *Tax Compliance Costs: A Festschrift for Cedric Sandford*, St Leonards, Prospect Media PtyLda, pp. 202-302.

PAGAN, Jill C., (1993), "Increasing length and complexity of tax legislation-avoidable or inevitable?" in: *Fiscal Studies*, Volume 14, n.° 4, pp. 90-105.

PEDROSO, Alberto (2005), "Cobrança coerciva – Balanço de 2004 e perspectivas para 2005", in: *Fiscália*, n.° 27 e 28, Lisboa, Direcção Geral dos Impostos, pp. 30-31.

PESTANA, Maria Helena; GAGEIRO, João Nunes (2003), *Análise de Dados para Ciências Sociais – A Complementariedade do SPSS*, 3ª Edição, Lisboa, Edições Sílabo.

PINTO, J. Carlos Castro; CURTO, J.J. Dias (1999), *Estatística para Economia e Gestão – Instrumentos de Apoio à Tomada de Decisão*, 1ª Edição, Lisboa, Edições Silabo.

PLAGNET, Bernard e MERCIER, Jean-Yves (1994), "Le régime des petites entreprises industrielles et commerciales", in: *Les Impôts en France – Traité pratique de la fiscalité des affaires*, 26ème Édition, Levallois-Perret, Éditions Francis Lefebvre, pp. 481-495.

POPE, J. (1992), "The compliance costs of taxation in Australia: an economic and policy perspective", *Working Paper*, n.° 92.07, School of Economics and Finance, Perth, Curtin University of Technology.

―― (1993), *The Compliance Costs of Major Commonwealth Taxes in Australia*, PhD thesis, Perth, Curtin University.

―― (1993), "The compliance costs of taxation in Australia and Tax simplification: the issues", in: *Australian Journal of Management*, Volume 18, n.º 1, pp. 69-90.

—— (1995), "The compliance costs of major taxes in *Australia*", *in:* Sandford, Cedric (Ed.), *Tax Compliance Costs – Measurement and Policy*, Bath, Fiscal Publications, pp. 101-126.

POUTZIOURIS, Panikkos; CHITTENDEN, Francis; MICHAELAS, Nicos (2001), "The tax burden of direct taxes and compliance costs on the UK small company sector-a simulation model", in: Evans, C.; Pope, J.; Hasseldine, J. (Eds) *Tax compliance: A Festschrift for Cedric Sandford*, St Leonards, Prospect Media Pty Ltd, pp. 250-297.

PREBBLE, John (2000), "Evaluation of the New Zealand Income Tax Law Rewritte Project from a compliance cost perspective", in: *Bulletin for International Fiscal Documentation*, Official Journal of the International Fiscal Association, Volume 54, n.º 6, pp. 290-298.

RAMETSE, Nthati; POPE, Jeff (2002), "Start-up tax compliance costs of the GST: Empirical evidence from Western Australian Small Business", in: *Australian Tax Forum – Tribute Edition to Cedric Sandford*, Volume 17, n.º 4, pp. 407-443.

RITCHIE, Katherine (2001), "The tax compliance costs of small business in New Zealand", in: Evans, C.; Pope, J.; Hasseldine, J. (Eds) *Tax Compliance: A Festschrift for Cedric Sandford*, St Leonards, Prospect Media Pty Ltd, pp. 297-316.

ROBINSON, Marc (1998), "Measuring compliance with the golden rule", in: *Fiscal Studies*, Volume 19, n.º 4, pp. 447-462.

ROSA, Eugénio, "Ineficácia do combate à fraude e à evasão fiscal e privilégios e agravamento da injustiça social", in: http://www.acra.pt/...pdf/Combate...a...FraudeEvasaoFiscal.pdf.

ROTH, J.A.; SCHOLZ, J.T.; WITTE, A.D.; (1989), *Taxpayer Compliance: an Agenda for Research*, Volume I, Philadelphia, University of Pennsylvania Press, p. 118.

SÁ GOMES, Nuno (2000), *Evasão fiscal, Infracção Fiscal e Processo Penal Fiscal*, 2ª Edição, Coimbra, Rei dos Livros, p. 24.

SALDANHA SANCHES, José Luís (2000), *Estudos de Direito Contabilístico e Fiscal*, Coimbra, Coimbra Editora.

—— (2000), "O combate à fraude e a defesa do contribuinte: dois objectivos inconciliáveis?", in: *Colóquio: os efeitos da globalização na tributação do rendimento e da despesa -Ciência e Técnica Fiscal*, n.º 188, pp. 455-475.

—— (2002), *Manual de Direito Fiscal*; 2ª Edição, Coimbra, Coimbra Editora.

—— (2005), "Entrevista" in: *Fiscália*, n.º 27/28, Revista da Direcção Geral dos Impostos, Lisboa, pp. 35-40.

―――― (2006) *Os Limites do Planeamento Fiscal – Substância e Forma no Direito Fiscal Português, Comunitário e Internacional*, Coimbra, Coimbra Editora.
SAMUELSON, Paul; NORDHAUS, William (1999), *Economia*, 16ª Edição, Lisboa, Mc Graw Hill, pp. 100-127.
SANDFORD, Cedric; DEAN, Peter (1971), "Accountants and the tax system-interview survey"; in: *Accounting and Business Research*, pp. 3-37.
SANDFORD, Cedric (1973), *Hidden Costs of Taxation*, London, Institute for Fiscal Studies.
SANDFORD, Cedric; GODWIN, Michael; HARDWICK, Peter; BUTTERWORTH, Ian (1981), *Costs and Benefits of VAT*, London, Heinemann.
SANDFORD, Cedric; GODWIN, Michael; HARDWICK, Peter (1989), *Administrative and Compliance Costs of Taxation*, Bath, Fiscal Publications.
SANDFORD, Cedric, HASSELDINE, John (1992), "Compliance cost of business taxes in New Zealand", in: Sandford, Cedric (Ed.), *Tax compliance costs-Measurement and Policy*, Bath, Fiscal Publication, pp. 127-141.
SANDFORD, Cedric (Ed.) (1993), *Successful Tax Reform – Lessons from an Analysis of Tax Reform in Six Countries*, Bath, Fiscal Publications.
―――― (1993), *Key Issues in Tax Reform*, Bath, Fiscal Publications.
―――― (1995), *More key Issues in Tax Reform*, Bath, Fiscal Publications.
―――― (1995), *Tax Compliance Costs – Measurement and Policy*, Bath, Fiscal Publications.
―――― (1998), *Further Key Issues in Tax Reform*, Bath, Fiscal Publications.
―――― (2000), *Why Tax Systems Differ? – A Comparative Study of the Political Economy of Taxation*, Bath, Fiscal Publications.
SANTOS, Albano (2003), *Teoria Fiscal*, Lisboa, Instituto Superior de Ciências Sociais e Políticas, Universidade Técnica de Lisboa.
SANTOS, José Carlos (1993), "Principais tendências de convergência nos sistemas fiscais dos países comunitários – uma perspectiva quantificada", in: *Colóquio: A internacionalização da economia e a fiscalidade* (comemorativo do XXX aniversário do Centro de Estudos Fiscais), Lisboa, Ministério das Finanças, pp. 125-160.
―――― (1995), "Uma visão integrada dos custos associados ao financiamento público através de impostos – o caso dos custos de eficiência, administração e cumprimento", in: *Ciência e Técnica Fiscal*, n.º 378, pp. 31-59.
―――― (2000), "Políticas Fiscais: Passado Recente, Desafios Futuros", in: *Fisco*, n.º 88/89, Maio – Junho, pp. 57-63.
―――― (2000), "Tendências das políticas fiscais recentes a nível internacional: algumas reflexões", in: *Colóquio: os efeitos da globalização na tributação do rendimento e da despesa – Ciência e Técnica Fiscal*, n.º 188, pp. 13-33.

—— (2006), "Equidade fiscal revisitada", in: *Homenagem José Guilherme Xavier de Basto*, Coimbra, Coimbra Editora, pp. 408-418.

SANTOS, Renata Maria Borges, (2003), *A Administração Fiscal, sua eficácia e desempenho – A actuação da Direcção Geral dos Impostos vista pelos contribuintes e funcionários*, Coimbra, Dissertação de Mestrado em Contabilidade e Finanças, Faculdade de Economia da Universidade de Coimbra (FEUC).

SAWYER, Adrian (1995), "Taxpayer compliance standards and penalties: version II signifies progress", in: *Bulletin for International Fiscal Documentation*, Official Journal of the International Fiscal Association, Volume 49, n.º 11, pp. 508-515.

—— (1996), "Two significant legislative developments: taxpayer compliance, penalties and disputes resolution and taxation core provisions bills become law", in: *Bulletin for International Fiscal Documentation*, Official Journal of the International Fiscal Association, Volume 50, n.º 10, pp. 440-447.

—— (1996), "Taxpayer compliance, penalties and disputes resolution bill: an update", in: *Bulletin for International Fiscal Documentation*, Official Journal of the International Fiscal Association, Volume 50, n.º 10, pp. 472 – 478.

—— (2002), "Proposals to reduce compliance costs – a mixed response by the New Zealand Government", in: *Bulletin for International Fiscal Documentation*, Official Journal of the International Fiscal Association, Volume 56, n.º 7, pp. 332-341.

SCHMOLDERS, Gunter (1973), *Psychologie des Finances et de l'Impôt*, Paris, Presses Universitaires de France.

SCHNEIDER, Friedrich; DOMINIK H., Enste (2000), "Shadow economies: size, causes and consequences", in: *Journal of Economic Literature*, Volume XXXVII, pp. 77-114.

SCHNEIDER, F.; KINGLMAIR, R. (2004), "Shadow economies around the world: what do we know?," in: *Working Paper*, n.º 0403, Abril, Department of Economics, Linz, University of Linz.

SHOME, Parthasarathi (2003), "Tax policy design of a single tax system", in: *Bulletin for International Fiscal Documentation*, Volume 57, n.º 3, Official Journal of the International Fiscal Association, pp. 99-121.

SILVA LOPES, José (2001), "Sistema Fiscal Português", in: *Enciclopédia de Economia*, coordenação David R. Henderson e João César das Neves, Lisboa, Principia, PP.377-387.

SILVANI, Carlos; BAER, Katherine (1997), "Designing a tax administration reform strategy: experiences and guidelines", *International Monetary Fund Working Paper*, WP/97/30, in: http://www.imf.org/external/pubs/ft/wp/wp9730.pdf, pp. 22-23.

SILVANI, Carlos (1992), "Improving tax compliance", in: Bird, M. Richard e Jantscher, M. Casanegra (Eds.), *Improving Tax Administration in Developing Countries*, Washington, D.C., International Monetary Fund, pp. 274-307.

SLEMROD, Joel; SORUM, N. (1984), "The compliance costs of the US individual income tax system- mail questionnaire survey", in: *National Tax Journal*, Volume 37, n.° 4, pp. 461-474.

SLEMROD, Joel; PITT, M. (1988), *The Compliance Costs of Itemising Deductions: evidence from Individual Tax Returns-Documentary Analysis*, Mimeo.

SLEMROD, Joel (Ed.) (1992), *Why People Pay Taxes – Tax Compliance and Enforcement;* Michigan, University of Michigan Press.

SLEMROD, Joel; BLUMENTHAL, Marsha (1992), "The compliance costs of the US individual income tax system: a second look after tax reform", in: *National Tax Journal*, Volume 45, n.°2, pp. 185-202.

—— (1993), "The income tax compliance costs of big business", in: *Working Paper Series*, n.° 93-11, Michigan, University of Michigan Business School, Julho.

—— (1995), "Recent tax compliance cost research in the United States", in: Sandford, Cedric (Ed.), *Tax Compliance Costs – Measurement and Policy*, Bath, Fiscal Publications, pp. 126-142.

—— (1996) "The income tax compliance cost of big business"; in: *Public Finance Quarterly*, Volume 24, n.° 4, pp. 411-438.

SLEMROD, Joel (1997), "Measuring taxpayer burden and attitudes for large corporations: 1996 and 1992 survey results", in: *Working Papers Series*, n.° 97-1, Office of Tax Policy Research, Michigan, University of Michigan Business School, pp. 3-27.

SLEMROD, Joel; YITZHAKI, Shlomo (2000), "Tax avoidance, evasion, and administration", Working Paper n.° 7473, in: «hyperlink "http://www.nber.org/papers/w7473"», pp.1-30.

SLEMROD, Joel, BAKIJA, Jon (2001), *Taxing Ourselves – A citizen's guide to the great debate over Tax Reform*; 2nd Edition, Massachusetts, Massachusetts Institute of Technology.

—— (2004), *Taxing Ourselves – A citizen's guide to the great debate over Tax Reform*; 3th Edition, Massachusetts, Massachusetts Institute of Technology.

—— (2004), "Small business and the tax system", in: *The Crisis in Tax Administration*, Aaron, Henry; Slemrod, Joel (Eds), Washington, Brookings Institution Press, pp. 69-123.

SLEMROD, Joel; VENKATESH, V. (2002), "The income tax compliance costs of large and mid-size business", in: *Report to IRS LMSB Division submitted by the Office of Tax Policy Research*, Michigan, University of Michigan Business School.

SMITH, Adam (1776), *An Inquiry into the Nature and Causes of Wealth of Nations*, tradução portuguesa: *Riqueza das Nações*, Volume II, 3ª Edição, 1983, Fundação Calouste Gulbenkian, Lisboa, pp. 485-489.

SOARES, Domitília (2004), *Percepção Social da Fiscalidade em Portugal – Um Estudo Exploratório*, Coimbra, Almedina.

SOUSA FRANCO, António L. (1996), Finanças Publicas e Direito Financeiro, Volume II, 4ª Edição – 3ª Reimpressão, Coimbra, Almedina.

STRUMPEL, B. (1963), "The disguised tax burden. Compliance costs of German businessmen and professionals-opinion poll interviews." in: *National Tax Journal*, January, pp. 70-77.

SUMMARY WORKING DOCUMENT (2001), Learning lab on the cost of tax management following the meeting of 1 October, p. 20.

TALIB, Ameen Ali (1996), "The compliance costs of taxation", in: *Bulletin for International Fiscal Documentation*, Official Journal of the International Fiscal Association, Volume 50, n.º 9, pp. 416-421.

TAX LAW REVIEW COMMITTEE (1996), *Interim Report on Tax Legislation*, London, Institute for Fiscal Studies.

—— (1996), *Final Report on Tax Legislation*, London, Institute for Fiscal Studies.

TEIXEIRA, Manuela Duro (2001) "A competitividade das empresas portuguesas e a relação com o legislador e a administração fiscal", in: *Fisco*, n.º 93/94, Janeiro, pp. 27-39.

TEIXEIRA RIBEIRO, José Joaquim (1991), *Lições de Finanças Públicas*, 4ª Edição refundida e actualizada, Coimbra, Coimbra Editora.

THE WORLD BANK GROUP (2002), "Tax administration management and functions", in: «hyperlink "http://www1.worldbank.org/publicsector/tax/theme4.html#3"».

TRAN-NAM, Binh (2001), "Tax compliance costs methodology – a research agenda for the future", in: Evans, C.; Pope, J.; Hasseldine, J. (Eds), *Tax Compliance: A Festschrift for Cedric Sandford*, St Leonards, Prospect Media Pty Ltd, pp. 51-69.

TURKMAN, M. Antónia Amaral; SILVA, Giovani Loiola (2000), *Modelos Lineares Generalizados – da teoria à prática*, Lisboa, Sociedade Portuguesa de Estatística.

UCKMAR, V. (1983), "Tax avoidance/tax evasion-General reporto f the XXXVII Congress of IFA", in: *Cahiers de Droit Fiscal International*, Volume XXXVIIa, Kluwer, Deventer

VAILLANCOURT, François (1989), "The Administrative and Compliance Costs of Personal Income Taxes in Cnada", *Canadian Tax Paper,* n.º 86, Toronto, Canadian Tax Foundation.

—— (1995), "The compliance costs of individuals in Canada: Personal income tax and payroll taxes" in: Sandford, Cedric (Ed.), *Tax Compliance Costs – Measurement and Policy*, Bath, Fiscal Publications, pp. 196-209.

VAILLANCOURT, François; BLAIS, Etienne (1995), "The evolution of compliance time of personal income tax-filers in Canada 1971-93", in: Sandford, Cedric (Ed.), *Tax compliance costs – Measurement and Policy*, Bath, Fiscal Publications, pp. 263-275.

WALLSCHUTZKY, Ian (1993), "Minimizing evasion and avoidance-lessons from Australia", in: *Key Issues in Tax Reform*, Bath, Fiscal Publications, pp. 131-???.

WALLSCHUTZKY, Ian; GIBSON, B. (1993), "Small business cost of tax compliance", in: *Australian Tax Forum*, Volume 10, n.º 4, pp. 511-543.

WALLSCHUTZKY, Ian (1995), "Costs of compliance for small business: results from twelve case studies in Australia", in: Sandford, Cedric (Ed.), *Tax compliance costs-Measurement and Policy*, Bath, Fiscal Publication, pp. 275-299.

WICKS, J.H. (1965), "Taxpayer compliance costs from the Montana personal income tax – questionnaire survey", in: *Montana Business Quarterly*, pp. 36-42.

—— (1966), "Taxpayer compliance costs from personal income taxation-questionnaire survey", in: *Lowa Business Digest*, August, pp. 16-21.

—— (1967), "Administrative and compliance costs of state and local taxes-questionnaire survey", in: *National Tax Journal*, September, pp. 309-15.

WORD BANK GROUP (2002), "Tax administration management and functions", in: «hyperlink "http://www1.worldbank.org/publicsector/tax/theme4.html#4" »

WURTS, Brian (1993), "Report on the plamondon compliance cost study for the Canadian goods and services tax", in: *Tax compliance costs – Measurement and policy*, Bath, Fiscal Publications, pp. 310.

XAVIER DE BASTO, José Guilherme (1991), "A tributação do consumo e a sua coordenação internacional", in: *Ciência e Técnica Fiscal*, n.º 164, Lisboa, Ministério das Finanças.

—— (1994), "Uma reflexão sobre a Administração fiscal", in: *Notas Económicas*, n.º 4, Novembro, pp. 100-109.

—— (1998), "As perspectivas actuais de revisão da tributação do rendimento e da tributação do património em Portugal", in: *Separata do Boletim de Ciências Económicas*, Coimbra, Faculdade de Direito de Coimbra.

XAVIER DE BASTO, José Guilherme (com a colaboração Gonçalo Avelãs Nunes) (2000), *Lições de Fiscalidade*, Coimbra, Faculdade de Economia da Universidade de Coimbra.

XAVIER DE BASTO, José Guilherme (2001), "Travão aos benefícios fiscais", Entrevista realizada por António Gouveia, in: *Revista da Câmara dos Técnicos Oficiais de Contas*, Julho, n.º 16, pp. 6-13.
―――― (2005), "Tópicos para uma reforma fiscal impossível", in: *Notas Económicas*, n.º 19, pp. 8-17.
―――― (2006), "Justiça tributária: ontem e hoje", in: *Separata do Boletim de Ciências Económicas*, Coimbra, Faculdade de Direito de Coimbra.
YITZHAKI, S. (1974), "A note on income tax evasion: A theoretical analysis", in: *Jornal of Public Economics,* Volume III, n.º 2, pp. 201-202
YOCUM, J.C. (1961), *Retailers´Costs of Sales Tax Collection in Ohio – Time Studies and Interviews*, Ohio, Ohio University, Bureau of Business Research.

ÍNDICE DE QUADROS

Quadro n.º 1.1 34
Comparação da taxa de gestão fiscal em alguns países da OCDE
Quadro n.º 2.1 75
Economia paralela, em percentagem do PIB pm, em alguns países da OCDE
Quadro n.º 2.2 92
Estimativas de cumprimento dos contribuintes individuais de acordo com o tipo de rendimento nos EUA
Quadro n.º 2.3 93
Taxas de cumprimento voluntário dos contribuintes individuais de acordo com o escalão de rendimento nos EUA
Quadro n.º 2.4 113
Evolução recente da estrutura fiscal na OCDE
Quadro n.º 2.5 114
Rácio da tributação indirecta em relação à tributação directa na OCDE
Quadro n.º 2.6 121
O sistema de retenção na fonte em Portugal no ano de 2004
Quadro n.º 2.7 121
Simulação da demonstração de liquidação do imposto (IRS 2004)
Quadro n.º 2.8 134
Evolução do volume da legislação fiscal em Portugal
Quadro n.º 3.1 146
Análise comparativa dos principais estudos realizados nos EUA sobre custos de cumprimento entre 1930-1960
Quadro n.º 3.2 148
Métodos de inquérito usados nos estudos sobre custos de cumprimento do sistema fiscal nos EUA entre 1930-1960
Quadro n.º 3.3 155
Análise comparativa dos principais estudos sobre custos de cumprimento na Europa entre 1960-1970
Quadro n.º 3.4 160
Estudos dos custos de cumprimento do sistema fiscal no Reino Unido entre 1980--2000
Quadro n.º 3.5 161
Estudos dos custos de cumprimento do sistema fiscal nos EUA entre 1980-2000

Quadro n.º 3.6 162
Estudos dos custos de cumprimento na Austrália, Canadá e Nova Zelândia entre 1980-2000
Quadro n.º 3.7 163
Outros estudos dos custos de cumprimento entre 1980-2000
Quadro n.º 3.8 166
Caracterização dos principais estudos sobre custos de cumprimento do imposto sobre o rendimento entre 1980-1990
Quadro n.º 3.9 172
Dimensão da amostra e da taxa de resposta dos estudos dos custos de cumprimento dos contribuintes individuais
Quadro n.º 3.10 179
Métodos de valoração do tempo gasto pelos contribuintes individuais no cumprimento fiscal
Quadro n.º 3.11 183
Comparação das horas gastas, em média, por cada contribuinte, no cumprimento fiscal nos diferentes estudos realizados entre 1980-2000
Quadro n.º 3.12 185
Distribuição dos custos de cumprimento dos contribuintes individuais por categoria de custos
Quadro n.º 3.13 188
Comparação da dimensão da amostra e da taxa de resposta nos estudos dos custos de cumprimento das empresas
Quadro n.º 3.14 193
Comparação dos custos de cumprimento do sistema PAYE e FBT
Quadro n.º 3.15 195
Comparação dos custos de cumprimento dos impostos sobre os lucros das empresas
Quadro 3.16 196
Comparação dos custos de cumprimento totais do imposto sobre o rendimento dos contribuintes individuais e das empresas
Quadro n.º 3.17 202
Tempo gasto pelas PME nas actividades de cumprimento fiscal na Austrália entre 1991-1992
Quadro n.º 4.1 230
Custos de cumprimento das empresas em percentagem do volume de negócios no Reino Unido entre 1986-1987
Quadro n.º 4.2 231
Custos de cumprimento das empresas em percentagem do volume de negócios na Nova Zelândia entre 1990-1991
Quadro n.º 4.3 232
Custos médios de cumprimento de acordo com a dimensão da empresa na Austrália entre 1994-1995
Quadro n.º 4.4 233
Custos médios de cumprimento da legislação laboral, ambiental e fiscal das empresas em 11 países da OCDE

Índice de quadros

Quadro n.º 4.5 234
Custos de cumprimento do imposto sobre os lucros das empresas na União Europeia em 2004
Quadro n.º 4.6 236
Custos de cumprimento das grandes empresas, nos EUA, por sector de actividade
Quadro n.º 5.1 259
Questionário dos custos de cumprimento do imposto sobre o rendimento dos contribuintes individuais
Quadro n.º 5.2 266
Características sócio demográficas da amostra
Quadro n.º 5.3 267
Preenchimento e entrega da declaração de rendimentos
Quadro n.º 5.4 268
Distribuição dos inquiridos de acordo com o montante de rendimento obtido
Quadro n.º 5.5 268
Actividade principal dos inquiridos
Quadro n.º 5.6 269
Fontes e categorias de rendimento da amostra
Quadro n.º 5.7 273
Número de horas gasto, por ano, no cumprimento das actividades fiscais
Quadro n.º 5.8 276
Distribuição do tempo médio gasto, por ano, de acordo com o escalão de rendimento
Quadro n.º 5.9 278
Valoração do tempo gasto no cumprimento das actividades fiscais
Quadro n.º 5.10 278
Custo de tempo médio dos contribuintes sem ajuda profissional
Quadro n.º 5.11 279
Custo de tempo médio gasto, por ano, pelos contribuintes sem ajuda profissional
Quadro n.º 5.12 280
Horas médias gastas e custo de tempo médio, em Euros, de acordo com o escalão de rendimentos
Quadro n.º 5.13 282
Custo de cumprimento médio total dos contribuintes sem ajuda profissional
Quadro n.º 5.14 287
Custo de cumprimento médio dos contribuintes com ajuda profissional
Quadro n.º 5.15 288
Custo de cumprimento com as obrigações fiscais em sede de IRS dos contribuintes com ajuda profissional, de acordo com o escalão de rendimento
Quadro n.º 5.16 289
Custos de cumprimento totais dos contribuintes com e sem ajuda profissional, de acordo com o escalão de rendimento
Quadro n.º 5.17 321
Efeito global dos factores pessoais, económicos e técnicos nos custos de cumprimento dos contribuintes individuais – Análise de variância *n-way* ANOVA

Quadro n.º 6.1 330
Questionário sobre o estudo dos custos de cumprimento do IRC das empresas
Quadro n.º 6.2 333
Distribuição da população de empresas por volume de negócios
Quadro n.º 6.3 336
Distribuição por sector de actividade das empresas da amostra teórica inicial e das empresas que responderam ao questionário ....
Quadro n.º 6.4 ....
Distribuição por volume de negócios das empresas da amostra teórica e das empresas que responderam ao questionário 337
Quadro n.º 6.5 337
Distribuição das empresas da nossa amostra real por número de empregados
Quadro n.º 6.6 338
Período de exercício da actividade das empresas inquiridas
Quadro n.º 6.7 338
Tipologia das empresas participantes no estudo
Quadro n.º 6.8 338
O mercado das empresas participantes no estudo
Quadro n.º 6.9 339
O regime fiscal das empresas participantes no estudo
Quadro n.º 6.10 342
Horas médias gastas dentro da empresa no cumprimento de IRC por categoria de pessoal assalariado
Quadro n.º 6.11 343
Valoração das horas médias gastas dentro da empresa no cumprimento de IRC por categoria de pessoal assalariado
Quadro n.º 6.12 344
Custo de tempo médio gasto dentro da empresa no cumprimento de IRC
Quadro n.º 6.13 344
Custo de tempo mensal gasto dentro da empresa no cumprimento de IRC
Quadro n.º 6.14 345
Custo de tempo anual gasto dentro da empresa no cumprimento de IRC
Quadro n.º 6.15 348
A quantificação dos custos monetários adicionais incorridos dentro da empresa no cumprimento fiscal de IRC
Quadro n.º 6.16 348
Os custos monetários adicionais gastos dentro da empresa no cumprimento de IRC
Quadro n.º 6.17 349
Custos internos médios de cumprimento das empresas em sede de IRC
Quadro n.º 6.18 351
Tipo de profissional a que as empresas recorrem para o cumprimento fiscal de acordo com o volume de negócios
Quadro n.º 6.19 352
Honorários pagos à ajuda de profissionais externos

Quadro n.º 6.20 353
Custo médio externo de cumprimento fiscal de acordo com o volume de negócios
Quadro n.º 6.21 355
Custo médio total de cumprimento fiscal, de IRC, de acordo com o volume de negócios
Quadro n.º 6.22 355
Custo médio total de cumprimento fiscal, de IRC, de acordo com o número de empregados
Quadro n.º 6.23 360
Custo médio de contencioso fiscal de acordo com o volume de negócios
Quadro n.º 6.24 363
As informações vinculativas e tempo médio de espera das empresas de acordo com o volume de negócios
Quadro n.º 6.25 367
Custo médio total de cumprimento fiscal, em IRC, em percentagem do volume de negócios
Quadro n.º 6.26 375
Resultados obtidos do modelo de regressão linear múltiplo

ÍNDICE DE FIGURAS

Figura n.º 1.1 31
Definição de custos do sector público
Figura n.º 1.2 39
A relação entre os custos administrativos e as receitas fiscais efectivas e potenciais
Figura n.º 1.3 41
A relação entre os custos administrativos e as receitas fiscais nos sistemas tributários dos países desenvolvidos e dos países subdesenvolvidos
Figura n.º 1.4 43
O combate à fraude e evasão fiscal e a relação entre custos administrativos e receitas fiscais
Figura n.º 1.5 44
As taxas de imposto e a estrutura de custos e receitas fiscais
Figura n.º 1.6 48
Os custos de cumprimento: formas principais
Figura n.º 1.7 55
Os benefícios do cumprimento
Figura n.º 1.8 58
Distribuição temporal dos custos de tributação
Figura n.º 5.1 264
Distribuição da amostra no distrito
Figura n.º 5.2 270
Distribuição do número de contribuintes de acordo com a categoria de rendimentos
Figura n.º 5.3 274
Intervalo de variação das horas médias gastas, por ano, e frequência dos contribuintes sem ajuda profissional
Figura n.º 5.4 275
Distribuição das horas gastas, em média, por ano, no cumprimento fiscal
Figura n.º 5.5 283
Motivos enumerados pelos contribuintes para recorrer a ajuda profissional paga
Figura n.º 5.6 284
Tipo de profissional
Figura n.º 5.7 285
Motivos enumerados pelos contribuintes para recorrer a ajuda profissional pontual e a ajuda profissional regular

Figura n.º 5.8 290
Os custos de cumprimento médios e a localização dos contribuintes
Figura n.º 5.9 295
Os custos de cumprimento médios dos contribuintes de acordo com o número de dependentes
Figura n.º 5.10 296
Os custos de cumprimento médios de acordo com a idade dos contribuintes
Figura n.º 5.11 297
Os custos de cumprimento médios e o nível de escolaridade dos contribuintes
Figura n.º 5.12 299
Os custos de cumprimento médios e a actividade principal dos contribuintes
Figura n.º 5.13 302
Dificuldades sentidas pelos contribuintes individuais no cumprimento fiscal
Figura n.º 5.14 304
Os custos psicológicos e a idade dos contribuintes
Figura n.º 5.15 305
Os custos psicológicos e o nível de escolaridade
Figura n.º 5.16 306
Os custos psicológicos e o género dos contribuintes
Figura n.º 5.17 307
A predisposição dos contribuintes para o cumprimento das tarefas fiscais
Figura n.º 5.18 309
Os problemas referenciados pelos contribuintes no cumprimento das tarefas fiscais
Figura n.º 5.19 310
As reclamações e o tempo de resolução pela administração fiscal
Figura n.º 5.20 310
As quantias reclamadas pelos contribuintes no cumprimento das tarefas fiscais
Figura n.º 5.21 311
Atitude dos contribuintes perante uma acção de inspecção fiscal
Figura n.º 5.22 313
Os custos médios de cumprimento de acordo com a percepção do sistema fiscal dos contribuintes
Figura n.º 5.23 314
A percepção dos contribuintes acerca do sistema fiscal e a idade
Figura n.º 5.24 314
A percepção dos contribuintes acerca do sistema fiscal e o nível de escolaridade
Figura n.º 6.1 346
Os custos de tempo dentro da empresa por actividade de cumprimento fiscal
Figura n.º 6.2 349
Os custos monetários médios incorridos dentro da empresa no cumprimento fiscal em sede de IRC
Figura n.º 6.3 351
Tipo de profissional a que as empresas recorrem para o cumprimento fiscal
Figura n.º 6.4 354
Os custos externos de IRC por actividade de cumprimento fiscal

Índice de figuras

Figura n.º 6.5 356
Dificuldade do processo de actualização fiscal
Figura n.º 6.6 357
Áreas de maior complexidade do processo de actualização fiscal
Figura n.º 6.7 358
Dificuldades técnicas do processo de cumprimento fiscal em sede de IRC
Figura n.º 6.8 359
Número de empresas que tiveram contencioso tributário por volume de negócios
Figura n.º 6.9 361
Esclarecimento das dúvidas fiscais resultantes do contacto com a administração fiscal
Figura n.º 6.10 362
Mecanismos mais eficazes no processo de esclarecimento das dúvidas fiscais
Figura n.º 6.11 364
Medidas fiscais que simplificariam o sistema fiscal e reduziriam os custos de cumprimento e de complexidade legislativa das empresas
Figura n.º 6.12 365
Sugestões das empresas participantes para simplificar o sistema fiscal e reduzir os custos de cumprimento e de complexidade legislativa das empresas
Figura n.º 6.13 368
Os custos médios de cumprimento fiscal por sector de actividade
Figura n.º 6.14 369
Perfis das empresas segundo os custos médios de cumprimento fiscal por sector de actividade

ÍNDICE

Dedicatória 5
Prefácio 7
Nota Prévia 11

INTRODUÇÃO 13

PARTE I
Os custos de cumprimento de um sistema fiscal: desenvolvimento teórico e revisão da literatura

CAPÍTULO I
Identificação e caracterização dos custos da tributação

1. Introdução 25
2. O conceito de custos de tributação 27
    2.1. Os custos do sector público 28
        2.1.1. Os custos administrativos: seus componentes 31
        2.1.2. A medição dos custos administrativos: algumas comparações 32
        2.1.3. A teoria fiscal dos custos de administração 38
    2.2. Os custos do sector privado 45
        2.2.1. Os custos de cumprimento das obrigações tributárias 47
        2.2.2. Os custos de planeamento fiscal 51
        2.2.3. Os benefícios ou compensações dos custos de cumprimento 52
        2.2.4. A medição dos custos de cumprimento: alguns problemas 55
    2.3. A distribuição temporal e as categorias dos custos de tributação 57
    2.4. A relação entre custos administrativos e de cumprimento 59
3. Notas conclusivas 61

CAPÍTULO II
O comportamento e as atitudes dos contribuintes em relação ao sistema fiscal

1. Introdução 63
2. O comportamento dos contribuintes 64

2.1. Cumprimento, obrigação e moralidade fiscal 65
2.2. Não cumprimento, fuga, evasão e fraude fiscal 68
3. A medição do cumprimento e do não cumprimento fiscal: algumas comparações 71
4. As atitudes dos contribuintes e os determinantes do não cumprimento 77
    4.1. Factores económicos 78
    4.2. Factores sociológicos 81
    4.3. Factores psicológicos 83
    4.4. Factores religiosos e morais 84
    4.5. Factores técnicos 88
5. As consequências da evasão e fraude fiscal 91
6. O combate à fraude e evasão fiscal: as várias estratégias 95
    6.1. A administração fiscal e os seus recursos 96
    6.2. O aumento das receitas fiscais e o incentivo ao cumprimento fiscal voluntário 99
        6.2.1. Estratégia económica e a redução das vantagens líquidas de evasão fiscal 100
        6.2.2. Estratégia sociológica e psicológica e a redução da predisposição para evadir 103
            6.2.2.1. A obediência à lei fiscal, a assistência, a informação e a educação fiscal dos contribuintes 104
            6.2.2.2. Convicção de integridade, de eficiência e de equidade das despesas governamentais 107
            6.2.2.3. Relação entre o contribuinte e a administração fiscal 109
        6.2.3. Estratégia administrativa e a minimização das oportunidades de evasão fiscal 110
            6.2.3.1. Estrutura fiscal 111
                6.2.3.1.1. O peso dos diferentes impostos e o cumprimento fiscal 111
                6.2.3.1.2. Estrutura das taxas 116
                6.2.3.1.3. O sistema de retenções na fonte 119
                6.2.3.1.4. Sistema fiscal assente num sistema de informação cruzada 124
                6.2.3.1.5. Os benefícios fiscais e a necessidade de aumento de transparência 124
                6.2.3.1.6. Os sujeitos passivos: tributação separada ou tributação conjunta? 127
            6.2.3.2. Estrutura económica 128
                6.2.3.2.1. Os regimes simplificados de cálculo da base do imposto 130
        6.2.4. Estratégia de simplificação legislativa 133
7. Notas conclusivas 140

CAPÍTULO III
Os custos de cumprimento e a tributação do rendimento: análise comparativa de metodologias e resultados de estudos

1. Introdução	143
2. Os custos de tributação: perspectiva histórica	144
2.1. A escola americana: 1930-1960	145
2.1.1. A construção da amostra	147
2.1.2. Metodologia utilizada	148
2.1.3. Análise de alguns resultados	150
2.1.4. Alguns problemas na definição dos custos de cumprimento	153
2.2. A escola europeia: 1960-1970	155
2.2.1. A construção da amostra e a metodologia utilizada	156
2.2.2. Valoração do tempo gasto no cumprimento das tarefas fiscais	157
2.2.3. Análise de alguns resultados empíricos	158
2.3. O crescente interesse internacional dos custos de tributação	159
3. Os custos de cumprimento do imposto sobre o rendimento: algumas comparações internacionais de estudos e metodologias	164
3.1. Introdução	164
3.2. Os estudos de grande dimensão (*Large Scale Survey*): Austrália, Reino Unido, Nova Zelândia, EUA, Holanda, Canadá, Espanha, Suécia	165
3.2.1. Objectivos dos estudos	165
3.2.2. Os custos de cumprimento dos contribuintes individuais	171
3.2.2.1. Análise comparativa da dimensão da amostra e da taxa de resposta	171
3.2.2.2. A valoração do tempo gasto com o cumprimento fiscal	176
3.2.2.3. Composição e distribuição dos custos de cumprimento dos contribuintes individuais: análise comparativa de alguns resultados empíricos	183
3.2.3. Os custos de cumprimento das empresas	187
3.2.3.1. Análise comparativa da dimensão da amostra e da taxa de resposta	187
3.2.3.2. A valoração do tempo gasto pelas empresas no cumprimento fiscal	190
3.2.3.3. Distribuição dos custos de cumprimento: análise comparativa de alguns resultados empíricos	192
3.2.4. Os custos totais de cumprimento do imposto sobre o rendimento: contribuintes individuais e empresas	196
3.2.5. Os limites da metodologia utilizada	197
3.3. Os estudos de pequena dimensão (*Depth Studies*) ou estudos de casos (*Case Studies*)	199
3.3.1. Os custos de cumprimento das pequenas empresas: resultados para a Austrália	199
3.3.1.1. Objectivos e metodologia adoptada	199
3.3.1.2. População e amostra seleccionada	200

3.3.1.3. Dimensão dos custos de cumprimento: análise dos resultados
empíricos 201
3.3.1.4. Os limites e as vantagens da metodologia utilizada 205
3.4. Outros estudos dos custos de cumprimento do sistema fiscal 206
3.4.1. Os custos de cumprimento da tributação directa na perspectiva dos
contabilistas no Reino Unido 206
3.4.1.1. População e selecção da amostra 206
3.4.1.2. Taxa de resposta 207
3.4.1.3. Os custos de complexidade e de cumprimento do sistema fiscal: análise dos resultados e o papel dos contabilistas 207
4. Notas conclusivas 209

CAPÍTULO IV
Os determinantes dos custos de cumprimento
do imposto sobre o rendimento

1. Introdução 213
2. Factores associados aos custos de cumprimento do imposto sobre o rendimento 214
2.1. O imposto sobre o rendimento das pessoas singulares 214
2.1.1. Factores pessoais 214
2.1.2. Factores económicos 219
2.1.2.1. Actividade principal exercida 219
2.1.2.2. Nível de rendimento 221
2.1.3. Factores técnicos 223
2.1.3.1. Fontes de rendimento 223
2.1.3.2. Nível de conhecimentos fiscais 223
2.1.4. Factores psicológicos e sociológicos 225
2.2. Imposto sobre o rendimento das pessoas colectivas 229
2.2.1. Dimensão da empresa 229
2.2.2. Sector de actividade 235
2.2.3. Mercado: nacional, europeu e internacional 237
2.2.4. Avaliação qualitativa da complexidade fiscal e dos custos de cumprimento 239
3. Notas conclusivas 243

CAPÍTULO VI
Os custos de cumprimento do imposto sobre o rendimento das pessoas colectivas (IRC)

1. Introdução	325
2. Definição dos objectivos do estudo	326
3. Hipóteses de estudo	327
3.1. Hipótese 1 – Dimensão da empresa	327
3.2. Hipótese 2 – Sector de actividade	328
3.3. Hipótese 3 – Mercado da empresa	328
3.4. Hipótese 4 – Os custos de complexidade legislativa	328
4. Metodologia e caracterização da amostra	329
4.1. Apresentação da metodologia de investigação e sua execução	329
4.1.2. Apresentação do questionário	329
4.1.3. O período de envio dos questionários por correio	332
4.2. Definição e caracterização da amostra utilizada	333
5. Análise dos resultados	340
5.1. Cálculo dos custos de cumprimento das empresas	340
5.1.1. Custos de cumprimento internos	341
5.1.1.1. Custos de tempo	341
5.1.1.2. Outros custos suportados	347
5.1.2. Custos de cumprimento externos	350
5.1.3. Custos de cumprimento totais das empresas	355
5.1.4. Os custos de complexidade legislativa	356
5.1.4.1. Dificuldades fiscais no cumprimento do IRC	356
5.1.4.2. Os custos de contencioso tributário	358
5.1.5. O relacionamento das empresas com a administração fiscal	360
5.2. O teste das hipóteses gerais de estudo	366
5.2.1. Hipótese 1 – Dimensão da empresa	366
5.2.2. Hipótese 2 – Sector de actividade	368
5.2.3. Hipótese 3 – Mercado da empresa	370
5.2.4. Hipótese 4 – Os custos de complexidade legislativa	371
5.3. Apresentação do modelo global explicativo dos custos de cumprimento	371
5.3.1. O modelo teórico de regressão linear múltiplo	372
5.3.2. Discussão dos resultados obtidos	373
6. Notas conclusivas	377

PARTE III
**Os custos de cumprimento no sistema fiscal português:
Conclusões finais e perspectivas futuras**

CAPÍTULO VII
Conclusões finais e perspectivas futuras

Bibliografia	389
Índice de quadros	407
Índice de figuras	413

PARTE II
Os custos de cumprimento do imposto sobre o rendimento no sistema fiscal português: metodologia de investigação e análise de resultados

CAPÍTULO V
Os custos de cumprimento do imposto sobre o rendimento das pessoas singulares (IRS)

1. Introdução	247
2. Definição dos objectivos do estudo	248
2.1. Questões relevantes na medição dos custos de cumprimento dos contribuintes individuais	248
2.2. Factores associados aos custos de cumprimento e atitudes dos contribuintes individuais	248
3. Hipóteses gerais de estudo	249
3.1. Hipóteses gerais relacionadas com os factores pessoais	249
3.2. Hipóteses gerais relacionadas com os factores económicos	251
3.3. Hipóteses gerais relacionadas com os factores técnicos	252
3.4. Hipóteses gerais relacionadas com os factores psicológicos	253
3.5. Hipóteses gerais relacionadas com os factores sociológicos	254
4. Definição das variáveis em estudo	255
5. Metodologia e caracterização da amostra	256
5.1. Metodologia de investigação	256
5.1.1. A escolha do método de recolha de informação	256
5.1.2. Apresentação do questionário	258
5.1.3. O estudo preliminar	261
5.1.4. O período de realização das entrevistas	263
5.2. A população em estudo e a amostra utilizada	263
6. Análise dos resultados	271
6.1. O cálculo dos custos de cumprimento dos contribuintes individuais	271
6.1.1. Custos de cumprimento dos contribuintes individuais que não recorrem a ajuda profissional	273
6.1.1.1. Custos de tempo	273
6.1.1.2. Outros custos	281
6.1.2. Os custos de cumprimento dos contribuintes que recorrem a ajuda profissional paga	283
6.2. Os custos de cumprimento e a localização dos contribuintes	289
6.3. O teste das hipóteses gerais de estudo	291
6.3.1. O teste das variáveis individuais separadamente	293
6.3.1.1. Hipóteses gerais relacionadas com os factores pessoais	293
6.3.1.1.1. Hipótese 1 – Estado civil	293
6.3.1.1.2. Hipótese 2 – Número de dependentes	294
6.3.1.1.3. Hipótese 3 – Idade	296

6.3.1.1.4. Hipótese 4 – Nível de escolaridade 297
6.3.1.2. Hipóteses gerais relacionadas com os factores económicos . . 298
    6.3.1.2.1. Hipótese 5 – Actividade principal 298
    6.3.1.2.2. Hipótese 6 – Nível de rendimento 299
6.3.1.3. Hipóteses gerais relacionadas com os factores técnicos 300
    6.3.1.3.1. Hipótese 7 – Conhecimentos fiscais 300
    6.3.1.3.2. Hipótese 8 – Fontes de rendimento 300
    6.3.1.3.3. Hipótese 9 – Complexidade fiscal e dificuldades fiscais 301
        6.3.1.3.3.1. Identificação das áreas de maior complexidade fiscal – abordagem qualitativa 301
        6.3.1.3.3.2. O teste da hipótese – abordagem quantitativa 302
6.3.1.4. Hipótese gerais relacionadas com factores psicológicos 303
    6.3.1.4.1. O cálculo dos custos psicológicos – uma perspectiva de análise 303
    6.3.1.4.2. O teste da hipótese estudo – abordagem quantitativa 306
6.3.1.5. Hipótese gerais relacionadas com os factores sociológicos . . 307
    6.3.1.5.1. Hipótese 11 – Predisposição para cumprir 307
        6.3.1.5.1.1. A predisposição para o cumprimento – uma abordagem qualitativa 307
        6.3.1.5.1.2. O teste da hipótese de estudo 308
    6.3.1.5.2. Hipótese 12 – Relacionamento com a administração fiscal e atitudes fiscais 308
        6.3.1.5.2.1. O teste da hipótese de estudo 308
        6.3.1.5.2.2. O relacionamento dos contribuintes com a administração fiscal – análise qualitativa 309
    6.3.1.5.3. Hipótese 13 – A percepção do sistema fiscal 312
        6.3.1.5.3.1. O teste da hipótese de estudo 312
        6.3.1.5.3.2. A percepção dos contribuintes e os custos de cumprimento – abordagem qualitativa 313
6.3.2. O teste das variáveis em conjunto: análise de variância a mais do que um factor (*n-way* ANOVA) e o modelo linear generalizado (MLG) . 315
    6.3.2.1. A análise de variância a mais do que um factor 317
        6.3.2.1.1. Factores pessoais 317
        6.3.2.1.2. Factores económicos 318
        6.3.2.1.3. Factores técnicos 319
    6.3.2.2. O modelo global linear generalizado (MLG) 320

7. Notas conclusivas 322